河南大学黄河文明协同创新中心支持计划

河南大学考古学研究丛书

小邾国历史文化的考古学研究

袁俊杰　贾一凡　著

科 学 出 版 社
北　京

内 容 简 介

本书以小邾国墓地、青铜器和金文为主要研究对象，结合传世文献与地方史志，深入细致地研究了小邾国的丧葬制度、媵嫁礼仪、册命礼仪、职官制度等礼仪制度；考证了小邾国墓地铜器铭文所见国族及其与小邾国的关系；系统研究了最新发现的小邾国及其相关青铜器，讨论分析了徐楼墓地、横岭埠遗址和大韩墓地的性质；探讨了小邾国的族源、对外关系、分封与亡国南迁的时间，复原了小邾国春秋时期的国君世系；揭示了东周时期诸侯小国的政治婚姻外交策略与生存之道等延伸性问题。这是一部从新的角度对小邾国进行研究的综合性著作，具有建构其历史文化的学术价值和推进研究深入发展的意义。

本书适合考古、文博、历史、古文字等相关学科的高校师生、科研工作者和文博工作者阅读。

图书在版编目（CIP）数据

小邾国历史文化的考古学研究 / 袁俊杰，贾一凡著. —北京：科学出版社，2020.6

ISBN 978-7-03-065185-3

Ⅰ. ①小…　Ⅱ. ①袁…　②贾…　Ⅲ. ①诸侯-研究-枣庄-先秦时代　Ⅳ. ①K22

中国版本图书馆CIP数据核字（2020）第086828号

责任编辑：张亚娜　张睿洋 / 责任校对：邹慧卿
责任印制：肖　兴 / 封面设计：范　唯

科 学 出 版 社 出版
北京东黄城根北街16号
邮政编码：100717
http://www.sciencep.com

中国科学院印刷厂 印刷

科学出版社发行　各地新华书店经销
*
2020年6月第 一 版　开本：787×1092　1/16
2020年6月第一次印刷　印张：20 1/4
字数：480 000

定价：168.00元

（如有印装质量问题，我社负责调换）

北京大学朱凤瀚先生题词

郳友父鬲

（采自枣庄市政协台港澳侨民族宗教委员会、枣庄市博物馆：《小郳国遗珍》，北京：中国文史出版社，2006年）

邾君庆壶

（采自枣庄市政协台港澳侨民族宗教委员会、枣庄市博物馆：《小邾国遗珍》，北京：中国文史出版社，2006年）

序

著名教育家蒋梦麟说："好的教育就是要培养学生的思考和研究兴趣。""有真学术，而后始有真教育。""学术者，一国精神之所寄。学术衰，则精神怠；精神怠，则文明进步失主动力矣。故学术者，社会进化之基础也。"朱九思也指出："科学研究是源，教学则是流。没有科学研究，大学的教学就成了无源之水、就没有了新鲜的教学内容，也就无法提高学生的培养质量。"可见学术研究和教育密不可分，二者互相依存，互相支撑，共同维护和推进社会之文明进步。德国现代教育体制的奠基人威廉·冯·洪堡有句名言："大学是研究学问、追求真理的地方。"傅斯年也强调："大学要以学术为中心。"中国人民大学"教授讲专业"栏目编者按说得好："'大学之道，在明明德。'大学是学问的中心，是帮助青年人涵养心智、锤炼意志、放飞理想的平台。而大学的专业教育本质上是一种博雅和理性的活动，是志趣相投的一批人的智慧激荡。"当今高校也都把建设研究型大学、研究型学院、学术平台和创新团队作为发展要务，从而把高校学术研究的重要性提到了一个前所未有的新高度。那么，一所高校的研究水平应如何衡量呢？我们认为其衡量标准，一是师资科研队伍的研究实力；二是学生的科研能力。而后者在教育评估中，则往往重视不够，甚至被忽略。这种情况无疑是需要改进的，对高校培养的科研人才及其学术成绩应该给予足够的重视和正确的认识。

河南大学考古文博专业办学历史悠久，学术积淀深厚。早在20世纪30年代就参加了著名的殷墟发掘，是最早开设考古学课和进行考古发掘的高校。著名考古学家、古文字学家、历史学家董作宾、徐旭生、郭宝钧、朱芳圃、孙作云等均曾在此任教，并培养出尹达、石璋如、安金槐等知名考古学家，这些都是大家所公认的。

自20世纪80年代以来，学科建设方面又有了长足的发展。1985年举办第一届文博干部专修科，1988年招收第一届文博专业方向本科生，1992年博物馆学专业获批并于1993年正式招生，2003年获批硕士学位授权点并开始招生，2004年与中国历史博物馆联合培养博士研究生，2007年获批二级学科博士学位授权点，2011年获批一级学科博士学位授权点，2012年开设博士后流动站，并入围河南省重点学科，2013年获中华人民共和国田野考古发掘团队资质，2015年招收考古学专业本科生，2016年开始考古学专业和博物馆学专业本科生统一按历史大类招生，2018年文物与博物馆学专业硕士学位招生，现已形成本科、硕士、博士及博士后完整的人才培养体系和以夏商周考古、黄河文明考古、宋元明考古及古文字学为特色的包括断代考古、专门考古、科技考古、文化遗产保护与博物馆等较为完善的学科体系。这三十多年一路走来，我们的人才培养质量究竟怎样，也需要有个学界认可的说法。

在本科生、硕士研究生和博士研究生的教学计划、办学宗旨与培养目标中，也明确提出立足中原、面向全国，面向未来，培养考古学、文物与博物馆学及相关领域的高素质人才、复合型人才和高层次专业人才，硕士“初步具备独立从事考古学及博物馆学研究的能力，取得具有一定创新性的研究成果”；博士“能够独立地开展考古学的专题或综合研究，在某一领域具有较高的学术造诣，取得较为显著的创新性研究成果”。我们培养出高质量的优秀人才了吗，这些人才培养目标实现的如何，也需要心里有数，有个使人信服的交代。

当然，有关部门对我校的考古学科也有一些综合评价，如2012年教育部全国第三轮学科评估为并列第16位，2017年教育部全国第四轮学科评估为C+，2017年和2018年上海软科全国考古学科排名均列为第7位，2019年上海软科发布的全国考古学科排名则列为第9位，依然是学校的优势学科，在2018年中国知网研究生学位论文引证质量报告中，河南大学考古学一级学科硕士学位论文的篇均被引频次在10所对比高校中排第7位，篇均下载排第5位，通过对近三年、十年的考古学热词分析可以看出，墓葬、铭文等出现在热词中，体现了河南大学在考古学科的研究特色。那实际情况到底如何呢，更需要用事实来说话。既要认真总结，又要有一个切入点来具体展示，是至为重要的。

高校是培养人才的地方，归根到底，最终目标就是要培养出高质量的优秀科研人才。只注重师资科研队伍的研究实力，不重视学生科研能力的培养，这是极其片面的做法。长期以来，我们都非常敬佩于省吾先生的学识与文风、也十分钦佩朱凤瀚先生精研古史之学风，更向往他们培养研究生的教育模式，两位先生不仅培养出了学问大家，也培养出了一批学术精英。于老先生的做法是导师有了新作，他的研究生是首批读者。学生有了习作，老师和其他研究生是首批读者。大家在一起欣赏、讨论、提意见，然后根据这些意见修改后再投稿发表。这种学术氛围和培养模式是十分可取的，它既有利于学生研究能力的提高，也有利于教学相长。朱先生曾先后任职于南开大学、中国国家博物馆和北京大学，所招收的研究生虽然来自四面八方，工作于全国各地不同的单位，但由于注重学有专攻的培养，每个研究生都要有自己的研究领域和方向，再加上有意识、有计划、有侧重的选题，通过研究生阶段的严格训练，以坚实的专业基础和过硬的科研能力走向工作岗位后，陆续出版了一系列的研究成果，形成了颇有影响力的朱门学术团队。《礼记·学记》说：“善歌者使人继其声，善教者使人继其志。”王夫之《四书训义》也说：“善教者必有善学者，而后其教之益大，教者但能示以所进之之善，而进之之功，在人之自悟。”由此思忖，研究生教育不正是体现高校学术研究水平的一个很好的切入点吗？我们总是在设想如何借鉴前哲时贤的治学行教善教经验，若能效仿发扬其成功做法，在研究生培养中能做到两位先生之万一，不也是一点贡献吗？

基于这样的考虑，我们早就想出版一套研究丛书，最初拟定为“两周考古研究丛书”，后又拟定为“夏商周考古研究丛书”，并设想先自筹经费出版一二本看看情况，然后再通过多种渠道争取出版经费陆续出版。这一计划正在运筹当中，学校发布了申报河南大学哲学社会科学优秀成果文库的通知，历史文化学院也适时推出了“河南大学考古学研究丛书”等四个系列丛书。学校、学院的规划虽然与我们的计划有些冲突，但大方向无疑是一致的，可谓是不谋而合，既为我们提供了多年难逢的大好机遇，也解决了出版经费等瓶颈问题，从而进一步加速了这项计划的成行。只是文库丛书的封面装帧不一，而稍有遗憾。在学校学院发布出版文库丛书的同时，还发布了申报哲学社会科学创新团队及重大项目培育计划的通知，我们毫不犹豫地申报了文库丛书，但愿这一抉择和良苦用心是值得的吧。

而且基于以上思路，丛书的作者须以河南大学文博专业、博物馆学专业、考古学专业毕业的本科生、硕士研究生、博士研究生与河南大学的老师合作的形式构成。我们先从夏商周考古研究方向毕业的研究生与导师的合作做起，这些研究生大多已毕业经年，在文博考古部门与科研单位也工作了多年，但我们的学术交流与合作并未中断；有的虽是跨专业考取的研究生，而现在则已从外行发展成为考古学研究的行家里手；有的则是在读博士研究生，与导师有着长期合作，或参与了导师主持的科研项目。合作方式或导师主导，研究生配合；或研究生唱主角，合作导师做配角，从某种意义上来讲，这不也是实实在在的研究团队吗？需要说明的是，在现行体制下，这只是目前所能做到的一个方面。试想若不限定于合作，凡河南大学毕业者均可以入选，那得是多么大的气魄与支持力度啊！丛书入选的著作也先从夏商周考古研究领域开始，其选题有的在作者研究生学习期间就开始关注了，并发表了前期成果；有的学位论文还获得了省优校优，并在此基础上做了修改甚至改写；有的选题与导师有着共同的研究领域，经反复切磋交流形成了共识；有的选题则是在合作中新拟定的，几经修改，数易其稿。所有书稿，合作导师都做了修改补充与完善，这些批改意见或被其个人收藏保存，或笑言百年后陈列之以志怀念。当然，丛书入选成果也都必须是要通过学校、学院组织的审查与专家评审的。

现在我们之所以不揣谫陋，敢于把这些研究著作奉献出来，一方面是想从某个角度把三十多年来河南大学考古学科在夏商周考古领域的研究情况以及研究生教育的人才培养质量，向学界做一汇报，毋庸讳言，这些著作不仅反映了作者学术研究的心路历程，也在一定程度上反映了学校的学科建设、科研水平和研究生的培养质量；另一方面就是要接受大家的检验与批评指正；此外，也是想借此机会向学界汇报我们所推崇与坚持践行的某些教育思想与人才培养理念，并想听听同仁专家在这方面的宝贵意见；同时也是为了我们科研团队成员之间相互激励，共勉进步，我们一定要把这些著作作为新的起点，不忘初心，砥砺前行。当然我们还要时刻牢记国际著名地球化学家孙贤鉥的行事格言："业余选手总是沉醉于自己的成绩中，而职业选手——真正的科学家总是看到自己的不足。"要始终保持清醒的认识，时常反思自己的著作，勇于修正错误观点，努力提高科研水平。不要沉醉于已有的成绩而沾沾自喜，要看到自己的不足与差距；不要吃老本，要立新功，为河南大学的学科发展与"双一流"建设做出更新更大的学术成绩。是为序。

袁俊杰

2019年10月30日于开封河南大学仁和居

目　　录

插图目录

插表目录

绪　论

小邾国又称倪、郳、兒①，是春秋战国时期海岱地区的一个重要诸侯国，与当时邾、鲁、齐、宋、晋等国皆有密切的联系。由于小邾国国小势微，文献记载简略，有时甚至互相抵牾，许多问题难知其详。近代以来，随着对传世邾铭青铜器的研究，小邾国的历史渐渐清晰起来。但是，多数传世器物出土的时间与地点不明，对其研究多局限于金文的考释，论题重复且证据不足，结论难以令人信服。自2002年小邾国墓地发现以后，出土和追缴了大量小邾国及其相关的有铭青铜器，铭文内容涉及诸多国族、官名、人名、姓氏等，为我们研究小邾国历史文化提供了新的实物资料。因此，通过对文献、传世青铜器铭文、新出考古资料及民族志有关资料的梳理，并在前人研究的基础上，对小邾国历史文化进行深入系统的综合研究是非常必要的。

一、研究本课题的意义

综观以往有关小邾国的研究，大多集中在某一方面，如小邾国的国君世系、都城地望、丧葬礼俗、青铜器铭文释读及小邾国的各种考古发现等，并且依据的资料较为单一，还没有一部对小邾国做综合研究的专著。随着小邾国墓地以及相关遗址的发掘，通过对小邾国的丧葬制度、媵嫁礼仪、册命礼仪、国族官制、人名姓氏以及历史沿革等方面的研究，以祈在这些方面能够还原小邾国历史的本来面目，并在学术上有一定的创新与突破。总括起来，本课题的研究有以下意义。

（一）对小邾国及其他诸侯邦国的探讨，将推动先秦诸侯国史的深入研究

春秋战国时期，列国林立，见于文献记载者数以百计，然而除个别大国文献记载翔实外，多数小国仅有只言片语，考古资料亦不多，给先秦各国的研究带来极大的困难。小邾国的研究也存在这样的困难，但是，通过广泛查阅文献资料，加之近代以来该地区发现的邾（郳）铭青铜器，特别是2002年小邾国墓地的发掘，出土了一批重要金文资料，内容涉及小邾国及诸多先秦邦国，并且有许多国族名、官名、人名，对这

①《公羊传》称倪、兒，《左传》《谷梁传》载其为郳，三字同音。

批青铜器与金文资料的研究与考释，不仅可使小邾国历史研究达到一个新的高度，而且能在此基础上对小邾国与相关先秦古国的关系进行探讨，从而进一步促进先秦古国研究。

（二）对小邾国历史沿革与青铜器的研究，有助于对小邾国历史文化的更深层次探索

对小邾国历史沿革的研究是探索小邾国族源与分封、国君世系和外交策略的前提。小邾国墓地出土金文资料对小邾国国君的称谓，不仅是研究小邾国始封年代的依据，而且结合该墓地的埋葬制度，可推断春秋时期小邾国国君世系。小邾国墓地出土青铜器铭文中的古国族均与小邾国有着密切的联系，为小邾国的外交策略的研究提供了依据。另外，小邾国墓地出土的青铜器及新近发现的青铜器，也为总结小邾国的青铜器的特征、分期断代，提供了可靠资料。这些青铜器与金文资料的发现极大地弥补了文献记载的缺失，为小邾国历史文化的深层次探索打下基础。

（三）对小邾国礼制的研究，有益于我们对两周礼书史料价值的重新认识

有关先秦礼制的研究，学者多依靠“三礼”即《周礼》《礼记》《仪礼》的记载，“但除《仪礼》可反映春秋时代贵族阶层所行礼仪外，《周礼》《礼记》与西周、春秋时期的历史事实之间是有一定差距的”[①]，小邾国墓地即反映其用鼎制度、棺椁制度均未按照《周礼》之标准。另外，小邾国墓地出土的郳友父为其女所做之媵器，也异于寻常地随葬在本国墓地。文献记载小邾国国君多次朝见鲁国国君，鲁国上卿季氏以燕礼待之。文献中对小邾国国君的称谓于鲁僖公七年之前称名，之后书爵，小邾国墓地出土的小邾国国君铜器铭文，国君均无爵称，其中蕴含的册命之礼耐人寻味。因此，对小邾国礼制的研究，可以了解春秋战国时期诸侯国的礼仪制度，有益于我们对东周礼书史料价值的重新认识。

二、本课题已有研究述评

小邾国的史事在《世本》《左传》《公羊传》《穀梁传》《竹书纪年》《战国策》等史书中均有或多或少的记载，《说文解字》《春秋释例·氏族谱》《路史·国名记》等文献则对小邾国的族源、分封、世系等问题有初步的说明。后世对小邾国的

①刘源：《商周祭祖礼研究》，北京：商务印书馆，2004年，第11页。

探索无不在这些文献典籍的基础上进行，但上述文献只是零星记载，还说不上是对小邾国的真正研究。明清以降，关于小邾国史事的记述主要见于地方史志，如《峄县志·小邾世家》①《邹县续志·二邾篇》②，均对小邾国的历史进行了较为详细的梳理，可谓是小邾国历史文化研究较早的专门著述，不过受时代局限，这些研究参考了较多稗史、传说，可信度大打折扣。对小邾国真正意义上的研究始于20世纪30年代的王献唐先生，之后一度陷入沉寂，直到2002年小邾国墓地的发现与发掘，才掀起了第一次对小邾国研究的高潮。最近十年，又有几处与小邾国相关的遗存被发现，虽受到不同程度的盗扰，但考古发掘工作正在进行，大部分考古资料尚未公布，不过以新材料为依托的研究工作已经开始，不久之后，小邾国研究的第二个高潮必将到来。

因此，对小邾国已有研究可分为三个阶段述评，第一，20世纪以王献唐先生为核心的研究成果；第二，以2002年小邾国墓地的发现与发掘为主体的研究；第三，以近十年来新见小邾国相关考古资料为主体的研究。

（一）20世纪小邾国研究述评

20世纪30年代，山东滕县安上村农民挖出了14件邾国青铜器，其中13件有铭文，著名学者王献唐先生从该批青铜器的铭文入手，结合相关传世文献，认为此为春秋时邾国青铜器。他首先厘正青铜器出土始末，其次考释青铜器铭文，再次探讨青铜器形制、考论邾分三国与三邾氏族、重建三邾史迹，最后绘出三邾疆邑图，撰成《春秋邾分三国考》③《三邾疆邑图考》④，对三邾的族源世系、三邾之间的关系及城邑疆域、水文地理都有较为详尽的论述，可谓研究小邾国历史的开山奠基之作。其最重要的学术贡献是首次考证了三邾中滥国的存在，并被后来的考古资料所证实，为山东春秋战国时期古国的考古研究提供了范例。但遗憾的是，王献唐先生所处的动荡时代，没有完整的墓葬材料作为证据，能够利用的考古资料很少，其论断虽多有创见，但仍然偏重于传世文献，且在对滥国立国、国祚等问题的讨论中尚有偏差。王先生的这两篇文章虽对小邾国的研究有重要意义，但其并非针对小邾国所做的专门研究。

20世纪40～50年代，杨树达先生有对邾公华钟、邾公牼钟、邾太宰簠、邾友父鬲等邾铭青铜器的研究，收录于《积微居金文说》⑤，其中两跋邾友父鬲，首次考证了该鬲的年代，提出作器者邾友父是小邾国的始封君，认为其字是“友”，而非《世本》

①（清）王宝田纂，王振录、周凤鸣修：《峄县志·卷十七》，1904年刻本影印。

②（清）吴若灏修，钱桁、李崇熙纂：《邹县续志》，光绪十八年刊本影印。

③王献唐：《春秋邾分三国考》，《山东古国考》，青岛：青岛出版社，2007年。

④王献唐：《三邾疆邑图考》，《山东古国考》，青岛：青岛出版社，2007年。

⑤杨树达：《积微居金文说》，上海：上海古籍出版社，2013年。

记载的“肥”，厘清了小邾与胙国的姻亲关系，并探讨了器铭“邾友父”而非“郳友父”的原因。杨先生的研究是首次以青铜器为依据对小邾国进行探讨，得出的这一系列观点在当时也可谓是开创性的，但是，就具体问题而言还是有纰漏的，以一件青铜器的铭文就推断文献记载错误略显轻率，“肥”确实不是邾友父的字，而是他的名，《世本》记载应无误。而且，诸侯国君的称谓在金文中往往有多种，通过小邾国墓地出土的邾君庆壶、郳庆鬲铭文可知，小邾国君“庆”，既可称“邾庆”，也可称“郳庆”，因此，邾友父被称为郳友父也无可厚非。即便《邾友父鬲跋》与《邾友父鬲再跋》内容简短，且有不足，但在当时是对小邾国进行的唯一专门研究，具有重要学术意义。此后，由于罕见相关的考古资料，学界对小邾国的研究进入长期的停滞阶段。

（二）21世纪初小邾国墓地相关研究述评

2002年夏季，山东省枣庄市东江小邾国墓地的发现与发掘，一些学者就小邾国的族属、都城地望、墓葬性质、出土青铜器及铭文释读等问题进行了热烈的讨论，并取得了一定的成果，掀起了学界对小邾国研究的第一个高潮。

1. 小邾国的源流族属问题

有关小邾国族属源流的研究较为丰富，比如《小邾国文化》[①]一书，该书分为三编，第一编为小邾国简史，结合文献记载，对小邾国的族属、世系、分封、册命和发展灭亡以及其中几位小邾君的事迹、小邾国重大事件等均有较为详细的记述；第二编为小邾国史料，即收录了古籍有关小邾国的记载和地方志书中有关小邾国的篇目；第三编为关于小邾国墓地的相关研究。第二、三编皆为收录，不仅为本课题之研究提供了极大的便利，而且也有重要的启迪作用。第一编可谓是小邾国研究的重要参考，但仍有必要运用更多的考古材料做些弥缝研究。

具体而言，朱承山的《邾国与小邾国》[②]对二邾的源流做了考证，他根据“邾”字构形似蜘蛛，认为邾人以蜘蛛为图腾而得“邾”之名，并赞同王献唐先生所考“邾娄”称呼的来源，为当地人读音所致。王树明《邾史二题》[③]的观点则恰恰相反，虽同意用古文字学的方法对邾国的得名和族源问题进行考究，“邾”字形似蜘蛛，邾以蜘蛛为图腾，但他认为“邾娄”的称呼亦是由“蜘蛛”韵转而来，并非当地人对“邾”读音不同所致。另外，王树明还根据文献记载，认为邾为陆终、祝融之后，并通过古

①枣庄市山亭区政协编：《小邾国文化》，北京：中国文史出版社，2006 年。

②朱承山：《邾国与小邾国》，《小邾国文化》，北京：中国文史出版社，2006 年。

③王树明：《邾史二题》，《小邾国文化》，北京：中国文史出版社，2006 年。

文字学的方法得出邾族是以鬲为炊器的民族。梁方健的《扑朔迷离的小邾国》[①]和《小邾国史的几个问题》[②]二文，认为小邾国初封之时，仅有邑名“郳”，而无国名，其说确然可从，但是其在论证何时称为“小邾”时，提出夏父与叔术争国，郳地的友父并不承认二者的正统性，故自立为邾君，才有“小邾”之称，梁文又以出土邾庆鬲和邾公子害簠为据，认为小邾国贵族自称为“邾”，是其自立为邾国正统之故。对此王献唐先生已有论断：“小邾一称，乃因其出自邾国，故人们于邾前加上小，以与邾相区别。但立国未有自称小者，小邾亦非其正名也。”[③]小邾之“小”乃他人以示区别之称，并非小邾国人甚至国君自称，何况当时青铜器为国之重器，其铭文更不可能铸为“小邾”，国名之称历史上亦屡见不鲜，如西夏，其国人自称为夏；后金，其国人定自称为金。所以小邾国自称为“邾”，应不是邾友父自立为邾国正统之故。苏兆庆的《考古发现与小邾国史新议》，对鲁南地区从史前到三代的考古发现进行梳理，提出小邾国是继承和保留东夷文化的古国之一，这一看法很有见地，从小邾国墓地的丧葬制度可以看出，青铜礼器以偶数随葬，正是东夷地区的特点。王正玉的《小邾国浅议》[④]提出小邾国国名从郳到小邾的变化，实质是三种国体形态的不同，从而否定有关学者小邾国无定名的观点。李海流《湮灭在历史长河中的小邾国》[⑤]一文，对小邾国的历史源流也有一定的论述，但以介绍综述他人观点为主，并未提出自己的新见解。

2. 小邾国都城地望问题

关于小邾国都城地望的研究，慈平《小邾国及国都位置探微》[⑥]一文，通过实地考察的方法，运用文献资料和考古资料二重证据对小邾国都城位置进行论证，其方法颇值得借鉴，但其认为“小邾”之称是因为它比邾国的面积小的说法则可商榷，“小邾”乃史家为区别二邾，故称邾友父受封的新国为“小邾”，其面积肯定小于邾国，但并不是得名的原因。范钦众的《小邾国故都究竟在何处》[⑦]指出小邾国的都城遗址就位于滕州与山亭的交界处，具体位置在小邾国墓地正西方2.5千米处的小清河右侧，但论证过于单薄，还有待进一步讨论。王恩田先生的《枣庄山亭郳器与郳国》[⑧]也提到了郳国都城的地望问题，根据文献记载和以往东周列国故都的考古发掘经验，认为小邾

①梁方健：《扑朔迷离的小邾国》，《文史知识》2009年第9期。

②梁方健：《小邾国史的几个问题》，《小邾国文化》，北京：中国文史出版社，2006年。

③王献唐：《春秋邾分三国考》，《山东古国考》，青岛：青岛出版社，2007年。

④王正玉：《小邾国浅议》，《小邾国文化》，北京：中国文史出版社，2006年。

⑤李海流：《湮灭在历史长河中的小邾国》，《东方收藏》2013年第1期。

⑥慈平：《小邾国及国都位置探微》，《三门峡职业技术学院学报》2010年第1期。

⑦范钦众：《小邾国故都究竟在何处》，《中国文化报》2012年11月8日第14版。

⑧王恩田：《枣庄山亭郳器与郳国》，《小邾国文化》，北京：中国文史出版社，2006年。

国墓地周边即为其故都所在地，与徐加军、苗永香、杨晶合撰的《小邾国都城及相关问题》重申了这一看法。李锦山的《郳国公室墓葬及相关问题研究》[①]论证郳国有早晚两个国都，一废一兴的观点较为科学，春秋战国时期诸侯国常常会因战争迁都，小邾国可能也会有这种情况，特别是鲁庄公十五年，小邾国受到齐、宋、邾三国攻伐，都城险些被攻破，时任国君的郳犁来战后将国都迁往别处是有可能的。而且，近年来在东江村附近发现的横岭埠遗址、大韩墓地等可能是与小邾国相关的遗址，以距离小邾国墓地十余千米的大韩墓地为例，发现了春秋晚期至战国晚期大中小三种类型的墓葬，并出土了郳公戈等器，似乎验证了小邾春秋中期迁都之说，待大韩墓地等遗址考古发掘资料正式公布之后，对研究小邾国春秋中期以后的墓葬与史事将大有裨益。

3. 小邾国墓葬问题

小邾国墓地的发掘资料，主要有枣庄市博物馆、枣庄市文物管理办公室合著《枣庄市东江周代墓葬发掘报告》[②]，李光雨、张云《山东枣庄春秋时期小邾国墓地的发掘》[③]，李光雨、刘爱民《枣庄东江小邾国贵族墓地发掘的意义及相关问题》[④]，李光雨《东江小邾国墓地发掘情况及出土文物简介》[⑤]，四文介绍了小邾国墓地发掘的基本情况及出土的主要器物，为小邾国墓地的研究提供了第一手资料。小邾国墓地丧葬制度方面，杨爱国的《小邾国贵族丧葬礼俗初探》[⑥]，结合同时期其他地区的同等级墓葬资料，对小邾国墓地的用鼎制度、棺椁制度进行初步研究，认为M2是小邾国国君，并用士礼。李锦山的《郳国公室墓葬及相关问题》[⑦]对小邾国墓地各墓主身份进行推断，认为M1、M2、M3皆是小邾国国君之墓，不认同六座墓为两两成双的夫妻合葬墓。苏昭秀、孙晋芬二位先生的《小邾国贵族墓葬的形制及埋葬制度讨论》[⑧]，对小邾国墓地出土器物及墓葬形制有较为清晰的论述，并通过与其他贵族墓葬的比较，认为小邾国

①李锦山：《郳国公室墓葬及相关问题研究》，《小邾国文化》，北京：中国文史出版社，2006年。

②枣庄市博物馆、枣庄市文物管理办公室：《枣庄市东江周代墓葬发掘报告》，《海岱考古》（第四辑），北京：科学出版社，2011年，第141～231页。

③李光雨、张云：《山东枣庄春秋时期小邾国墓地的发掘》，《中国历史文物》2003年第5期。

④李光雨、刘爱民：《枣庄东江小邾国贵族墓地发掘的意义及相关问题》，《东岳论丛》2007年第2期。

⑤李光雨：《东江小邾国墓地发掘情况及出土文物简介》，《小邾国文化》，北京：中国文史出版社，2006 年。

⑥杨爱国：《小邾国贵族丧葬礼俗初探——以枣庄东江小邾国墓地为例》，《枣庄学院学报》2005年第1期。

⑦李锦山：《郳国公室墓葬及相关问题》，《小邾国文化》，北京：中国文史出版社，2006年。

⑧苏昭秀、孙晋芬：《小邾国贵族墓葬的形制及埋葬制度讨论》，《小邾国文化》，北京：中国文史出版社，2006 年。

的葬俗葬制符合周人的制度，而不具东夷文化的特征。这些看法虽都颇有见地，但也或有可商榷处。按文献记载随葬三鼎为士礼，小邾国墓地M2却随葬四鼎，而且鬲、簠等器也是四件，M3虽只随葬三鼎，但还有一件匜鼎、二件鬲和四件簠，可知，小邾国墓葬的器物组合并不是礼书中鼎簋组合的模式，而且礼器多呈偶数出现，这正是东夷文化的特征，并不能通过与礼书机械对照来确定小邾国君用什么级别的礼仪。另外，小邾国墓地六座墓葬两两相邻，而且未被盗扰的M2、M3两座墓葬随葬品有明显的性别指示，M2位于M3南侧，规格也略高，且出土兵器，应是男性墓主无疑。M4与M1两座墓葬，M4在M1南侧，规模也更大，虽被盗扰，但出土青铜箭镞多达130枚，也可确定为男性墓主。因此，小邾国墓地不仅是夫妻并葬，而且墓主人为男性的墓葬均在南侧，呈现出一定的规律性。

4. 青铜器铭文的释读问题

在对小邾国墓地出土器物的研究中，青铜器的研究是重点，而对青铜器铭文的考释又是重中之重。虽然部分金文资料的考释已形成共识，但仍有一些重要铭文的考释存在争议。例如，对命父瓶铭文“霝”字的考释，王恩田先生《枣庄山亭郳器与郳国》①一文提出“霝父”为国名，“命父”为霝父国君的名讳。冯峰的《枣庄东江墓地出土金文人名三题》②对这一说法表示赞同。而李学勤先生的《小邾国墓及其青铜器研究》③则认为霝父为媿霝的父亲，命父为其名讳。李零先生的《读小邾国铜器铭文——兼论东江墓地的墓主和年代》④，将霝父和命父皆考为小邾国君，且命父为霝父的父亲。诸如此类争议，不再一一列举。闫志先生的《郳友父鬲和郳庆铜器初探》⑤，根据这两件青铜器的形制，以考古类型学的方法推断其年代，无疑是可靠的。袁俊杰先生的《小邾国媵器随葬于本国贵族墓地原因探析》⑥，就郳友父为其女所做媵器又在小邾国墓地出土这一现象，讨论了小邾与胙国的关系以及当时的媵嫁制度，并分析了胙国的灭亡年代与小邾国媵器随葬于母国贵族墓地的原因，对这类问题的研究较有启发。

①王恩田：《枣庄山亭郳器与郳国》，《商周青铜器与金文辑考》，北京：文物出版社，2017年。

②冯峰：《枣庄东江墓地出土金文人名三题》，《齐鲁文化研究》（第十二辑），济南：泰山出版社，2012年。

③李学勤：《小邾国墓及其青铜器研究》，《东岳论丛》2007年第2期。

④李零：《读小邾国铜器铭文——兼论东江墓地的墓主和年代》，《小邾国文化》，北京：中国文史出版社，2006 年。

⑤闫志：《郳友父鬲和郳庆铜器初探》，《考古学研究》2011年第2期。

⑥袁俊杰：《小邾国媵器随葬于本国贵族墓地原因探析》，《华夏考古》2008年第2期。

林沄先生的《小邾国东江墓地青铜器铭文部分人名的考释》[①]也提到胙国与小邾国的姻亲关系，但未就该器物为何又出现在小邾国墓地进行解析。

（三）近十年来新见小邾国相关遗存研究述评

学界围绕小邾国墓地考古发现的研究高潮过去之后，直到2009年枣庄峄城徐楼东周墓的发现与发掘，因其与小邾国关系密切，故关于小邾国的研究才又被提起。随着打击文物犯罪与考古发掘的共同行进，又有横岭埠遗址、大韩墓地等与小邾国直接关联的遗存被发现，考古发掘资料虽尚未公布，但通过报道和博物馆展出的追缴回的部分器物，学界已经开始对其进行初步研究，并取得了一定的认识。

1. 徐楼墓地相关问题

徐楼墓地发现于山东省枣庄市峄城区，枣庄市博物馆等部门已将发掘资料《枣庄市峄城徐楼东周墓葬发掘报告》[②]整理发表，为徐楼墓地的研究提供了第一手材料。发掘者认为徐楼墓地的时代为春秋中晚期，得到了学界的普遍认可，路国权[③]通过对墓葬出土青铜器的研究，将徐楼墓地的年代下限具体至公元前530年。早在《枣庄市峄城徐楼东周墓葬发掘报告》发表之前，对徐楼墓地国别的讨论就已经开始，李学勤先生[④]释读M1出土的宋公鼎铭文，认为作器者宋公固是宋共公，器主淺叔子是宋国嫁往淺国的女子，又将淺释为费，淺国即费国。李先生对宋公固的考证意义重大，如此可通过宋公固的生卒年来框定宋公鼎的绝对年代，使之成为标准器。另外，将“淺”释为“费”也得到了王琦、燕生东[⑤]的支持，王、燕二先生将该字隶定为“柒”，读为“费”，认为山东地区有两个费国，并考证柒国的历史沿革，得出柒国与鄫国临近，曾子的籍贯为柒国的结论。王、燕二先生的考证较为详实，但并没有得到学界的广泛认可。王恩田先生[⑥]则将该字隶定为“𣲧”，读为“邳”，并根据商周时期诸侯国君多葬于堵城附近，否定了距离费国故城100多千米的徐楼墓地为费国国君夫妇墓

①林沄：《小邾国东江墓地青铜器铭文部分人名的考释》，《小邾国文化》，北京：中国文史出版社，2006年。

②枣庄市博物馆、枣庄市文物管理委员会办公室、峄城区文广新局：《枣庄市峄城徐楼东周墓葬发掘报告》，《海岱考古》（第七辑），北京：科学出版社，2014年，第59～127页。

③路国权：《峄城徐楼2009M1、M2铜器群的年代和意义》，《青铜器与山东古国学术研讨会论文集》，上海：上海古籍出版社，2017年。

④李学勤：《枣庄徐楼村宋公鼎与费国》，《史学月刊》2012年第1期。

⑤王琦、燕生东：《山东枣庄徐楼发现的柒国墓及相关问题》，《齐鲁文化研究》（第十二辑），济南：泰山出版社，2012年。

⑥王恩田：《枣庄峄城宋公鼎与公鼎》，《管子学刊》2013年第1期。

葬的可能，同时认为鄫国距峄城有40千米，峄县春秋时属鄫国是不正确的。王先生所言商周时期国君墓多在都城附近的观点无疑是正确的，以此来否定“费国说”也合乎情理，但是其言峄城为文献中的“上邳”，属“鲁国薛县”，但徐楼墓地距薛国故城35千米，既然相距40千米的鄫国不可取，那么如何论证相距35千米的上邳可取还需进一步研究。赵平安先生[①]根据铭文“[illegible]”字的构形、音理和实际用例，提出该字应读为“滥”，即由叔术建立，与小邾国同出自邾国，并以滥国的地理位置、存世时间等作为论据。郑清森[②]则考证了滥国的位置在滕州市东南、枣庄市西部，正与徐楼墓地位置相合，而且滥国与宋国临近，故联姻以求自保。政治婚姻是春秋时期弱小诸侯国惯用的外交策略，从小邾国墓地出土的青铜器铭文中可以清楚地看到以政治婚姻为媒介的外交政策。另外，徐楼墓地还出土了徐王鼎和郳子戈，叶正渤[③]将徐王鼎定名为“左执君鼎”，只因将“王”字释为了“左”。暮四郎[④]则将“此余王”读为“差郐王”，认为器主是战国中期的越王差郐。这一观点随即受到袁金平[⑤]反驳，他认为徐王鼎从器形上看并非战国之物，而且越王铜器没有此类称谓，故还是应读为“此徐王”为宜。徐国嬴姓，蓼国偃姓，二者均为徐淮夷中的小国，徐国僭越称王众所周知，“嬴”“偃”两字可通，邾国、滥国均有与嬴（盈）姓国族联姻的传统。此外，徐楼墓地与小邾国墓地的埋葬制度颇有一致性，滥国与小邾国同宗同源，两国习俗相近，外交策略相同，葬制相似自然也是可以理解的。综合看来，赵平安先生认为徐楼墓地为滥国国君与夫人墓葬的观点最为合理。

2. 横岭埠遗址相关问题

横岭埠遗址的情况最早见于山东省文物考古研究所2016年度汇报交流会，共清理三座春秋时期墓葬，王春云[⑥]认为这三座墓葬的性质可能与小邾国有关，但考古发掘资料至今未公布。在发掘之前，横岭埠遗址即遭盗掘，枣庄市警方追缴青铜器9件，

①赵平安：《宋公圝作[illegible]叔子鼎与滥国》，《中华文史论丛》2013年第3期。

②郑清森：《山东枣庄徐楼村东周墓出土宋国青铜铭器考——兼论春秋时期滥国》，《四川文物》2017年第4期。

③叶正渤：《枣庄徐楼东周墓出土青铜器铭文考释》，《中国文字学报》（第7辑），北京：商务印书馆，2017年。

④暮四郎：《枣庄徐楼东周墓所出“此余王□君”鼎铭文小识》，武汉大学简帛论坛·简帛研读，2014年4月15日。

⑤暮四郎：《枣庄徐楼东周墓所出“此余王□君”鼎铭文小识》，武汉大学简帛论坛·简帛研读，2014年4月15日，袁金平回帖。

⑥中国考古网：《山东省文物考古研究所2016年度田野考古交流会在临淄工作站举行》，2017年1月19日。

其中有铭者3件，刘锡柱等《薛河流域的商周文化遗址》[①]一文最先对这批青铜器进行发布，并释读了青铜鼎和青铜匜的铭文，但其认为这批青铜器非横岭埠遗址所出，而是东江小邾国墓地遗物。横岭埠遗址虽距东江小邾国墓地距离很近，但横岭埠盗墓案被破获于2016年，距小邾国墓地被盗已14年有余，而且，这些器物在山东博物馆2018年10～12月举办的“大君有命，开国承家——小邾国历史文化展”中展出，从器物特征看，其年代略晚于小邾国墓地的器物，故应非小邾国墓地遗物。“小邾国历史文化展”的举办和刘锡柱先生大作，将这批与小邾国相关的新资料公布于世，为促进小邾国研究奠定基础。

3. 大韩墓地相关问题

大韩墓地的情况与横岭埠相似，均是受到盗扰后进行了抢救性发掘，目前发掘工作尚未完成。大韩墓地发掘负责人郝导华先后在山东省文物考古研究院2017、2018年度交流会上汇报了墓地的发掘情况，为学界提供了初步研究的基本资料，但考古发掘报告尚未发表。大韩墓地被盗严重，滕州市警方共追缴回青铜器150余件（套），其中郳公戈与小邾国关系最为密切。孙敬明先生[②]最先对郳公戈进行研究，他首先肯定了郳公戈发现的重要意义，并确定郳公戈铭中的“克父”为器主的字，是春秋中晚期小邾国国君。这一认识十分重要，小邾国墓地属春秋早期，郳公戈的发现为完善春秋中晚期小邾国国君世系提供了新证据。

4. 邾季簠相关问题

邾季簠是山西省警方打击闻喜酒务头盗墓犯罪团伙时追缴的青铜器，收录于《国宝回家：2018山西公安机关打击文物犯罪成果精粹》[③]一书，整理者认为邾季簠是春秋早期小邾国青铜器，形制与薛中子安簠相似。对小邾国墓地出土的青铜簠，胡嘉麟先生[④]有深入研究，他通过纹饰和器形将小邾国墓地出土和追缴的青铜簠分为A、B二型，A型又分Aa型和Ab型两个亚型，早晚关系为Aa型早于Ab型、早于B型。这一观点充分运用了考古类型学的方法，但忽略了青铜簠足部的变化，小邾国墓地的青铜簠除邾公子害簠外，足部普遍较矮，与薛中子安簠相似，是春秋早期的特征。邾季簠足

---

①刘锡柱、张莺燕、李光雨：《薛河流域的商周文化遗址》，《青铜器与山东古国学术研讨会论文集》，上海：上海古籍出版社，2017年。

②孙敬明：《新见郳公戈刍议》，《中国文物报》2017年5月30日第7版。

③山西省公安厅、山西省文物局编著：《国宝回家：2018山西公安机关打击文物犯罪成果精粹》，北京：文物出版社，2018年。

④胡嘉麟：《春秋时期小邾国青铜簠——兼论小邾国墓地相关问题》，《东方考古》（第14集），北京：科学出版社，2017年。

部则明显偏高，与郳公子害簠相似，故年代应晚于其他青铜簠，这一方面，路国权《东周青铜容器谱系研究》①一书有详细的分类与排序，也可作为研究郳季簠年代的参考依据。

（四）已有研究所取得的成绩

学者对小邾国历史文化及相关问题的研究已取得了多方面的成绩，总括起来有如下几点。

第一，证实了小邾国的客观存在。长期以来，小邾国仅见于少数文献典籍的零星记载，人们对小邾国是否真实存在颇有质疑。但随着传世青铜器铭文的考释，新的考古资料的发现和研究的不断深入，已经完全证明了小邾国是确定存在的。

第二，基本究明了小邾国族属世系的一些情况。小邾国的族属世系问题是学界讨论的热点，由于既有文献可考，又有出土物为证，而且马星翼、王献唐等学者在数十年前就对其进行过梳理，加之地方史志亦有记载，对小邾国的族属世系等基本情况已有了大致的了解。

第三，各学科的学者，或从文献学角度，或从考古学角度，或从古文字学角度结合各自的研究领域均有一些新的观点提出。这种多学科交叉研究的方法，既互相借鉴，又互为补充，有力地推动了小邾国历史文化研究的进程，使该课题的研究朝着一个积极的方向发展。

（五）存在的问题与不足

先哲时贤关于小邾国已有研究所取得的成绩，是我们进一步研究的基础，但是学界的有关研究还存在着一些薄弱和不足之处，归纳起来主要有以下几点。

第一，在对小邾国的研究中，往往偏重于某个方面，缺乏系统性的认识，使研究的成果不能有机结合，甚至互相抵牾。没有一部对小邾国研究的专门论著，很难让人们对小邾国历史文化有一个总体性的认识，也难以还原其历史的本来面貌。

第二，许多重要的具体问题仍缺乏深入研究。在小邾国的研究中，有很多基本的问题还没有得到充分的研究，学者大多对目前资料丰富的领域进行研究论证，而对有些资料较少又亟待解决的问题，却很少去发掘深层次的信息，导致问题搁置，长期无法解决。例如，小邾国何时为何人所封这样的基本问题，目前尚存在较大争议，以及小邾国墓地出土金文资料涉及的官制、古国族等问题的研究几乎为空白。

第三，对小邾国礼制研究缺失。礼制研究是先秦考古研究的重要内容，小邾国

①路国权：《东周青铜容器谱系研究》，上海：上海古籍出版社，2018年。

墓地及出土铜器铭文有丧葬制度、官制、媵嫁礼仪、册命礼仪、宾见礼仪等方面的资料，但至今尚没有一个关于小邾国礼制的研究论著。

第四，对小邾国与其他诸侯邦国的关系研究不足。已有的成果多是对小邾国与文献记载较多的大国关系的陈述，对金文资料涉及的小邾国以姻亲、会盟等手段与姬周和小国拉近关系的外交策略研究不足，不利于先秦古国史的研究。

同时，在小邾国的考古研究中，不少问题还存在着争论，特别是在小邾国都城地望、墓主人身份、金文考释和小邾国君世系上分歧较大，也有待我们进一步研究。

三、本课题的研究主旨和方法

（一）本课题的研究主旨

本课题的研究主旨是吸取以往学者的学术成果，并在前人研究的基础上对小邾国墓地及新见青铜器进行更加深入系统的综合研究。具体来说就是通过综合分析考古资料、金文资料、文献资料和地方史志，对小邾国的丧葬制度、媵嫁仪礼、册命礼仪、国族官制、宗法分封制度及小邾国的族源、世系、外交策略、国祚等方面的问题进行研究，以祈能够还原小邾国历史的具体面貌，揭示小邾国在春秋时期的历史、文化、政治、礼制、外交、世系等问题的真实情况。

（二）本课题的研究方法

本课题通过对小邾国已有的考古资料和文献资料进行全面梳理，把对小邾国墓地及新见青铜器的研究分成小邾国的礼仪制度、相关古国族、新见相关青铜器、小邾国历史沿革四个方面进行专门的探讨，并在已有研究的基础上，对小邾国历史文化进行全面系统的研究。具体而言，将主要采用以下方法。

（1）多学科结合的多重证据的综合研究方法。对小邾国历史文化的研究，本身就涉及了历史学、文献学、古文字学、考古学、民族志等学科的研究领域，这样就必将为小邾国的研究提供了多重证据。另外，与以往多是单方面研究不同，本书运用的综合研究的方法，也将为本课题的研究提供有力证据。

（2）比较研究的方法。本书对小邾国的研究，既有对小邾国历史文化发展脉络的前后纵向比较研究，又有对小邾国与其他诸侯邦国的横向比较研究，这样纵横相结合，可以得出更为稳妥的结论。

（3）汇释疏解的方法。本书在众多有争议的关键问题和金文资料的考释方面，尽可能地将所有观点全面考察，以供大家讨论探索。学术研究都是在讨论中不断进步，在争议后得出正确结论的，所以，任何的学术争论都是不能避免的，也不能回避，更不能武断的取舍。需要在正反两种观点比较中得出科学的结论，不能以偏概全，只陈述对自己有利的证据。通过这种汇释疏解的方法，在比较研究中得出一个能够为多数人接受的观点，这是贯穿本书始终的研究方法。

（4）文化因素分析法。在小邾国墓地的研究中，我们发现其葬俗葬制有自身的特点，既不完全与周礼相同，也有别于它所处的东夷地区的传统文化。小邾国所具备的文化因素，应为夷夏文化融合的产物，也可以视为周文化向东传播的证据。通过文化因素分析，我们可以得出，以小邾国为代表的一大批边远地区诸侯国，其文化都带有浓重的同化融合色彩，正是这种兼容性，才使得我们中华文化在漫长的历史长河中不但没有湮灭，反而犹如海纳百川愈加壮大。

四、有关问题的说明

在本书中有几个问题需要说明。

（1）目前考古发掘资料已公布的、唯一可确定的小邾国墓地，仅有位于山东省枣庄市山亭区东江村的春秋早期贵族墓，因此，本书所述的小邾国墓地均特指东江遗址的贵族墓。

（2）本书是以小邾国墓地及新见青铜器为核心的综合性考古学研究，所以在研究过程中，其时间范围不仅仅局限在小邾国历史纪年的范围内，而会对小邾国立国之前的族源问题和其以后的传承问题进行适当的延伸性研究。

（3）小邾国在文献记载中有多个称谓，不同时期、不同文献对其称呼亦有差别，本书所研究之小邾国，即两周之际，邾颜少子受封于郳地后，所建立的文献中称之为小邾娄、小邾、郳、倪、兒等称谓的小邾国。

第一章　小邾国的礼仪制度

中国古代极重礼制，特别是两周时期，礼仪制度更是周天子统治国家的工具。《左传·文公十八年》云："先君周公制周礼曰：则以观德，德以处事，事以度功，功以食民。"[①]由此可见礼仪的作用。后来又有孔子对礼学的崇尚，使其与仁学相辅相成，成为儒家思想的核心，被后世王朝所推崇。即便如今我国也自称礼仪之邦，礼仪制度流传至今绵延不断。小邾国墓地所反映的丧葬制度，以及出土青铜器铭文所记述的媵嫁礼仪、册命礼仪等，为研究春秋早期诸侯国礼仪制度提供了新的资料。并且，小邾国墓地所处的时代，正值西周晚期至春秋早期，是西周礼仪制度约束力的衰退时期，礼崩乐坏的情况开始出现，同时小邾国地处东夷文化与中原文化的交汇区，因此，对小邾国墓地礼仪制度的研究，不仅可以使我们了解春秋时期周礼的约束力，而且可以对夷夏礼制、文化的交流融合有一个新的认知。

一、小邾国墓地丧葬制度

小邾国墓地，虽遭到了严重的破坏，但其墓葬形制尚比较明确，棺椁的数量与尺寸亦可分辨，特别是M2、M3保存完整，出土了一批青铜礼器，为小邾国丧葬制度的研究提供了有利的条件。

（一）小邾国墓地的墓葬形制

小邾国墓地位于枣庄市西北约28千米的山亭区山城办事处东江村东南的高台地中部，海拔约95米，当地人称此地为城顶（图1-1）。20世纪70年代，填河造地时将土台的南半部铲平。据村民讲，当时还发现了古代陶器、鹿角和兽骨等[②]。2002年共抢救性发掘中型墓葬六座，按照清理的先后顺序分别编为M1至M6，六座墓葬呈南北向分为两列，西侧自北向南为M6、M5，东侧自北向南为M3、M2、M1、M4。共出土随葬品

---

①（清）阮元校刻：《十三经注疏·春秋左传正义》，北京：中华书局，1980年，第1861页。

②李光雨、张云：《山东枣庄春秋时期小邾国墓地的发掘》，《中国历史文物》2003年第5期。

232件，其中青铜器203件，带铭文者24件[1]。

M1墓向90°，北距M2约2.2米，南距M4约2.7米，已遭盗扰。墓葬平面呈甲字形，为竖穴土坑墓，口大底小，墓壁略呈斜坡状，抹角，墓道方向朝东，长度约7米。现存墓圹东西长、南北宽各约6米，深6米。墓坑填土为黄褐色五花土，并含有一定量的砂，应经过人工夯筑，结构致密，夯层厚0.2～0.25米，夯窝直径约0.05米。棺椁遭破坏，具体形制不详；残存的随葬器物有形制、铭文均相同的铜鬲4件，有铭铜瓶1件，陶罐2件[2]。7件随葬品均出自墓葬西南部，推测墓葬中位于棺椁南侧应有器物箱。

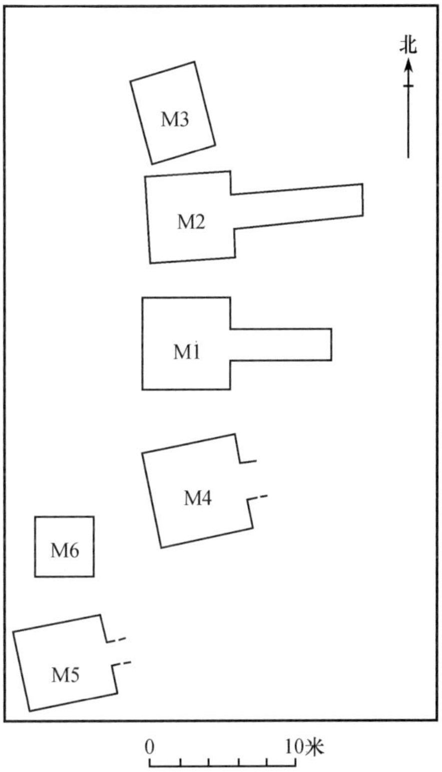

图1-1　小邾国墓地墓葬分布图

（采自枣庄市博物馆、枣庄市文物管理办公室：《枣庄市东江周代墓葬发掘报告》，《海岱考古》（第四辑），北京：科学出版社，2011年）

M2墓向约为85°，北距M3约0.7米，南距M1约2.2米，保存完好。墓葬平面呈甲字形，为竖穴土坑墓，东西长5.74米，南北宽5.7米，墓深4.5米。斜坡墓道长约4.3米，方向朝东，坡度约为20°。墓底四周有熟土二层台，但四周的宽度皆不相同，东侧最宽为1.5米，北侧最窄为1米，西侧宽1.3米，南侧宽1.2米，高度约为1.18米。墓坑内填土为黄褐色五花土，亦含有一定量的砂，经过人工夯筑，土质致密，夯层厚0.2～0.25米，夯窝直径约为0.06米。葬具为一棺一椁，外椁长约2.88米，宽2.2米，残高0.7米，椁板厚为0.04米；内棺长约2.12米，宽0.8米，残高0.4米，棺板厚0.04米[3]，棺中有腐朽人骨架一具，葬式与性别已无法判断，棺底铺有厚约0.05米的朱砂。紧靠椁室南壁放置有一木质器物箱，长2.7米，宽1.2米，残高1.18米，木板厚约0.04米，箱内放置随葬品62件。其中青铜器49件，有铭

①《山东枣庄春秋时期小邾国墓地的发掘》记M2出土器物数量为52件，青铜器39件，实为累计错误，《枣庄东江小邾国贵族墓地发掘的意义及相关问题》一文已将M2出土器物数量订正为62件，青铜器49件。另加M4出土青铜箭镞130件，故称共出土随葬品232件，青铜器203件。

②李光雨、刘爱民：《枣庄东江小邾国贵族墓地发掘的意义及相关问题》，《东岳论丛》2007年第2期。

③枣庄市博物馆、枣庄市文物管理办公室：《枣庄市东江周代墓葬发掘报告》，《海岱考古》（第四辑），北京：科学出版社，2011年，第141～231页。

者10件，铭文内容较为复杂。三件铜鼎内保存有猪骨、牛骨及鱼骨，陶罐内有粮食①。

M3墓向75°，南距M2约0.7米，其余三面皆无遗迹，保存完好。墓室略呈正方形，为竖穴土坑墓，墓室南北长约6米，东西宽5米，深4.3米，无墓道，形制比M2稍小。墓底四周有熟土二层台，但四周宽度皆不相同，南侧宽度为1.5米，西侧宽度为1.4米，东侧宽度为1.5米，北侧宽度为1.4米，高1米。墓坑内填土为黄褐色五花土，亦含有一定量的砂，经过人工夯筑，土质致密，夯层厚0.15～0.25米，夯窝直径约为0.05米。葬具为一棺一椁，外椁长约2.48米，宽1.4米，残高1米，椁板厚为0.04米，内棺长约2米，宽0.74米，残高0.5米，棺板厚0.04米②，棺中有腐朽人骨架一具，葬式与性别已无法判断，棺底铺有厚约0.05米的朱砂。亦有木质器物箱放置于椁室南侧，长2.5米，宽1.4米，残高0.6米，木板厚约0.04米，箱内放置随葬品34件。其中青铜器19件，有铭者9件③。

M4方向为80°，北距M1约2.7米，西南距M5约6米，距M6约4米，其封土被当地村民取土掘去约3米，并被多次盗掘。墓室略呈正方形，为竖穴土坑墓，东西长6.54米，南北宽6.36米，残深2.4米，墓道部分被村民取土破坏。墓室形制可能与M2、M3相似，南部发现了似木质器物箱的四角垫石。由于破坏严重，墓室内的棺椁、器物箱、二层台等尺寸不清楚，绝大部分随葬品也被盗掘一空，仅在墓室西南角发现青铜箭镞130枚④。

M5方向为80°，北距M6约2米，东北距M4约6米，南邻断崖。该墓葬破坏严重，东半部分已被当地村民取土破坏，并遭到多次盗掘。墓室近似长方形，为竖穴土坑墓，长约6米，宽约5.2米，残深4.5米，墓道已被破坏，墓葬的原始形状应为甲字形⑤。由于被破坏相当严重，墓室内的棺椁、器物箱、二层台等尺寸不明，除了在清理中发现部分青铜簠碎片外，无其他随葬品出土。

M6方向为90°，南距M5约2米，该墓葬东半部分被当地村民取土破坏，仅残余西侧1/3的墓室，在墓葬东南部，发现巨大盗洞，直径约1.2米。墓室形制不详，为竖穴土坑

---

①李光雨、刘爱民：《枣庄东江小邾国贵族墓地发掘的意义及相关问题》，《东岳论丛》2007年第2期。

②枣庄市博物馆、枣庄市文物管理办公室：《枣庄市东江周代墓葬发掘报告》，《海岱考古》（第四辑），北京：科学出版社，2011年，第141～231页。

③李光雨、刘爱民：《枣庄东江小邾国贵族墓地发掘的意义及相关问题》，《东岳论丛》2007年第2期。

④枣庄市博物馆、枣庄市文物管理办公室：《枣庄市东江周代墓葬发掘报告》，《海岱考古》（第四辑），北京：科学出版社，2011年，第141～231页。

⑤枣庄市博物馆、枣庄市文物管理办公室：《枣庄市东江周代墓葬发掘报告》，《海岱考古》（第四辑），北京：科学出版社，2011年，第141～231页。

墓，东西长5米，南北宽4米，残深2.7米[①]。由于取土破坏和多次盗掘，墓葬结构已无法判断，亦无任何随葬品。

小邾国墓地六座墓葬均大致朝东，四座带有墓道，两座无墓道，皆为竖穴土坑墓，填土经过夯筑，有熟土二层台，墓底无腰坑及殉狗。墓室内置一棺一椁及木质器物箱，随葬品有铜器、玉器、陶器等。该墓地的墓葬规模较大，形制规整，且带有墓道，随葬品规格也比较高，应为春秋早期小邾国国君墓地。

（二）小邾国墓地的棺椁制度

棺椁制度不仅指棺椁的重数，也包括棺椁的材质、尺寸、棺饰以及棺束等。《礼记·檀弓上》云："天子之棺四重：水、兕革棺被之，其厚三寸；杝棺一，梓棺二，四者皆周。棺束，缩二，衡三，衽每束一，柏椁以端长六尺。"[②]即是从棺椁重数、材质、尺寸、棺饰、棺束诸方面对天子棺椁制度的记载。棺饰、棺束本是区别墓葬等级的重要依据，但由于年代久远，大部分已腐朽不可辨认，特别是在小邾国墓地中并未发现这类遗物，故本书无法就此方面进行论述。棺椁材质也是判断不同时期、不同族属、不同等级墓葬的重要依据，如《礼记·檀弓上》曰："有虞氏瓦棺，夏后氏堲周，殷人棺椁，周人墙、置翣。周人以殷人之棺椁葬长殇，以夏后氏之堲周葬中殇、下殇，以有虞氏之瓦棺葬无服之殇。"[③]记载了虞夏商周时期棺椁材质的不同，另外，棺椁的材质也是墓主人身份的反映，如汉代皇帝赐诸侯王的黄肠题凑，即是用黄心柏木垒筑的椁室，是墓主人显赫地位的象征，也是高规格墓葬的体现。但是由于以往对棺椁的材质并不十分重视，以及技术条件有限，材质鉴定上有一定的技术难度，往往对此关注不够，现有资料也未提及小邾国墓地墓葬的棺椁材质。因此，本书只能从棺椁重数和尺寸方面对小邾国墓地的棺椁制度进行讨论。

1. 棺椁重数

文献记载的周代棺椁制度相当严格，有关棺椁重数的记载较多，如前文提到《礼记·檀弓上》曰："天子之棺四重。"另有《荀子·礼论篇》曰："天子棺椁十（七）重，诸侯五重，大夫三重，士再重。"[④]《庄子·天下》曰："天子棺椁七重，

---

①枣庄市博物馆、枣庄市文物管理办公室：《枣庄市东江周代墓葬发掘报告》，《海岱考古》（第四辑），北京：科学出版社，2011年，第141～231页。

②（清）阮元校刻：《十三经注疏·礼记正义》，北京：中华书局，1980年，第1293页。

③（清）阮元校刻：《十三经注疏·礼记正义》，北京：中华书局，1980年，第1275、1276页。

④（清）王先谦撰，沈啸寰、王星贤点校：《荀子集解》，北京：中华书局，1988年，第359页。

诸侯五重，大夫三重，士再重。”①《礼记》言天子之棺四重，《荀子》与《庄子》言天子棺椁七重，由此可以推断天子棺椁七重即三重椁四重棺，以此类推，则可知诸侯为二重椁三重棺，大夫一重椁二重棺，士为一重椁一重棺。然而，就目前的考古资料而言，文献记载的这种等级森严的棺椁制度实际上并不存在，西周到春秋早期各地各级墓葬中，棺椁数至多仅一椁二棺。这种三重棺椁的丧葬制度不仅见于晋侯、黄君、虢公等国君级的墓葬，而且也见于普通贵族和士一级的墓葬中。由此可知，文献记载的棺椁制度可能在西周时期并没有广泛实行。

袁胜文先生认为：“棺椁制度形成于新石器时代晚期，夏商西周是棺椁制度继续发展时期，春秋中晚期至战国早期逐步形成完整的多重棺椁制度。”②赵化成先生认为：“西周至春秋早期是周代棺椁多重制度的滥觞期，春秋中期至战国早期是周代棺椁多重制度的形成期，而战国中晚期则是周代棺椁多重制度的僭越与破坏期。”③邵崇山先生则认为：“棺椁萌芽于新石器时代中晚期，勃兴于商代，西周到春秋达到鼎盛，衰微于战国以后。”④李玉洁先生认为：“三《礼》所载的棺椁等级制度，是在战国后期的楚国出现，在西汉早、中期形成的一种制度。”⑤由此可见，关于棺椁等级制度的形成与实行，学界众说纷纭，我们只能通过现有的考古资料结合文献记载加以考证和总结。

小邾国墓地由于受村民取土和不法分子盗掘双重破坏，仅在M2与M3两座墓葬中发现了较为清晰完整的棺椁朽灰，其棺椁重数均为一棺一椁。其他四座墓葬除M6被彻底破坏外，其余三座墓葬均或多或少存有可推测其棺椁重数的证据。

第一，发掘资料表明，M1、M2、M4、M5均设有墓道，M3却无墓道，故M3规格略低于以上四座墓葬，而M3棺椁重数为一棺一椁，可推知前四座墓葬棺椁重数应不低于一棺一椁。

第二，从墓葬规模上看，M1、M2、M5规模相当，墓口面积为31~36平方米，M4规模略大，墓口面积达到41.6平方米，M3在这五座墓葬中规模最小，墓口面积30平方米，因此，从面积看五座墓葬中M4面积最大，M1、M2、M5次之，M3最小。同样反映出以上四座墓葬规格略高于M3。M3棺椁重数为一棺一椁，亦可推知此四座墓葬棺椁重数应不低于一棺一椁。

第三，发掘资料中均提到M1至M5内皆放置有器物箱，其中M2和M3的器物箱设置

①（清）郭庆藩撰，王孝鱼点校：《庄子集释》，北京：中华书局，1961年，第1074页。

②袁胜文：《棺椁制度的产生和演变述论》，《南开学报》2014年第3期。

③赵化成：《周代棺椁多重制度研究》，《国学研究》（第五卷），北京：北京大学出版社，1998年。

④邵崇山：《先秦时期墓葬棺椁制度略论》，《保定学院学报》2011年第4期。

⑤李玉洁：《试论我国古代棺椁制度》，《中原文物》1990年第2期。

在墓室南侧，器物箱底部高出棺底0.4米，并紧靠椁室的南壁。M1、M4、M5虽未发现完整的器物箱，但都在墓室南侧发现了高出棺底0.4～0.6米的器物箱残骸，证明有器物箱存在，且皆紧靠椁室南壁，可推测出M1、M4、M5全部有棺有椁。

由上述三点证据我们可以初步推断，M1、M5与M2形制相似，棺椁重数应该与M2相同。M4规格或略大于M1、M2、M5，但仅表现在墓室面积方面，且差距并不十分悬殊。M2墓室面积大于M3，且有墓道，但棺椁重数却与M3相同，故可推M4虽墓室面积略大，但棺椁重数应与其他四座墓葬相同。M2已确定为一棺一椁，故M1、M4、M5棺椁重数应皆为一棺一椁。除此五座墓葬外，M6被破坏最为严重，整个墓室仅剩1/3，通过推算其规模在六座墓葬中最小，墓室面积为20平方米，故其规模略低于其余五座，棺椁制度或有所不同，但具体情况已无从得知。

根据文献记载，诸侯国君葬具应为二椁三棺五重棺椁，墓葬为带有墓道的甲字形墓葬。然而在小邾国墓地中，六座墓葬虽有四座为带有墓道的甲字形大墓，但除了M6棺椁重数无法判断外，其余五座均为一棺一椁的再重规格，显然与文献记载有较大出入。

另外，墓道是判断墓主人身份地位高低的重要标准，周代的墓制承袭自商代，目前发现的安阳殷墟商代大墓中，商王的墓葬一般为具有四条墓道的亚字形大墓，亦有南北各设置一条墓道的中字形墓葬，其他贵族为一条墓道的甲字形墓葬。西周王陵虽然至今尚未发现，但在大约与小邾国墓地处于同一时期的晋侯墓地，17座晋侯及夫人墓中16座墓葬有墓道，8座可以确定是晋侯墓，都是单墓道，即甲字形墓葬。只有M63和M92两座拥有双墓道，为中字形墓葬①。说明晋国国君及其夫人是可以用墓道的。平顶山应国墓地，国君一级的大型墓葬也有墓道，而非国君的一般贵族墓葬都无墓道，反映出应国国君也是可以使用墓道的。这说明，诸侯国君及其夫人的墓葬均可设置墓道，而国君以下的贵族则一般不可享受这一待遇。

由此可见，小邾国墓地带墓道的墓葬为国君墓，应无太大问题。但棺椁制度却只是文献记载的士一级的再重棺椁的规制，显然与其墓主人的诸侯国君地位不相符合，造成这种差异的原因可能有以下三点。

第一，小邾国国小势微，且地处东夷地区，被中原诸夏所不齿。起初小邾仅为其母邦邾国的附庸，后来又依附于鲁、齐、宋等大国，小邾君虽为一国之君但等级地位不高。例如，《左传·昭公二十三年》云："叔孙婼如晋……晋人使与邾大夫坐，叔孙曰：'列国之卿当小国之君，固周制也。邾又夷也。寡君之命介子服回在，请使当

①北京大学考古学系、山西省考古研究所：《天马—曲村遗址北赵晋侯墓地第二次发掘》，《文物》1994年第1期。

之，不敢废周之制也。’仍不果坐。”[①]鲁国三桓之一的叔孙氏为鲁国上卿，其自言地位与邾国国君相同，且称邾为夷，故不与邾大夫作为诉讼双方坐而辩论。邾国在鲁国上卿眼中尚且如此，小邾国之地位可见一斑。另《礼记·王制第五》曰：“天子之三公之田视公侯，天子之卿视伯，天子之大夫视子男，天子之元士视附庸。”[②]小邾国虽日后被周天子册命为子爵，但小邾国墓地年代属春秋早期，即建国之初的附庸阶段，故其礼视如元士，棺椁制度为再重。

第二，小邾国墓地所处时期为小邾国初建时期，其墓主人虽有国君之实，但尚未获得周天子册命。《左传·庄公五年》记载曰：“五年秋，郳犁来来朝。名，未王命也。”[③]郳与小邾为一国已在此次发掘出土的铜器铭文中得到证实，《左传》称郳犁来名，而不书爵，正是由于他没有得到周天子的册命。小邾国墓地的时代早于郳犁来的生卒年代，其中M1出土的邾友父鬲铭文即称名，M2和M3出土的兒（郳）庆鬲、邾君庆壶铭文亦仅称名与邾君，未见有邾子、邾公等称谓。因此，早期小邾国国君虽有国君之实，却无爵位，其墓葬自然是虽有国君地位的墓道，但也只能用较低规格的一棺一椁。

第三，西周至春秋时期，虽有棺椁制度，但并不像文献记载构拟的那么严格与规范。记载西周棺椁制度的各种文献，基本皆成书于战国以后，或并非当时棺椁制度的真实反映，仅是一种理想化的礼仪构拟。目前已发掘的西周到春秋早期的列国墓葬中，尚未发现棺椁制度与文献记载完全吻合的例子。例如，河南三门峡上村岭虢国西周晚期至春秋早期的墓葬中，仅有虢国国君和太子享受最高规格的一椁二棺，占总数49%的墓葬则采用一棺一椁[④]。河南光山春秋早期黄国墓地，国君与其夫人墓葬的葬具同样用一椁二棺[⑤]。洛阳中州路春秋墓M2415，为士等级墓葬，其葬具也用一椁二棺[⑥]。陕西边家庄春秋早期秦国大夫墓M1和M5葬具为一棺一椁[⑦]。同为一椁二棺既有国君又有太子，甚至士也可使用此等规格的葬具。可见直至春秋早期，列国墓葬的棺椁制度仍较为混乱，与前文提到赵化成先生考察的结果基本相同。这一时期罕见三重

①（清）阮元校刻：《十三经注疏·春秋左传正义》，北京：中华书局，1980年，第2101页。

②（清）阮元校刻：《十三经注疏·礼记正义》，北京：中华书局，1980年，第1322页。

③（清）阮元校刻：《十三经注疏·春秋左传正义》，北京：中华书局，1980年，第1764页。

④中国科学院考古研究所：《上村岭虢国墓地》，北京：科学出版社，1959年。

⑤河南信阳地区文管会、光山县文管会：《春秋早期黄君孟夫妇墓发掘报告》，《考古》1984年第4期。

⑥中国科学院考古研究所：《洛阳中州路（西工段）》，北京：科学出版社，1959年。

⑦尹盛平、张天恩：《陕西陇县边家庄一号春秋秦墓》，《考古与文物》1986年第6期；陕西省考古研究所宝鸡工作站、宝鸡市考古工作队：《陕西陇县边家庄五号春秋墓发掘简报》，《文物》1988年第11期。

椁以上的墓葬，更不见文献所记五重棺椁的诸侯墓与七重棺椁的天子墓。因此，小邾国君墓葬葬具为一棺一椁也就不足为奇了。

2. 棺椁尺寸

传世文献中有关棺椁尺寸的记载较少，主要见于《礼记·檀弓上》所载："天子之棺四重……柏椁以端，长六尺。"[①]这段记述很不详细，此六尺为天子椁材每段六尺，而非总长六尺，总长已不可考，而且仅记载了天子椁室的尺寸，未言明诸侯棺椁尺寸大小。《说文·木部》曰："棺，关也，所以掩尸。椁，葬有木郭也。"段玉裁注曰："以木为之，周于棺，如城之有郭也。"[②]可知椁之于棺，如同内城外的郭城，城的大小，在周代是有较为明确的规定。《周礼·考工记·匠人》曰："匠人营国，方九里，旁三门。"[③]营国为营造国家的都城，即天子之都。关于诸侯之都，《左传·隐公元年》曰："先王之制，大都不过参国之一，中，五之一，小，九之一。"郑玄注曰："王城方九里，公城方七里，侯伯城方五里，子男城方三里。"[④]可见，《说文》将椁比为城郭，城郭的形制是有明确记载和等级差别的，所以可以肯定棺椁的大小尺寸也是有等级差别的，只不过我们今天只能看到对天子棺木尺寸的记载。有关棺椁厚度的记载见于《礼记·丧大记》："君大棺八寸，属六寸，椑四寸。上大夫大棺八寸，属六寸。下大夫大棺六寸，属四寸。士大棺六寸。"[⑤]通过棺椁大小和厚薄的尺寸可以看出，不同等级的人所用棺椁的尺寸是不同的。

另外，《礼记》所载尺与寸的长度，乃是周代之制度，与我们今天的尺寸必然是有差异的。因此，我们必须搞清楚当时的尺与寸的长度，才能与考古发现的棺椁尺寸进行比较研究。

在周代，尺已有大尺、小尺之分，并且具有地区性。就大尺而言，较长的百粒黑黍横排的尺（长24.63厘米）最早起源于晋国等夏民族的旧地，其后用于周鲁地区；较短的百粒红黍横排的尺（长23.1厘米）行于中原地区，到战国时这种稍短的红黍尺通行范围更为扩大，黑黍尺终被后者所取代[⑥]。罗福颐先生编纂的《传世历代古尺图录方》一书，所录周代晚期古尺共七把，其长度分别为22.7、23、22.7、23、23、23.1、23.1厘米。七把古尺长度皆在23厘米左右，可见学界所说的百粒红黍横排尺确实存在，

①（清）阮元校刻：《十三经注疏·礼记正义》，北京：中华书局，1980年，第1293页。

②（汉）许慎撰，（清）段玉裁注：《说文解字注》，上海：上海古籍出版社，1988年，第270页。

③（清）阮元校刻：《十三经注疏·周礼注疏》，北京：中华书局，1980年，第927页。

④（清）阮元校刻：《十三经注疏·春秋左传正义》，北京：中华书局，1980年，第1716页。

⑤（清）阮元校刻：《十三经注疏·礼记正义》，北京：中华书局，1980年，第1583页。

⑥吴慧：《春秋战国时期的度量衡》，《中国经济史研究》1991年第4期。

并取代了另一种黑黍尺成为当时的主流。曾武秀先生根据出土赗册实长13.5厘米，按古代简牍制度，该赗册长六寸；又根据辉县琉璃阁车马坑中的车轨实际长度，与《周礼·考工记》规定车轨长八尺之说，皆推定春秋战国时期尺长为约22.5厘米[①]。两者相差不大，将周代一尺暂定为23厘米，应该是较有说服力的。关于寸长，《说文·尺部》云："尺，十寸也。人手却十分动脉为寸口，十寸为尺。"[②]但又在"咫"字条中说："咫，中妇人手长八寸谓之咫，周尺也。"[③]由此可见，周制一尺为八寸，否定了前尺为十寸之说，但段玉裁注曰："八寸为尺，周末始有之，与许说异……是可证周未尝八寸为尺矣。"[④]通过段玉裁考证，周尺取十寸为尺较为合适，我们在此也遵从段玉裁的说法。

小邾国墓地仅M2与M3保存了棺椁朽灰，虽除M6外其余墓葬可推断为一棺一椁，但棺椁的形制已无从知晓。M2外椁长2.88米，宽2.2米，残高0.7米，椁板厚0.04米；内棺长2.12米，宽0.8米，残高0.4米，棺板厚度同样为0.04米。M3外椁长2.48米，宽1.4米，残高1米，椁板厚0.04米；内棺长2米，宽0.74米，高0.5米，棺板厚仍为0.04米。折合为周代尺寸，M2外椁长约十二尺五寸，宽约九尺五寸，残高约三寸；内棺长约九尺二寸，宽约三尺四寸，残高一尺七寸，板厚均为一寸七分。M3外椁长约十尺八寸，宽约六尺一寸，残高约四尺三寸；内棺长约八尺七寸，宽约三尺二寸，高约二尺二寸，板厚皆为一寸七分。

由是观之，传世文献虽无棺椁长度的记载，但仅棺板厚度一项，即便小邾国为附庸，只相当于天子之元士，其棺板厚度按文献记载须达到六寸，而小邾国墓地M2与M3棺板厚度只有一寸七分，与文献记载相去甚远，而且，内棺与外椁厚度相同，并不见逐次递减的差异。关于棺椁的尺寸问题，印群先生通过对春秋时期上村岭虢国墓地、侯马晋国墓地以及洛阳中州路墓地研究后，认为葬具大小已经形成一定的统一性。棺椁的尺寸与重数、出土随葬品的多寡及随葬品等级高低和墓主人身份尊卑是具有趋同性的，葬具的大小是墓主人身份地位的可靠标志[⑤]。简言之，相同等级的墓葬，其棺椁尺寸是相同的，不同等级的墓葬，其棺椁尺寸则成等差排列。但遗憾的是，印群先生对文献有明确记载的棺椁厚度与墓葬等级的关系未作阐述，众多考古资料中，对这一

①曾武秀：《中国历代尺度概述》，《历史研究》1964年第3期。

②（汉）许慎撰，（清）段玉裁注：《说文解字注》，上海：上海古籍出版社，1988年，第401页。

③（汉）许慎撰，（清）段玉裁注：《说文解字注》，上海：上海古籍出版社，1988年，第401页。

④（汉）许慎撰，（清）段玉裁注：《说文解字注》，上海：上海古籍出版社，1988年，第402页。

⑤印群：《黄河中下游地区的东周墓葬制度》，北京：社会科学文献出版社，2001年，第174页。

问题或多或少皆有忽视，给这方面的研究带来了一定的困难。尽管如此，可以肯定的是在西周至春秋时期，棺椁尺寸与墓葬的等级已经开始形成一定的制度，这种制度并不合乎传世文献的记载，文献可能只是对这一制度完善修改后的记录，并不能反映当时的真实情况。正如小邾国墓地的M2与M3，两座墓葬在棺椁尺寸上差异不大，厚度上更是完全相同，两座墓葬的等级规模也基本相同，可见，这种棺椁尺寸应与该等级墓葬是吻合的。

（三）小邾国墓地的礼器组合与用鼎制度

鼎为饪食器，产生于新石器时代早期，主要用于烹饪和盛放肉食。进入夏商周三代后，鼎逐渐成为一种礼器，演化为国家与王权的象征。例如，传说中的夏禹收天下之金铸九鼎于荆山之下，以象征九州，及商灭夏，商汤迁九鼎于亳，周灭商，武王迁九鼎于镐京，后又有楚王问鼎，自此鼎成为国家和王权的象征。鼎被赋予“显赫”“尊贵”“权力”的意义，实则是从其功能的分化开始的。三代皆是以礼治国，礼制的产生也在于其三方面要素的成熟，一是礼物，“就是行礼所用的宫殿、舆服、器皿及其他物质的东西”；二是礼仪，“是使用礼物的仪容、动作”；三是礼意，“它是由礼物和礼仪所表达的实实在在的、明明白白的内容、旨趣或目的”[①]。简单来说，礼制的三个方面即为礼物、礼仪与礼意，礼物与礼仪是客观存在的，而礼意是蕴含在礼物与礼仪中，并通过礼物和礼仪来表达的。礼制的这三个要素分化并走向成熟后，鼎作为礼物中的礼器，且为最重要的礼器，它的功能也产生了分化，可以称之为实用之鼎和礼器之鼎，即俞伟超、高明先生所论证的镬鼎、羞鼎与升鼎[②]。

周代的用鼎制度即产生在鼎的功能分化成为礼器之后，《左传·成公十三年》云：“国之大事，在祀与戎。”[③]鼎作为祭祀活动中的重要礼器，其使用有严格的规定。例如，《公羊传·桓公二年》曰：“宋始以不义取之，故谓之郜鼎。”何休注曰：“礼祭，天子九鼎，诸侯七，卿大夫五，元士三也。”[④]由此可见，不同的身份等级的贵族所用鼎的数量是不同的。另外，与鼎配合使用的礼器主要是簋，当然也有其他器物。

①陈成国：《中国礼制史·先秦卷》，长沙：湖南教育出版社，2002年，第8、9、25页。

②俞伟超、高明：《周代用鼎制度研究》（上），《北京大学学报》1978年第1期。

③（清）阮元校刻：《十三经注疏·春秋左传正义》，北京：中华书局，1980年，第1911页。

④（清）阮元校刻：《十三经注疏·春秋公羊传注疏》，北京：中华书局，1980年，第2214页。

1. 礼器组合

小邾国墓地仅有三座墓葬出土青铜礼器，数量达到了40件，器形较为丰富，为研究春秋早期诸侯国君墓葬的礼器组合，提供了丰富的材料。

M1，已被盗扰，出土铜鬲4件，形制铭文皆相同；铜瓶1件。

M2，保存完整，随葬铜列鼎4件；铜鬲4件，形制铭文皆相同，但异于M1出土之鬲；铜簠4件，形制相同，但铭文不同；铜壶2件，形制铭文皆相同；铜罍1件；铜盘1件；铜匜1件（图1-2）。

图1-2　M2随葬青铜礼器组合

（采自政协枣庄市山亭区委员会：《小邾国文化》，北京：中国文史出版社，2006年）

M3，保存完整，随葬铜列鼎3件；铜簠4件，形制铭文皆相同，且形制同于M2出土之簠；铜鬲2件，形制铭文相同，且皆同于M2出土之鬲；铜壶2件，形制相同，而异于M2出土之壶；铜罍2件，形制相同，但异于M2出土之罍；铜舟1件；铜方奁1件；铜提梁罐1件；铜匜形鼎1件；铜盘1件，形制异于M2之盘（图1-3）。

另外，2003年初小邾国墓地盗掘案被山东、安徽两省警方联手侦破，追缴了一部分被盗器物，现藏于安徽博物院。其余器物部分被盗卖至香港、澳门等地后，由北京中贸圣佳国际拍卖公司从澳门购回，另有部分器物下落不明。目前可见并录入枣庄市政协台港澳侨民族宗教委员会和枣庄市博物馆编著的《小邾国遗珍》一书的青铜礼器共38件。

北京中贸圣佳国际拍卖公司购回的青铜器，壶6件，其中4件形制、铭文皆与M2出土之壶相同，另2件形制相同，异于前4件；盘3件，形制略有不同，与前者皆异；罍1件，形制与前者皆异；盨2件，形制相同；列鼎5件，形制与前者皆异。

安徽博物院收藏的青铜器，鬲4件，两两铭文相同，形制与M2、M3出土的鬲形制

图1-3　M3随葬青铜礼器组合

（采自政协枣庄市山亭区委员会：《小邾国文化》，北京：中国文史出版社，2006年）

大致相同；匜2件，形制异于M2出土之匜，其中1件残；簠2件，形制相同，与M2、M3出土之簠不同；壶1件，形制略异于之前所见者；鼎9件，其中5件为列鼎，形制相同，且同于北京中贸圣佳国际拍卖公司收藏之鼎，另4件亦为列鼎，形制异于之前所见者；罍2件，形制不同，且异于之前所见者；盉1件。

除此之外，还有3件青铜鬲，与M1出土的4件形制、铭文皆相同，分别为北京故宫博物院收藏、山西省警方缴获和私人收藏，也应是该墓地出土之物。

综上所述，从小邾国墓地M2与M3的情况来看，鼎、鬲、簠、壶等主要随葬礼器皆呈偶数组合出现，而且从出土礼器数量与礼器组合形式来看，也证明两座墓葬规格相近，M2规格可能略高于M3。另外，综合追缴与购回的器物来看，不同器形的青铜礼器数量分别为鼎21件，鬲17件，壶11件，簠10件，罍6件，盘5件，匜3件，盨2件，其他器形皆为1件。可见礼器组合以鼎、鬲、壶、簠最为重要，并辅以罍、盘、匜等，而缺少了最常与鼎搭配使用的簋，这一点虽与文献记载出入较大，但是在以往周代墓葬的考古发现中并不足以为奇。例如，信阳平桥春秋早期的M2，出土青铜礼器组合为鼎、簠、壶、盘、匜①；江陵岳山春秋中期楚墓，出土青铜礼器组合为鼎、簠、盏、浴缶、盘、匜②；淅川下寺M7、M8，时代为春秋中期，出土青铜礼器组合分别为鼎、簠、盏、浴缶、盘、匜和鼎、簠、盉、浴缶、匜等③。另外，簠出现于西周晚期，流行于春秋早期以后，小邾国墓地的年代正值此时，故随葬较多青铜簠也是符合时代特征

①河南省博物馆、信阳地区文管会、信阳市文化局：《河南信阳市平桥春秋墓发掘简报》，《文物》1981年第1期。

②荆州地区博物馆：《江陵岳山大队出土一批春秋青铜器》，《文物》1982年第10期。

③河南省文物研究所：《淅川下寺春秋楚墓》，北京：文物出版社，1991年。

的。因此，簋与鼎并非如文献记载那样，必须是搭配使用，二者不同时出现即不配套使用的情况亦很多，小邾国墓地未出现鼎、簋搭配亦属正常。

2. 用鼎制度

周代的用鼎制度文献记载较为详细，除前文提到《公羊传》的记载外，还有《周礼·秋官·掌客》云："王合诸侯而飨礼，则具十有二牢……上公五积……鼎簋十有二……侯伯四积……鼎簋十有二……子男三积鼎簋十有二。" 郑玄注曰："鼎十二者，饪一牢，正鼎九，与陪鼎三。"①可见，王合诸侯时用鼎为十二，但有3件是陪鼎，证明九鼎太牢为天子之礼。少牢五鼎，《礼记·玉藻》云："朔月少牢，五俎四簋。"②五俎分别盛豕、鱼、腊、羊、羊内脏，亦可用鼎。士使用三鼎，《仪礼·士丧礼》："朔月，奠用特豚、鱼、腊，陈三鼎如初。"③如此严格的用鼎制度，在当时是否能被执行，学界尚存在诸多争议。俞伟超和高明二位先生认为，"三礼"记载的用鼎制度在西周初年就已具备了完整的形态，只不过在春秋早期、春秋中期至战国早期、战国中晚期遭受过三次破坏④。林沄先生的看法是"三礼"等记载有用鼎制度的先秦文献，几乎皆成书于战国晚期，且记录过于片面，缺乏整体性、明确性，甚至互相矛盾⑤ 。印群先生则认为，用鼎制度在西周时期就已经出现并形成一定的制度，但尚未发展成熟，春秋时期是列鼎制度发展成熟的时期，而战国时期是其崩坏的时期⑥。虽然众说纷纭，但用鼎制度可能在西周时期已经产生，只是不像后世文献记载的那么严格，这一点在小邾国墓地中亦可得到证明。

M2出土列鼎4件，其中3鼎内保存着猪骨、牛骨和鱼骨。4件列鼎，其规格高于士而低于大夫，但鼎中保存着牛骨，又远远高出大夫的级别。按照《仪礼·聘礼》云："饪一牢，鼎九……南陈：牛、羊、豚、鱼、腊、肠胃同鼎、肤、鲜鱼、鲜腊。"⑦可见，牛只有太牢才可配用，五鼎少牢则不可有牛。M2仅3件鼎保存着肉食，却有牛骨，显然是不符合礼制的。另外，牛、豕、鱼三种肉食的组合也不见文献记载，与豚、鱼搭配，并有三鼎的往往是腊，也就是腊肉。例如，《仪礼·士虞礼》云："特

①（清）阮元校刻：《十三经注疏·周礼注疏》，北京：中华书局，1980年，第900、901页。

②（清）阮元校刻：《十三经注疏·礼记正义》，北京：中华书局，1980年，第1474页。

③（清）阮元校刻：《十三经注疏·仪礼注疏》，北京：中华书局，1980年，第1142页。

④俞伟超、高明：《周代用鼎制度研究》（上），《北京大学学报》1978年第1期。

⑤林沄：《周代用鼎制度商榷》，《史学集刊》1990年第3期。

⑥印群：《论周代列鼎制度的嬗变——质疑"春秋礼制崩坏说"》，《辽宁大学学报》1999年第4期。

⑦（清）阮元校刻：《十三经注疏·仪礼注疏》，北京：中华书局，1980年，第1059页。

豕馈食……鱼、腊爨亚之……陈三鼎于门外之右。”[①]又《士昏礼》云：“陈三鼎于寝门外东方……特豚……鱼十有四；腊一肫。”[②]皆言豚、鱼与腊搭配用三鼎。因而，有学者推断牛骨是当年的腊肉，年久肉烂只存骨头[③]，但文献所记之“腊”多是兔腊，《仪礼·士虞礼》云：“特豕馈食……鱼、腊爨亚之……陈三鼎于门外之右。”杨天宇注曰：“此三鼎分别盛豕、鱼、兔腊。”[④]另外，《周礼·天官·腊人》云：“腊人掌干肉，凡田兽之脯、腊、膴、胖之事。”郑玄注曰：“腊，小物全干。”[⑤]可见，“腊”是将小动物风干后制成，而且脯、膴、胖均指切成片的肉，也不可能会有骨。另外，《礼记·王制》说得很清楚：“诸侯无故不杀牛，大夫无故不杀羊，士无故不杀犬、豕，庶人无故不食珍。”[⑥]可见周代对牛是十分重视的，应不可能以牛做腊。因此，M2出土铜鼎中的牛骨不可能是牛肉制作的腊，应确实为太牢才能使用的牛肉（图1-4）。

图1-4　M2出土列鼎

（采自枣庄市政协台港澳侨民族宗教委员会、枣庄市博物馆：《小邾国遗珍》，北京：中国文史出版社，2006年）

M3出土列鼎3件，通过前文之对比，其规格略低于M2，故列鼎较M2少1件，或用士礼随葬三鼎（图1-5）。

M3的用鼎情况尚属清晰，但M2的情况则略显混乱，鼎的件数少却有太牢才能使用的牛，随葬列鼎数为偶数，异于通常所见情况，造成这种现象的原因，可能有以下四点。

第一，小邾国墓地确实存在僭越现象。小邾国国小势微，常为诸夏不齿，其墓

①（清）阮元校刻：《十三经注疏·仪礼注疏》，北京：中华书局，1980年，第1167页。

②（清）阮元校刻：《十三经注疏·仪礼注疏》，北京：中华书局，1980年，第963页。

③杨爱国：《小邾国贵族丧葬礼俗初探——以枣庄东江小邾国墓地为例》，《枣庄学院学报》2005年第1期。

④杨天宇：《仪礼译注》，上海：上海古籍出版社，2004年，第404页。

⑤（清）阮元校刻：《十三经注疏·周礼注疏》，北京：中华书局，1980年，第664页。

⑥（清）阮元校刻：《十三经注疏·礼记正义》，北京：中华书局，1980年，第1337页。

图1-5　M3出土列鼎

（采自枣庄市政协台港澳侨民族宗教委员会、枣庄市博物馆：《小邾国遗珍》，北京：中国文史出版社，2006年）

地出现僭越情况，看似不太可能，但是，小邾国墓地处于春秋早期，周天子实力日益衰弱，礼乐征伐自诸侯出，西周初年周王分封齐鲁以定东夷，而此时齐鲁已各自为政，周王朝对东夷诸国的震慑力渐弱。且小邾国早期为其母邦邾国附庸，《左传》常有邾鲁互相攻伐的记载，可见邾国与鲁国是敌对国家。《左传·昭公二年》曰："二年春，晋侯使韩宣子来聘，且告为政，而来见，礼也。观书于大史氏，易、象与鲁春秋，曰：'周礼尽在鲁矣。'"[①]可见，鲁国为当时传承周礼最为完善的国家，邾与鲁长期为敌，故有不遵循周礼的客观因素，作为邾国附庸的小邾国，僭越周礼，仅四鼎即用太牢之礼，亦不无可能。

第二，M2用四鼎，M3用三鼎，规格比大夫尚且不足，可能与小邾国未受周天子册封有关。前文已有论述，小邾国为附庸，等级与天子之元士同，M3用三鼎即为士礼。小邾国君虽未受王命，但作为一国之君是客观事实，且M2规格略高于M3，僭越士礼，用鼎多于M3也合乎情理。

第三，小邾国墓地用鼎数量可能与当时用鼎制度混乱有关。关于用鼎制度的形成，学界各抒己见，前文已有提及，有学者认为先秦礼书多成书于战国，反映的应该是战国的情况，春秋早期尚未形成定制；另有学者认为，用鼎制度早已形成，且在春秋时期就已经开始被破坏。两种说法都反映出当时用鼎制度的混乱。故小邾国墓地混乱的用鼎制度，也与当时的历史背景相吻合，是时势所趋。

第四，关于M2列鼎数为偶数的问题。李玉洁先生曾提出："殷人与其文化影响所及的东夷、南淮、秦国、楚国等国，用鼎数量与簋、簠、敦、缶等器物数量一样，皆为成对或偶数组合出现。"[②]小邾国不仅地处东夷地区，而且传说其先祖为陆终、祝

①（清）阮元校刻：《十三经注疏·春秋左传正义》，北京：中华书局，1980年，第2029页。

②李玉洁：《中国古代的礼器组合制度》，《华夏考古》2006年第4期。

融，与楚国同源（后文有详细论述，此不赘言），因此，M2用四鼎随葬，或为遵循此种用鼎制度。

除此之外，小邾国墓地被盗案侦破后追缴的文物，另有两种型式的列鼎，安徽博物院藏9件，分为两种类型，一种4件（图1-6），另一种5件（图1-7），北京中贸圣佳国际拍卖公司从澳门购回5件（图1-8），形制与安徽博物馆所藏5件列鼎相同。小邾国墓地被盗掘的墓葬为四座，则此两种列鼎必出于这四座墓葬，其中4件形制相同，应出自一座墓葬当中。另两组各5件，虽然形制相同，但受小邾国国力和等级的限制，定不可能于一座墓葬中随葬10件列鼎，根据M2与M3鼎的随葬组合形式，这10件列鼎可能为3件、3件、4件三组分别出于三座墓葬当中，如此则墓地六座墓葬皆有列鼎出土，且随葬均为三四件。当然，被盗器物仍有部分下落不明，不能排除其中有鼎。M2与M3出土铜鼎形制相同，这两组10件鼎形制相同，另外4件列鼎和最后一座墓葬中的列鼎形制

图1-6　安徽博物院藏小邾国墓地被盗列鼎

（采自枣庄市政协台港澳侨民族宗教委员会、枣庄市博物馆：《小邾国遗珍》，北京：中国文史出版社，2006年）

图1-7　安徽博物院藏小邾国墓地被盗列鼎（该套列鼎共5件）

（采自枣庄市政协治港澳侨民族宗教委员会、枣庄市博物馆：《小邾国遗珍》，北京：中国文史出版社，2006年）

图1-8　北京中贸圣佳国际拍卖公司购回小邾国墓地被盗列鼎
（采自枣庄市政协台港澳侨民族宗教委员会、枣庄市博物馆：《小邾国遗珍》，北京：中国文史出版社，2006年）

相同，则六座墓葬中所出列鼎皆为两两形制相同，这就为六座墓葬的相互关系提供了更为有力的证据。当然，除M2、M3外，其他四座墓葬已被盗扰，即便随葬器物部分被追回，但也不能弥补出土信息缺失造成的遗憾，只能根据现有证据，做出较为合理的推断。

（四）小邾国墓地与其他诸侯国墓地丧葬制度比较研究

1. 应国墓地

应国为姬姓诸侯国，始封君是周武王之子，其墓地位于平顶山市北滍村，在已发表的墓葬资料中，M95①、M84②、M8③、M10④其时代为西周晚期至春秋早期，除M10墓主为夫人外，其余三座墓葬皆为应国国君之墓。

（1）墓葬形制

四座墓皆为长方形竖穴土坑墓，方向大体都是南北向，无腰坑，无殉人殉狗。

①河南省文物研究所、平顶山市文物管理委员会：《平顶山应国墓地九十五号墓的发掘》，《华夏考古》1992年第3期。

②河南省文物考古研究所、平顶山市文物管理委员会：《平顶山应国墓地八十四号墓发掘简报》，《文物》1998年第9期。

③河南省文物考古研究所、平顶山市文物管理局：《河南平顶山应国墓地八号墓发掘简报》，《华夏考古》2007年第1期。

④河南省文物考古研究所、平顶山市文物局：《平顶山应国墓地十号墓发掘简报》，《中原文物》2007年第4期。

M8、M10两座春秋早期墓有二层台，M84、M95两座西周晚期墓无二层台，三座国君墓有墓道，而夫人墓无墓道，具体情况详见表1-1。

表1-1　应国墓地墓葬形制表

墓号	墓室	墓道	方向	二层台	墓室面积（长×宽）
M8	竖穴土坑	单墓道	10°	有	7.8米×4.9米
M10	竖穴土坑	无	5°	有	5.72米×4.8米
M84	竖穴土坑	单墓道	6°	无	4米×2.64米
M95	竖穴土坑	单墓道	9°	无	5.2米×3.9米

（2）棺椁制度

棺椁制度方面，四座墓葬皆为一棺一椁，棺椁尺寸相差不大，棺底铺有朱砂，体现出了较强的一致性（表1-2）。

表1-2　应国墓地棺椁制度表　　（单位：米）

墓号	葬具	木椁尺寸				木棺尺寸			
		长	宽	高	厚	长	宽	高	厚
M8	一棺一椁	4.5	2.9	1.4	0.07	2.15	0.8	不详	不详
M10	一棺一椁	3.23	2.9	残1.2	0.13	2.04	1.36	不详	不详
M84	一棺一椁	3.1	1.95	1.4	0.1	1.9	0.74	不详	不详
M95	一棺一椁	4.1	2.2	1.8	0.1	2	0.9	不详	不详

（3）随葬礼器组合

随葬礼器组合方面，四座墓葬也有较为明显的一致性，主要为鼎簋组合，壶、盘、匜、甗、尊也较为常见。值得一提的是，年代相对较早的M95出土了4件鬲，而其他三座墓葬则不见。M10则出土了敦，并出土了尊缶、浴缶，证明其年代相对较晚，且已受到楚文化的影响。

综上所述，应国墓地的丧葬制度与小邾国墓地相比，在墓葬形制方面，皆为国君墓有墓道，夫人墓无墓道，墓底都没有腰坑，亦无殉人殉狗，与小邾国墓地时代更为接近的M8和M10有二层台。棺椁制度方面，应国墓地与小邾国墓地基本相同，皆为一棺一椁，棺椁尺寸也大体相当，棺底且铺有朱砂。随葬礼器组合方面，以鼎簋组合为主，异于小邾国墓地的鼎、鬲、簠组合。礼乐制度方面，四座墓葬皆出土了车马器或乐器，较小邾国更为完善。应国墓地墓葬头向皆朝北，与小邾国墓地墓葬头向朝东差别较大。

2. 鲁国墓葬

鲁国为周公之子伯禽的封国，是周代各诸侯国中传承周礼最为完善的国家，且与小邾国临近，并有较为密切的联系。鲁国故城的墓葬，有甲乙两组，呈现出较大差异，年代跨度较长，在此我们分别对两组墓葬进行比较讨论。

（1）曲阜鲁国故城甲组墓①

甲组墓共78座。墓葬形制方面，皆为长方形竖穴土坑墓，且无墓道，无二层台，墓底多有腰坑，坑中有殉狗。一般长为2.5～3米，宽1.4～2米，绝大部分头向朝南。葬具多为一棺一椁，椁室多数长度在2～2.5米，宽1～1.5米，厚度不详，棺室尺寸不详，棺底不铺设朱砂。该组墓葬等级差异较大，有一半没有出土随葬品，即使有随葬品的墓葬，也多随葬陶礼器，青铜礼器出土较少。陶礼器主要为鬲、罐、罍、簋、豆等，多为偶数组合出现，陶鼎较为少见。出土铜器的墓葬仅有八座，铜器总数22件。其中铜礼器仅有铜鼎、铜盘、铜盆、铜匜、铜豆各2件，铜舟9件，铜盨3件，随葬较为凌乱，难寻其规律性。

相比之下，甲组墓与小邾国墓差异较大，甲组墓墓室和棺椁尺寸均小于小邾国墓，可见其多数墓葬等级较低，另外，无论葬俗还是器物组合，均表现出不同的文化因素。

（2）曲阜鲁国故城乙组墓②

乙组墓共51座，其中西周墓39座，东周墓12座。均为无墓道的长方形竖穴土坑墓，且皆无腰坑，也无殉人殉狗。墓向大部分朝北，少数朝南。其中西周墓葬较小，长度在2.3～3.6米，宽度在1～2.72米。都有熟土二层台，不见生土二层台。东周墓多数为大中型墓，大型墓葬7座，墓室长5.6～7.8米，宽4.4～6.4米，中型墓葬3座，墓室长4.5～5米，宽3.1～3.8米。

棺椁制度方面，44座中小型墓，大部分为一棺一椁，少部分为单棺，7座大型墓，其中4座为一椁二棺，其余3座葬具不详。一椁二棺墓墓圹最大，一椁一棺墓次之，单棺墓墓圹最小，可见棺椁重数越多，墓葬规模越大，等级就越高。大型墓的外椁长4.3～5.6米，宽2.98～4.6米，残高均为1.7米，厚度不详。

随葬礼器仍以陶礼器为主，铜礼器出土较少。陶器主要有鬲、罐、罍、釜、鉴、壶等，其中陶鬲皆仿制有扉青铜鬲，但制作比较简陋。随葬铜礼器的墓葬仅有12座，

①山东省文物考古研究所、山东博物馆、济宁地区文物组、曲阜县文管会：《曲阜鲁国故城》，济南：齐鲁书社，1982年。

②山东省文物考古研究所、山东博物馆、济宁地区文物组、曲阜县文管会：《曲阜鲁国故城》，济南：齐鲁书社，1982年。

器形有鼎、甗、盨、簠、簋、盘、匜、缶等。

综上所述，鲁国故城乙组墓与小邾国墓有许多相似之处，如熟土二层台的设置，棺底无腰坑无殉狗的习俗，以及随葬礼器组合等方面都有明显的一致性。乙组墓中的东周大型墓葬，虽是无墓道的竖穴土坑墓，但墓葬的规模与棺椁重数均大于小邾国墓葬，并且所呈现的规律反映出其墓葬具有明显的等级差异。

3. 楚国墓葬

楚国虽被中原诸侯视为蛮夷，其实墓葬所体现的礼制却同中原地区相似，皆属于华夏文化体系，自身也具有显著的特点，目前发现的两周墓葬以楚墓数量最多，有较强的比较研究价值。现以淅川下寺春秋楚墓①中较有代表性的M1、M2、M7、M8进行比较研究。

（1）墓葬形制

此四座墓葬中，M1、M2为大型墓葬，墓主人为楚国令尹和夫人。M7、M8为中型墓葬，墓主人亦为楚国贵族，但不及前两位墓主身份显赫。M2、M8曾被盗扰，M1、M7保存较为完好。M2与M8有熟土二层台，四座墓葬墓底皆无腰坑无殉人殉狗。其具体形制如表1-3所示。

表1-3　淅川下寺楚墓墓葬形制表

墓号	墓室	墓道	方向	二层台	墓室面积（长×宽）
M1	竖穴土坑	无	79°	不详	7.35米×（4.2～5.25）米
M2	竖穴土坑	无	79°	有	9.1米×6.47米
M7	竖穴土坑	无	125°	不详	5.3米×3.6米
M8	竖穴土坑	无	110°	有	6.62米×5.26米

（2）棺椁制度

在棺椁制度方面，M1、M2、M8均为一椁两棺，两棺南北并列于椁室之内，且南棺较大。但由于腐朽严重加之人为盗扰，M1棺椁的尺寸已无从得知；M2仅知南棺长2.4米，宽1.14米，北棺长2.3米，宽0.94米；M8椁室长4.56米，宽3.18米，残高0.15米，厚0.1米，南棺长2.74米，宽0.84米，北棺长度不详，宽0.8米。M7为一椁一棺，椁室长3.6米，宽2.3米，残高1.02米，椁室内除棺之外，另有头箱与边箱，棺长2.6米，头端宽1.1米，脚端宽0.98米，残高0.51米。棺底铺设朱砂。从棺椁重数与棺椁尺寸来看，等级差别明显，这与墓葬形制的差异也是一致的。

①河南省文物研究所：《淅川下寺春秋楚墓》，北京：文物出版社，1991年。

（3）随葬礼器组合

四座墓葬出土青铜礼器组合较为类似，皆不注重鼎簋组合，M1、M2主要为鼎、鬲、簠组合，虽有簋出土，但不占主要地位。另外，这两座墓葬还出土了乐器。M7、M8则无鬲与簋，而为鼎、簠组合。但四座墓葬的礼器数量皆不符合礼制规定，且多以偶数组合出现。

总之，淅川下寺楚墓的棺椁制度与小邾国墓相仿，但墓葬方向差异较大，随葬青铜礼器数量较多，而以偶数组合，且不重视簋的情况，则与小邾国墓地亦有相似之处。

4. 东夷邦国墓葬

东夷诸国在地理位置上与小邾国相近，且多为小国，国力国情也十分相似，因此有必要进行比较。以滕国墓地、郜国墓地和徐楼墓地为例，逐一分析。

（1）滕国墓葬①

滕侯墓为长方形竖穴土坑墓，无墓道，方向163°，墓室长4.4米，宽2.9米，墓底有腰坑，腰坑内有一只殉狗。棺椁重数为一椁一棺，椁室长3.5米，宽2.1米，棺室长2.3米，宽1.1米。随葬礼器组合有鼎、鬲各2件，簋、壶各1件。与小邾国墓葬相比，其外椁尺寸更大，但随葬品较少，鼎数量为偶数，且有腰坑殉狗，与小邾国墓葬差异较大。

（2）郜国墓葬②

郜国墓地位于山东省长清县仙人台，共发掘墓葬六座，除M1被盗扰外，其余五座保存相对完好。M5位置偏西，M1打破M3，故M1和M2、M4和M6南北并列，应为同时期墓葬，而M3和M5为另外两个不同时期的独立墓葬。

六座墓葬中，M3的时代最早，约为西周晚期，M1和M2为两周之际，M4和M6约为春秋早期，M5则最晚，为春秋晚期。墓葬形制均为无墓道的长方形竖穴土坑墓，墓室面积10～20平方米，墓葬方向皆为315°，有二层台，墓底有腰坑，腰坑中有殉狗。棺椁制度方面，为二椁二棺或一椁一棺，棺多为独木棺，除M5外皆设置边箱，随葬品多放在边箱中。其中M3随葬铜鼎、铜簠各2件，陶鬲、陶罐各2件，陶豆4件。M6随葬铜礼器有鼎15件，分为五种类型，其中A型1件，B、C、D型各2件，E型8件，方壶、圆壶、盖豆各2件，匜、盂、扁壶、提梁罐各1件。六座墓葬的随葬品亦呈现出明显的偶数组合特征，与小邾国墓葬相似，但其墓葬规模较小，却出土青铜鼎数量巨大，显然不合礼制。另外，其墓葬方向、腰坑殉狗也与小邾国墓葬有较大差距。

---

①滕县博物馆：《山东滕县发现滕侯铜器墓》，《考古》1984年第4期。

②山东大学考古系：《山东长清县仙人台周代墓地》，《考古》1998年第9期。

（3）徐楼墓地[①]

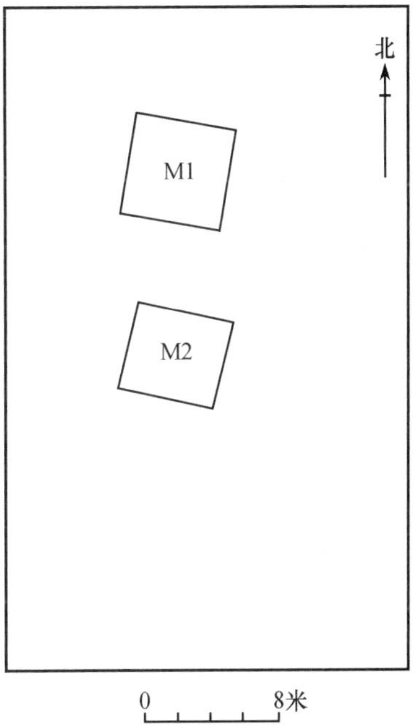

图1-9　徐楼墓地墓葬分布图
（采自枣庄市博物馆、枣庄市文物管理办公室、峄城区文广新局：《枣庄市峄城徐楼东周墓葬发掘报告》，《海岱考古》（第七辑），北京：科学出版社，2014年）

徐楼墓地位于枣庄市峄城区坛山街道徐楼新村西约1000米，墓葬因修路时挖路基而发现，共两座。北侧的M1遭到破坏，部分随葬品流失，当地警方已立案调查；南侧的M2上方部分填土被挖去，下面保存完整。通过抢救性发掘，确定两座墓葬为春秋中晚期的中型墓（图1-9）。

墓葬形制方面，徐楼墓地与小邾国墓地类似。两个墓地的墓葬均呈南北向两两成组分布，且男性墓葬在南，女性在北。除此之外，两个墓地的墓葬方向大体皆为东西向，墓葬规模相差不大，不同的是徐楼墓地两座墓葬无墓道，等级略低于小邾国墓地。徐楼墓地两座墓葬有熟土二层台，但无腰坑和无殉人殉狗的葬俗也与小邾国墓地相同。徐楼墓地M1为土坑竖穴墓，墓口较浅，距地表仅0.6米，墓口南北长6.28米，东西宽5.76米，墓底南北长3.68米，东西宽3.36米，墓深1.93～2.54米。墓葬填土为黄褐色花土，经夯打，夯层厚0.1～0.2米，土质致密坚硬。墓室四周有熟土二层台，亦为经夯筑的黄褐色花土，北面二层台宽1.18米，其余三面宽1米，二层台高0.9～1.2米。M2形制、方向与M1相同，只是规模略小，墓口南北长5.88米，东西宽5.1米。墓底南北长3.7米，东西宽3.14米，墓口距墓底深2.44～2.77米。墓葬填土为黄褐色花土，经夯打，夯层厚0.2米，墓室四周的熟土二层台也是经夯筑的黄褐色花土，与M1不同的是，M2内的二层台宽度均为0.8米，高0.64～1米。现将小邾国墓地未被盗扰的M2、M3与徐楼墓地M1、M2形制进行比较，如表1-4所示。

表1-4　小邾国墓地与徐楼墓地墓葬形制比较表

墓号	墓室	墓道	方向	二层台	夯层厚度	墓口面积
小邾M2	竖穴土坑	有	85°	宽1～1.5米，高约1.18米	0.2～0.25米	32.7平方米
小邾M3	竖穴土坑	无	75°	宽1.4～1.5米，高1米	0.15～0.25米	30平方米
徐楼M1	竖穴土坑	无	100°	宽1～1.18米，高0.9～1.2米	0.1-0.2米	36.17平方米
徐楼M2	竖穴土坑	无	100°	宽0.8米，高0.64～1米	0.2米	30平方米

①枣庄市博物馆、枣庄市文物管理办公室、峄城区文广新局：《枣庄市峄城徐楼东周墓葬发掘报告》，《海岱考古》（第七辑），北京：科学出版社，2014年，第59～127页。

通过比较可知，徐楼墓地和小邾国墓地的墓葬不仅形制类似，而且二层台、夯层、墓口面积等各项数据也相差无几，具有很强的一致性。

棺椁制度方面，徐楼墓地M1、M2均为一棺一椁，且在棺椁南侧放置有盛放随葬品的器物箱。M1木椁位于墓室北部，遭施工破坏严重，通过残存的板灰痕迹可以看出，木椁呈亚字形，距器物箱0.21米，长2.4米，宽1.52～1.7米，残高1米。木棺位于椁内正中，长2米，宽0.8米，残高0.7米，棺经髹漆，清理时发现较多的红、黑漆片。器物箱位置高于木椁0.3米，长2.4米，宽1.52～1.72米，残高0.6米，木板厚0.1米，因器物箱与棺椁所用木板相同，故棺椁木板厚度亦为0.1米。M2木椁位于墓室的北部，呈亚字形，距器物箱0.4米，长3.4米，宽1.6～1.8米，残高1米。木棺放置于椁内正中，长2.12米，宽1米，残高0.7米，棺经髹漆，绘有红、黑两种精美的彩绘图案（图1-10）。器物箱位置高于木椁0.34米，长2.8米，宽1.6米，残高0.65米，木板厚0.06米，因器物箱与棺椁所用木板相同，故棺椁木板厚度亦为0.06米。可知，徐楼墓地与小邾国墓地棺椁制度也十分相似。现将小邾国墓地未被盗扰的M2、M3与徐楼墓地M1、M2的棺椁制度进行比较，如表1-5所示。

表1-5　小邾国墓地与徐楼墓地棺椁制度比较表

墓号		小邾M2	小邾M3	徐楼M1	徐楼M2
葬具		一棺一椁	一棺一椁	一棺一椁	一棺一椁
木椁尺寸	长	2.88米	2.48米	2.4米	3.4米
	宽	2.2米	1.4米	1.52～1.7米	1.6～1.8米
	高	残0.7米	残1米	1米	1米
	厚	0.04米	0.04米	0.1米	0.06米
木棺尺寸	长	2.12米	2米	2米	2.12米
	宽	0.8米	0.74米	0.8米	1米
	高	残0.4米	残0.5米	残0.7米	残0.7米
	厚	0.04米	0.04米	0.1米	0.06米
器物箱尺寸	长	2.7米	2.5米	2.4米	2.8米
	宽	2.2米	1.4米	1.52～1.72米	2.6米
	高	残1.18米	残0.6米	残0.6米	残0.65米
	厚	0.04米	0.04米	0.1米	0.06米

通过比较，可以明显看出徐楼墓地与小邾国墓地的棺椁制度是一致的，器物箱设置的位置也相同，但是徐楼墓地时代较小邾国墓地更晚，棺椁的尺寸和厚度均比小邾国墓地的更大更厚。

随葬品数量和器物组合方面，徐楼墓地虽然只有两座墓葬，但随葬器物非常丰

图1-10　徐楼M2木棺彩绘

（采自枣庄市博物馆、枣庄市文物管理办公室、峄城区文广新局：《枣庄市峄城徐楼东周墓葬发掘报告》，《海岱考古》（第七辑），北京：科学出版社，2014年）

富。M1被发现时已被破坏，导致部分随葬器物流失，但仍出土随葬的陶器、青铜器等105件。其中青铜器92件，器形有鼎、敦、盘、匜、舟、簠、铺（豆）、浴缶、提链罐、盒等容器，纽钟、镈钟等乐器，以及軎、辖、衔、镳、节约、管络饰等车马器。陶器共13件，皆为低温烧造的明器，器形有豆、鬲、罐、罍等。M2基本未被破坏，随葬器物较M1更为丰富，共出土青铜器、玉器、骨器、陶器、料器等154件。其中青铜器86件，器形有鼎、盘、匜、舟等容器，戈、剑、矛、镞、鉅、斧等兵器，锛、凿、锯、勺、锁、合页等工具，以及軎、衔、镳、车盖斗、盖弓帽等车马器。陶器共38件，也是低温烧造的明器，器形有鬲、罍、豆、簋、罐等。另有玉佩、玉管、料珠、砺石等玉石器。比较M1与M2的随葬品可知，M1出土了提链罐、盒等女性用具，M2则有大量的青铜兵器，因此，M1的墓主人是女性，M2是男性。M1随葬青铜器数量却多于M2，且有数量较多的青铜乐器，可见M1女性墓主人的身份应比M2男性墓主人更加尊贵，这种情况看似不合理，但是，通过随葬青铜器铭文可知，M1女性墓主人是M2男性墓主人的夫人，而且该女子来自宋国，宋国在当时虽不是强国，但相对于小邾等东夷小国而言则是大国，国力、财力也远胜于小邾等国，所以，宋国国君为女儿所作的媵器也更多，就出现了M1随葬器物特别是青铜器数量和规格均高于M2的情况。

徐楼墓地M1、M2出土器物的数量远多于小邾国墓地保存完好的M2与M3，且除了鼎、鬲、簠、壶等器物外，还有乐器、车马器等不见于小邾国墓地的器物，另外，出土的玉器和兵器也远远多于小邾国墓地。可见，徐楼墓地的墓葬制度、棺椁制度虽与小邾国墓地相似，但随葬器的种类更加丰富，数量也更多，而且器物造型与小邾国青铜器差异较大。徐楼墓地的年代较小邾国墓地更晚，因此，会有一些新的器物如敦、舟、铺（豆）出现，但更重要的是徐楼墓地的随葬器物融入了更多的外来风格，是受其他地区青铜器器形影响的结果。

综上所述，小邾国墓葬与其他诸侯国墓葬相比，既有相似之处，又具有显著的特点。小邾国墓地有四座墓葬设置墓道，且墓道的设置与墓葬规模具有趋同性，无腰坑无殉人殉狗，棺底铺朱砂，这与以应国墓地和鲁国故城乙组墓为代表的姬周墓葬具有明显的相似性，而与夷人丧葬制度大不相同。但是，小邾国墓地没有祔葬车马坑，亦无车马器和乐器随葬，礼器以偶数组合，且不见鼎簋搭配，则又与楚国和东夷墓葬相似。其原因不外乎小邾国地处东夷与华夏交接地区，其统治者是夷人后裔，但随着周公东征和齐鲁在东夷地区的立国，小邾国又深受姬周文化的影响，加之当时丧葬制度并不如文献记载的那样规范。因此，小邾国墓地形成了以中原文化为主导，并保留夷人传统的丧葬制度。

二、小邾国媵器与媵嫁礼仪

文献记载媵嫁礼仪最早出现在远古时代，《世本·作篇》云："伏犧制以俪皮嫁娶之礼。"[①]至迟于商代晚期已较为完备，《周易·归妹》曰："帝乙归妹，不如其娣之袂良也。"[②]即记载商王帝乙嫁女给周文王，周文王使其归商之事，其中的"娣"便是媵嫁礼仪的重要组成部分。《公羊传·庄公十九年》云："媵者何，诸侯娶一国，则二国往媵之，以姪娣从。姪者何，兄之子也；娣者何，弟也。诸侯一聘九女。"[③]又《左传·成公八年》载曰："凡诸侯之嫁女，同姓媵之，异姓则否。"[④]可见，诸侯从一国嫁女，则两个同姓之国往媵，并且，夫人和二媵皆有姪娣跟随，故曰诸侯一聘九女。媵器多是母国为女子婚嫁所用的礼器，通常会有铭文记载婚嫁双方国别、身份和姓名，是研究媵嫁礼仪的重要资料，同时也是研究先秦古国关系、女性称谓等问题的重要依据。小邾国墓地出土不少媵器，但学界无论在铭文考释方面，还是在个别字的隶定上均存在较大争议。下面即采用汇释疏解的方法，拟对作器者身份、出嫁女子称谓等问题进行讨论。

---

①佚名撰，（汉）宋衷注，（清）秦嘉谟等辑：《世本八种》，北京：中华书局，2008年，第355页。

②（清）阮元校刻：《十三经注疏·周易正义》，北京：中华书局，1980年，第64页。

③（清）阮元校刻：《十三经注疏·春秋公羊传注疏》，北京：中华书局，1980年，第2235页。

④（清）阮元校刻：《十三经注疏·春秋左传正义》，北京：中华书局，1980年，第1905页。

（一）小郳国墓地的媵器

1. 郳友父鬲铭文考释

郳友父鬲高11.5厘米，口径15.6厘米，深6.8厘米，重1.6千克[①]。该鬲青铜质，形制为平折沿，束颈鼓腹，平裆，蹄形足。器身饰变形夔纹，且有扉棱分别对应三足。口沿上铸有16字铭文："郳友父媵其子胙曹宝鬲，其眉寿永宝用。"M1共出土郳友父鬲4件，形制、铭文皆相同。吴镇烽先生《商周青铜器铭文暨图像集成》[②]共收录郳友父鬲7件（2938～2943、30258），除小郳国墓地出土4件外，其余3件出土地点不明，其中1件现藏于故宫博物院，杨树达先生将其铭文释为："鼄晉父朕（媵）其子𨟭嬇宝鬲，其眉寿，永宝用。"[③]（图1-11）

1　　　2

图1-11　郳友父鬲及其铭文拓本

1. 郳友父鬲　2. 郳友父鬲铭文拓本

（采自枣庄市政协台港澳侨民族宗教委员会、枣庄市博物馆：《小郳国遗珍》，北京：中国文史出版社，2006年）

"郳友父"，为小郳国始封君，《左传·庄公五年》孔颖达疏云："《世本》云：郳颜居郳，肥徙郳。宋仲子注云：郳颜别封小子肥于郳，为小郳子，则颜是郳君，肥始封于郳。《谱》云：小郳，郳侠之后也。夷父颜有功于周，其子友别封为附庸，居郳……《世本》言肥，杜《谱》言友，当是一人。"[④]关于"郳"的写法，杨

①枣庄市政协台港澳侨民族宗教委员会、枣庄市博物馆：《小郳国遗珍》，北京：中国文史出版社，2006年，28页。

②吴镇烽：《商周青铜器铭文暨图像集成》，上海：上海古籍出版社，2012年。以下简称《铭图》，不再加注。

③杨树达：《积微居金文说》，上海：上海古籍出版社，2013年，第290页。

④（清）阮元校刻：《十三经注疏·春秋左传正义》，北京：中华书局，1980年，第1764页。

树达先生隶定为“鼄”是合理的，王献唐先生在《春秋邾分三国考》一文中指出：“立国不自称小，邻邦亦不能以小呼之。时人以非小邾，而原出于邾，于邾上加小为别。”[①]由此可知，邾、小邾皆自称为邾，该器称邾友父，而非小邾友父，证实了王先生的观点。

邾与小邾皆自称为邾，那么如何区别二邾之器则是值得思考的一个问题。陈公柔先生认为，铭文“邾”字从“蛛”形、“朱”声者为邾国器；字形从邑从朱者为小邾国器[②]。而该鬲为小邾国器，但“邾”字作，显然为蛛形而非从邑从朱。另外，小邾国墓地出土的其他青铜器铭文也皆为蛛形，证明陈先生的说法似可商榷。小邾国墓地出土的青铜器铭文中，小邾国君自称为“君”或直接称名，而不称爵，传世的邾国青铜器邾公牼钟、邾公华钟铭文中国君却自称为“邾公”。据此，王恩田先生认为邾国国君既然能称“公”，其国家应有六卿官职，铭文有爵称和六卿官名的器物为邾国之器，反之则为小邾国之器[③]。根据《春秋》经传的记载，关于邾与小邾两国国君称谓可分为三个阶段。第一阶段，鲁庄公十六年之前，两国国君皆称名不书爵。据《左传·隐公元年》曰：“公及邾仪父盟于蔑，邾子克也，未王命，故不书爵。”[④]又《庄公五年》云：“郳犁来来朝，名，未王命也。”[⑤]可知，无论邾与小邾，国君均称名。第二阶段，鲁庄公十六年至鲁僖公七年，其间邾国国君书爵，小邾国国君称名。《春秋·庄公十六年》曰：“邾子克卒。”[⑥]这是邾国国君首次称爵，而小邾国国君仍旧称名。第三阶段，鲁僖公七年之后，两国国君皆书爵。《春秋·僖公七年》：“小邾子来朝。”[⑦]此时，小邾国君亦受命子爵，与邾国国君相同，皆可书爵。因此，邾与小邾二国国君称谓上的区别仅存在于鲁庄公十六年至鲁僖公七年，王先生以国君称谓区别二邾之器的观点并不全面。因此，现有区别二邾器物的方法均存在不同程度的缺憾，在实际工作中，恐怕也很难明确区别两国之器。

---

①王献唐：《春秋邾分三国考》，《山东古国考》，青岛：青岛出版社，2007年，第6页。

②陈公柔：《滕国、邾国青铜器及其相关问题》，《中国考古学研究——夏鼐先生考古五十年纪念论文集》，北京：文物出版社，1986年。

③王恩田：《枣庄山亭郳器与郳国》，《小邾国文化》，北京：中国文史出版社，2006 年，第169页。

④（清）阮元校刻：《十三经注疏·春秋左传正义》，北京：中华书局，1980年，第1715页。

⑤（清）阮元校刻：《十三经注疏·春秋左传正义》，北京：中华书局，1980年，第1764页。

⑥（清）阮元校刻：《十三经注疏·春秋左传正义》，北京：中华书局，1980年，第1772页。

⑦（清）阮元校刻：《十三经注疏·春秋左传正义》，北京：中华书局，1980年，第1798页。

“友”字，杨树达先生作“習”，李学勤先生作“沓”[1]，王恩田先生隶定为“習”[2]。这三种写法实无差别，《说文·又部》：“友，从二又相交。”[3]三位先生隶定该字上部是相同的，二又即友，故此字从二又从曰，为友之古字。“父”则多见于先秦人的名字，王国维先生考证：“男子字曰某父……盖男子之美称莫过于父。”[4]因此，“郳”为友父以国名作氏称，“友”为其字，“父”则是对男子的美称。

“媵其子”。“媵”字是该器为媵器的重要标志，当然，也并非所有媵器皆有媵字。本器“媵”字写作“”，杨树达先生隶定为“朕”，读为“媵”。“媵”，金文写法有多种，除了“朕”外，还有“賸”“倂”“塍”等写法，分别见于復公子簋铭文（《集成》4011～4013）[5]、季宫父簠铭文（《集成》4572）、陈伯元匜铭文（《集成》10267）等。“其子”即郳友父之女，先秦时期无论子女皆可称子，此不再赘述。“媵其子”即为其女儿作媵器随嫁，由此也可看出，在周代媵嫁礼仪中，父为女制作媵器随嫁是媵嫁礼仪中最常见的情况。

“胙曹”。该器字形为“”“”。“胙”，出土西周青铜器铭文均作从木的“柞”，以本铭字形出现尚属首次，郭沫若先生隶为㓶，而未做进一步说明。清人方濬益认为此为作、召二字的合字[6]，该字虽上下略有距离，但应非作、召二字之合字，若为两字其上下距离过小，与整篇铭文结构不成一体，而且若为二字则该篇铭文亦不能读通，故应为一字。杨树达先生认为此字从肉而不从夕，隶定为䏝，王恩田先生认同杨先生的观点，作䏝[7]。《殷周金文集成》隶为脚（《集成》717），仅由上下结构变为左中右结构，文字无别，故亦属从杨树达先生之释。小邾国墓地发掘的主要参与者李光雨先生初从郭沫若先生隶定为“㓶”[8]，之后又直接写为“胙”[9]，该字从肉从乍，隶定为“胙”是很有见地的。李零先生认为，“胙”从乍从刀，下从肉，却疑其

①李学勤：《小邾国墓及其青铜器研究》，《东岳论丛》2007年第2期。

②王恩田：《枣庄山亭郳器与郳国》，《小邾国文化》，北京：中国文史出版社，2006 年，第159页。

③（汉）许慎撰，（清）段玉裁注：《说文解字注》，上海：上海古籍出版社，1988年，第116页。

④王国维：《观堂集林》，北京：中华书局，1959年，第165页。

⑤中国社会科学院考古研究所：《殷周金文集成》（修订增补本），北京：中华书局，2007年。以下简称《集成》，不再逐一标注。

⑥（清）方濬益：《缀遗斋彝器考释》，台北：台联国风出版社，1976年。

⑦王恩田：《枣庄山亭郳器与郳国》，《小邾国文化》，北京：中国文史出版社，2006年，第159页。

⑧李光雨、张云：《山东枣庄春秋时期小邾国墓地的发掘》，《中国历史文物》2003年第5期。

⑨李光雨、刘爱民：《枣庄东江小邾国贵族墓地发掘的意义及相关问题》，《东岳论丛》2007年第2期。

以封邑为氏，非周公之子所封之胙[①]。该字从乍从刀从肉，隶定为“胙”已经得到学界的广泛认可，传世文献均作“胙”，《左传·僖公二十四年》记载曰：“凡、蒋、邢、茅、胙、祭，周公之胤也。”[②]可见，胙国是西周重要的姬姓诸侯国之一。另在柞伯簋（《铭图》5301）铭文中亦有记述，西周康昭时期，柞伯参加周王举行的大射并有出色表现，受到周王嘉奖。因此，当时的胙国地位应较高且尚武力。然柞伯簋铭文的“柞”而非“胙”，对此，我们认为郳友父鬲铭文的“[illegible]”，应是由“柞”演变为“胙”的过渡形态[③]，此说法应是准确可信的。按王国维先生二重证据法，文献记载的胙国与柞伯簋、郳友父鬲铭文互相印证，故此字为“胙”，即指周公之子受封的胙国，是较有说服力的。

“曹”字左边从女，右边似两个“来”字上下累加，孙诒让、杨树达作嫊，郭沫若先生《两周金文辞大系》将其释为“枣”，李学勤先生作嫊[④]，从郭先生之说。“枣”与“曹”二字主要元音相同可对转，古音相同，而且先秦古姓，在姓氏合一之前多有女字旁，因此隶定为“曹”。容庚先生隶为“婵”，林沄先生认为，此“曹”字除了女字旁，另一边的字形与杞伯器群、伯匕鼎等器物铭文中的“枣”相去甚远，却和“桒”字相似，并引陈剑先生说“枣”即是从“桒”中分化出来的一个字[⑤]。但李零先生并不同意此说法，认为“[illegible]”是“求”字的早期写法，并非“枣”之本字[⑥]。虽有如此分歧，但二位学者皆赞同此字为“曹”字并无疑问。而李锦山先生引王献唐先生将此字释为“姝”，形容女子美好，李先生据《玉篇·女部》：“嫊，同竦，好貌。”《说文·女部》：“束，谨也。”依此说法，将该字作女性名，形容女子相貌美丽，举止恭谨，而非“曹”[⑦]。对此，我们认同隶定为“曹”的观点，李锦山先生的看法虽然有理有据，但其认为“胙”不见于金文著录，未对它进行隶释，仅对“嫊”字做了释读，没有联系上下文，不免有所纰漏。将该字隶定为“曹”也符合媵器铭文的特点，“胙”为国名，后加上女子母国之姓合乎礼制，这又牵扯到了媵嫁礼仪中的女

①李零：《读小邾国铜器的铭文——兼论东江墓地的墓主和年代》，《小邾国文化》，北京：中国文史出版社，2006年，第176页。

②（清）阮元校刻：《十三经注疏·春秋左传正义》，北京：中华书局，1980年，第1817页。

③袁俊杰：《小邾国媵器随葬于本国贵族墓地原因探析》，《华夏考古》2008年第2期。

④李学勤：《小邾国墓及其青铜器研究》，《东岳论丛》2007年第2期。

⑤林沄：《小邾国东江墓地青铜器铭文部分人名的考释》，《小邾国文化》，北京：中国文史出版社，2006年，第193页。

⑥李零：《读小邾国铜器的铭文——兼论东江墓地的墓主和年代》，《小邾国文化》，北京：中国文史出版社，2006年，第187页。

⑦李锦山：《郳国公室墓葬及其相关问题》，《小邾国文化》，北京：中国文史出版社，2006年，第216页。

子称谓问题。因此，将该字隶定为“曹”是得到了学界普遍认可的。故胙曹二字，是对出嫁胙国的邾友父之女的称谓，胙是其将嫁之国即夫国国名，曹为其母国之姓。

“宝鬲”，宝鬲即指此鬲。“其眉寿万年，永宝用”。眉寿即长寿，《说文·眉部》：“眉，目上毛也。”段玉裁注曰：“人老则有长眉，《豳风》、《小雅》皆言眉寿，毛曰：‘豪眉也。’又曰：‘秀眉也。’《方言》：‘眉黎耋鲐，老也。’”①由此可知，“眉寿”一词先秦时期就已经出现，“眉”是“老”的象征，是长寿的代表，文献中的注释也多依照此旧解，得到了大多数学者的认可。但是，夏渌先生认为：“‘眉’通‘弥’，训为‘终’、‘偏’、‘满’均可，所以‘眉寿’即‘弥寿’，是‘满寿’、‘全寿’、‘终寿’的意思。”②这一观点认为“眉寿”与“眉毛”无关，而且“眉寿”也不指代具体的年岁，只求终其一生，年岁越长越好。以上两种观点虽然对“眉寿”的释义不同，但相同的是都表达了对器主圆满走完一生的美好祝愿，“眉寿无疆”“万年眉寿”等吉祥语也在多数青铜器铭文中出现，即希望器主长寿无疆，子子孙孙永远传承使用。

综上所释，邾友父鬲铭文内容的大意为：邾友父为其远嫁胙国的女儿作媵器宝鬲，希望她能长寿万年，永远把它作为宝物传承使用。

2. 邾君庆壶铭文考释

邾君庆壶，M2出土一对，此外，小邾国墓地被盗器物中亦有4件邾君庆壶，形制、纹饰、铭文均相同。该组铜壶通高46.4厘米，口径14.9厘米，腹径25.1厘米，重11.8千克③。有盖，直口，长颈内收，鼓腹下垂，低圈足。颈部两侧有兽首伸出象鼻形耳，并有垂环，通体纹饰较为复杂，盖与颈部饰窃曲纹，腹部饰波浪纹，圈足饰垂鳞纹。盖器对铭共4行16字，释文为：“邾君庆作秦妊醴壶，其万年眉寿，永宝用。”（图1-12）

“邾君庆”。本铭的“邾”字作“”，与邾友父鬲铭中的“邾”字有一定差别，此字更为成熟规范，但仍不从朱从邑，再次说明以“邾”字构形区别二邾铜器值得商榷。关于“邾”字之隶定，前文已有分析，不再复述。邾君庆为小邾国某代国君，其名不见于文献记载，此次小邾国墓地亦出土“兒庆”铭铜器，“兒”同“郳”，郳与小邾为一国二名，兒庆与邾君庆同为一人。器铭称君，即小邾君此时尚未得王命，还不能称公称爵，只能称邾君。小邾国墓地出土及追缴的器物中，有这位国君所作的二十多件青

①（汉）许慎撰，（清）段玉裁注：《说文解字注》，上海：上海古籍出版社，1988年，第136页。

②夏渌：《“眉寿”释义商榷》，《中国语文》1984年第4期。

③枣庄市政协台港澳侨民族宗教委员会、枣庄市博物馆：《小邾国遗珍》，北京：中国文史出版社，2006年，第34页。

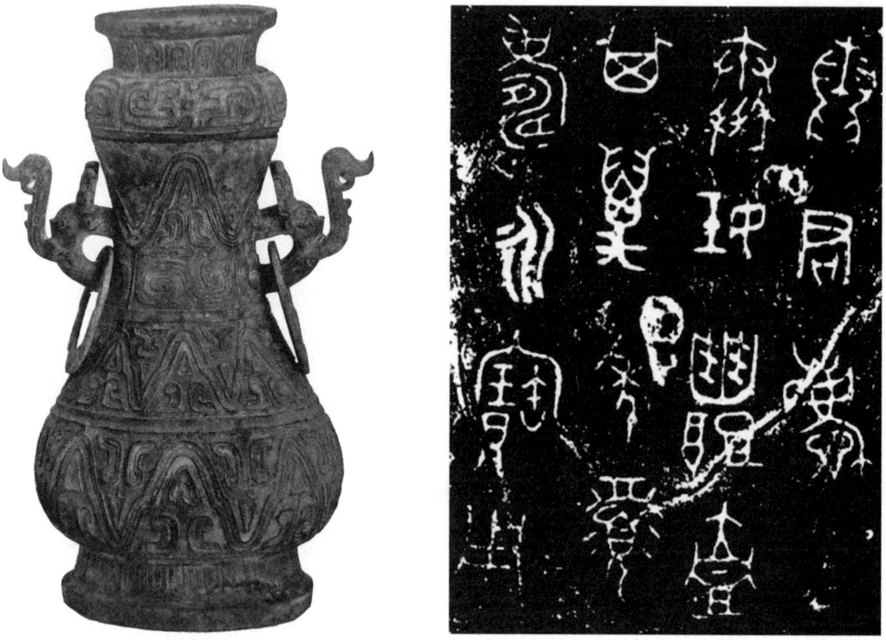

1　　　　　　　　2

图1-12　郳君庆壶及其器铭拓本

1. 郳君庆壶　2. 郳君庆壶铭文拓本

（采自枣庄市政协台港澳侨民族宗教委员会、枣庄市博物馆：《小邾国遗珍》，北京：中国文史出版社，2006年）

铜礼器，可见其在位之时小邾国国力雄厚，手工业也较为发达。

“秦妊”，女子名，小邾国墓地出土多件秦妊或与秦妊二字相似铭文的青铜礼器。《说文·禾部》曰：“秦，伯益之后所封国，地宜禾，从禾从舂。”[①]但此铭文秦字作“”，从三禾，以往未曾出现。“妊”为先秦古姓，同于现今仍可见的任姓。《世本·氏姓篇》云：“任姓，谢、章、薛、吕、舒、祝、终、泉、毕、过。”[②]李学勤先生认为此秦非嬴姓之秦，而是处于鲁地之秦，秦妊应是封在那里的妊姓贵族的女儿，并认为秦妊是郳庆的配偶[③]。王恩田先生认同此秦在鲁地，但以其为任姓国族之名，秦妊是郳庆的妻子[④]。林沄先生也认同秦妊是郳庆的妻子，认为其来自《世本》所云任姓十国中的一个，但并非直接嫁于小邾国，因为其名为秦妊而非郳妊，大胆推测

①（汉）许慎撰，（清）段玉裁注：《说文解字注》，上海：上海古籍出版社，1988年，第327页。

②佚名撰，（汉）宋衷注，（清）秦嘉谟等辑：《世本八种》，北京：中华书局，2008年，第22页。

③李学勤：《小邾国墓及其青铜器研究》，《东岳论丛》2007年第2期。

④王恩田：《枣庄山亭郳器与郳国》，《小邾国文化》，北京：中国文史出版社，2006 年，第160页。

为她先嫁于西方嬴秦，后因某种原因回到母国，又嫁于郳庆[①]。此说法虽有可能，但过于迂回，从其依据而言即可商榷，媵器作器者不同，铭文对女性的称谓亦不相同，若夫为妇作器，铭文多冠以该女子母国之姓。再者，在追缴的小邾国墓地被盗器物中，有2件青铜鬲，铭文为：郳秦妊作羞鬲[②]，“秦妊”前冠以夫氏“郳”，若先嫁于秦，再嫁于小邾，称谓不可能冠以前夫之氏“秦”，故林先生的看法尚需再推敲。李零先生指出，秦是氏称，但不一定是国名，亦有可能是邑名，秦妊并非郳庆配偶，而是上一代小邾君的配偶、郳庆的母亲[③]。闫志先生则根据《左传·昭公二十五年》有关秦遄和他妻子秦姬的记载，认为秦遄为鲁臣，是受封于鲁国秦邑的任姓后裔，与秦妊属于一脉[④]，秦为邑名，任姓后人受封后以其为姓，与李零先生不谋而合。另有李锦山先生认为，秦既非国名，又非邑名，而为一种不易脱壳的谷物之名，并由秦之先祖出自东夷，推出鲁南一带曾大面积种植该作物，秦之得名经历了由禾名到族名再到国名的演变[⑤]。这一看法虽有新意，但其结论仍是落脚在国族名，只是将其演变过程拉长而已。由此可见，综合各位学者的观点，基本上可以确定秦为国族名，是位于山东地区的先秦古国，秦妊为小邾国国君郳庆的配偶。

“醴壶”。醴从酉从豊，为一种甜酒，《周礼·天官·酒正》有较多记载。“醴壶”说明此壶的功能是盛放醴酒，《小邾国遗珍》一书，亦将郳君庆壶定为酒器。李光雨先生将其释为“礼壶”[⑥]，“礼”字从示从豐，《说文·示部》段玉裁注曰：“礼有五经，莫重于祭。故礼字从示，豊者行礼之器。”[⑦]可见，“礼”主要表现为祭祀，但在本铭文字形中并无体现，因而可从李学勤、王恩田、李零、李锦山等诸先生之说，将本铭之字隶定为“醴”，应更为合理。

“其万年眉寿，永宝用”。与郳友父鬲作眉寿万年，实无差别，皆意为希望器主万年长寿，永远把它作为宝物传承使用。

---

①林沄：《小邾国东江墓地青铜器铭文部分人名的考释》，《小邾国文化》，北京：中国文史出版社，2006年，第195页。

②枣庄市政协台港澳侨民族宗教委员会、枣庄市博物馆：《小邾国遗珍》，北京：中国文史出版社，2006年，第108页。另李学勤先生将此铭文中秦妊释为华妊，但冠以夫氏仍未变。

③李零：《读小邾国铜器的铭文——兼论东江墓地的墓主和年代》，《小邾国文化》，北京：中国文史出版社，2006年，第178页。

④闫志：《郳友父鬲和郳庆铜器初探》，《中国国家博物馆馆刊》2011年第2期。

⑤李锦山：《郳国公室墓葬及其相关问题》，《小邾国文化》，北京：中国文史出版社，2006年，第223页。

⑥李光雨、刘爱民：《枣庄东江小邾国贵族墓地发掘的意义及相关问题》，《东岳论丛》2007年第2期。

⑦（汉）许慎撰，（清）段玉裁注：《说文解字注》，上海：上海古籍出版社，1988年，第2页。

综上所释，郳君庆壶铭文的大意为：郳君庆为秦妊作盛放醴酒之壶，希望她万年长寿，永远传承使用。

除此六件（出土2件，购回4件）同形同铭的郳君庆壶外，还有发掘出土及追缴的郳君庆或郳庆所作鬲、匜鼎、簠等媵器，共计21件，可知，此铭媵器不仅出土于M2与M3，其余被盗墓葬也当有出土，而且数量之多值得注意，但因其铭文内容形式皆与郳君庆壶铭文大同小异，故不再逐个讨论。

3. 子皇母簠铭文考释

子皇母簠，出土于M2，通高16.1厘米，口长28厘米，口宽24.1厘米，重4.5千克①。该簠上下对称，可以却置，器身与器盖形制相似，平口相合，斜直壁，顶部与底部四角设置矩形支足，腹部两侧上下各有一个兽首形耳。腹部饰变形夔纹，口沿和足部饰卷云纹。器盖与器腹内刻有相同3行15字铭文，释文为："子皇母作𫓧簠，其万年眉寿，永宝用之。"（图1-13）

"子皇母"，器主名，带有"母"字，应为女性。对此学界几无异说，但对此女性的称谓，则争议较大。王恩田先生认为，"子"为表示下一代，古代无论子女皆可称子，同"郳友父媵其子"的"子"一样，此处为某人之女的简称②。李零先生认为，该女子名已不可考，字为"子皇"，后又缀以"母"字以表赞美之意③。林沄先生指

1

2

图1-13　子皇母簠及其铭文拓本

1. 子皇母簠　2. 子皇母簠铭文拓本

（采自枣庄市政协台港澳侨民族宗教委员会、枣庄市博物馆：《小邾国遗珍》，北京：中国文史出版社，2006年）

①枣庄市政协台港澳侨民族宗教委员会、枣庄市博物馆：《小邾国遗珍》，北京：中国文史出版社，2006年，第49页。

②王恩田：《枣庄山亭郳器与郳国》，《小邾国文化》，北京：中国文史出版社，2006 年，第163页。

③李零：《读小邾国铜器的铭文——兼论东江墓地的墓主和年代》，《小邾国文化》，北京：中国文史出版社，2006年，第180页。

出“子”并非子女的意思，而是该女性母国之姓，即其来自子姓之国，春秋时仅见宋国为子姓，故这位器主是来自宋国的女子[①]。李锦山先生根据《礼记·曲礼下》云：“祭王父曰皇祖考，王母曰皇祖妣，父曰皇考，母曰皇妣。”[②]认为该器是儿子作器为已故母亲祈福，并举出曲阜鲁故城西周中期墓葬出土一件青铜盨铭文为：其造作其皇考、皇母旅盨[③]。以上几位先生的看法虽各有依据，但我们认为“子”除子女、姓氏外还有已嫁女子之意。《左传·宣公五年》曰：“秋九月，齐高固来逆叔姬……冬，齐高固及子叔姬来。”九月尚称“叔姬”，冬则称“子叔姬”，其嫁于齐国，齐为姜姓而非子姓，即便因出嫁而冠以夫姓，也应为“姜叔姬”，对此，杨伯峻注曰：“‘子叔姬’为已嫁之称，若未嫁之女则不冠以‘子’字，九月叔姬尚未成婚，故不当有‘子’字，冬时则已成婚，故冠以‘子’字，两者异时，故异称。”[④]由此再看“子皇母”之“子”若为已嫁的标志，“皇”为其字，皇者大也、美也，用之形容女性十分得体，“母”则与前文郳友父之“父”表意相同，王国维先生考证：“男子之字曰某父，女子曰某母，盖男子之美称莫过于父，女子之美称莫过于母，男女既冠笄，有为父母之道，故以某父、某母字之也。”[⑤]所以，“子”为已嫁女子的专称，“皇”为器主之字，“母”为修饰美称，故“子皇母”指已嫁于小邾国的字为皇母的女子。

“馔簠”。《说文·食部》曰：“馔，修饭也。”段玉裁注曰：“酌取行潦，投大器之中，又挹之注之于此小器，而可以沃酒食之餴者，以有忠信之德，齐絜之诚以荐之故也。”[⑥]可见，这是一个关系到忠信的活动，忠信之德在周代是承天受命之德。《礼记·郊特牲》云：“信，妇德也。一与之齐，终身不改，故夫死不嫁。”[⑦]即作馔簠，则为提醒器主不忘妇德。此外，桒亦为一种祭祀之名，或作禠，常见于青铜器铭文中，多数学者将其读作“祓”。据我们考证，祓祭的种类很多，其中之一是祓除不育之疾[⑧]，古人重视生育，将能祓除不育之疾的桒祭书于媵器之上，特别是一件以已嫁女子为器主的媵器，则是希望为夫家带去子孙，此义与该器性质也是完全符合的。

---

①林沄：《小邾国东江墓地青铜器铭文部分人名的考释》，《小邾国文化》，北京：中国文史出版社，2006年，第195页。

②（清）阮元校刻：《十三经注疏·礼记正义》，北京：中华书局，1980年，第1269页。

③李锦山：《郳国公室墓葬及其相关问题》，《小邾国文化》，北京：中国文史出版社，2006 年，第218页。

④杨伯峻：《春秋左传注》（修订本），北京：中华书局，2009年，第685页。

⑤王国维：《观堂集林》，北京：中华书局，1959年，第165页。

⑥（汉）许慎撰，（清）段玉裁注：《说文解字注》，上海：上海古籍出版社，1988年，第218页。

⑦（清）阮元校刻：《十三经注疏·礼记正义》，北京：中华书局，1980年，第1456页。

⑧袁俊杰：《伯唐父鼎铭通释补证》，《文物》2011年第6期。

“簠”根据铭文构形，应作“匿”，高明先生隶定为“瑚”，但习惯上仍称簠。

“其眉寿万年，永宝用之”与前两篇铭文相同，本铭最后亦有此句作为结语，仅在“永宝用”后加了“之”字以指代该器物。

综上可知，本铭文的大意为：已嫁的女子皇母，为自己作一件可祓除不育之疾的簠，希望长寿万年，永远作为宝物传承使用它。

需要说明的是，与前两件器物不同，此青铜簠虽为媵器，但作器者为出嫁女子本人，属自作器。

小邾国墓地出土的媵器还有多件，但由于媵器类型相似、铭文表意重复，不再逐一考释，涉及古国族的铭文将在本书的下一章节继续讨论。

（二）小邾国的媵嫁礼仪

1. 作媵器者身份

从前文所述的三件媵器铭文来看，作器者分别为器主之父、器主之夫与器主本人，这三类作器者在小邾国墓地出土的媵器中最为清晰，具有一定的代表性，需要对其分别进行讨论。

（1）父为女作媵器

父为女作媵器是最为常见的媵器制作形式，除了此次出土的郳友父鬲外，以往考古发掘亦多见，如许男鼎铭文“许男作成姜桓母媵尊鼎，子子孙孙永宝用”（《集成》2549）该鼎年代为西周晚期，“成”为该女子所嫁之国，许国男爵姜姓，桓母为该女子之字，该器即许国国君为将嫁往成国的女儿所作媵器。又如芮公鬲铭文“芮公作铸京氏妇叔姬媵鬲，子子孙孙永用享”（《集成》711、712）。该器时代也为西周晚期，芮公为作器者，叔姬为器主，芮国姬姓，叔为该女子的行次，故称叔姬，她将嫁于京氏为妇，故她的父亲芮公为她作媵鬲。再如陈侯鬲铭文“陈侯作毕季妫媵鬲，其万年，子子孙孙永用”（《集成》705、706）。该鬲年代为春秋早期，陈侯即作器者，毕季妫为器主，陈国妫姓，季为该女子的行次，将嫁毕国，故称毕季妫，该器为陈国国君为其将出嫁毕国的女儿所作媵鬲。

综上所述，说明父为女作媵器是非常普遍的，有学者统计，父为女所作媵器占其所研究媵器总数的半数以上①，可见父权在媵嫁礼仪中的地位。周代是极重父权的，男性家长管理家庭成员，对子女的婚姻拥有绝对的支配权。男性家长在子女面前有着至高无上的权威，子女对家长必须绝对的尊奉，在此基础上便产生了孝。起初西周的孝是体现在对祖先和父母的祭祀上，而到了西周晚期至春秋时期，特别是儒家思想产生

①高兵：《从金文看西周的媵婚制度》，《海南师范学院学报》2006年第5期。

并传播以后，孝被提升到超出国家和法律的程度[①]，所以，有较多父为女作的媵器也就不足为奇了。

（2）夫为妇作媵器

前文已经提到，小邾国墓地出土郳庆为其配偶所作的媵器多达27件，是此次发现数量最多的媵器，同一墓地发现如此数量的夫为妇所作的媵器亦属罕见。以往发现的丈夫为其妻作的媵器都较为零星，如散伯簋铭文“散伯作夨姬宝簋，其万年永用”（《铭图》4655）。散伯即作器者，虽称伯但并非一定为诸侯国君，周代的长官也可称伯。夨姬为器主，夨国为姬姓国，故称夨姬，该器即散伯为其配偶所作的媵器。又如齐侯匜铭文“齐侯作虢孟姬良母宝匜，其万年无疆，子子孙孙永宝用”（《铭图》14982）。齐侯是作器者，他为称作虢孟姬良母的女子作器，虢国为姬姓国，孟是该女子排行，良母为其字，此器即齐侯为姬姓虢国长女良母所作的媵器。

丈夫为其妻作媵器并不多见，而且多为无媵字的媵器，因此，判断媵器并不能仅以是否含有“媵”字为标准，应根据铭文内容来具体判断。例如，郳君庆作的媵器和上述散伯簋、齐侯匜，皆为国君或大夫为他国异姓女子所作之器，这种情况有两种可能，一是其母或祖母等已故的女性长辈，二即是他的配偶。前文也已提到周代重孝，若为已故的女性长辈作器，必有“先妣、皇妣、皇祖妣”等表示辈分的称谓，如我鼎铭文“祖乙妣乙，祖己妣癸”（《集成》2763）。而上述器物却无这些称谓，应该是为配偶作器。《礼记·郊特牲》曰：“妇人，从人者也。幼从父兄，嫁从夫，夫死从子。”[②]因此，夫权是父权的延伸，男性对女性有绝对的权威，丈夫为配偶作器是完全可以的。所以男子为其妻作媵器，也是媵嫁礼仪的一个重要方面。

（3）出嫁女子自作媵器

出嫁女子自作媵器的情况，较之夫为妇作器更为少见。周代男女是极不平等的，如《列子·天瑞》云：“男女之别，男尊女卑。”[③]因此，女子的自作媵器也比较少见。除前文所述的子皇母簠外，以往所见如黄中匜铭文“黄中自作媵匜，永宝用享”（《集成》10214）。黄为国名，中即仲，是该女子的行次，此匜为黄国女子自作的媵器。

综上所述，虽然周代的男子对女子有无可争辩的主导地位，但女性也是有一定权力的，如此处的作器权等。众所周知，青铜礼器的铸造是一个十分繁复的过程，即使铭文言明为自作器，其实也非器主铸造，而是由工匠铸造，器主是青铜器的拥有者。在周代铜被称为金，是个人财富的重要体现，一个家庭的所有财产在法理上都属于家

①谢维扬：《周代家庭形态》，北京：中国社会科学出版社，1990年，第310页。

②（清）阮元校刻：《十三经注疏·礼记正义》，北京：中华书局，1980年，第1456页。

③（东晋）张湛：《列子注》，《诸子集成》（三），北京：中华书局，2006年，第6页。

长所有[①]，女性可以自作青铜媵器，证明女性也可以掌握一定的家庭财产。因此，女性自作媵器既是女权的体现，也是媵嫁礼仪的重要内容。

2. 媵器铭文的女性称谓

关于媵器铭文中对女性的称谓，周代与商代不同。商代青铜器铭文对女性多称日名，不称姓。周代实行“同姓不婚”，姓成了区别身份和是否可婚配的标志与界限，是族外婚制的产物，故周代多对女性称姓或行次。郳友父鬲、郳君庆壶和子皇母簠铭文对女性的称谓各不相同，对此也有必要分别进行讨论。

（1）母国对女性的称谓

郳友父鬲铭文中，器主的称谓是胙曹，胙为她将出嫁的夫国名，曹是其母国之姓，这种“夫氏+妇姓”的称谓模式比较常见。例如，陈侯鬲铭文，称女子为“毕季妫”，毕是她所嫁的夫国名，妫是其母国之姓。再如芮公鬲铭文称女子为“京氏妇叔姬”，京氏是她的夫氏，姬为她母国之姓，只不过此两例铭文又加了表示女子行次的“季”“叔”等字。大体上仍是“夫氏+妇姓”的称谓模式。此外，母国对女性的称谓还可以加上女子的字。如前文提到的许男鼎铭文，称女性为成姜桓母，成为夫氏，姜为妇姓，桓母为字，这种“夫氏+妇姓+字”的称谓模式也较常见，当然，此种模式亦可加入女子行次。除此已提到的三件青铜器外，“夫氏+妇姓+字”称谓模式的例子在青铜器铭文中还有很多，如楚王钟铭文“邛中芈南”（《集成》72）、邓公簋铭文“应嫚毗”（《集成》3775）、鲁伯俞父器群铭文“郳姬仁”（《集成》690～695、10113～10115）等。

由此可见，母国对将嫁女子的称谓，多会在其姓名前冠以夫氏，以表示女子行将出嫁，成为他国之妇。另外，在有侄娣媵制或是有区别同辈姊妹的需要时，会加上表示行次的孟、仲、叔、季等字，以示区别。

（2）夫国对女性的称谓

夫国为将要迎娶的女性作器时，通常会表示对夫人的尊重，故夫国对女性的称谓刚好与母国相反，即在女子本姓前冠以母国国名，使国名与姓保持一致。郳君庆壶铭文，郳庆称其夫人为“秦妊”，秦即此女子母国国名，妊为其本姓。又如前文提到的散伯簋和齐侯匜铭文，散伯簋将女性称为夨姬，夨为母国名，姬为其本姓，该称谓为“母国名+妇姓”的模式；齐侯匜铭文的虢孟姬良母，虢女子为母国名，孟是指该行次，姬为其姓，良母是她的字，故称谓模式为“母国名+行次+妇姓+字”。当然，前一种模式亦可加入表示女子排行的字。除此提到的这三例外，以往发现的青铜器铭文中还有不少，如旅伯鼎铭文“毛中姬”（《集成》2619），伯多父盨铭文“成姬多母”

①谢维扬：《周代家庭形态》，北京：中国社会科学出版社，1990年，第311页。

（《集成》4419），郳伯御戎鼎铭文“滕姬”（《集成》2525）等。

（3）其他称谓

女性称谓中虽多有夫国名或母国名，但也有例外的情况，如子皇母簠铭文直接称器主“子皇母”，“子”表示该女性已嫁，《左传》记载齐昭公夫人为“子叔姬”，金文也有“子孟姜”、“子中姜”等。“皇”表示大，如金文中的“大姬”“大孟姬”“皇母懿恭孟姬”等皆为女性之字。以上诸例的女性称谓，均不见国名，是媵嫁礼仪中女性称谓的又一方式，更加值得我们注意。

除此之外，还有对女性的谥称，如《左传・隐公元年》曰：“继室以声子。”杜预注曰：“声，谥也，盖孟子之姪娣也。”[①]又《文公十八年》曰：“夫人姜氏归于齐，大归也，将行，哭而过市……鲁人谓之哀姜。”杨伯峻引《鲁世家》司马贞索引曰：“此哀非谥，盖以哭而过市，国人哀之，谓之哀姜，故生称哀。”[②]

由此可知，周代对女性的称谓有多种，但主要是以女子本姓为基础的，在此基础上加夫国或母国名、行次、字、谥号或其他修饰，构成女子的称谓，也有少数如“子皇母”这种特殊称谓，既无国名又无本姓。大体上可以看出，周代的女性有取名字的权力，且除了姓外，有名、有字，并可以在称谓中加行次，去世后可取谥号，但这些称谓并不是同时拥有的。姓从父，生来就有。名为出生后三个月所取，《礼记・内则》曰：“三月之末……父执子右手，咳而名之。”[③]字为许嫁之后才有，《仪礼・士婚礼》云：“女子许嫁，笄而醴之称字。”[④]谥号则是去世之后议定。可见，女性之字与媵嫁礼仪相伴，由于女性在当时地位较低，其称谓也只能在媵器铭文中多加探寻。

3. 媵器与媵嫁礼仪

媵嫁礼仪按《公羊传》所言，诸侯娶一国，则两个同姓之国往媵，夫人和两媵皆有姪娣相从，故称诸侯一聘九女。然而这种媵嫁礼仪在文献中并不多见，《左传・成公八年》曰：“卫人来媵共姬，礼也。”又《成公九年》曰：“晋人来媵，礼也。”[⑤]鲁国嫁女，而卫、晋两个姬姓之国来媵，这是文献中所见唯一的“一国嫁女，两同姓之国往媵”的例子。虽同姓二国往媵的记载仅此一例，但文献中关于姪娣的记载却很多，根据刘兴均先生的统计，《左传》关于“娣从媵”的记载凡四十例，而“姪从媵”仅三例，且均在齐、鲁[⑥]。有关娣的记载则远远多于姪，是同辈婚占主导地位，异

①（清）阮元校刻：《十三经注疏・春秋左传正义》，北京：中华书局，1980年，第1712页。
②杨伯峻：《春秋左传注》（修订本），北京：中华书局，2009年，第632页。
③（清）阮元校刻：《十三经注疏・礼记正义》，北京：中华书局，1980年，第1469页。
④（清）阮元校刻：《十三经注疏・仪礼注疏》，北京：中华书局，1980年，第970页。
⑤（清）阮元校刻：《十三经注疏・春秋左传正义》，北京：中华书局，1980年，第1905页。
⑥刘兴均：《“姪从媵”考》，《四川师范大学学报》1995年第2期。

辈婚渐渐被人们抛弃的体现。由此说明，同姓二国往媵的制度可能较少实行，但姪娣相从应该是真实存在的。

小邾国墓地出土的媵器中，有大量郳庆为其配偶秦妊作的媵器。李学勤先生认为，在追缴的青铜器中，有些郳庆所作媵器，却可能并非为秦妊所作，而是为另外两个女子奏妊、华妊所作[①]。华妊有青铜鬲4件，两两形制铭文相同，分别为“郳庆作华妊羞鬲”和“郳华妊作羞鬲”[②]；奏妊有方壶2件，铭文为“郳庆作奏妊匿，其万年，子子孙孙永宝用享”[③]。另外，苏影先生将2件追缴的青铜簠铭文考释为“郳庆作华妊匿，其万年，子子孙孙永宝用享”，认为也是华妊之器[④]。

尚若二位先生考证无误，则奏妊和华妊很可能也是郳庆的配偶，所以郳庆也为她们作媵器。并且根据记载，同姓二国往媵的情况并不多见，故秦妊、奏妊和华妊很有可能是来自同一个任姓国家，在这种情况下，奏妊和华妊是秦妊姪娣的可能性就很大了。此三女子都为任姓是显而易见的，关键在于她们姓前面的字，秦妊之秦应为位于山东地区的一个先秦任姓古国，这已被学界所接受。奏和华，我们认为并非国族之称，而应是这二人的私名。在前文女性称谓的讨论中，已言明有女子的字或私名结合，不冠国名的称谓方式，因此，奏和华应是二人私名。但三女子来自一国，又同嫁一夫，称谓的模式却有很大区别，秦妊是“母国名+妇姓”的模式，而奏妊和华妊则是“字+妇姓”的模式。在文献记载中，夫人与姪娣称谓模式不同也是常见的，如《左传・闵公二年》曰：“闵公，哀姜之娣叔姜之子也。”[⑤]哀姜为夫人，其称谓为“谥称+妇姓”的模式，其娣叔姜，称谓则是“排行+妇姓”，与哀姜截然不同。又《隐公元年》：“惠公元妃孟子，孟子卒，继室以声子。”[⑥]元妃即为夫人，孟指行次，其为宋国女，子姓，称谓是“排行+妇姓”的模式，而声子前文亦有讨论，“声”为谥称，声子称谓是“谥称+妇姓”，亦与夫人不同。由此可见，夫人与姪娣的称谓模式不同也是可以理解的，只要其姓相同，前面可冠以排行、谥号、字等。

华妊与奏妊可能皆是秦妊之娣，而非一娣一姪。文献对娣的记载多，而对姪则寥寥无几，可能当时已经渐渐摒弃异辈婚，而都趋于同辈婚，金文资料也可证

①李学勤：《小邾国墓及其青铜器研究》，《东岳论丛》2007年第2期。

②枣庄市政协台港澳侨民族宗教委员会、枣庄市博物馆：《小邾国遗珍》，北京：中国文史出版社，2006年，第106～110页。

③枣庄市政协台港澳侨民族宗教委员会、枣庄市博物馆：《小邾国遗珍》，北京：中国文史出版社，2006年，第117、118页。

④苏影：《释郳庆铭文中的“华”字》，《中国文字研究》（第十九辑），上海：上海书店出版社，2014年。

⑤（清）阮元校刻：《十三经注疏・春秋左传正义》，北京：中华书局，1980年，第1787页。

⑥（清）阮元校刻：《十三经注疏・春秋左传正义》，北京：中华书局，1980年，第1712页。

明。例如，三件鲁伯大父簋，铭文分别是“鲁伯大父作孟□姜媵簋，其万年眉寿，永宝用”（《集成》3974）；“鲁伯大父作中姬俞媵簋，其万年眉寿，永宝用享”（《集成》3988）；“鲁伯大父作季姬婧媵簋，其万年眉寿，永宝用”（《集成》3989）。此三件铜簋，虽第一件孟后一字残缺，但根据另两件可推断缺字当是“姬”字，可知，此为鲁伯大父分别为孟姬姜、仲姬俞、季姬婧三人所作的媵器，再由“孟”“仲”“季”表示行次，便可以推出此三人是姐妹关系，出于某种需要而必须将三人以排行区分开来，而三件器物又都是媵器，故这很可能是三女同嫁一夫，仲姬和季姬是孟姬的娣，大体与郳庆的三位任姓配偶的情形类似。而且在鲁伯大父所作的三件簋上，均有三位女性的字，与华妊、奏妊用字也是吻合的。因此，文献记载和金文资料相互印证，可推定华妊和奏妊应是秦妊的二娣，而非一娣一姪。

综上所述，诸侯一国嫁女，两同姓之国往媵，皆从姪娣，且异姓不媵，诸侯不再娶等媵嫁礼仪，可能在春秋时期并非均能实行。通过文献记载和对出土青铜器铭文的分析，可知同姓两国往媵的制度实施较少，并存在一国往媵或异姓往媵的现象。随着时代的进步，娣姪相随的媵嫁礼仪也逐渐被同辈婚取代，媵嫁礼仪可能演变为姊妹三人同嫁一夫的二娣相随的婚姻形式。

三、小邾君铜器与册命礼仪

“册命”也称“策命”或“赐命”，是指封官授爵，即周天子或诸侯任命官员，并赐以土地、臣民、命服、车马、兵器等的礼仪，包括天子册命诸侯百官，诸侯册命卿大夫等。《说文·册部》曰：“册，符命也。诸侯进受于王者也。象其札一长一短，中有二端之形。”[①]由此可见，“册”不仅是一种礼仪，也是一种册书，如《左传·昭公三年》曰：“授之以策。”杜预注曰：“策，受命之书。”[②]另外，金文亦有册命礼仪的“受命册”的环节[③]。所谓“命”有两层含义，一是表示周天子对诸侯百官的任命，在此之后也要求诸侯百官随时听从天子的调遣；二是表示诸侯在接受天子册命后，就拥有了合法的权力和地位，也是受命诸侯特殊身份的标志[④]。可以推断，诸侯对卿大夫再进行分封时，应该也是采用这种赐“命”的模式。这样一来，册命也是上级对下级进行的一种使之权力合法化，并将这种上下级的关系固定化的礼仪过程。此次小邾国墓地出土的小邾君铜器铭文中，国君称名、称君而不书爵，即与当时小邾国

①（汉）许慎撰，（清）段玉裁注：《说文解字注》，上海：上海古籍出版社，1988年，第85页。
②（清）阮元校刻：《十三经注疏·春秋左传正义》，北京：中华书局，1980年，第2031页。
③陈汉平：《西周册命制度研究》，上海：学林出版社，1986年，第28页。
④晁福林：《先秦时期爵制的起源与发展》，《河北学刊》1997年第3期。

国君未受周天子册命有关，可见当时册命礼仪在诸侯中确是有一定约束力的。下面拟就金文中所见的册命礼仪与小邾君称谓和册命礼仪的关系进行论证。

（一）金文所见之册命礼仪

关于册命礼仪，在先秦文献中有或多或少的记载。另外，出土的金文资料亦不乏对整个册命过程的记述，其具体细节前辈学者已有较多研究。我们仅就时间地点、册命仪式、册命内容、受命者礼仪等方面进行总结与论述。

1. 册命时间地点

西周前期的青铜器铭文，对册命的时间记述比较简洁，如康王时的大盂鼎铭文“隹九月，王在宗周”（《集成》2837）。另一件康王时的宜侯夨簋铭文记述为“隹四月，辰在丁未，王立于宜宗土”（《集成》4320）。到了西周后期，青铜器铭文对册命时间地点的记述则较此前更为详尽，如颂簋铭文“隹三年五月，既死霸甲戌，王在周康邵宫，旦，王各大室”（《集成》4332～4339）。此鼎铭文“隹十又七年，十又二月，既生霸乙卯，王在周康宫梓宫，旦，王各大室”（《集成》2820）。均记载了具体的年月与月相干支，举行册命礼仪的时间一般在清晨，地点在宗庙大室。

2. 册命仪式

册命仪式，西周前期金文记载亦较简洁，晚期则较为详尽。一般会记录参加册命的人员及每人的职责和所处方位，以上引青铜器为例，西周前期的大盂鼎铭文仅为“令盂，王若曰……”，宜侯夨簋为“南飨，王令宜侯夨曰……”，对仪式的描述简洁但不明了，王即为册命者，盂和夨为受命者，仅记述了王对他们所说的命辞，并无佑者和作册史官的方位与职责的记述。西周后期的颂簋铭文则为“即位，宰引佑颂，入门，立中廷，尹氏授王命书，王乎史虢生册命颂，王曰……”，此鼎铭文对册命仪式记述为“即位，司徒毛叔佑此，入门，立中廷，王乎史翏册命此，曰……”等。对册命仪式记述就比较具体，人员有王、佑者、作册史官和受命者。佑者负责引领受命者，作册史官则代王宣命，主持册命仪式，各有分工，各司其职，有条不紊。

3. 册命内容

册命内容可分为四个部分，首先，呼受命者之名。其次，陈述册命的原因及对受命人的告诫、期望。再次，册命受命人以官职或爵位。最后，记述赏赐及其物品，可能是土地、臣民、兵器、车马、旌旗等象征身份地位或军事权力的田民与物品。前期多赏赐土地、人民等，后期则多车马、旌旗等象征意义更大的器物。此部分涉及内容非常繁杂。

4. 受命者礼仪

册命仪式完成后，受命者接受王的册命，亦需对册命表示感恩。西周早期的铭文对此记载也比较简单，大盂鼎铭记为“盂用对王休”，宜侯夨簋铭文为“宜侯夨扬王休”，是对王的册命表示赞颂的语辞。到了西周后期，虽大意仍未变，但具体辞藻则更加规范，对整个过程记述更加具体，如颂簋铭文记述为“颂拜稽首，受命册，配以出，反入堇（瑾）璋，颂敢对扬天子丕显鲁休”。而此鼎则比较简练，铭文为“此敢对扬天子，丕显休命”。可见，受命者需先拜稽首，再配命册以出，最后带着瑾璋返回，歌颂天子的美德，这个模式基本形成定制。

综上所述，册命是一个较为庄严隆重的礼仪，也是西周王朝巩固自身政治统治的一种重要形式，无论册命内服的公卿大夫还是分封外服的诸侯，都是为维护西周政治体系服务的。发展到西周后期，册命礼仪形成了一套较为规范成熟的仪节程式，是周代礼仪制度的重要组成部分。尽管到春秋时期，礼乐征伐自诸侯出，而册命礼仪仍被周天子掌握，如小郳国国君，虽为一国之主，因未受王命，在其青铜器铭文中，仍只能称名称君，并不具有一方诸侯所拥有的正常的合法席位，可见春秋时期虽然周王室衰微，但周礼对诸侯国尚有一定的约束力，册命礼仪仍需由周天子来主持实施。

（二）小郳君称谓与册命礼仪

关于小郳君的册命，文献记载并不十分明确，据《世本》记载：“郳颜居郳，肥徙郳。”宋仲子曰：“郳颜别封小子肥于郳，为小郳子。”[①]由此可知，小郳君是由其母国郳国国君郳颜册命的，但杜《谱》曰：“小郳，郳侠之后也。夷父有功于周，其子友别封为附庸，居郳。”[②]又说小郳君为周天子所封。另有《路史·国名纪》云：“兒，曹姓，倪、郳也，小郳国从齐勤王，命为小郳子。”[③]言小郳君从齐桓公尊王，才被天子册命为小郳子。以上三种说法，均有可从之处，其过程应是郳颜将其次子“友”封于郳地，但直至齐桓公时，小郳国君从齐勤王，才受到了周天子的册命，成为名正言顺的一方诸侯，这在小郳国墓地出土的小郳君铜器的铭文上即可窥得一二。

小郳国墓地出土的铜器铭文，对小郳君的称谓有郳友父、郳君庆、兒庆等，均为称名，不涉及爵位。根据《左传·庄公五年》记载：“五年秋，郳犁来来朝。名，未

①佚名撰，（汉）宋衷注，（清）秦嘉谟等辑：《世本八种》，北京：中华书局，2008年，第34页。

②（晋）杜预：《春秋释例》（卷九），清乾隆敕刊本，第458页。

③（宋）罗泌撰，罗苹注：《路史》，《四部备要》第44册，北京：中华书局，第337页。

王命也。”[①]可知，对国君称名，是因其未得到周天子的册命，没有相应的爵位。《春秋经·僖公七年》曰：“夏，小邾子来朝。”[②]说明至迟到鲁僖公七年，小邾君才得到了周天子的册命，可以被称为“小邾子”。因此，友父的曾孙犁来才始得册命，故邾友父、邾庆被称名也在情理之中。

根据文献记载，虽然都是直接称名，但是也有贵贱之区别，《左传·隐公元年》曰：“三月，公及邾仪父盟于蔑，邾子克也，未王命，故不书爵，曰‘仪父’，贵之也。”[③]这段记载表明，不仅小邾国，即使其母邦邾国，在春秋早期也未受到周天子册命，邾国国君在文献中直接称名。这位邾国国君名克字仪父，《左传》云称其字仪父是贵之。另外，还有一例称名的记载，《左传·襄公二十一年》曰：“庶其非卿也，以地来，虽贱必书，地重也。”杜预注曰：“地重故书其人，其人书则恶名，彰以惩不义。”[④]又《昭公三十一年》：“冬，邾黑肱以滥来奔。贱而书名，重地故也。君子曰：名之不可不慎也如是。夫有所有名，而不如其已。以地叛，虽贱，必书地，以名其人，终为不义，弗可灭已，是故君子动则思礼，行则思义，不为利回，不为义疚。或求名而不得，或欲盖而弥彰，惩不义也……邾庶其、莒牟夷、邾黑肱以土地出，求食而已，不求其名，贱而必书。”[⑤]由此可见，称人之字是“贵之”，书人之名则是“贱之”。

先秦时期，姓、氏、名、字是互不相同的。姓与血缘有关，《说文·女部》曰：“姓，人所生也。古之神圣人，母感天而生子，故称天子，因生而为姓。”[⑥]可知姓是有相同血缘的族群符号，又根据周人“同姓不婚”的原则，姓的出现也可以说是实行族外婚的标志。氏则具有更强的政治性，《左传·隐公八年》云：“天子建德，因生以赐姓，胙之土而命之氏。”[⑦]可见，氏与册命是密切相关的，用“胙之土”来“命之氏”，被分封的诸侯以其分封之地为自己的氏称。名则是由长辈所取，《礼记·内则》曰：“三月之末……父执子右手，咳而名之。”[⑧]因此，名亦可称为幼名，是家庭内部所使用的，不能在公开场合称对方之名。例如，《礼记·曲礼下》云：“国君不名卿老、世妇。大夫不名世臣、姪娣。士不名家相、长妾。”[⑨]说明称名是不尊重对

---

①（清）阮元校刻：《十三经注疏·春秋左传正义》，北京：中华书局，1980年，第1764页。
②（清）阮元校刻：《十三经注疏·春秋左传正义》，北京：中华书局，1980年，第1798页。
③（清）阮元校刻：《十三经注疏·春秋左传正义》，北京：中华书局，1980年，第1715页。
④（清）阮元校刻：《十三经注疏·春秋左传正义》，北京：中华书局，1980年，第1970页。
⑤（清）阮元校刻：《十三经注疏·春秋左传正义》，北京：中华书局，1980年，第2126页。
⑥（汉）许慎撰，（清）段玉裁注：《说文解字注》，上海：上海古籍出版社，1988年，第612页。
⑦（清）阮元校刻：《十三经注疏·春秋左传正义》，北京：中华书局，1980年，第1733页。
⑧（清）阮元校刻：《十三经注疏·礼记正义》，北京：中华书局，1980年，第1469页。
⑨（清）阮元校刻：《十三经注疏·礼记正义》，北京：中华书局，1980年，第1256页。

方的行为，故《春秋》对邾庶其、邾黑肱等不义之臣直接称名，是对其不义行为的惩治。字则是与名相互联系的，而且字较名更为规范，更为严格，男子在举行冠礼时，才能由长辈为其取字，即《礼记・曲礼上》记载的："男子二十，冠以字。父前子名，君前臣名。"[①]既表明了取字比取名要正式，也表明了字贵而名贱的特点。父贵而子贱，君贵而臣贱，故子在父前，臣在君前皆称名，以示自谦。

以"郳友父"为例，对铭文中的小邾君称谓进行分析。"郳"为其祖上受天子分封所得之地，根据"胙之土而命之氏"的原则，郳国国君累世以"郳"为氏，是册命礼仪的体现，但按前文所引，郳国直至春秋早期仍尚未受王册命，需要注意的是此二册命不尽相同，前者册命分封国土，后者册命则是册命爵位，使其诸侯的地位合法化。故在赐爵之前，郳国国君子孙以其封地"郳"为氏无可厚非。

文献记载郳友父名肥字友父，《说文・又部》云："同志为友，从二又相交。"段玉裁注曰："二又，二人也，善兄弟曰友，亦取二人如左右手也。"[②]可见"友"字多言兄弟关系，指兄弟如人之双手、人之手足，兄弟和睦是为友，也即兄友弟恭。"肥"字亦可作"腓"，《诗・邶风・泉水》："我思肥泉。"马瑞辰《毛诗传笺通释》曰："肥之言，腓也。"[③]"腓"即小腿腓骨，可泛指双腿，与"友"字指双手相对应。另外，《尔雅・释水》云："归异出同曰肥。"[④]即言"肥"为同出一处之二流也，而兄弟为同出一父之二子也，其象征意义恰好相符。"友"与"肥"二字一言手，一言腿相互对应，又都象征兄弟关系，与清代学者王引之总结名与字关系的"五体""六例"中同训、互文相合[⑤]，可证郳友父名肥字友父是刻意而为，并非巧合。若按《世本》宋衷注曰："邾颜别封小子肥于郳"之说，邾颜尚有长子字曰夏父，继位为邾国国君，"夏"即大，是友父兄长。郳友父的名字应是其父邾颜告诫他，虽将其别封于郳，分支而别派，但实同气而连枝，不要忘了二邾同出一处，同根同源，所以名之曰"肥"，希望他与母国的兄长夏父情同手足，共笃水木之思，兄友弟恭，故字之曰"友"。《国语・晋语四》司空季子劝告晋文公娶怀嬴时说："同姓则同德，同德则同心，同心则同志。"[⑥]《说文》称"同志为友"，因此，"友"亦可理解为同姓，与郳友父之字的含义相吻合，表示邾与小邾同出一姓，夏父与友父应同心同德，

① （清）阮元校刻：《十三经注疏・礼记正义》，北京：中华书局，1980年，第1241页。

② （汉）许慎撰，（清）段玉裁注：《说文解字注》，上海：上海古籍出版社，1988年，第116页。

③ （清）马瑞辰撰，陈金生点校：《毛诗传笺通释》（上），北京：中华书局，1989年，第150页。

④ （清）阮元校刻：《十三经注疏・尔雅注疏》，北京：中华书局，1980年，第2619页。

⑤ （清）王引之：《春秋人名解诂》，《经义述闻》卷23，南京：江苏古籍出版社，2000年，第571页。

⑥ （春秋）左丘明撰，（三国吴）韦昭注，明洁辑评：《国语》，上海：上海古籍出版社，2008年，第116页。

和睦相处。在小邾国前期，历代国君确实也是这样做的，又如郳庆称邾君庆，即可表示其虽在郳地，仍不忘出自于邾。

通过邾友父的称谓，即可对册命礼仪有一个较为完整的认识，邾友父祖上受册命封于邾地，故累世以“邾”为氏，名肥字友父，则是其被封于郳地后，邾颜希望他不忘母国，与兄长同心同德，共同维护曹姓对邾地的统治。于周天子而言即“以藩屏周”，于邾国而言，别封邾友父是为了“屏邾”，天子册命诸侯，诸侯封君，都是为了维护现有的政治体系与统治秩序，这也是实行册命礼仪的根本目的，这一礼仪及其实质可谓在第一代小邾国君友父的名字中体现得淋漓尽致了。

四、邾（郳）铭铜器与小邾国官制

文献记载小邾国有卿、大夫等职官，但无详细说明。金文资料中也有小邾国职官名称，为探索小邾国的官制提供了可靠依据。另外，小邾国君在金文中有多种称谓，小邾国初为附庸，其国君可视为宗主国之臣，后获天子册命，成为周王之臣，故探讨小邾国的官制不能脱离国君，只谈臣属。依此，就目前可知的邾（郳）铭青铜器，并结合文献记载，对小邾国的官制进行研究。

（一）小邾国职官

出土文献和传世文献对小邾国职官的记录均较少，但仍能从国君称谓上看出小邾国地位性质的变化，也能从少数铜器铭文和文献记载中，窥探出其职官的设置情况，为研究小邾国官制奠定基础。

1. 君

君是小邾国君受命子爵之前的称谓，如前文所探讨的邾君庆壶，作器者邾庆即被称君，另外，还有邾君钟（《集成》50）器主也自称邾君。这里的君是国君、封君之义，《仪礼·丧服》云：“君，至尊也。”郑玄注曰：“天子、诸侯、卿大夫有地者皆曰君。”贾公彦疏曰：“若鲁国季孙氏有费邑，叔孙氏有郈邑，孟孙氏有郕邑。晋国三家亦皆有韩、赵、魏之邑。是诸侯之卿大夫有地者皆曰君，以其有地，则有臣故也……但士无臣，虽有地不得君称。”[①]可知当时小邾国有地、有臣，但没有爵位，只能称君。

---

①（清）阮元校刻：《十三经注疏·仪礼注疏》，北京：中华书局，1980年，第1100页。

小邾国受命子爵之后，获得周天子的认可，位列诸侯，也开始为宗室成员分封食邑，有了自己的封君。《左传·哀公十四年》记载曰："小邾射以句绎来奔。"又《春秋经·哀公二年》云："癸巳，叔孙州仇、仲孙何忌及邾子盟于句绎。"杜预注曰："句绎，邾地。"[①]王献唐先生分析说："句绎为小邾疆邑，邾与小邾谊气相关，国境交错，可假地小邾为盟，盟不必尽在本国境内也。彼时鲁国疆域，包衍邾及小邾东境，故可就小邾之地会盟，其地当在小邾之东北境，与邾、鲁交界处，今滕县东北武城乡一带。"[②]王献唐先生不仅言明杜预注句绎为邾地的原因，而且考证了句绎的位置，证明其确是小邾国的疆邑。小邾国的"射"能将句绎献于鲁国，可知射对句绎是有控制权的，应是句绎的封君。另外，2016年5月枣庄市警方追缴横岭埠遗址被盗的邾寿父鼎、邾眉父匜各一件[③]，二器年代为春秋早期，略晚于小邾国墓地（后文详述），器主均是小邾国贵族，横岭埠遗址距离东江小邾国墓地直线距离不足3千米，但邾寿父与邾眉父却没有葬于东江小邾国墓地，二人当不是小邾国君，所以，其墓葬所在的横岭埠遗址应是邾寿父和邾眉父的封邑，他们也是小邾国的封君。

综上，小邾国在立国之初为附庸，国君如邾庆等只能称"君"，应相当于封君。而后，郳犂来受命子爵，小邾国君给邾寿父、邾眉父、射等分封食邑，有了自己的封君。所以，"君"初为小邾国君称谓，后为封君，是小邾国公室贵族担任的一个职官。

2. 子

子是小邾国君的爵位，郳犂来始受该爵，鲁僖公七年"小邾子"首见于《春秋》，自此，《春秋》经传关于"小邾子"的记录共18条，但是，金文资料中没有一例"邾子""小邾子"或"郳子"的称谓。《礼记·曲礼下》云："其在东夷、北狄、西戎、南蛮，虽大曰子……庶方小侯入天子之国曰'某人'，于外曰'子'。"[④]《春秋经·僖公二十七年》曰："杞子来朝。"《左传》云："用夷礼，故曰子。"[⑤]由此可知，"子"不仅是小邾国的爵位，而且是对夷狄之君的称呼，但这些国君往往不自称为"子"。《春秋》经传的记载十分注重礼法，如楚、吴、越等国在春秋之世虽为一时霸主，但《春秋》经传仍称其君为楚子、吴子、越子。金文资料中，这些国家的国君则自称为"王"，如春秋早期的楚王钟铭文"楚王媵邛中芈南酥钟"（《集

①（清）阮元校刻：《十三经注疏·春秋左传正义》，北京：中华书局，1980年，第2155、2173页。

②王献唐：《三邾疆邑图考》，《山东古国考》，青岛：青岛出版社，2007年，第58页。

③刘锡柱、张莺燕、李光雨：《薛河流域的商周文化遗址》，《青铜器与山东古国学术研讨会论文集》，上海：上海古籍出版社，2017年，第366页。

④（清）阮元校刻：《十三经注疏·礼记正义》，北京：中华书局，1980年，第1265页。

⑤（清）阮元校刻：《十三经注疏·春秋左传正义》，北京：中华书局，1980年，第1822页。

成》72）。春秋中期楚王鼎铭文“楚王媵随仲芈加飤緐”（《铭图》2318）。春秋晚期楚王熊恷盘铭文“楚王熊恷作持盥盘”（《铭图》14402）。战国早期的熊章镈铭文“楚王熊章作曾侯乙宗彝”（《集成》85）。战国晚期楚王熊悍鼎铭文“楚王熊悍战获铜兵”（《集成》2794）。因此，春秋战国时期楚国虽为子爵，但其国君均自称为王，这与文献记载也是吻合的。《史记·楚世家》记载曰：“三十五年，楚伐随。随曰：‘我无罪。’楚曰：‘我蛮夷也。今诸侯皆为叛相侵，或相杀。我有敝甲，欲以观中国之政，请王室尊吾号。’随人为之周，请尊楚，王室不听，还报楚。三十七年，楚熊通怒曰：‘吾先鬻熊，文王之师也，蚤终。成王举我先公，乃以子男田令居楚，蛮夷皆率服，而王不加位，我自尊耳。’乃自立，为武王。”[①]楚武王三十七年为前704年，熊通提升爵位的要求未得到周天子应允，故自立僭越称王，金文中楚国国君均自称为王即是其证，而《春秋》经传则仍依礼法称其为“楚子”。但也有诸侯国接受了带有歧视性质的子爵，并自称为“子”，如1979年出土于淅川下寺春秋楚墓的鄝子戈（《铭图》16748）和2009年出土于枣庄徐楼春秋墓的鄝子戈（《铭图续》31123），两戈胡部铭文相同，均为“鄝子痿之用”。鄝也称为“蓼”，是偃姓群舒之一，属淮夷，故按爵位也是子爵，鄝子戈铭文中器主自称为“鄝子”，正是接受这一爵称之例证。

“子”是周天子册命小邾国国君的爵位，也是对夷狄国君的统称，有蓼国等小国国君接受了这一爵位，自称为“鄝子”，更多的如楚国、吴国、徐国、越国、邾国、小邾国等国君，虽然他们是子爵，《春秋》经传也称其为“子”，但在金文资料中，这些诸侯国君从不自称为“子”，而多称王或者公。

3. 公

小邾国国君称“公”并非爵位，可分为两种情况，一是生前尊称，二是死后配合谥称。小邾国虽为子爵诸侯国，但从金文资料可知，其国君在受册命后均自称为“公”。2017年山东省滕州市警方追缴大韩村墓地被盗青铜器150余件（套），其中有1件郳公戈，胡部有12字铭文：“郳公克父，择其吉金，作其元用。”[②]另有，传世青铜器郳公克敦（《集成》4641），该器下落不明，内壁铸有铭文：“郳公克铸其饙敦，永宝用之。”郳公克父与郳公克是同一人，“克”为其字，2件青铜器铭文中克均自称郳公，而非郳子或小邾子，也可证小邾国国君并不自称为“子”。《诗·大雅·緜》云：“古公亶父，陶复陶穴，未有家室。”郑玄笺曰：“诸侯之臣，称君曰

①（汉）司马迁：《史记》，北京：中华书局，1982年，第1695页。

②孙敬明：《新见郳公戈刍议》，《中国文物报》2017年5月30日第7版。

公。”[①]《左传·隐公元年》孔颖达疏云：“鲁实侯爵而称公者，五等之爵，虽尊卑殊号，臣子尊其父君皆称为公，是礼之常也。”[②]《礼记·丧大记》曰：“公之丧，大夫俟练，士卒哭而归。”郑玄注曰：“此公，公士大夫有地者也。”孔颖达疏曰：“臣下呼此有地大夫之君为公。”[③]可知这里的“公”是臣下对君上的尊称，与“君”释义相似，皆指有封地的诸侯、卿大夫，而且五等爵皆可称公，如鲁国侯爵，国君可称公，小邾国为子爵，国君也可称公。之后，“公”作为地方行政长官之称便固定下来，《左传·宣公十一年》记载曰：“诸侯县公，皆庆寡人。”杜预注曰：“楚县大夫皆僭称公。”[④]《论语·学而》曰：“叶公问孔子于子路，子路不对。”邢昺正义曰：“（叶公）名诸梁，字子高，为叶县尹，楚子僭称王，故县尹僭称公也。”[⑤]《史记·魏豹彭越列传》曰：“楚命萧公角将兵击越。”张守节《史记正义》：“萧县令，楚县令称公。”[⑥]因此，楚国攻灭其他诸侯国后，在原址设县，县的行政长官称公，即县令、县尹，可见对有封地的诸侯、卿大夫称公，初为尊称，后在楚国特指县公，成为一个固定的职官。

春秋时期，诸侯国君去世后，也被称为“公”，《春秋经·隐公三年》孔颖达疏曰：“至于既葬，虽邾、许子男之君皆称谥而言公。”[⑦]文献记载小邾国国君有小邾穆公、小邾惠公，皆是“称谥而言公”的例证。另外，新见郳公镈铭文：“郳公𩌏父……作朕皇祖恭公、皇考惠公彝”（《铭图》15815～15818）。可知，器主自称郳公，此处“公”为尊称，𩌏父是他的字，“恭公”“惠公”是已经去世的小邾国国君，这里称公则是谥称。

4. 侯

小邾国国君称侯只见一例，《战国策·宋策》记载曰：“康王大喜，于是灭滕伐薛，取淮北之地……齐闻而伐之，民散，城不守。王乃逃倪侯之馆，遂得而死。”鲍本：“侯，其臣也。正曰：无稽。”[⑧]“倪侯”即郳侯，为小邾国国君，宋康王灭滕伐薛，可证此时滕、薛两国尚未亡国，小邾国与滕、薛休戚相关，不应比它们灭亡更早，因此，这里的倪侯应不是宋康王之臣，故正其谬误曰“无稽”。小邾国立国之初

①（清）阮元校刻：《十三经注疏·毛诗正义》，北京：中华书局，1980年，第509页。
②（清）阮元校刻：《十三经注疏·春秋左传正义》，北京：中华书局，1980年，第1712页。
③（清）阮元校刻：《十三经注疏·礼记正义》，北京：中华书局，1980年，第1581页。
④（清）阮元校刻：《十三经注疏·春秋左传正义》，北京：中华书局，1980年，第1876页。
⑤（清）阮元校刻：《十三经注疏·论语注疏》，北京：中华书局，1980年，第2483页。
⑥（汉）司马迁：《史记》，北京：中华书局，1982年，第2592页。
⑦（清）阮元校刻：《十三经注疏·春秋左传正义》，北京：中华书局，1980年，第1722页。
⑧（汉）刘向集录：《战国策》，上海：上海古籍出版社，1998年，第1157页。

就依附宋国，至春秋晚期也没有摆脱宋国的控制，那么，以宋国与小邾国的关系，宋康王逃往小邾国避难也是事出有因的。战国时期，各诸侯国君僭越称王，小邾国国君称侯也可以理解，只是这一称谓目前尚无金文资料作为支撑，只能暂时存疑。

5. 大宰

目前已知的“邾大宰”铭青铜器共有三件，分别是两件邾大宰簠（《集成》4623、4624）和一件邾大宰钟（《集成》86）。两件邾大宰簠一件仅见著录，另一件则缺失器盖，但铭文相同，释文为：“唯正月初吉，邾大宰欉子耕铸其簠，曰：余诺恭孔惠，其眉寿用饙，万年无期，子子孙孙永宝用之。”（图1-19）吴镇烽先生将前者（《铭图》5971）年代定为春秋晚期（图1-14），后者（《铭图》5972）定为春秋早期，《集成》则将两器均定为春秋早期。邾大宰簠器身高10.5厘米，口径纵向24.3厘米，横向30.2厘米，重3.44千克①。该器侈口折沿，折腹，上腹直壁，下腹斜壁，四支足外侈，足部中间缺口上凸。器身两侧对称铸兽首形环耳，上腹饰一周三角云纹，下腹饰蟠螭纹。邾大宰簠上腹较长，支足较高，时代晚于前文所说的子皇母簠（图1-13），与滕州薛国故城尤楼1978M4（图1-15）②、枣庄徐楼M1③出土的青铜簠（图1-16）形制相近，而且这两座墓葬出土了形制相同的浅腹平盖铜鼎，徐楼M1铜鼎有“宋公固”铭，可确定其年代为春秋中期末段，两座墓葬年代相近，出土的青铜簠与邾大宰簠形制相似，因此，邾大宰簠年代亦应是春秋中晚期。两件邾大宰簠铭文、器主相同，时代也应相同，吴镇烽先生和《集成》对邾大宰簠的断代皆误。邾大宰钟通高22.2厘米，舞纵8.4厘米，横10.7厘米，鼓间9.8厘米，铣间12.2厘米，重约2千克。该钟大体呈铃形，索状纽，腔较长，有铣有于，枚呈螺旋形，篆间饰S形纹，鼓部饰云头纹，舞上饰云纹，年代被定为春秋早期。两栾、钲间和鼓部铸有铭，含合文共36字，释文为：“邾大宰欉子掠自作其扣钟，择其吉金膚铝，掠用祈眉寿多福，万年无疆，子子孙孙永保用享。”（图1-17、图1-18）

图1-14　邾大宰簠器身

（采自《铭图》5971）

大宰是一个十分重要的职官，

①上海市文物保管委员会：《近年来上海市从废铜中抢救出的重要文物》，《文物》1959年第10期。

②山东省济宁市文物管理局：《薛国故城勘查和墓葬发掘报告》，《考古学报》1991年第4期。

③枣庄市博物馆、枣庄市文物管理办公室、峄城区文广新局：《枣庄市峄城徐楼东周墓葬发掘报告》，《海岱考古》（第七辑），北京：科学出版社，2014年，第59～127页。

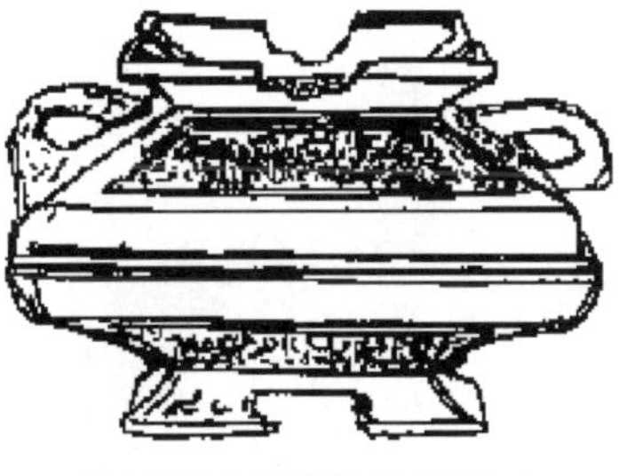

图1-15　薛国故城蟠螭纹簠线图（M4：1）
（采自朱凤瀚：《中国青铜器综论》下册，
上海：上海古籍出版社，2009年）

图1-16　徐楼墓地蟠螭纹簠（M1：7）
（采自山东博物馆、枣庄市博物馆：《大君有命，
开国承家：小邾国历史文化展》，北京：北京时代
华文书局，2018年）

图1-17　邾大宰钟
（采自《铭图》15276）

《周礼·天官·叙官》云："乃立天官冢宰，使率其属，而掌邦治，以佐王均邦国。"郑玄注曰："大宰职曰：掌建邦之六典，以佐王治邦国，六官皆总属于冢宰……《尔雅》曰：冢，大也。冢宰，大宰也……百官总焉则谓之冢，列职于王则称大。"[1]张亚初、刘雨二位先生将王室大宰的职掌概括为两点："一、管理王家内外，传达宫中之命。如《蔡簋》中祭的职掌即是'司王家内外，毋敢不闻，司百工，出入姜氏令'。其职司相当于《周礼》中的小宰与内宰。二、在锡命礼中作傧右或代王赏赐臣下。"[2]赵晓斌先生则认为："就其地位（笔者案：西周王室大宰）而言，仍不能同春秋王室的大宰相提并论……就内、外传所见，大宰的职掌主要包括政务和礼仪两部分。一部分是主持朝政。文十四年经'顷王崩周公阅与王孙苏争政。'大概朝政本由周公阅主持，由于顷王新故，新贵族王孙苏趁机夺权而导致了这场政争。另一部分是礼仪事务。见于记载的主要有册命诸侯、主持祭祀、主持盟会以及聘问诸侯。"[3]然而，春秋时期各诸侯国的大宰职能不尽相同，"除王室外，列国中的齐国、鲁国、楚国、宋国、吴国、邾国亦皆有大宰之官。郑国有当国一官，时人也称之为冢宰。除郑的当国、吴的大宰之外，其他列国大宰的地位距离执政尚有一定的距离。"[4]就邾国而言，邾大宰簠的器主被称为"欉子耕"，邾大宰钟的器主被称为"欉子掠"，郭沫若先生认为：

①（清）阮元校刻：《十三经注疏·周礼注疏》，北京：中华书局，1980年，第640页。
②张亚初、刘雨：《西周金文官制研究》，北京：中华书局，1986年，第107页。
③赵晓斌：《春秋官制研究——以宗法礼制社会为背景》，浙江大学博士学位论文，2009年。
④赵晓斌：《春秋官制研究——以宗法礼制社会为背景》，浙江大学博士学位论文，2009年。

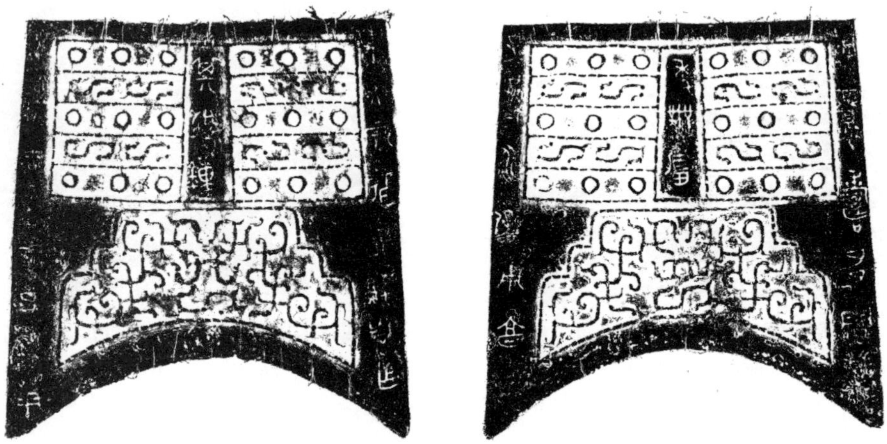

1　　　　2

图1-18　邾大宰钟铭文拓本

1. 邾大宰钟铭文拓本正面　2. 邾大宰钟铭文拓本背面

（采自《铭图》15276）

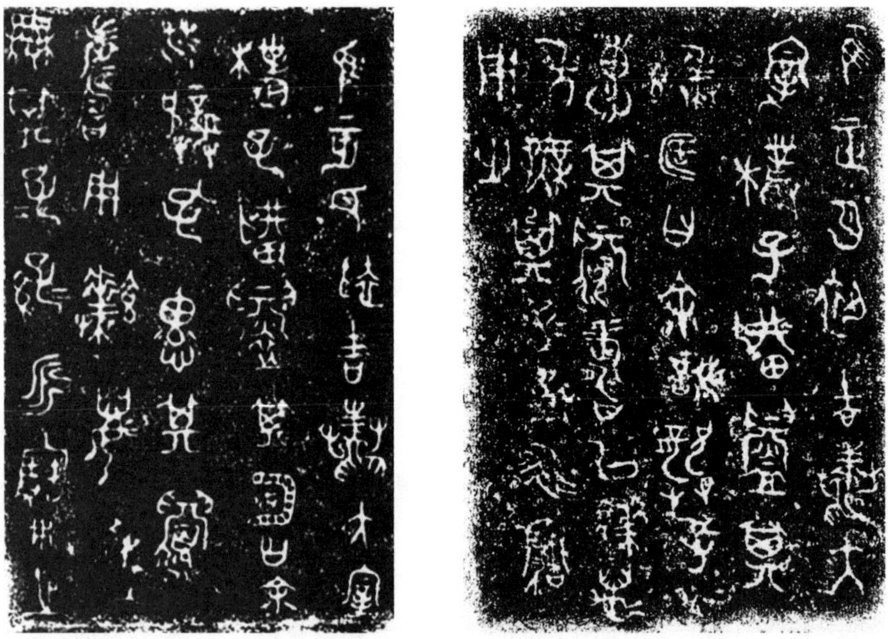

1　　　　2

图1-19　邾大宰簠铭文拓本

1. 邾大宰簠器铭拓本　2. 邾大宰簠铭文拓本

（采自《铭图》5971、5972）

“欉子䢦（䢦从田，与从土型同义）和邾大宰钟的欉子欻，是两兄弟。”[①]通过前文分析，邾大宰钟的年代远早于邾大宰簠，故二者器主为兄弟之说不确。而欉子耕与欉子掠来自同一家族应问题不大，“欉”可能是该家族的氏称，“耕”和“掠”为器主的私名或字。由此可知，春秋时期小邾国（或邾国）的大宰由欉氏家族担任，说明当时所实行的应是世官制度。

总之，在能够明确区分二邾器物之前，不能排除邾大宰簠、邾大宰钟属于小邾国的可能，春秋时期的大宰职权很大，掌握诸侯国的政务，并主持礼仪与外交活动。文献和金文资料并没有关于小邾国大宰职能的记载，但从春秋早期的邾大宰欉子掠，到春秋中晚期的大宰欉子耕，可以推断小邾国的大宰在春秋时期均由欉氏担任，实行世官制度。

6. 大司马

现藏于辽宁省博物馆的邾大司马戈（《集成》11206），通长22.3厘米，援长14.8厘米。前锋呈三角形，援微向上仰，锋部下收，上下两刃均开锋，脊部明显，胡较短，呈弧形。阑内侧有三穿，上穿略呈半圆形，中、下穿呈长方形。内为刀形，上部平直，下靠近援部平直，尾部上扬为弧形，三边有刃，内中部有一横向长方形穿。阑内侧有7字铭文，释文为：“邾大司马之造戈。”铭文“邾”字构形从朱从邑，是春秋晚期的写法，与邾公钘钟铭文之该字构形相同（图1-20）。

图1-20　邾大司马戈铭文拓本
（采自《铭图》17056）

邾大司马戈铭文虽未记录小邾国大司马的具体职能，但大司马是周代重要的武官，《周礼·夏官·大司马》记载曰：“大司马之职，掌建邦国之九法，以佐王平邦国……以九伐之法正邦国……正月之吉，始和布政于邦国都鄙……乃以九畿之籍，施邦国之政职……凡令赋，以地与民制之……中春，教振旅……中夏，教茇舍……中秋，教治兵……中冬，教大阅……及师，大合军，以行禁令，以救无辜，伐有罪……及致，建大常，比军众，诛后至者……大会同，则帅士庶子，而掌其政令。”[②]可见大司马主要掌管与军事活动相关的政令，还负责仲裁、会同等礼仪活动。春秋时期，诸侯各国大司马的阶品与职事也有区别。楚国的司马是高级武官，与令尹同为楚国执政

①上海市文物保管委员会：《近年来上海市从废铜中抢救出的重要文物》，《文物》1959年第10期。

②（清）阮元校刻：《十三经注疏·周礼注疏》，北京：中华书局，1980年，第835～839页。

卿，掌管全国的军事，若令尹去世，则由司马接任。《左传·襄公十四年》记载曰："楚子囊还自伐吴，卒。将死，遗言谓子庚：'必城郢。'"杨伯峻注曰："子庚即公子午，继子囊为令尹。"[①]谭黎明先生认为楚国大司马出现较晚，掌管军赋、军队装备、土地丈量等，是楚王的主要助手[②]。鲁国的司马职事更加丰富，据赵晓斌先生总结，不仅"主管军赋；主持军政，负责帅师征伐；与工正书写车服之器"等行使司马的基本职能，而且还负责"聘任会盟；担任宾介；逆夫人；会葬"等活动[③]。春秋后期，鲁国司马由三桓之一的叔孙氏世袭，地位很高，属正卿，但有的诸侯国司马仅由大夫担任。《左传·成公二年》记载曰："公会晋师于上鄍，赐三帅先路三命之服，司马、司空、舆帅、候正、亚旅，皆受一命之服。"杨伯峻注曰："三帅，郤克、士燮与栾书……司马为韩厥。"又《成公三年》云："晋作六军韩厥、赵括、巩朔、韩穿、荀骓、赵旃皆为卿，赏鞍之功也。"[④]可以看出，韩厥在成公三年位列六卿之一，知其在成公二年还不是卿，而且作为司马仅受一命之服，地位低于受三命之服的郤克、士燮与栾书。《左传·襄公十九年》记载曰："公享晋六卿于蒲圃，赐之三命之服。军尉、司马、司空、舆尉、候奄，皆受一命之服。"[⑤]此时，司马不仅不在六卿之列，而且仍受一命之服，位列军尉之后。所以，晋国司马的地位始终不高，虽从事军事活动，但不是军事长官，多由一命之服的大夫担任。通过比较春秋列国司马的地位与职事，可推知小邾国的司马应是主管军事的高级武官，由卿或大夫担任，因郳大司马戈铭文过于简略，司马的具体职责还不得而知。

另外，郳大司马戈器主自称为"大司马"，可知小邾国还设置有小司马或左右司马等职官。《周礼·夏官·小司马》云："小司马之职掌，凡小祭祀、会同、乡射、师田、丧纪，掌其事如大司马之法。"[⑥]可见，小司马的职事与大司马相同，只是掌管的事情等级、规模更小。战国晚期齐国的少司马耳杯，右耳铭有"少司马□□之□"[⑦]，铭中少司马应即《周礼》记载的小司马。传世文献中除小司马外，还有左右司马。《左传·襄公十五年》曰："楚公子午为令尹，公子罷戎为右尹，蒍子冯为大司马，公子橐师为右司马，公子成为左司马，屈到为莫敖。"[⑧]可见，楚国除了大司马

①杨伯峻：《春秋左传注》（修订本），北京：中华书局，2009年，第1019页。

②谭黎明：《春秋战国时期楚国官制研究》，吉林大学博士学位论文，2006年。

③赵晓斌：《春秋官制研究——以宗法礼制社会为背景》，浙江大学博士学位论文，2009年。

④杨伯峻：《春秋左传注》（修订本），北京：中华书局，2009年，第800、815页。

⑤（清）阮元校刻：《十三经注疏·春秋左传正义》，北京：中华书局，1980年，第1967、1968页。

⑥（清）阮元校刻：《十三经注疏·周礼注疏》，北京：中华书局，1980年，第841页。

⑦淄博市博物馆：《山东临淄商王村一号战国墓发掘简报》，《文物》1997年第6期。

⑧（清）阮元校刻：《十三经注疏·春秋左传正义》，北京：中华书局，1980年，第1959页。

之外，还设有左右司马，其地位低于大司马而高于莫敖，也属于较高阶的武官。除楚国外，鲁国也设置了左右司马，《史记·孔子世家》云：“孔子摄相事，曰：‘臣闻有文事者必有武备，有武事者必有文备。古者诸侯出疆，必具官以从。请具左右司马。’定公曰：‘诺。’具左右司马。”①是知文献中的左右司马应与小司马相同，为大司马的副手，同时还有都司马、军司马、舆司马、行司马等共同协助大司马掌管军事。

通过郳大司马戈，可知，至迟于春秋晚期，郳国和小郳国就设置有主要掌管军事的大司马，由卿或大夫担任，并且应设置了小司马或左右司马等协助大司马掌管军事的武官。

7. 戎右

郳右居戈（《集成》10969），通体残长13厘米，内残长2厘米，前锋残断，上下两刃均开锋，胡部较长，阑内侧有三穿，上穿呈圆形，中、下呈长方形，下穿与内皆残，胡部有“郳右庑（居）”三字（图1-21）。

图1-21　郳右居戈铭文拓本
（采自《铭图》16543）

本铭“郳”字从兒从邑，与郳庆鬲铭直接写为“兒”不同，与从邑的“郳”字相同，均为春秋晚期之后的构形特点。整理者认为铭文第二字为“左”，第三字不识②。戈铭第二字，作“”从手从口，且“手”字符朝右，故隶定为“左”。左、右二字的隶定，多依“手”字符的朝向，朝右隶为“左”，朝左隶为“右”。例如，班簋（《集成》4341）铭文：“王令吴伯曰：‘以乃师左比毛公。’王令吕伯曰；‘以乃师右比毛公。’”铭中“左”“右”二字皆从手从口，只是“手”字符朝向不同，故隶定也不同。但也有特例，两件元年师兑簋（《集成》4274、4275）盖器对铭，铭文内容完全一致，其中“司左右走马”一句，“左”字仅从“手”，“右”从手从口，除前者（《集成》4274）盖铭“左”字“手”字符朝左，作“”，“右”字“手”字符朝右，作“”，其余三者“左”“右”二字“手”字符朝向均与其相反。《说文·左部》云：“左，𠂇手相左也。从𠂇工。”段玉裁注曰：“各本俱误，今正。左者，今之佐字，《说文》无佐

①（汉）司马迁：《史记》，北京：中华书局，1982年，第1915页。

②心健、家骥：《山东费县发现东周铜器》，《考古》1983年第2期。

也。ナ者，今之左字。《ナ部》曰：左手也，谓左助之手也。以手助手是曰左，以口助手是曰右。工者，左助之意。”[1]可知“左”“右”二字的隶定并不完全依据“手”字符的朝向，而是由“口”“手”字符共同决定的。以上班簋、元年师兑簋铭从口之字，即便“手”字符朝右，也应隶定为“右”。

本铭第三字作“”，吴镇烽先生隶为“庢”，认为从广从足，金文仅见数例，且均为戈铭，如郪右庢戈作“”（《铭图》16545）、右庢戈作“”（《铭图》16670）、曹右庢戈作“”（《铭图》16772）、司戎右庢戈作“”（《铭图》17065）等，由以上器铭可知，郰、郪、曹等均为国名，“右”字“手”符既有朝左也有朝右，也可证本铭应隶为“右”，“右庢”二字紧随各国名之后，应是官名。但是，以上各铭“庢”的写法并不相同，其中，右庢戈、曹右庢戈、司戎右庢戈铭明显从广从足，隶为“庢”无疑，且与该字形相似者还有右㞐马衔（《铭图》19061）铭，作“”。而郰右庢戈、郪右庢戈铭则似从尸（夷）从足，与右㞐尹壶铭“”（《铭图》12227）、左㞐壶盖铭“”（《铭图》12020）写法相似。发掘者认为右㞐尹壶、左㞐壶盖铭从人从正，隶为“征”[2]，但以上二铭“足”字符“口”部均有竖划上折封口，应隶为足而非正。此外，山东省泰安市出土的楚高缶（《铭图》14060）盖铭也有“右㞐尹”，“㞐”字作“”，发掘者亦隶定为“征”[3]。李零先生认为：“冶字从尸从二从止，是燕国文字的写法……尹、冶尹、右冶尹，乃职司冶铸的官署。尹是冶尹之省，冶尹分左右……以为同迟字。但比较其他国家的冶字，可知仍是冶字的讹变。今冶字是秦系文字的写法。三晋文字，标准写法是上冶下火，冶字的冫旁，多作二横画或二斜画，台旁上部，西周有司、台合用一口的写法，此即这种写法的讹变。进一步讹变的写法，则把台旁上部写成人形或刀形，火旁也有讹变成土者。齐系文字作人旁加上口下二横，楚系文字作人旁加上二横下口，是类似的讹变。燕系文字的冶字，人旁作尸形，下从止，尸是人之变，止是火之变。”[4]李零先生的观点十分独到，该铭为燕国文字甚确，但将该字隶定为“冶”，即便以讹传讹，也与列国冶字差异过大，而比较燕国的右㞐尹壶、左㞐壶盖铭，可知所谓“从二从止”，实为足字“口”部未封之讹，故该字应从尸从足，隶为“㞐”最为合理。《说文·尸部》云：“居，蹲也。从尸古声。㞐，俗居从足。”[5]因此，“㞐”与“居”可通，铭文“庢”、“㞐”和“㞐”可直接释为“居”。本铭既然不是“冶”字，那么“冶尹”为掌管冶铸的官名之说也可商榷。司戎右居戈铭文共8字，吴镇烽先生《铭图》从右读

①（汉）许慎撰，（清）段玉裁注：《说文解字注》，上海：上海古籍出版社，1988年，第200页。

②孙继安：《河北容城县南阳遗址调查》，《考古》1993年第3期。

③杨子范：《山东太安发现的战国铜器》，《文物参考资料》1956年第6期。

④李零：《东更道七器的再认识》，《中国国家博物馆馆刊》2017年第10期。

⑤（汉）许慎撰，（清）段玉裁注：《说文解字注》，上海：上海古籍出版社，1988年，第399页。

为“庭之造戟，君司成右”。该释读有误。司戎右居戈是楚式戈，故铭文应从左读，而且所谓“成”字，按构形应是“戎”字之误，因此，司戎右居戈铭文应读为“君司戎右居之造戟”。《周礼·夏官·戎右》云：“戎右掌戎车之兵革使，诏赞王鼓，传王命于陈中。会同，充革车。盟，则以玉敦辟盟，遂役之。赞牛耳、桃茢。”贾公彦疏曰：“戎右者，与君同车，在车之右，执戈盾，备制非常，并充兵中使役。”[①]可知戎右其实为两重含义，戎指戎车，右指车右。《周礼·春官·巾车》记载曰：“巾车掌公车之政令……革路，龙勒，条缨五就，建大白以即戎，以封四卫。”[②]因此，戎车即革路，是对周王兵车的称呼。《礼记·曲礼上》云：“君抚仆之手，而顾命车右就车。”郑玄注曰：“车右，勇力之士，备制非常者。”[③]周代的战车是三人同乘，车右为勇力之士，负责用戈、矛等长兵器击杀近处敌人，车左为善射之士，负责用弓矢射杀远处敌人，居中的是驾驭战车的御者，三人合作才能发挥战车的战斗力。司戎右居戈铭文中的“居”，则可理解为处所，“右居”即居右之人，也就是车右，车右多以戈为兵器，因此，“右居”多铭于青铜戈上。另外，“居”字朱骏声《通训定声》曰：“假借为车。”[④]《尔雅·释草》陆德明释文曰：“居，本亦作车，音同。”[⑤]依此，“右居”即“右车”，也指“车右”，可简称为“右”，《周礼》中的“戎右”应是“戎右居”的简称。那么，“司戎右居”就是管理戎右的职官，即司右，《周礼·夏官·司右》云：“司右，掌群右之政令。凡军旅会同，合其车之卒伍，而比其乘，属其右。凡国之勇力之士，能用五兵者属焉，掌其政令。”[⑥]“司”与“尹”释义相同，皆为管理、治理，因此，楚高缶铭文“右居尹”也是指管理车右的职官。而且发掘者描述楚高缶出土情况时说：“这些器物的排列形式是东西呈一条直线，北面正对着泰山的最高峰——日观峰，每件之间相距三公尺四十五公分左右，都是放在离地面三公尺九十公分的土坑南面，土坑用一块大石盖住。”[⑦]六件铜缶和一件铜盘等深、等距离埋藏于泰山脚下，发掘者和李零先生皆认为其有祭祀性质，这一现象与会盟时戎右“以玉敦辟盟，遂役之”的记载十分相似，目前已知的盟誓遗存，盟书均被埋于地下，那么，歃血的玉敦、铜缶、铜盘等礼器也可能会埋于地下，这从侧面也验证了楚高缶铭文“右居尹”是管理戎右的职官，而不是掌管冶铸工匠的“冶尹”。

综上所述，以郳右居戈为代表“右居”铭铜器，器主是战车上居于右侧执戈的戎

①（清）阮元校刻：《十三经注疏·周礼注疏》，北京：中华书局，1980年，第857页。

②（清）阮元校刻：《十三经注疏·周礼注疏》，北京：中华书局，1980年，第857页。

③（清）阮元校刻：《十三经注疏·礼记正义》，北京：中华书局，1980年，第1252页。

④（清）朱骏声编著：《说文通训定声》，北京：中华书局，1984年，第420页。

⑤（唐）陆德明撰，黄焯断句：《经典释文》，北京：中华书局，1983年，第127页。

⑥（清）阮元校刻：《十三经注疏·周礼注疏》，北京：中华书局，1980年，第850页。

⑦袁明：《山东泰安发现古代铜器》，《文物参考资料》1954年第7期。

右，故“右居”多铭于青铜戈上。“右居”可简称“右”，而“司戎右居”与“右居尹”则是掌管戎右的司右，该职官也负责一定礼仪活动。通过郳右居戈也可推断，小邾国既有戎右，也当有执弓矢的车左和驾车的大驭，并应有与之配合工作的齐右、道右以及右仆、齐仆、道仆、驭夫等职官。

（二）小邾国官制的特点

小邾国官制的特点可以郳犁来受命子爵为节点分为前后两个阶段，前一阶段小邾国君仅为封君，其职官还应是家臣性质；后一阶段小邾国君受封为诸侯，职官设置开始规范，官制逐步形成。

小邾国在受到周王封爵之前仅为附庸，国君也只是封君，是否有一套成熟的官制尚难确定，但家臣体系应是完善的。王恩田先生认为：“郳国不能称‘公’也就未必有六卿的设置。”[①]此说不确，《论语·季氏》孔子曰：“禄之去公室五世矣，政逮于大夫四世矣。”[②]《左传·昭公二十五年》云：“鲁君丧政四公矣。”[③]可知，春秋后期鲁国三桓掌握国家政令，礼乐征伐自大夫出，三桓不仅有封邑，而且有家臣，其家臣设置如同公室职官。《左传·襄公五年》曰：“季文子卒，大臣入殓，公在位。宰庀家器为葬备。”杨伯峻注曰：“宰，季氏家臣之首。”又《襄公二十三年》曰：“季氏以公鉏为马正。”杨伯峻注曰：“马正即大夫家之司马，所以为大夫主其土地之军赋，见《周礼·夏官·司马》注。”[④]《左传·昭公十四年》记载曰：“南蒯之将叛也，盟费人，司徒老祁、虑癸伪废疾。”孔颖达疏云：“二子季氏家臣也。”又《昭公二十五年》曰：“（叔孙）昭子斋于寝，使祝宗祈死。”杜预注曰：“耻为平子所欺，因祈而自杀。”[⑤]这里的祝宗掌管祈祷之事，兼具祝、宗的职能。因此，就鲁国三桓而言，其家臣见于记载的有宰、宗、祝、司马、司徒等六卿之职，还设置有车右、工师、饔人等，三桓皆有封邑，实可视为封君，故并非只有受命的诸侯才有资格设置六卿等职官。而且执政卿的家臣也具有很大的权力，如季氏家臣阳虎，一度代季氏执掌鲁国政令，开创了“家臣执国政”的先河，足见卿大夫家臣势力之大。由此可推知，小邾国前期国君为封君时，也应有一套完整的与职官系统相仿的家臣体系，为受命爵位后的官制确立奠定了基础。

①王恩田：《郳器与郳国》，《商周铜器与金文辑考》，北京：文物出版社，2017年，第320页。

②（清）阮元校刻：《十三经注疏·论语注疏》，北京：中华书局，1980年，第2521页。

③（清）阮元校刻：《十三经注疏·春秋左传正义》，北京：中华书局，1980年，第2521页。

④杨伯峻：《春秋左传注》（修订本），北京：中华书局，2009年，第944、1079页。

⑤（清）阮元校刻：《十三经注疏·春秋左传正义》，北京：中华书局，1980年，第2075、2110页。

小邾国君在受天子命为子爵之后，称谓由君变为公、侯、子等，正式位列诸侯，官制开始走向成熟，可以确定的有大宰、大司马、戎右等职官，但由于铭文过于简略，文献记载缺失，目前还不能对小邾国职官的具体职能进行研究。列国官制的特点皆不相同，据赵晓斌先生总结："春秋列国职官大致可分南北二系。南系以楚国为代表，更多地承袭商制。北系以齐、鲁、卫、晋、郑、宋为代表，主要承袭周制。北系中又可分出三系，齐国为一系，鲁、卫、郑、宋为一系，晋国为一系。北三系的差别主要体现在中央政务官卿的设置上，如晋国以诸军将、佐为卿，鲁、卫、郑、宋均以四司（司徒、司马、司空、司寇）为卿官的主体部分，齐国则以当国、大宰、左右相为卿。"①通过比较，小邾国的大宰和大司马应是卿官，职官设置与近邻并对其影响较大的鲁、宋等国相似。在职官的任用上，鲁国采用以三桓为主的世官制度，小邾国则发现有邾伯御戎鼎、邾伯鬲、邾叔之伯钟、邾季簠等铜器，邾伯、邾叔、邾季应是小邾国的公室成员，这些铜器出土地点并不集中，可见公室成员应有封邑，但他们是否参与政事，小邾国是否采用世官制度，则难以做进一步研究。众所周知，春秋时期的宗法官员一直是列国官员的主体，公室宗族在多数诸侯国掌握政令，小邾国也不例外，如大宰一职由欉氏家族世袭。

总之，小邾国在受册命之前，应该已经有了一套较为完善的家臣体系，并成为后来职官体系的基础。受册命之后，小邾国君位列诸侯，称谓发生变化，官制也日趋成熟，可以确定设置了大宰、大司马等卿官，戎右、车左等武官，而且可以推断还应该设置了左司马、右司马、司右、大驭、齐右、道右、戎仆、齐仆、道夫等职官。由于金文资料过于单薄，小邾国职官体系和具体职能无法详究，但从另一方面来看，可以肯定的是对小邾国官制的研究一定能随着出土资料的不断丰富而日趋深入。

五、小　　结

通过本章之研究，可以总结为以下几点认识。

小邾国墓地的丧葬制度为墓室规模较大，其中有四座墓葬设有墓道，应是国君一级的墓葬，但其葬具皆用一棺一椁，可能与小邾国势微，且未受王命有关。棺椁的尺寸与墓葬等级的高低是成正比关系的，虽有一定的规律，但与"三礼"记载相去甚远。小邾国墓葬无腰坑、无殉人殉狗的葬俗近于周人墓葬，而异于夷人墓葬。随葬礼器组合多为偶数，且以鼎、鬲、簠、壶为主，不见簋，与楚国春秋时期中型贵族墓相似，体现出与楚文化有相近之处。用鼎制度方面，M2、M3分别出土列鼎4件和3件，亦

①赵晓斌：《春秋官制研究——以宗法礼制社会为背景》，浙江大学博士学位论文，2009年。

达不到周礼规定的诸侯国君之规格，但4件鼎之中却含有太牢，颇耐人寻思，可能小邾国当时并没有一套完整的用鼎制度，或其有国君之实却无国君之名分，故不尊周礼，反映出当时礼仪制度的混乱，并不像后世“三礼”构拟的那样规范、严格。

通过对小邾国墓地出土媵器铭文的研究，可知当时的媵嫁礼仪，也不像文献记载的那么门当户对，周公后裔所封建的胙国可与未王命的小邾国建立姻亲关系。媵器的制作多是父为女作器和夫为妇作器，可以看出当时男权占有绝对的地位，但亦有女性自作媵器，体现出女性也当有一定的权力。媵器铭文所记作器者身份的不同，对女子的称谓模式也不相同。父为女作器多称其夫国之氏，夫为妇作器则多用女子母国之姓名，反映出姻亲双方的互相尊重。在媵嫁礼仪制度上，通过对“秦妊”“奏妊”“华妊”器的分析，则可看出当时姪娣相随的异辈婚已经逐步消失，取而代之的则是二娣相随的同辈婚，反映了婚姻制度的进步。

小邾君铜器铭文的不同称谓，则体现了周王室对诸侯的册命礼仪，小邾君未受周天子册封，故史官对其只能称名称君而不书爵。并由此得出以字体构形和官制区别二邾铜器的确存在弊端。通过对“邾友父”姓、氏、名、字的考证研究，可知当时的册命分封制度，实质上就是周王朝以及诸侯国实现其有效控制的重要统治方式。

小邾国官制的形成以其国君受周王册命为节点分为两个阶段。小邾国国君受命之前，国君仅为封君，通过与鲁国三桓的比较研究，可推知小邾国君应有一套设置六卿等职官的家臣体系，为小邾国官制的形成奠定了基础。小邾国国君受命之后，其官制趋于成熟，金文资料发现的职官有大宰、大司马、戎右等，依此可推论，小邾国还应设置了小宰、左右司马、司右、齐右、道右、大驭、戎仆、齐仆、道仆等职官。小邾国的官制与对其影响较大的鲁、宋等周官体系的诸侯国相似，反映了小邾国以世官制度为主的官制体系。

附录1-1　小邾国媵器随葬于本国贵族墓地原因探析[①]

摘要：小邾国与胙国是姻亲国，郳友父鬲是小邾君为其嫁为胙国夫人的女儿制作的媵器，本应随其女儿陪嫁到胙国，而却随葬在小邾国贵族墓地。郳友父鬲和M1的年代为春秋早期，胙国被灭也在春秋早期。二者年代相同，绝非偶然巧合。其原因应与胙国灭亡的重大变故有关。当时郳友父的女儿很可能未及出嫁胙国就灭亡了，也可能已经出嫁到胙国，在南燕兼并胙国时为避难而逃回到母国，同时也把媵器带到了娘家，或仅仅是把媵器转移到了小邾国，后因胙国灭亡，媵器便留在了母国，为其兄弟亦即第二代小邾君所得，到第二代小邾君或其夫人去世时，便把这些媵器随葬在墓中。如果此说不妄，则又可反证胙国灭亡的更为具体的年代。

关键词：小邾国　胙国　媵器　贵族墓地　春秋早期

2002年考古工作者在枣庄市山亭区东江村小邾国贵族墓地发现了六座墓葬，经发掘的三座墓葬共出土24件有铭青铜器。这些铭文涉及诸多国族、姓氏、官名和人名，为同时期铜器所少见。“东江小邾国贵族墓地的发掘，揭开了小邾国千年之谜，但它所承载的历史信息还远没有得到充分的解读，还有待我们考古工作者作进一步的探究。”[②]其中M1出土的郳友父鬲是小邾君为其嫁为胙国夫人的女儿制的媵器，本应随其女儿陪嫁到胙国，而却随葬在小邾国贵族墓地。有关情况公布后[③]，不少人感到媵器与自作器“两器同出一墓，令人费解”[④]。之后的研究[⑤]，也都未探究其原因，兹不揣简陋，略谈拙见，请方家指正。

---

①该文曾发表于《华夏考古》2008年第2期。稍有改动。

②李光雨、刘爱民：《枣庄东江小邾国贵族墓地发掘的意义及相关问题》，《东岳论丛》2007年第2期。

③李光雨、张云：《山东枣庄春秋时期小邾国墓地的发掘》，《中国历史文物》2003年第5期；枣庄市政协台港澳侨民族宗教委员会、枣庄市博物馆编著：《小邾国遗珍》，北京：中国文史出版社，2006年。

④孙晋芬：《枣庄小邾国墓地发掘记》。http：//www.sdhbs.com.cn/jsp/zys/inforelease/informessDetail. jsp? messageld=000000000783 & directoryld=000034.

⑤政协枣庄市山亭区委员会编：《小邾国文化》，北京：中国文史出版社，2006年；李学勤：《小邾国墓及其青铜器研究》，《东岳论丛》2007年第2期；李光雨、刘爱民：《枣庄东江小邾国贵族墓地发掘的意义及相关问题》，《东岳论丛》2007年第2期。

一

东江小邾国贵族墓地M1是单墓道的甲字形大墓。该墓出土的4件邾友父鬲，铭文相同，共16字：“鼄（邾）舀（友）父媵其子胙㛗（曹）宝鬲，其眉寿永宝用。”[①]

传世有同铭邾友父鬲，但无出土地点，杨树达先生隶释为：“鼄晉父朕（媵）其子鬬嫀宝鬲，其眉寿，永宝用。”[②]“鼄，”假借为邾。“晉”，为友之古文。友又“名肥字友父”[③]。《春秋·庄公五年》孔颖达疏曰：“郳之上世出于邾国。《世本》云：邾颜居邾，肥徙郳。宋仲子注云：邾颜别封小子肥于郳，为小邾子，则颜是邾君，肥始封郳。《谱》云：小邾，邾侠之后也。夷父颜有功于周，其子友别封为附庸，居郳……《世本》言肥，《杜谱》言友，当是一人。”[④]夷父颜，周宣王时为邾国国君。郳与倪通，“即小邾国，以居邾又称邾国”[⑤]。友父，即邾颜之子、“小邾之始封君”[⑥]。“鬬”，即胙之或字。杨树达先生对此字的隶释是很有见地的。《殷周金文集成》又在此基础上隶为“胴”[⑦]。近年发现的2件西周时期的胙国器[⑧]，国名均作“柞”，而传世文献则作“胙”。鬲铭之该字很可能应是由“柞”演变为“胙”的过渡形态。“嫀”，为邾国曹姓之本字。友父之女嫁于胙，故称鬬嫀。铭文大意为：邾友父为其女儿胙曹作宝鬲，祈求长寿，子子孙孙要永远宝用。

小邾国与胙国是姻亲国。这5件邾友父鬲，均是小邾国君媵女之器，即邾友父为其女儿作的陪嫁礼器。按照金文惯例，胙曹一名，胙为其夫氏，曹为其姓。先秦女子称姓，前冠以氏，或取夫家氏或取自家氏。可知此人是曹姓嫁于胙氏者。小邾国为曹姓，胙国为姬姓，符合古代贵族的通婚原则，《史记集解》曰：“曹姓者，邾是也。”[⑨]《潜夫论·志氏姓》曰：“曹姓封于邾；邾颜子之支，别为小邾。”笺曰：

①李学勤：《小邾国墓及其青铜器研究》，《东岳论丛》2007年第2期。

②杨树达：《积微居金文说》（增订本），北京：中华书局，1997年，第166、250页。

③陈槃：《春秋大事表列国爵姓及存灭表撰异》，台北：“中研院”历史语言研究所，1988年，第283页。

④杨树达：《积微居金文说》（增订本），北京：中华书局，1997年，第250页。

⑤（宋）郑樵：《通志·氏族略》，北京：中华书局，1987年。

⑥曾毅公：《山东金文集存》（石印本），1940年。

⑦中国社会科学院考古研究所：《殷周金文集成》（修订增补本），北京：中华书局，2007年，第669页。

⑧王龙正、姜涛、袁俊杰：《新发现的柞伯簋及其铭文考释》，《文物》1998年第9期；朱凤瀚：《柞伯鼎与周公南征》，《文物》2006年第5期。

⑨（汉）司马迁：《史记·楚世家》，中华书局，1982年，第1691页及注［六］。

"隐元年《左传》杜注：邾，今鲁国邹县也。"[①]古代贵族婚姻比较讲究门户仇匹，然而小郳国到鲁庄公五年（公元前689年），郳友父的曾孙犁来来朝时，经书还直书其名。《左传》："五年秋，郳犁来来朝，名，未王命也。"杜预注：郳"附庸国也"，"未受爵命为诸侯，传发附庸称名例也。其后数从齐桓以尊周室，王命以为小郳子"。所以到"僖七年经书'小郳子来朝'，知齐桓请王命命之"。小郳国是子爵，最初则是"未得爵命为诸侯"[②]，胙国为伯爵，而两国能通婚，表明在春秋时期的兼并战争中，讲究门户的贵族婚姻原则已经不是很严格了。同时，小郳国女子嫁为胙国夫人，也说明生存在齐、鲁、宋、邾等大国夹缝中的小郳国，出于战略考虑，不仅要内修政治，还要通过合理的外交政策和姻亲对象来外联诸侯，以提升自己的对抗实力。正是这样才使小郳国在相当长的时间内国泰民安，经济殷实，即使在风雨飘摇的春秋战国时代也能够抵挡外来入侵，终使国祚延长至战国中期才被楚国所灭。

关于郳友父鬲和M1的年代，杨树达先生认为："然铭文云鼄友父，不云郳友父者，或制器在别封以前，或仍题其初国之号也。""据疏引杜氏《世族谱》之文，友为邾颜之子，始别封于郳，为附庸，即此铭之友父也。若然，此器之作，远在春秋以前也。"[③]其说唯"春秋以前"之推论则误。《殷周金文集成》将郳友父鬲断代为春秋早期[④]，甚是。按该器无论器形或是纹饰与铭文，也确实都是春秋早期之特征。而东江村古墓，"经学者研究，确定当地系春秋早期小郳国贵族墓地"。李学勤先生进一步论证说"小郳国第一代国君郳友父的被封约在周平王三年（公元前768年）"，"这便可以看出夷父颜有功于周，和秦襄公、晋文侯一样，支持了平王的嗣立与东迁"，"而郳友父的儿子郳庆作为小郳国第二代国君，约当生活于春秋早期，东江小郳国墓地的第4号墓主可能就是郳庆，第1号墓则为其夫人。"[⑤]李光雨等先生认为："墓道的有无和多少是墓主身份高低的标志，只有国君等级的贵族才有资格使用墓道。东江3座有墓道的墓应是诸侯国国君的墓葬。"关于M1"最初的考证认为，此墓墓主是小郳国始封君郳友父，但从出土的4件媵器来看，此墓的墓主不应是郳友父，应该是友父的儿子，即第二代小郳君"[⑥]。可见，尽管学界对墓主存有分歧，但M1墓主为第二代，郳友父鬲与M1的年代均为春秋早期，则是目前大家所公认的。

---

①（汉）王符著，（清）汪继培笺，彭铎校正：《潜夫论笺校正·志氏姓》，北京：中华书局，1985年，第414页及注［六］。

②（清）阮元校刻：《十三经注疏·春秋左传正义》，北京：中华书局，1980年，第1764页。

③杨树达：《积微居金文说》（增订本），北京：中华书局，1997年，第166、251页。

④中国社会科学院考古研究所：《殷周金文集成》（修订增补本），北京：中华书局，2007年，第821页。

⑤李学勤：《小郳国墓及其青铜器研究》，《东岳论丛》2007年第2期。

⑥李光雨、刘爱民：《枣庄东江小郳国贵族墓地发掘的意义及相关问题》，《东岳论丛》2007年第2期。

二

胙国始封于周成王四年（公元前1039年[①]），是周公姬旦第七子的封国[②]，其地在今河南省延津县北胙城县故城东。西周时期的胙伯武功高强，能征善战，深得周天子的赏识与重用。康王时的第一代柞伯，曾荣幸地参加了周王在都城镐京举行的大射礼，柞伯“十称弓无废失，”以精湛的射技与箭法，获得周王“赤金十鈑”和一套乐器的奖赏[③]。西周晚期厉宣时的柞伯，虽奉周朝重臣虢仲之命，却能率、令蔡侯围攻昏邑，搏杀戎人。在这次以虢仲为主帅、柞伯为主将、蔡侯为副将的三方师旅协同作战中，柞伯取得俘虏二人、获馘十人的战绩[④]。可见柞伯的军事地位是比较高的。胙国虽为小国，但在西周时期也和虢国一样，是一个以武功见称的军事强国。

春秋时期，在激烈的诸侯侵伐战争中，胙国被姞姓南燕国兼并，都城为南燕占据，胙国灭亡。《氏族典》“茅氏”条曰：“胙叔、毛叔之后，皆入于南燕。”[⑤]《史记正义》曰：“南燕，滑州胙城。”[⑥]《后汉书·郡国志·东郡》曰：“燕，本南燕国。有雍乡。有胙城，古胙国。”[⑦]《括地志》亦曰：“南燕城古燕国也，滑州胙城县是。”[⑧]“胙城县，本古之胙国。”[⑨]《通志·氏族略》曰：“胙氏，周公之后也，今滑州胙城是，其国为南燕所并，子孙以国为氏。”[⑩]《通志·都邑略》还云：“南燕都胙。”原注曰胙“为燕所并”[⑪]。《读史方舆纪要》亦曰：“南燕今卫辉府胙城县。本胙国，春秋时为南燕国，或曰胙为南燕所并也。”[⑫]诸书记载一致，胙国为南燕兼并无疑，但具体灭于何年则史书未载。从周桓王二年（公元前718年）卫人以燕师伐郑，庄王四年（公元前693年）王子克奔燕，惠王二年（公元前675年）卫师与燕师伐周、三

①夏商周断代工程专家组：《夏商周断代工程1996—2000年阶段成果报告·夏商周年表（简本）》，北京：世界图书出版公司北京公司，2000年，第88页。

②袁俊杰：《周公诸子考》，《补编版明清胙城县志》，郑州：中州古籍出版社，2012年。

③王龙正、姜涛、袁俊杰：《新发现的柞伯簋及其铭文考释》，《文物》1998年第9期。

④朱凤瀚：《柞伯鼎与周公南征》，《文物》2006年第5期。

⑤（清）陈梦雷编纂，蒋廷锡校订：《古今图书集成·氏族典》第十一卷，北京：中华书局，1985年。

⑥（汉）司马迁：《史记·周本纪》，北京：中华书局，1982年，第151页及注［六］。

⑦（南朝宋）范晔：《后汉书》，北京：中华书局，1965年，第3450页。

⑧（唐）李泰等著，贺次君辑校：《括地志辑校》，北京：中华书局，1980年，第129页。

⑨（唐）李吉甫撰，贺次君点校：《元和郡县图志》，北京：中华书局，1983年，第200页。

⑩（宋）郑樵：《通志·氏族略》，北京：中华书局，1987年。

⑪（宋）郑樵：《通志·都邑略》，北京：中华书局，1987年。

⑫（清）顾祖禹：《读史方舆纪要·历代州域形势》，北京：中华书局，2005年。

年郑执燕仲父、十三年齐桓公救燕并割地予燕，襄王三年（公元前649年）郑文公有妾曰燕吉等南燕史迹只见于春秋前期推知，胙国被灭当在东周初年。东周初年亦即“广义的春秋早期”[①]。

三

郳友父鬲和东江小邾国贵族墓地M1的年代为春秋早期，胙国被南燕所灭亦在春秋早期，二者年代相同，绝非偶然巧合。郳友父媵女的鬲被随葬在小邾国第二代国君或其夫人的墓中，应与胙国灭亡的重大变故有关。当时小邾君友父的女儿很可能未及出嫁胙国就灭亡了。也可能已经出嫁到胙国，但南燕兼并胙国时为避难而逃往母国，同时也把媵器带到了娘家。或仅仅是把媵器转移到了小邾国。在这三种情况中，后两种情况的可能性最大。后来因胙国灭亡，媵器便留在了母国，为其兄弟亦即第二代小邾君所得，到第二代小邾君或其夫人去世时，便把这些媵器随葬在了墓中。

历史上女儿或外甥为避难逃到母国的事并不少见。例如，寒浞杀夏相自立，相妃“后缗方娠，逃出自窦，归于有仍，生少康焉”。杜注曰：“后缗，有仍氏女。”[②]周幽王因宠爱褒姒，“欲废太子。太子母申侯女，而为后”。申后带着儿子跑回娘家申国。申侯联合缯国和犬戎起兵叛乱，遂杀幽王骊山下，“于是诸侯乃即申侯而共立故幽王太子宜臼，是为平王”[③]。卫国州吁弑君兄卫桓公，自立为君。桓公的三弟晋在其夫人秦国公主的带领下，逃回母家避难。后州吁被杀，朝臣“迎桓公弟晋于邢而立之，是为卫宣公”[④]。卫惠公四年（公元前696年），卫国再次发生内乱，卫宣公的另两个儿子洩与职把惠公赶下台，另立弟黔牟为君。“惠公奔齐”。杨伯峻注曰：“齐为其母舅家。”[⑤]故卫惠公只好逃亡他母亲的国家强齐来寻求帮助了。又如齐襄公淫乱，“群弟恐祸及，故次弟纠奔鲁。其母鲁女也”。后齐襄公的堂弟公孙无知弑君自立，被大臣所杀。公子纠在其舅舅鲁庄公和师傅管仲的帮助下，急回齐国争立君位，因中计输于公子小白。所以公子纠跟着管仲曾两次逃往母国去避难。齐桓公卒，“五公子皆求立”。齐乱，公子元逃到卫国避难。懿公四年（公元前609年）丙戎与庸职弑懿公。“懿公之立，骄，民不附。齐人废其子而迎公子元于卫，立之，是为惠公。惠

① 李学勤：《小邾国墓及其青铜器研究》，《东岳论丛》2007年第2期。

②（清）阮元校刻：《十三经注疏·春秋左传正义》，北京：中华书局，1980年，第2154页。

③（汉）司马迁：《史记·周本纪》，北京：中华书局，1982年，第147、149页及注［六］。

④（汉）司马迁：《史记·卫康叔世家》，北京：中华书局，1982年，第1592页。

⑤ 杨伯峻：《春秋左传注·桓公十六年》，北京：中华书局，1990年，第147页。

公，桓公子也。其母卫女，曰少卫姬，避齐乱，故在卫。”[①]晋献公二十一年（公元前656年），晋国发生内乱，晋献公受骊姬蛊惑，逼太子申生自杀。一年后，公子重耳被晋献公逼迫，“遂奔狄。狄，其母国也”。重耳流亡到母国白狄，一居十数年，长期在此避难。后“秦穆公乃发兵送内重耳”，“重耳立，是为文公”[②]。上举诸例说明在古代母国肯予接纳女儿或外甥避难，并为之申冤，不仅是情理之中的事情，也是各诸侯邦国普遍遵循的责任和义务。因此，当南燕攻占胙国时，胙国夫人胙曹逃亡到母国小邾避难也是完全可能的。

“钟鼎彝器之属为古代建邦立国的重器，向为统治阶级所重视”。一方面，“在中国古代，一个国家灭了另一个国家的时候，是要‘毁其宗庙，迁其重器’的。所谓迁其重器，不一定把它销毁，而是据为己有，作为承袭前代统治的象征”[③]。同时，另一方面礼器也不能假借给别人。《左传·成公二年》仲尼闻之曰：“唯器（礼器）与名，不可以假人，君之所司也。名以出信，信以守器，器以藏礼，礼以行义，义以生利，利以平民，政之大节也。若以假人，与人政也。政亡，则国家从之，弗可止也已。”[④]《史记·鲁周公世家》史墨亦曰：“是以为君慎器与名，不可以假人。”[⑤]这种思想观念在古人心目中都极为根深蒂固，因此，在商周时代国家有难，往往把礼乐重器埋藏起来，如郑州张寨南街窖藏坑、向阳回族食品厂H1、南顺城街H1等商代青铜器窖藏。有学者认为“三个窖藏坑的铜器埋藏年代是相同的或接近同时，即介于郑州白家庄期和殷墟一期之间，相当于商代前期的较晚阶段”。“商王朝把青铜重器窖藏的原因，是国内发生动乱的缘故，而且这种动乱很可能是商王朝内部的动乱，如仲丁即位之后，商王朝内部王位之争引起了政局的动乱，因而把王室重器窖藏起来，都城由郑亳迁移到隞（嚣）都”[⑥]。此分析通达合理，令人信服。又如周原遗址发现的青铜器窖藏已有百余次，其中出土铜器数量较多且有长篇铭文的重要发现就有十几处，如扶风齐家村、庄白、云塘、强家、任家、唐家、岐山董家村等铜器窖藏，“这些窖藏大都是西周晚期的。在这样一个有限的区域内，在同一时期有这么多的铜器窖藏，必须是有一个大的历史背景。很多学者认为是西周末年犬戎入侵，迫使周原地区的西周贵族仓促出逃而将其宝器埋在地下。而从另一个角度来看，这些窖藏所在之处正是器

①（汉）司马迁：《史记·齐太公世家》，北京：中华书局，1982年，第1484、1485、1493、1496页。

②（汉）司马迁：《史记·晋世家》，北京：中华书局，1982年，第1641～1657页。

③容庚、张维持：《殷周青铜器通论》，北京：文物出版社，1984年，第5页。

④（清）阮元校刻：《十三经注疏·春秋左传正义》，北京：中华书局，1980年，第1894页。

⑤（汉）司马迁：《史记·鲁周公世家》，北京：中华书局，1982年，第1543页。

⑥河南省文物考古研究所等：《郑州商代铜器窖藏》，北京：科学出版社，1999年，第9、75、81、101、102页。

主居住之地”[①]。丰镐遗址的长安张家坡、马王村、新旺村发现的西周铜器窖藏，“只是不如周原发现的数量多，附近也没有发现保存较好的大型建筑基址，而其含义应该是相同的”[②]。可见，当遇到危及社稷的突发事件时，把礼器埋藏起来，的确是商周时代的一贯做法。

那么，既然如此，郳友父鬲亦为礼器，为何未被埋藏起来而却随葬到母国的王室贵族墓葬中了呢？我们认为这可能与郳友父鬲既是礼器又是媵器的双重性质有关。作为媵器，器主在国难逃亡的非常时期，自然有权将它带到或转移至母国。迄今为止，媵器大都出土于墓葬，而窖藏则几乎不见，当亦说明了这一点。

总之，小郳国与胙国是姻亲国。郳友父鬲随葬在第二代小郳君或其夫人的墓葬中，应与南燕兼并、胙国灭亡有关。这不仅是郳友父鬲、小郳国墓地M1的年代与胙国灭亡的年代相一致，而且也是符合当时历史的实际情况的。如果此说不妄，则亦可反证胙国灭亡的更为具体的年代。

①中国社会科学院考古研究所：《中国考古学·两周卷》，北京：中国社会科学出版社，2004年，第62页。

②中国社会科学院考古研究所：《中国考古学·两周卷》，北京：中国社会科学出版社，2004年，第63、64页。

附录1-2　邾公子害簠器主身份及相关问题[①]

摘要：山东省枣庄市东江小邾国贵族墓地M3出土的四件青铜簠，形制相同，且均铭有“邾公子害”，通过对该篇铭文的新释补论，并结合相关传世文献的记载，可以推断器主“邾公子害”即小邾国第四代国君郳犁来，“犁来”为其名，“害”为其字，他的名与字正与清代学者王引之总结古人取名字的“五体六例”相合，除此之外，小邾国始封君邾友父的名与字也符合这一原则。邾公子害簠器主身份的确定，对推断枣庄小邾国贵族墓地墓主身份，以及确定小邾国春秋前期国君世系等都有重要的学术价值与推动作用。

关键词：小邾国　邾公子害　邾友父　名字　铭文

2002年夏，考古工作者在山东省枣庄市东江村发现春秋早期小邾国贵族墓地，该墓地共有六座墓葬，出土一批带有铭文的青铜礼器，为研究小邾国的历史文化提供了可靠的第一手资料。十几年来专家学者已对诸多关键问题进行了较为深入的探讨，并形成共识，但关于各个墓葬墓主人身份、小邾国世系、出土礼器作器者与器主关系等问题则仍未形成共识。本文拟对M3出土的邾公子害簠铭文、其器主身份及相关问题试做探讨，恳请大家指正。

一、邾公子害簠铭文新释

邾公子害簠，通高16.6厘米，口长29厘米，口宽25厘米，重4.5千克[②]。该簠为长方体，上下对称，器身与器盖形制相似，大口、平沿、斜壁、浅腹，顶部与底部置矩形支足，器身与器盖两侧均各有一个兽首形环耳，器身唇部四边各有一个小兽首卡扣。支足饰夔纹，器盖与器身亦饰变形夔纹。盖器同铭，含重文共21字，释文为：“邾公子害自作簠，其万年眉寿无疆，子子孙孙永宝用。”[③]该簠共出土4件，形式、纹饰、铭文均相同（图1、图2）。

①本文曾发表于《濮阳职业技术学院学报》2016年第3期。略有改动。

②枣庄市政协台港澳侨民族宗教委员会、枣庄市博物馆：《小邾国遗珍》，北京：中国文史出版社，2006年，第66页。

③李光雨、刘爱民：《枣庄东江小邾国贵族墓地发掘的意义及相关问题》，《东岳论丛》2007年第2期。

图1　邾公子害簠

（采自山东博物馆、枣庄市博物馆：《大君有命，开国承家：小邾国历史文化展》，北京：北京时代华文书局，2018年）

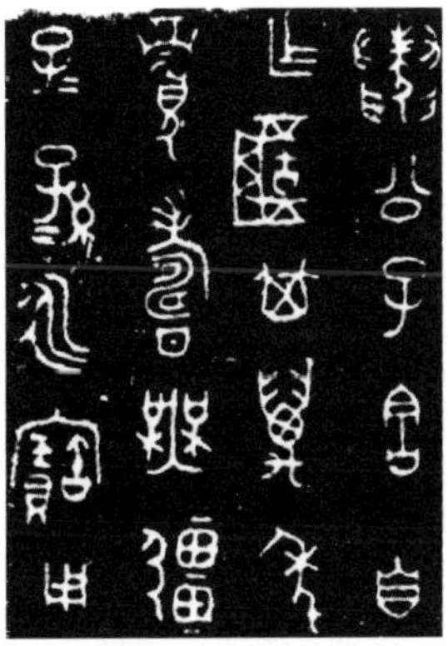

图2　邾公子害簠铭文拓本

（采自枣庄市政协台港澳侨民族宗教委员会、枣庄市博物馆：《小邾国遗珍》，北京：中国文史出版社，2006年）

本铭首字“”，参校同一墓地出土的邾友父鬲、邾君庆壶等器铭文，可将其隶定为“鼄”，亦即“邾”，为国名。而在当时，邾国有邾与小邾之分，《春秋释例·氏族谱》对两国均有记载：“邾国，曹姓，颛顼之后……武王封其苗裔邾挟为附庸，居邾。”[①]“夷父颜有功于周，其子友别封为附庸，居郳。”[②]《世本·氏姓篇》记载：“邾颜居邾，肥徙郳。”宋衷注曰：“邾颜别封小子肥于郳，为小邾子。”[③]从文献记载可知，小邾国是邾国夷父颜将其次子封于郳地所建之国，王献唐先生说：“立国不自称小，邻邦亦不能以小呼之。时人以非旧邾，而原出于邾，于邾上加小为别。”[④]此种习俗后又被史家沿用，才有了小邾之名，本铭器主自称“邾公子”而非“小邾公子”，即验证了王献唐先生的看法。

由于无论邾国或小邾国，皆可自称为邾，加之两国比邻，青铜礼器制作风格无异，如何区别二邾之器成为一个难题。陈公柔先生认为，铭文中“邾”字从“蛛”形“朱”声者为邾国器，字形从邑从朱者为小邾国器[⑤]。但据东江小邾国贵族墓地出土青铜器铭文，此说尚可商榷。例如，本铭中“邾”作“”，字如“蛛”形，除此之外，同一墓地出土的邾友父鬲铭文，“邾”字作“”，邾君庆壶铭文，“邾”字作“”，均是“蛛”形，且有郳庆鬲铭可证邾庆与郳庆是同一人，故以上器物皆

①杜预：《春秋释例》，武英殿聚珍版书，清乾隆敕刊本，第381页。

②杜预：《春秋释例》，武英殿聚珍版书，清乾隆敕刊本，第458页。

③佚名撰，宋衷注，秦嘉谟等辑：《世本八种》，上海：商务印书馆，1957年，第34页。

④王献唐：《春秋邾分三国考·三邾疆邑图考》，济南：齐鲁书社，1982年，第3页。

⑤陈公柔：《滕国、邾国青铜器及其相关问题》，《中国考古学研究——夏鼐先生考古五十年纪念论文集》，北京：文物出版社，1986年。

是小邾国之器。另外，铭文中“邾”字从邑从朱的青铜器亦有发现，但非本墓地出土之物。例如，春秋中期的邾公釸钟铭文（《集成》102），“邾”字作“”，从邑从朱，但并未有确切证据证实其为小邾之器。况且从造字结构而言，凡从“邑”之字，多出现于春秋前后，在西周以前的国名或地名之上加“邑”专指地名，如“井”之作“邢”，“匽”之作“郾”，“奠”之作“鄭”，“朱”之作“邾”等，亦可以“口”代“邑”表示国族之名，如鲁国之“鲁”从鱼从口。因此，从朱从邑之“邾”字，应是以“鼄”为本字，又加“邑”专指地名。而从“邑”之字自春秋后期出现，这一时间正是小邾立国之际，陈公柔先生或依此时间节点认为凡器铭从朱从邑之“邾”，即为小邾之器。但从本铭中可知，小邾既可自称为邾，又能用从“蛛”形的“鼄”字，故仅从金文字体形构上判断器物国别所属的做法是不妥当的。

此外，东江小邾国墓地出土青铜器铭文中，小邾国君自称为“君”或直接称名，而不称爵，但传世的邾国之器邾公牼钟、邾公华钟铭文中国君却自称为“邾公”。据此，王恩田先生认为邾国国君既能称“公”，其国家应有六卿官职，铭文中有爵称和六卿官名的器物为邾国之器，反之则为小邾国之器[①]。根据《春秋》经传的记载，关于两国国君称谓可分为三个阶段。第一，鲁庄公十六年之前，两国国君均称名不书爵。据《左传·隐公元年》曰：“公及邾仪父盟于蔑，……未王命，故不书爵。”[②]《左传·庄公五年》云：“郳犁来来朝，名，未王命也。”[③]可知，无论邾与小邾，国君均称名。第二，鲁庄公十六年至鲁僖公七年，邾国国君书爵，小邾国国君称名。《春秋·庄公十六年》曰：“邾子克卒。”[④]这是邾国国君首次称爵，而小邾国国君仍旧称名。第三，鲁僖公七年之后，两国国君皆书爵。《春秋·僖公七年》曰：“小邾子来朝。”[⑤]此时，小邾国国君已受命子爵，与邾国国君相同，皆可书爵。因此，邾与小邾二国国君称谓上的区别仅存在于鲁庄公十五年至鲁僖公七年，王先生以国君称谓区别二邾之器的观点并不全面。

综上而言，现有区别二邾器物的方法均存在不同程度的缺憾，在实际工作中，要明确区别两国之器恐怕也是有很大难度的。

“公子”，先秦时期指诸侯的子女，而非《礼记·王制》“王者之制禄爵，公、侯、伯、子、男，凡五等”[⑥]中的“公”之子。第一，春秋早期小邾国国君尚未受爵，本铭“邾公子”中的“公”自然不会是爵称。第二，小邾国跟从齐尊王，得到了

①王恩田：《枣庄山亭郳器与郳国》，《小邾国文化》，北京：中国文史出版社，2006年。

②杨伯峻：《春秋左传注》，北京：中华书局，2009年，第9页。

③杨伯峻：《春秋左传注》，北京：中华书局，2009年，第166页。

④杨伯峻：《春秋左传注》，北京：中华书局，2009年，第202页。

⑤杨伯峻：《春秋左传注》，北京：中华书局，2009年，第315页。

⑥杨天宇：《礼记译注》，上海：上海古籍出版社，2004年，第141页。

周天子册命的爵位是“子”爵。第三，邾国与小邾国受爵后国君虽有称公，但并非指“公”爵。《左传·隐公三年》孔颖达疏曰：“至于既葬，虽邾、许子男之君皆称谥而言公。”这一点在《春秋·昭公元年》也有记载：“六月丁巳，邾子华卒。……葬邾悼公。”①可以看出，邾国国君华在去世前称邾子，殡葬时与谥号连用称公，即是孔颖达疏的又一例证。另有一种情况，《春秋》对小邾国君称“子”，《左传》则称“公”。例如，昭公三年《经》云“小邾子来朝”，《传》则云“小邾穆公”来朝。《春秋》为当时所载，小邾穆公在世，故称小邾子，而《左传》则是后人所记，是时小邾穆公早已去世，所以称“公”。因此，诸侯称“公”为死后尊称，并非“公”爵。第四，“公”爵是否真实存在，早已被后世质疑。综上四点证据可推知本铭中的“公子”与“公”爵无关，并非“公”之子。

“害”是本器器主的字，先秦时期，姓、氏、名、字是不相同的。姓与血缘有关，《说文·女部》对“姓”释为：“人所生也。古之神圣人，母感天而生子，故称天子，因生而为姓。”②可知姓是具有相同血缘的族群符号。氏则具有更强的政治性，《左传·隐公八年》云：“天子建德，因生以赐姓，胙之土而命之氏。”③所以，氏从册命得来，通过“胙之土”来“命之氏”，诸侯可以其分封之地为自己的氏称。名则是由长辈所取，《礼记·内则》曰：“三月之末……父执子右手，咳而名之。”④因此，名亦可称为幼名，为家庭内部所使用，不能在公开场合称对方之名。《礼记·曲礼下》云：“国君不名卿老、世妇。大夫不名世臣、姪娣。士不名家相、长妾。”⑤即言称名是不尊重对方的行为，故《春秋》中将不义之臣如邾黑肱、邾庶其等直接称其名。字则是与名相互联系的，但字较名更为规范，更为严格，男子需在举行冠礼时，才能由长辈为其取字，《礼记·曲礼上》曰：“男子二十，冠以字。父前子名，君前臣名。”⑥既表明了取字比取名要正式，也表明了字贵而名贱的特点。父贵而子贱，君贵而臣贱，故子在父前，臣在君前皆称名，以示自谦。青铜礼器在当时是较为贵重，且为累世使用之物，铭器主之字既正式，又显尊贵，是十分得体的。又如M1出土的邾友父鬲铭中的“友父”，是作器者之字，M2出土的邾君庆壶，铭中的“庆”也是作器者之字，由此可知“害”也是本器器主的字。

“自作簠”。“自作”说明本器的性质是器主为自己所作，但却并非是其亲手制

---

①杨伯峻：《春秋左传注》，北京：中华书局，2009年，第1198页。

②（汉）许慎撰，（清）段玉裁注：《说文解字注》，上海：上海古籍出版社，1988年，第612页。

③杨伯峻：《春秋左传注》，北京：中华书局，2009年，第61页。

④（清）阮元校刻：《十三经注疏》，北京：中华书局，1980年，第1469页。

⑤（清）阮元校刻：《十三经注疏》，北京：中华书局，1980年，第1256页。

⑥（清）阮元校刻：《十三经注疏》，北京：中华书局，1980年，第1241页。

作，只是表明该器的所有权。而且自作之器，亦可赠予他人。“簠”，器名，按自铭作“匿”，高明先生隶定为“瑚”，但习惯上仍称簠。

“其万年眉寿无疆，子子孙孙永宝用”。此语句为当时铭文的惯用结束语，“眉”字，《说文·眉部》云：“目上毛也。”段玉裁注曰：“人老则有长眉，豳风、小雅皆言眉寿，毛曰豪眉也。”[①]因此，眉寿指豪眉，人到一定年龄后才会生出，即指长寿。

综上所述，本篇铭文大意可理解为，小邾国公子害，为自己作实用器簠，祈盼能够长寿无疆，子孙后裔永续珍视。

二、器主身份探析

郳公子害簠的器主“害”不见于文献记载，前文已经指出“害”乃器主之字，清代学者王引之概括古人名与字的关系有五种六例原则：

> 一曰同训，予字子我，常字子恒之属是也。二曰对文，没字子明，偃字子犯之属是也。三曰连类，括字子容，侧字子反之属是也。四曰指实，丹字子革，启字子闾之属是也。五曰辨物，鍼字子车，鱣字子反之属是也。因斯五体，测以六例：一曰通作，徒字为都，籍字为鹊之属是也。二曰辩讹，高字为克，狄字为秋之属是也。三曰合声，徐言为成然，疾言为旃之属是也。四曰转语，结字子綦，达字子姚之属是也。五曰发声，不狃为狃，无畏为畏之属是也。六曰并称，乙喜字乙，张侯字张之属是也。[②]

据此五种六例原则，可对器主身份加以推断。《说文·宀部》：“害者，伤也。”[③]而“伤”则有“创伤”“损伤”“痛”“病”之意，总而言之，皆是不利之事。《韩非子·六反》则对“害”的解释更为直截了当，称“害者，利之反也”[④]。明确表达了“害”与“利”是对文的，不利则为害。《左传·庄公五年》云：“郳犁来

①（汉）许慎撰，（清）段玉裁注：《说文解字注》，上海：上海古籍出版社，1988年，第136页。

②王引之：《春秋名字解诂》，南京：江苏古籍出版社，2000年，第571页。

③（汉）许慎撰，（清）段玉裁注：《说文解字注》，上海：上海古籍出版社，1988年，第341页。

④宗福邦、陈世铙、萧海波：《故训汇纂》，北京：商务印书馆，2003年，第574页。

来朝，名，未王命也。”[①]因其为“微国之君”，或并不十分被鲁国尊重，故直书其名为“犁来”，并未交代其字为何。王恩田先生考证，“犁来”二字如邾称邾娄，牟称牟娄，是东夷地区的语言惯例[②]，《经传释词》云：“来，句末助词”，《助词辨略》亦曰：“来，语助辞。”[③]可知“犁来”也就是“犁”。“犁”可与“黎”通，“郳犁来”《公羊传》即书为“郳黎来”，“黎”字《说文·黍部》释为：“履黏页，从黍称省声，称古文利。”[④]说明“黎”也可与“利”相通，古为同一字。综上，郳犁来之名即为“利”，而“害”为“利之反也”，可见“利”与“害”是一对对文关系的名与字。诸如郑国大夫公孙黑，字子皙，“黑”与“皙”即是对文，楚国的郤宛，字子恶，宛通婉，意为美好，“宛”与“恶”亦是对文。由此三例可证，王引之先生总结的名与字关系的五种原则是正确的。

这种名与字的关系，在小邾国并非孤例，如小邾国的开国之君邾友父，前文已有提及，《世本·氏姓篇》云：“邾颜居邾，肥徙郳。”《春秋释例·氏族谱》则称：“夷父颜有功于周，其子友别封为附庸，居郳。”两则文献对邾友父一称“肥”，一称“友”，对此，《左传·庄公五年》孔颖达疏曰：“《世本》言肥，杜《谱》言友，当是一人。”[⑤]此说甚是，“肥”与“友”为邾友父的名与字，只是孔颖达未说明其名与字的关系。“友”，《说文·又部》曰：“同志为友，从二‘又’相交。”段玉裁注曰：“二‘又’，二人也，善兄弟曰友，亦取二人如左右手也。”[⑥]可见“友”字多言兄弟关系，指兄弟如人之双手、人之手足，兄弟和睦为友，也即兄友弟恭。“肥”字亦可作“腓”，《诗·邶风·泉水》曰：“我思肥泉。”马瑞辰传笺通释之义“肥之言腓也”。腓即腿骨，与“友”指双手相对应。另外，《尔雅·释水》云：“归异出同曰肥。”[⑦]即言“肥”为同出一处之二流也，而兄弟为同出一父之二子，其象征意义恰好相符。“友”与“肥”二字一言手，一言腿相互对应，又都象征兄弟关系，与王引之总结的名与字关系的五种原则中的同训、对文相合，可证邾友父名肥字友父，应是在此原则下刻意而为。若按《世本》宋衷注：“邾颜别封小子肥于郳”之说，邾颜尚有长子字曰夏父，继位为邾国国君，“夏”即大，是友父的长兄。邾友

---

①杨伯峻：《春秋左传注》，北京：中华书局，2009年，第166页。

②王恩田：《枣庄山亭郳器与郳国》，《小邾国文化》，北京：中国文史出版社，2006年。

③宗福邦、陈世铙、萧海波：《故训汇纂》，北京：商务印书馆，2003年，第109页。

④（汉）许慎撰，（清）段玉裁注：《说文解字注》，上海：上海古籍出版社，1988年，第330页。

⑤（清）阮元校刻：《十三经注疏》，北京：中华书局，1980年，第1764页。

⑥（汉）许慎撰，（清）段玉裁注：《说文解字注》，上海：上海古籍出版社，1988年，第116页。

⑦宗福邦、陈世铙、萧海波：《故训汇纂》，北京：商务印书馆，2003年，第1851页。

父的名字应是其父郳颜告诫他，虽将其别封于郳，但不要忘了两国同出一处，同根同源，所以名之曰“肥”；希望他与母国的兄长夏父情同手足，兄友弟恭，故字之曰“友”。另外，《国语·晋语四》司空季子劝告晋文公娶怀嬴时说：“同姓则同德，同德则同心，同心则同志。”[①]《说文》则称“同志为友”，因此，“友”可理解为同姓，与郳友父之字的含义亦相吻合，表示郳与小郳同出一姓，夏父与友父应同心同德，和睦相处。

综上所述，首先，可以确定的是王引之总结名与字关系的五种六例原则是真实可靠的。其次，从郳友父的名与字中，也可以看到明显遵从了该原则，证明小郳国确实存在名与字互相关联的习俗。最后，簠铭中的郳公子字为“害”与传世文献中郳犁来名为“利”，确实是一对对文的名与字，加之两者时代、身份也较为吻合，因此，可以推断郳公子害簠的器主害，很可能就是文献记载中多次提到的小郳国国君郳犁来。

三、东江小郳国墓地墓主身份探析

东江小郳国贵族墓地共有六座墓葬，自北向南依次是M3、M2、M1、M4、M6、M5，两两成组分布，且具有明显规律，即在南侧的墓葬形制规模均高于北侧墓葬。以保存完整的M2、M3为例，M2规模大，且出土多件兵器，M3规模小，且出土有大量装饰性玉器和方奁。由此墓葬规模和出土物品，可推知M2墓主人为男性，M3墓主人为女性。推而广之，该墓地三组六座墓葬应分属于小郳国三代国君夫妇，且国君墓在南，夫人墓在北。因此，四件郳公子害簠虽皆出自M3，但M3墓主人应是一位女性，故郳公子害并不是该墓墓主人。又该墓地出土的青铜礼器铭文中，有“郳友父”“郳君庆”“郳庆”等称谓，其身份虽为小郳国国君，但皆称君称名，未见有称爵称公的现象，应是小郳国受周天子册命之前的几代国君。而据《春秋释例·氏族谱》记载：“小郳国，郳挟之后也。夷父颜有功于周，其子友别封为附庸，居郳。曾孙犁来始见于春秋，附从齐桓公，以尊周室，命为小郳子。”[②]又据《左传》记载，郳犁来至迟于鲁僖公七年已受命子爵，故其去世后随葬青铜器铭文中定当有称爵称公的情况。因此，可以推断郳犁来之墓应不在该墓地当中，郳公子害也并非六座墓葬中某座墓的墓主人，这也再次从侧面验证了郳公子害即郳犁来。另外，郳犁来为郳友父曾孙，即

①（春秋）左丘明撰，（三国吴）韦昭注，明洁辑评：《国语》，上海：上海古籍出版社，2008年，第116页。

②杜预：《春秋释例》，武英殿聚珍版书，清乾隆敕刊本，第458页。

第四代小邾国国君，而该墓地两两为组，是三代小邾国国君及夫人的墓地。且《左传·庄公十五年》记载说："宋人、齐人、邾人伐郳。郑人间之而侵宋。"[①]此时正是郳犁来在位时期，小邾国被三个大国攻伐，若非郑国趁此偷袭宋国，恐怕小邾已经亡国，即使不亡，国小势微的小邾国也必遭重创。枣庄小邾国墓地仅发现三代小邾君之墓，经考古勘探，附近再无墓葬，很大可能就是小邾国被齐、宋、邾三国攻伐，遭受重创之后，郳犁来将小邾国都迁往他处，故此地只有三代小邾君之墓，自然无郳犁来本人之墓。

该墓地三组墓葬为郳犁来之前三代小邾君及夫人之墓，其年代应是自南向北依次为第一代、第二代和第三代。第一，根据每组墓葬南为国君墓，北为夫人墓的排列方式看，周代男尊女卑，国君地位又高于夫人，国君墓在南，应是以南为贵。第二，古人有"以祖配天"的习俗，而在传统的时空观中，南方即代表天[②]，由此，将祖辈葬于南方，而后辈依次往北埋葬，此形式与本墓地埋葬方式相合。第三，先秦诸国，除楚国以外，各国均有尚右之俗，以右为贵。小邾国贵族墓地六座墓葬，墓向均朝东，所以国君之墓在右，夫人之墓在左，即是古人尚右的写照，而从整体看六座墓葬，M5与M6在右，M4与M1居中，M2与M3在左，故其尊卑显而易见，从右往左应是辈分递减。若此分析不妄，M5与M6在右，且为最南，应是第一代小邾君及夫人之墓；M4与M1居中，应是第二代小邾君及夫人之墓；M2与M3在左，且为最北，应是第三代小邾君及夫人之墓。由以上三点即可推断，东江小邾国贵族墓地六座三组墓葬，自南向北年代愈晚。

总而言之，通过对邾公子害簠铭文的新释补论，可以看出，目前学者所提出的区分邾国与小邾国器物的两种方法，均存在不同程度的局限性，如何区别二邾之器尚需更多的考古资料证明。该组青铜簠铭文"公子"中的"公"不是实职爵称，"害"并非"公"之子。依据古人取名字的原则及名与字的关系，推断器主害即文献记载中的郳犁来，并进一步推断郳犁来之墓并不在东江小邾国贵族墓地，该墓地六座三组墓葬为小邾国前三代国君及夫人之墓，并自南向北依次为小邾国第一代至第三代国君及夫人之墓。若以上结论成立，则无疑对东江小邾国贵族墓地年代及墓主人身份的断定，以及春秋时期小邾国世系的推断都将起到推动作用。

①杨伯峻：《春秋左传注》，北京：中华书局，2009年，第200页。

②冯时：《中国古代的天文与人文》，北京：中国社会科学出版社，2006年，第124页。

第二章　小邾国墓地铜器铭文所见国族考

小邾国墓地出土的青铜器铭文有很多的先秦国族名，而且有部分国族名因文献记载缺失，史料价值弥足珍贵，由于“文献不足征”，对这些金文资料的考释尚存在较大争议，对此，我们仍采用汇释疏解的方法对记有国族名的青铜器铭文进行梳理，以求得出一个较为合理的认识。需要说明的是，为避免重复，在前文讨论媵嫁礼仪时已涉及的国族，本章不再赘述。

一、命父瓶与䨮父国

命父瓶出自M1，器形特殊，与以往所见青铜瓶差别较大。器身铭文虽简短，但具有重要的史料价值，为研究文献无载而金文初见的先秦邦国“䨮父”提供了新的资料。

（一）命父瓶铭文考释

命父瓶，高26.4厘米，口径14.2厘米，腹径20.2厘米，腹深19.5厘米，重2.7千克[①]。该瓶青铜质，盖呈圆锥形，顶有球形纽，器身为子母口，鼓腹下收，平底，整体呈水滴形。器盖与器身口沿皆有对称中空贯耳，上下相接，可以穿绳。通体素面，盖器对铭，共4行含合文21字，释文为：“䨮父君命父作其金瓶，眉寿无疆，子子孙孙永宝用之。”（图2-1）

“䨮父君命父”，这五个字，在学界存在较大的争议，王恩田先生称䨮父为国名，金文初见，将“”隶定为“命”字，命父为䨮父国君的字，但又称䨮父国无考[②]。冯峰先生认同“䨮父”为地名这一观点，但未对“”进行隶定，称“䨮父君父”前为国族之名，中间有“君”表示为该国族之君，后为其私名，这种称谓模式

①枣庄市政协台港澳侨民族宗教委员会、枣庄市博物馆：《小邾国遗珍》，北京：中国文史出版社，2006年，第31页。

②王恩田：《枣庄山亭郳器与郳国》，《小邾国文化》，北京：中国文史出版社，2006 年，第160页。

1

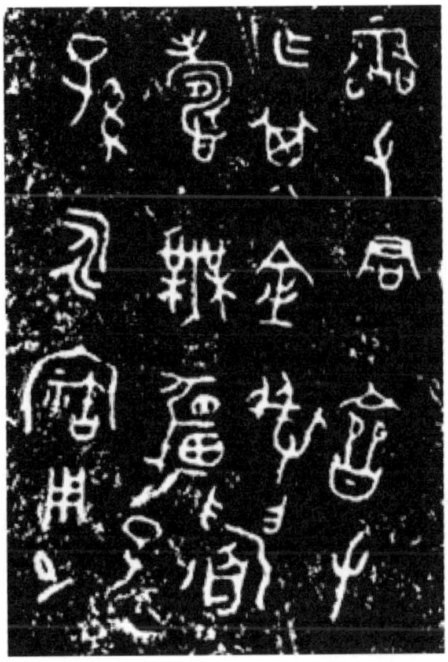

2

图 2-1　命父瓶及其铭文拓本

1. 命父瓶　2. 命父瓶器铭拓本

（采自枣庄市政协台港澳侨民族宗教委员会、枣庄市博物馆：《小邾国遗珍》，北京：中国文史出版社，2006年）

与“郳君庆”相同，并对“霝父”进行考证，认为齐鲁之地有邦邑为灵父丘，地名又可省去“丘”字，故铭文中简称为“霝父”，父即霝父丘之君①。李锦山先生将“”隶定为“友”，认为与郳友父鬲铭文中的“友”当是同字，且二友父为同一人，皆指小邾国始封君郳友父，并认为《世本》将郳友父称为“肥”是得不到证实的，“霝父”是郳友父的号，该瓶是郳友父的自作器，同时证明小邾国国君既有名，又有号②。但郳友父鬲“友”字为“”，二字虽下半部分相同，但上半部分差别较大，“友”从二又，而本铭上半部分从亼，与友字构形明显不同。另外，“友”与“肥”当为同一人的名和字，并非《世本》言肥有误。“霝父”为郳友父之号的说法目前也无法确定。李零先生则将“”隶定为“㑹”，称此字从亼从卩从甘，与“佥”字形虽有不同，但仍释为“佥”，绝不是“郳友父”之“友”。该字非“友”无疑是正确的，但《说文·亼部》云：“佥，皆也，从亼从二口从从。”③此字与李先生说“从亼从卩从甘”

①冯峰：《枣庄东江墓地出土金文人名三题》，《齐鲁文化研究》（第十二辑），济南：泰山出版社，2012年。

②李锦山：《郳国公室墓葬及其相关问题》，《小邾国文化》，北京：中国文史出版社，2006 年，第 222页。

③（汉）许慎撰，（清）段玉裁注：《说文解字注》，上海：上海古籍出版社，1988年，第 222页。

虽有一定差距，但该字从甘之说，尚可接受。前文杨树达先生就将郳友父之“友”隶定为“㬰”，从二又从甘，而此字与郳友父之“友”的下半部分相同，自然从“甘”无可厚非。《说文·卩部》曰：“令，发号也，从亼卩。”三者结合起来即从亼从卩从甘，与李零先生之言不谋而合，而“令”与“命”古为同一字，故将其隶定为會是可以信从的。又有段玉裁注曰：“《诗》笺曰：善也。按诗多言令，毛无传。《古文尚书》言灵，见《盘庚》、《多士》、《多方》，《盘庚正义》引释诂，灵，善也。盖今本《尔雅》作令，非古也，凡令训善者，灵之假借字也。”[①]可见“令”与“灵”可假借，同释为善，而“灵”与“霝”可互通，故该字与霝父之“霝”亦相合。古代国君又常以地名作为自己的氏称，如小邾国处郳地，郳君庆即又称郳庆，战国时魏定都大梁城之后，魏惠王即又称梁惠王，因此“霝”与“會”可互训，霝父为地名，霝父君称會父亦合乎情理。因此，将字释为會不仅构形确然，而且字义相合，甚为合理。而古人“书无定势，字无定法”，笔画可增减，偏旁可互易，对此前文亦有证明。郳友父之“友”，杨树达先生作“㬰”，李学勤先生作“昚”，王恩田先生隶为“習”，虽不尽相同，但都被认为是“友”之古字，皆可读为“友”，由此，将會直接释为“命”，自然也是可以的，故我们认为，此字可从李零先生隶定为“會”，并从王恩田先生将其读为“命”较为合理。

同时，李零先生还认为“霝父”与“命父”均是人名，且皆以字称，命父是霝父的父亲，分别是友父之后的两代小邾国国君[②]。小邾国墓地的发掘者李光雨先生初从李锦山先生释为“霝父君友父”[③]，后又改从李零先生释为“霝父君佥父”，亦称佥父为当时的小邾国国君，霝父则是其子[④]。二位先生皆认为佥父（命父）与霝父是父子关系。如此一来铭文“霝父君命父作其金瓶”便难以通读，由于铭文中的“其”指代不明，难以分辨到底指代霝父还是命父，若是霝父为命父所作金瓶，即子为父作器，表示子对父的孝，金文习见，如西周晚期的伯頵父鼎铭文“伯頵父作朕皇考屖伯，吴姬宝鼎”（《集成》2649）。另有谌鼎铭文：“谌肇作其皇考、皇母诸妣君鼒鼎”（《集成》2680）。诸如此类，但有一明显特点即子为父作器，一般为其亡父，罕见父亲在世而为其作器者，李零先生谓命父是当时的小邾君，即还在世，其子霝父为他作器，显然是不符合常理的。若是命父为霝父作器，即父为子作器，却较为罕见，除

①（汉）许慎撰，（清）段玉裁注：《说文解字注》，上海：上海古籍出版社，1988年，第430页。

②李零：《读小邾国铜器的铭文——兼论东江墓地的墓主和年代》，《小邾国文化》，北京：中国文史出版社，2006 年，第177页。

③李光雨、张云：《山东枣庄春秋时期小邾国墓地的发掘》，《中国历史文物》2003年第5期。

④李光雨、刘爱民：《枣庄东江小邾国贵族墓地发掘的意义及相关问题》，《东岳论丛》2007年第2期。

非此子指女子，也即父亲为女儿作出嫁所用媵器，霝父显然不是女子之名，父为女作器之说亦难以说通。此外，若一人为另一人作器，铭文中行文规范应为“某作某金瓶”较为合理，能够清晰分辨作器者与器主，这种体例在金文中比比皆是，如上述两例均是如此。若按此“霝父君命父作其金瓶”例，伯頵父鼎铭文则成“伯頵父皇考犀伯，吴姬作宝鼎”，作器者已经不是伯頵父了，而变成了已经去世的犀伯和吴姬，显然是不可能的。并且仅凭“霝父君命父”就判定霝父是命父之子，亦有些武断。故霝父与命父为二人之说，仍需要再商讨。李学勤先生认为霝父是霝之父，即媿霝的父亲，君是指他为某国的国君，命父是他的字。“霝父君命父”也即霝之父为某国国君，字曰命父[1]。若如先生所言，亦不符合行文规范。前文已有讨论，周代是极重父权的，男性家长在子女面前有着至高无上的权威，因此，金文中多如邾友父鬲铭文“邾友父媵其子胙曹宝鬲”，明确表示胙曹为友父之女，却几乎没有“霝父君命父”这样表达命父为媿霝之父的句式。由此可见，命父为媿霝之父的说法也有讨论的地方。因此，相比之下我们更加认同王恩田先生的看法，霝父为国族之名而非人名，“”应释为“命”，命父为霝父国之君。

“金瓶”二字，铭文作“”“”，为该器自名，金文首见。王恩田先生将其释为“仓瓶”，并引《说文·仓部》云：仓，其字作，与本铭写法相似。又《缶部》云：瓶字或从缶，或从瓦，并声。认为“”亦是从并得声，但是写法怪异，可能是瓶字的异构，但对仓瓶的含义却未解释[2]。李零先生将二字隶定为“金鉼”，其中“金”字表示为用铜所铸，但写法怪异，因此并不确定为“金”字，但也不认同王恩田先生所释为“仓”字，认为该字与战国的“仓”字有类似之处，却与西周、春秋的“仓”字不同。对于将“鉼”释为“瓶”表示认同，但又称此字从并从支，“瓶”或“鉼”都是释读后的写法。同时表示这一铭文的发现非常重要，“”为首次发现，并且为器物自名，与以往从金从比的字有很大区别，而且“鈚”表示的瓶字，其实是扁壶特有的器名[3]。因此，该器自名为鉼，或许是这种器形的特有称呼。另有苏影先生通过对比“”与“仓”二字后，认为该字是“金”字而非“仓”，并列举楚王酓前簠、重金扁壶、鄂君启车节等铭文，指出“金”可以作为修饰词置于器名之前，认为该字是“金”字无疑[4]。综合分析各家观点，我们认为将二字隶定为“金瓶”是较为合理的。总之，霝父并非人名，而为国族之名，命父则是该国的国君，该瓶器形较为奇

①李学勤：《小邾国墓及其青铜器研究》，《东岳论丛》2007年第2期。

②王恩田：《枣庄山亭郳器与郳国》，《小邾国文化》，北京：中国文史出版社，2006 年，第160页。

③李零：《读小邾国铜器的铭文——兼论东江墓地的墓主和年代》，《小邾国文化》，北京：中国文史出版社，2006 年，第177页。

④苏影：《金父瓶铭“金”字补释》，《哈尔滨学院学报》2013年第2期。

特，根据其自名可定为金瓶。

“眉寿无疆，子子孙孙永宝用之”，前文已有较多讨论，此句式为当时青铜器铭文中的惯用结束语，类似于后世之吉祥话，即希望长寿无疆，子子孙孙永远传承使用。

综上所释，该篇铭文的大意为：霝父国国君命父，自作金瓶，希望长寿无疆，子子孙孙永远把它作为宝物传承使用。

（二）霝父国考

1. 霝父丘

霝父作为国族之名虽文献无载，但在齐鲁之地确有与霝父有关的地名。例如，《管子·小匡》记载曰：“（齐桓公）筑蔡、鄢陵、培夏、灵父丘，以卫戎狄之地，所以禁暴于诸侯也。”房玄龄注曰：“蔡、鄢陵、培夏、灵父丘，皆邑名。”[①]可见，齐桓公所筑的城邑中有一处名叫灵父丘。《国语·齐语》云：“筑葵兹、晏、负夏、领釜丘，以御戎狄之地，所以禁暴于诸侯也。”韦昭注曰：“四者皆厄塞，与山戎众狄接也。”[②]以上两条记载虽出自不同文献，但可以看出所记乃为同一事件，即齐桓公筑此四邑，以防御戎狄的侵扰。既然所记事件相同，所筑四邑也应相同，但四邑名称却在两部文献中各不相同。第一个城邑《管子》曰蔡，而《国语》称葵兹。蔡为国名，《左传·僖公二十四年》云：“管、蔡、郕、霍、鲁、卫、毛、聃、郜、雍、曹、滕、毕、原、酆、郇，文之昭也。”[③]可知蔡为文王之子蔡叔度的封国，蔡国拥有三处都城，初在上蔡，位于今河南省上蔡县西南，后蔡平侯迁都于新蔡，位于今河南省新蔡县，最后蔡昭侯又迁都于州来，称之为下蔡，地处今安徽省凤台县。蔡国三处都城均距齐地遥远，其中上蔡、新蔡皆地处中原腹地，周边为华夏诸姬，无戎狄可御，下蔡位于州来，虽近徐淮夷，但已非齐桓公时之情形，可见《管子》“筑蔡”可能有误。葵兹在文献中亦有记载，且为齐桓公始称霸诸侯之地，《春秋经·僖公九年》曰：“夏，公会宰周公、齐侯、宋子、卫侯、郑伯、许男、曹伯于葵丘。”杨伯峻注曰：“在考城县东南，考城志谓葵丘东南有盟台，其地名曰盟台乡。则当今在河南省兰考县东。”[④]此葵丘，既近于齐地，又是齐桓公大会诸侯之处，要举行会盟，在这里筑城亦符合情理。故《国语》所载应该更加符合事实。“鄢”与“晏”读音相

①（清）戴望：《管子校正》，《诸子集成》（五），北京：中华书局，2006年，第128页。

②（春秋）左丘明撰，（三国吴）韦昭注，明洁辑评：《国语》，上海：上海古籍出版社，2008年，第114页。

③（清）阮元校刻：《十三经注疏·春秋左传正义》，北京：中华书局，1980年，第1817页。

④杨伯峻：《春秋左传注》（修订本），北京：中华书局，2009年，第324页。

同，“培夏”与“负夏”皆有夏字，可见鄟陵即晏，培夏即负夏。“灵父丘”与“领釜丘”读音完全相同，先秦时期文献典籍并无定本，史事多口口相传，音同而字不同的情况常见，故领釜丘也即灵父丘。而“灵”与“霝”相通，所以灵父丘也就是霝父丘应该没有问题，其位置也应该与以上三邑相同，均应在齐国附近。

另外，在地名中省略“丘”字的情况也常有发生，如上引文献的“葵”，亦称“葵丘”。《左传·襄公四年》记载的“狐骀”，在金文中称作“虖佁”或“虖佁丘”，其君即可被称为“虖佁君”或“虖佁丘君”[①]；再如清华简《系年》，周建卫叔封于庚（康）丘[②]，而康侯方鼎铭文（《集成》2153）将他称为“康侯”。由此可见，将“霝父丘”称为“霝父”是完全有可能的，同样，霝父丘之君被称之为“霝父君”也是合理的。

2. 释“丘”

上文已对霝父丘进行了探讨，推测它可能是齐桓公时齐国附近的一个城邑，得出了霝父为地名的观点，但其为何称为“丘”亦需进一步论证。《说文·丘部》曰：“丘，土之高也，非人所为也。”[③]古人祭天之所即称为圜丘，《周礼·春官·大司乐》云：“冬日至，于地上之圜丘奏之。”贾公彦疏曰：“言圜丘者，案《尔雅》土之高者曰丘，取自然之丘，圜者象天圜……因高以事天，故于地上。”[④]说明在古人看来，越高之处越能通达于天，丘不仅是土之高者，而且非人所为，是自然形成的高点，同时配以天圆地方的宇宙观，那么圜丘就成了祭天的最佳场所。另外，在“因高以事天”的观念下，自然的高点是祭天的场所，那么人类中的高者，也成为能够通达天帝的使者，这通过远古时期的帝王之名即可窥见一二。例如，陶唐氏帝尧，《说文·阝部》云：“陶，再成丘也……陶丘有尧城，尧尝所居。”[⑤]再成丘即累丘，丘为高地，累丘则为更高之处，帝尧曾在此处居住。又《垚部》曰：“尧，高也，从垚在兀之上，高远也。”段玉裁注曰：“兀者，高而上平也。高而上平之上又增益之以垚，是其高且远可知也。”[⑥]垚即三土累加，土之高者，也可理解为“丘”，“丘”又

①李鲁滕：《“虖佁（丘）”略考》，《古代文明》（第6卷），北京：文物出版社，2007年。

②李学勤主编：《清华大学藏战国竹简（贰）》，上海：中西书局，2011年，第48页。

③（汉）许慎撰，（清）段玉裁注：《说文解字注》，上海：上海古籍出版社，1988年，第386页。

④（清）阮元校刻：《十三经注疏·周礼注疏》，北京：中华书局，1980年，第790页。

⑤（汉）许慎撰，（清）段玉裁注：《说文解字注》，上海：上海古籍出版社，1988年，第735页。

⑥（汉）许慎撰，（清）段玉裁注：《说文解字注》，上海：上海古籍出版社，1988年，第694页。

在高而平的“丌”之上，其高远程度可想而知，帝尧居于陶丘，又被称为尧，其通达于天的能力被“高”体现的淋漓尽致。《尚书·尧典》记载帝尧是一位能观天象，知天时，并授之于民的首领，古人认为，帝尧能知天时，是事天的结果，所以以“高”配之，足见人们对他的崇拜。除了帝尧之外，夏禹则是又一个代表，《国语·周语上》曰：“昔夏之兴也，融降于崇山。”又《周语下》曰：“其在有虞，有崇伯鮌。”[①]鮌即鲧，为禹的父亲，鲧可以称为崇伯，而“崇”字也即高的意思。由此二例可以看出，古人对“高”是十分看重的，是被人们崇拜的对象，无论是上古氏族首领或是帝王均被形容以高，认为他们是能够事天的，是天帝在人间的使者，掌管着人间的各个方面。

由此可见，被形容以“高”的能够事天的人，与普通人是不同的，那么，他们居住的地方自然也异于常人。帝尧曾居住的地方被称为“陶丘”，是一个累丘的高处，夏禹所居的崇山也是一个非常高的地方。此外，传说中的黄帝，居住之地被称为“轩辕丘”，皇甫谧《帝王世纪》说：“（黄帝）受国于有熊，居轩辕之丘，故因以为名，又以为号。”[②]还有颛顼帝的居所被称为“帝丘”，《左传·昭公十七年》曰：“卫，颛顼之虚也，故为帝丘。”[③]这也解释了前文提到的清华简《系年》，为何说“周建卫叔封于庚（康）丘”，因为卫所封之处古时为颛顼帝的居所帝丘，所以称封卫叔于康丘。远古时期较有作为的氏族首领所居之处皆称为丘，以丘之高别于普通人的居所，来彰显他们的身份与地位。

综上所述，古时候受人尊重的氏族首领，后人均以高来形容他们，而其居所也以表达“高”的“丘”来命名，这些人居住在“丘”，又被形容得极高，因此更容易通达于天，体现了古人“因高事天”的思想，而“丘”就是这种思想具体表达喻义的产物。

3. 释“霝”

“霝”，《说文·雨部》曰：“雨零也，从雨从三口。”段玉裁注引《广韵》曰：“霝雨为神雨、善雨，霝有神灵吉祥之义。”[④]前文也已考论到，“霝”与“灵”相通，且与“令”皆有“善”之意，因此，有神灵吉祥之义正与此相合。另外，陈立人先生根据金文有众多“霝冬霝命”“霝命难考”“霝命无期”等句式，认为“霝”

①（春秋）左丘明撰，（三国吴）韦昭注，明洁辑评：《国语》，上海：上海古籍出版社，2008年，第14、45页。

②（晋）皇甫谧撰，陆吉点校：《帝王世纪》，济南：齐鲁书社，2010年，第5页。

③（清）阮元校刻：《十三经注疏·春秋左传正义》，北京：中华书局，1980年，第2084页。

④（汉）许慎撰，（清）段玉裁注：《说文解字注》，上海：上海古籍出版社，1988年，第572页。

亦指神灵，又通过比较“雷”与“霝”的构形，认为此二字为孪生，又据音韵学，推定该二字可对转，从而得出“霝”为神灵，源于古人对雷电、雷雨的崇拜，也即主管雷雨之神，并认为𨱔和罍都是“祭雷之器”[①]。

若依陈先生之言，霝为雷神，我国古代传说中掌管雷雨的神即雷公，亦称靁公，其原型最早见于《汉书·郊祀志下》：“东方，帝太昊青灵句芒畤及靁公、风伯庙、岁星、东宿东宫于东郊兆。”[②]其中雷公不见于其他文献记载，但是对句芒确有记载，《世本·作篇》云：“芒，作网。”宋衷曰：“芒，庖牺臣。”[③]由句芒为庖牺之臣，可推知雷公的原型可能也是太昊庖牺氏属下之臣。另外，太昊与雷神的关系也并不寻常，《帝王世纪》记载曰：“太皞帝庖牺氏，风姓，母曰华胥，燧人之世，有大人之迹出于雷泽之中，华胥履之，生庖牺氏于成纪。”[④]文中的大人也就是天人，华胥氏踩到了雷神的脚印，从而孕育了太昊。此虽是神话传说，但反映了古时候人们对雷电的崇拜，从而引发了对雷电之神的崇拜，雷电之神从天上来到了人间，化身为部落首领太昊，与其说他是雷神的化身，还不如说他是该部落雷电崇拜的象征。这也就是远古先民从自然崇拜到祖先、英雄崇拜的过程。而此处所见的“霝”很可能就是太昊部落中的一个氏族首领，他承袭了太昊部落对雷电的崇拜，他本人也以“霝”自称，后“霝”由人名逐渐演变为地名，而该氏族首领的子孙也世居此地，成为该地之君。这种情况也不是孤例，地名源于人名的例子还见于《竹书纪年》记载：“（晋文侯）二年，同惠王子多父伐郐，克之，乃居郑父之丘，名之曰郑，是曰桓公。”[⑤]另外，《左传·襄公十一年》也有“五父之衢”的记载，以上二地名均由人名演变。

综上所述，“霝”是主管雷雨的神灵，可能是出自太昊部落的一支，其氏族首领或以“霝”自称，古人常以“父”为字，作为对男子的美称，其后人或称之为“霝父”，后该人名逐渐演化为地名，而且远古之君所居之处，出于古人“以高事天”的认识，皆称之为“丘”，该氏族所居之地即被称为“霝父丘”也可以直接称为“霝父”。霝父在商周之时或为当地的一个土著小国，可能在齐桓公称霸初期，与莱、莒、徐夷、吴、越等国相同，成为被征伐的对象，在齐桓公“一战帅服三十一国”[⑥]时被灭国。而后齐桓公为御戎狄，在霝父国故地筑城。小邾国墓地M1出土的命父瓶，

①陈立人：《“鄐”字考》，《株洲师范高等专科学校学报》2005年第4期。

②（汉）班固撰：《汉书》，北京：中华书局，1962年，第1268页。

③佚名撰，（汉）宋衷注，（清）秦嘉谟等辑：《世本八种》，北京：中华书局，2008年，第37页。

④（晋）皇甫谧撰，陆吉点校：《帝王世纪》，济南：齐鲁书社，2010年，第3页。

⑤范祥雍订补：《古本竹书纪年辑校订补》，上海：上海古籍出版社，2011年，第39页。

⑥（春秋）左丘明撰，（三国吴 ）韦昭注，明洁辑评：《国语》，上海：上海古籍出版社，2008年，第12页。

时代为春秋早期，尚未到齐桓公之时，故当时霝父国应尚未被灭国，加之与小邾国相同，均被视为蛮夷之国，或许同小邾国有密切联系，至于霝父国君命父的自作器为何出现于小邾国墓地，当为馈赠或为賵赙之所致。

二、正叔之士𪇰俞簠、鲁宰虤簠与鲁国

正叔之士𪇰俞簠与鲁宰虤簠形制大体相同，且同出土于小邾国墓地M2，二簠器身与器盖均有铭文，且两件器盖铭文相同，但与器身铭文皆不同。这种情况较为罕见，下面拟对这三篇铭文进行考释，通过汇释疏解的方法，分析三篇铭文的相互关系，以祈对鲁国历史及小邾与鲁的关系有新的认识。

（一）正叔之士𪇰俞簠器铭考释

正叔之士𪇰俞簠，通高16.1厘米，口长29厘米，口宽24.2厘米，重4.4千克[①]。该簠呈长方体，上下对称，器身与器盖形制相似，平口相合，斜直壁，顶部与底部四角设置外侈矩形支足。器身与器盖两侧均各有一个兽首形耳，器身唇部四边各有一个兽首卡扣。盖顶饰交连纹，腹部饰变形夔纹和卷云纹，四支足饰夔纹。器内底有铭文3行，含合文共16字，释文为：“正叔之士𪇰俞作旅簠，子子孙孙永宝用。”（图2-2）盖内顶有铭文4行，含合文共20字，释文为：“鲁酉子安母肇作簠，其眉寿万年，子子孙孙永宝用。”

“正叔之士”。“正叔”为人名，传世有鲁正叔盘，其铭文为“鲁正叔之𥥍，作铸其御盘，子子孙孙永寿用”（《集成》10124）。王恩田先生将铭中的“𥥍”隶定为“突”，称正叔盘器主为“鲁正叔之突”，认为二器铭文均有正叔，且正叔与器主名之间皆有“之”字，拥有相同的称谓习惯，两个正叔可能是同一个人。因此，本铭“正叔之士”也应是鲁国人。又有鲁士浮父簠和鲁士商𫿝簋为旁证，王先生认为本铭中的“士”与上二例相同，也是器主的身份之称[②]。李光雨先生亦从王恩田先生之说，认为“正叔”是人名，“士”为器主身份[③]。但如按此例，鲁正叔盘称谓方式与本器相同，“正叔之”后面的字为器主身份的表示，“士”作为身份之称尚可解释，“突”

① 枣庄市政协台港澳侨民族宗教委员会、枣庄市博物馆：《小邾国遗珍》，北京：中国文史出版社，2006年， 第42页。

②王恩田：《枣庄山亭郳器与郳国》，《小邾国文化》，北京：中国文史出版社，2006 年，第161页。

③李光雨、刘爱民：《枣庄东江小邾国贵族墓地发掘的意义及相关问题》，《东岳论丛》2007年第2期。

1

2

图2-2　正叔之士鷬俞簠及其铭文拓本

1. 正叔之士鷬俞簠　2. 正叔之士鷬俞簠器铭拓本

（采自枣庄市政协台港澳侨民族宗教委员会、枣庄市博物馆：《小邾国遗珍》，北京：中国文史出版社，2006年）

是何种身份，值得继续研究。李零先生则认为，“正叔之士”是表达器主的族源，并称“叔”原作为“弔”。也提到了鲁正叔盘，李先生将铭文中“穵”隶定为“宊”，认为“正叔”为鲁国的氏名，此二正叔是否为同一人无法考证，但可能为鲁国三桓的“叔孙氏”一脉①。

二位先生之说皆有一定的道理，但我们认为“正叔”是指某人，但不一定是人名，“士”不是表身份等级。首先，“正”为六卿之称，《周礼·天官·宰夫》云：“一曰正，掌官法以治要。”贾公彦疏曰：“一曰正者，正长也。六卿下各有属六十，故六卿称正也。”②“叔”则为诸侯对同姓大夫之称，《左传·隐公五年》曰：“冬，十二月辛巳，臧僖伯卒。公曰：‘叔父有憾于寡人，寡人弗敢忘’。”杜预注曰：“诸侯称同姓大夫，长曰伯父，少曰叔父。”③。臧僖伯为鲁孝公之子，惠公之弟，与鲁君同为姬姓，故隐公称之为叔父。

其次，“士”不能理解为体现身份等级的“卿、大夫、士”的士，因为《礼记·王制》云：“次国之上卿，位当大国之中，中当其下，下当其上大夫；小国之上卿，位当大国之下卿，中当其上大夫，下当其下大夫；其有中士、下士者，数各居其上之三分。”④《左传·昭公二十三年》曰：“叔孙婼如晋……晋人使与邾大夫坐，叔

①李零：《读小邾国铜器的铭文——兼论东江墓地的墓主和年代》，《小邾国文化》，北京：中国文史出版社，2006 年，第179页。

②（清）阮元校刻：《十三经注疏·周礼注疏》，北京：中华书局，1980年，第655页。

③（清）阮元校刻：《十三经注疏·春秋左传正义》，北京：中华书局，1980年，第1728页。

④（清）阮元校刻：《十三经注疏·礼记正义》，北京：中华书局，1980年，第1323页。

孙曰：‘列国之卿当小国之君，固周制也。邾又夷也。寡君之命介子服回在，请使当之，不敢废周之制也。’仍不果坐。”①若按分封的身份，鲁国为周公之后，应为大国，若按国之实力，鲁国或应为次国，小邾国为小国，但无论如何小邾国的国君至少是与鲁国的卿为同级，而“正叔之士”的“士”若为“卿、大夫、士”的士，则出现在小邾国国君一级的墓葬中，显然是不符合礼制的，故此亦证明将“正”释为卿，则与小邾国君等级相同，更为合适。该铭文的“士”应释为狱官，据《周礼·地官·大司徒》曰：“凡万民之不服教而有狱讼者，与有地治者听而断之，其附于刑者，归于士。”郑玄注曰：“士，司寇、士师之属。”②《史记·五帝本纪》云：“舜曰：‘皋陶，蛮夷猾夏，寇贼奸轨，汝作士，五刑有服，五服三就，五流有度，五度三居，维明能信。’”裴骃《史记集解》引马融曰：“士，狱官之长。”张守节《史记正义》曰：“若大理寺卿也。”③可以看出，帝舜任用皋陶为士，让他掌管刑罚典狱之事，即司寇、大理寺卿之职。《汉书·百官公卿表上》云：“咎繇作士，正五刑。”颜师古注引应劭曰：“士，狱官之长。”④故“士”释为狱官更加合理，主管刑狱之卿即司寇，而鲁国司寇正是由被鲁隐公称为叔父的臧僖伯家族担任，如《左传·襄公二十一年》曰：“季孙谓臧武仲曰：‘子为司寇，将盗是务去。’”⑤《国语·鲁语上》臧文仲谓鲁侯曰：“国有饥馑，卿出告籴，古之制也。辰也备卿，辰请如齐。”⑥臧文仲、臧武仲皆臧僖伯之后人。由此可见，司寇不仅是鲁国之卿，而且由臧孙氏家族世袭。因此，“正叔之士”应指与鲁君同姓的主管刑狱之卿，很可能就是臧孙氏家族成员。

至于李零先生所说此正叔为鲁国三桓叔孙氏，尚可商榷。叔孙氏不仅历代担任鲁国司马，并未涉足刑狱，而且始封宗主叔牙是鲁桓公第三子，其受封更是在鲁庄公将薨之时，远远晚于臧孙氏。《左传·庄公三十二年》曰：“成季使以君命命僖叔，待于鍼巫氏，使鍼季酖之，曰：‘饮此，则有后于鲁国，不然，死且无后。’饮之，归，及逵泉而卒。立叔孙氏。”⑦可见，叔牙是因政见不和被季友毒害后，他的后人被立为叔孙氏，故铭文的正叔若是鲁国的叔孙氏，则定不是叔牙，而是叔牙的后人。叔牙已在鲁庄公末年，其后人，自然时代更晚，而小邾国墓地时代为春秋早期，因此年代上无法与鲁国的叔孙氏对应起来。

①（清）阮元校刻：《十三经注疏·春秋左传正义》，北京：中华书局，1980年，第2101页。

②（清）阮元校刻：《十三经注疏·周礼注疏》，北京：中华书局，1980年，第708页。

③（汉）司马迁：《史记》，北京：中华书局，1982年，第39页。

④（汉）班固撰：《汉书》，北京：中华书局，1962年，第721页。

⑤（清）阮元校刻：《十三经注疏·春秋左传正义》，北京：中华书局，1980年，第1970页。

⑥（春秋）左丘明撰，（三国吴）韦昭注，明洁辑评：《国语》，上海：上海古籍出版社，2008年，第70页。

⑦（清）阮元校刻：《十三经注疏·春秋左传正义》，北京：中华书局，1980年，第1984页。

“鑣俞”二字在铭文中作“”“”。王恩田先生认为“”字似双耳独角兽形，也即“廌”，也就是古代传说中怒触不直，能断冤狱，善分辨是非曲直的独角兽獬豸，故“法”本字即从廌。“廌”通“豸”，本铭此字左下从“糸”，将该字隶定为“纏”，也即“紖”字。又引《周礼·地官·封人》“置其紖”郑玄注曰：“紖，著牵牛鼻绳，所以牵牛者，今时谓之雉。”[①]王先生认为该器器主名为纏俞，可能是掌管修建社稷壝坛，在举行祭祀活动时，洗刷牛牲的封人[②]。李零先生认同王恩田先生观点，虽称“”字从廌从殳，但指出该字疑为《说文·廌部》释为“解廌属”的“𪊑”字，也即“獬豸”，是作器者的氏称，而俞是他的名。又举出𪊑仲□鼎和走亚𪊑孟𨒪盨也为这一氏名，皆出于正叔氏[③]。既然二位先生均认为“”可释为主管刑狱的獬豸，那么器主就不可能是王先生所说的封人。《周礼·秋官·叙官》云：“立秋官司寇，使帅其属，而掌邦禁，以佐王刑邦国。”[④]秋官司寇是主管刑狱之官，獬豸是主刑罚的神兽，且又与“正叔之士”的“士”为狱官之长字义相合，故“”可能是器主以其职业为氏称，以獬豸象征主管刑狱的司寇之属。“俞”应为其字，春秋早期的鲁伯俞父器群，有鬲五、簠三、盘三、匜一，皆为鲁伯俞父为其嫁往邾国的女儿邾姬仁所作的媵器，此邾究竟是邾国还是小邾国，鲁伯俞父是否为本铭之鑣俞，已无从可考。

“旅簠”。旅为会意字，如众人站在旗下，《说文·㫃部》曰：“旗有众铃，以令众也。”[⑤]则旗也即命令的象征，又《㫃部》云：“旅，军之五百人。”段玉裁引《周礼·地官·大司徒》曰：“五人为伍，五伍为两，四两为卒，五卒为旅，五旅为师，五师为军。”郑玄注曰：“此皆先王所因农事而定军令者也。”[⑥]故“旅”是指军队，军队的特点是纪律严明，令行禁止，只有这样才能形成战斗力。但当时的军队是在战时组建，平时则为国人，或亦务农，故称因农事而定军令。因此，旅簠或为军事或为农事，除旅簠外，还有旅壶等器，盖如羞鬲、醴壶等，定各有其专门的用途。

“子子孙孙永宝用”。亦如前文所讨论的铭文一样，为当时青铜礼器铭文惯用吉

---

①（清）阮元校刻：《十三经注疏·周礼注疏》，北京：中华书局，1980年，第720页。

②王恩田：《枣庄山亭郳器与郳国》，《小邾国文化》，北京：中国文史出版社，2006年，第162页。

③李零：《读小邾国铜器的铭文——兼论东江墓地的墓主和年代》，《小邾国文化》，北京：中国文史出版社，2006年，第180页。

④（清）阮元校刻：《十三经注疏·周礼注疏》，北京：中华书局，1980年，第867页。

⑤（汉）许慎撰，（清）段玉裁注：《说文解字注》，上海：上海古籍出版社，1988年，第310页。

⑥（汉）许慎撰，（清）段玉裁注：《说文解字注》，上海：上海古籍出版社，1988年，第312页。

祥结束语。

综上所释，该簠铭文的“正”乃卿之意，“叔”为诸侯对同姓大夫之称，“士”为狱官之长，“鷉”为器主以其职业为氏称，“俞”为其字，全篇铭文的大意为：与鲁君同姓的掌管刑狱之卿鷉俞，所作的旅簠，希望子子孙孙永远把它作为宝物传承使用。

（二）鲁宰虤簠铭文考释

图2-3　鲁宰虤簠
（采自枣庄市政协台港澳侨民族宗教委员会、枣庄市博物馆：《小邾国遗珍》，北京：中国文史出版社，2006年）

鲁宰虤簠，通高16.1厘米，口长28.5厘米，口宽24厘米，重4.4千克[①]。该青铜簠为长方体，上下对称，器身与器盖形制相似，平口相合，浅腹，斜直壁，顶部与底部四角设置矩形支足，器身与器盖两侧均各有一个兽首形环耳，器身唇部四边各有一个兽首卡扣。盖顶饰交连纹，器盖与器身皆饰变形夔纹和卷云纹，支足饰夔纹。盖铭与正叔之士鷉俞簠盖铭相同，故一并放置于本节进行讨论（图2-3）。

1. 鲁宰虤簠器铭考释

鲁宰虤簠器铭共3行12字，其释文为：“鲁宰虤作旅簠，其万年，永宝用。”（图2-4）

“鲁宰虤”。鲁为姬姓诸侯国，是周公旦的封国，周公留于成周辅佐成王，其长子伯禽就封。“宰”为官名，但王恩田先生将此字隶定为“宰”，应为“宰”的讹化字，认为该字为官名，但非大宰之“宰”。“虤”从双虎，但二虎首尾相对，隶定为“虤”[②]。李零先生亦赞同王先生所释，认为“虤”从正反双虎，为鲁宰之名[③]。李学勤先生认为此铭之宰为膳宰，同《周礼》的膳夫[④]。诸位先生关于本铭之宰非大宰的说

①枣庄市政协台港澳侨民族宗教委员会、枣庄市博物馆：《小邾国遗珍》，北京：中国文史出版社，2006年， 第45页。

②王恩田：《枣庄山亭郳器与郳国》，《小邾国文化》，北京：中国文史出版社，2006 年，第161页。

③李零：《读小邾国铜器的铭文——兼论东江墓地的墓主和年代》，《小邾国文化》，北京：中国文史出版社，2006 年，第179页。

④李学勤：《小邾国墓及其青铜器研究》，《东岳论丛》2007年第2期。

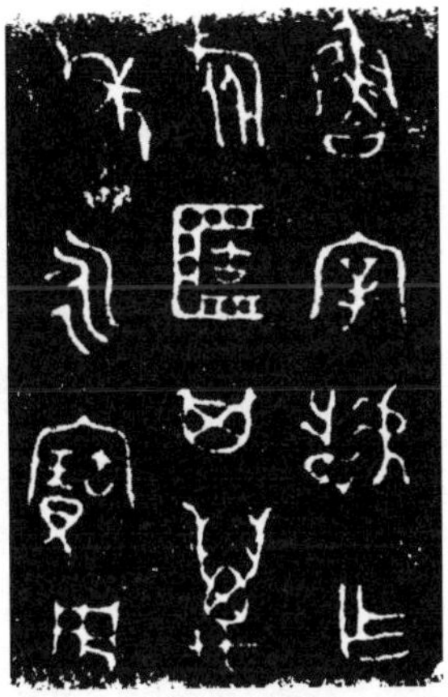

图2-4　鲁宰虪簠器铭拓本
（采自《铭图》5902）

法，是值得信服的，《周礼·天官·大宰》云："大宰之职，掌建邦之六典，以佐王治邦国。"①大宰为天官之长，西周初年，周公为首任大宰，位处百官之长，因此，大宰是极为显赫的高官。《左传·隐公十一年》曰："羽父请杀桓公，将以求大宰。"孔颖达正义曰："天子六卿，天官为太宰……羽父名见于《经》，已是卿矣，而复求太宰，盖欲令鲁设是官，以荣己耳。"②亦可见大宰之位又高于卿，是极为荣耀的。若器主官至大宰，定会在铭文中言明，以示自己的地位。传世青铜器铭文早已证明，春秋早期的鲁大宰遷父簋铭文："鲁大宰遷父作季姬牙媵簋，其万年眉寿，永宝用"（《集成》3987）。即直截了当言明遷父为大宰之职。若称本铭的"宰"为膳夫，亦似有不妥之处，《周礼·天官·叙官》曰："膳夫，上士二人，中士四人，下士八人。"③说明膳夫是士一级的官职，前文已有论述，小邾国君一级的墓葬中，出现士一级的器物并不合理。况且，目前可见的膳夫梁其簋、膳夫吉父鬲等器物，皆言"善"或"善夫"，未见有言"膳宰"或"宰"者，亦可证明本铭的"宰"应不是膳夫。虽然"宰"有膳宰、宰夫、大宰、小宰、家宰、邑宰等义，但《周礼·天官·宰夫》孙诒让正义曰："宰夫可自单称宰。"④可见，以上职官可单称宰者仅有宰夫。有关宰夫的职权，《周礼·天官·宰夫》云："宰夫之职，掌治朝之法，以正王及三公、六卿、大夫、群吏之位，掌其禁令。"⑤因此，宰夫是一个掌管法令的职官，与正叔之士簠的"士"为狱官之长，恰好对应。另外，《周礼·天官·叙官》说宰夫的等级为大夫，这与小邾国国君地位相差不远，或可接受。二簠之作器者可能不是同一人，但应该是出自同一执掌法令的家族。《说文·虎部》云："虪，虎怒也，从二虎。"⑥与䳄俞之"䳄"从鹰，释为"獬豸"相似，"虪"从二虎，虎怒则显其威，或喻意宰夫执法之威严，亦取猛兽的象征意义为名，因此，"虪"为鲁宰的名字，应该无误。

"旅簠"，为一种专用的礼器，前文已有介绍，本处不再赘述。

综上所释，该篇铭文的"宰"应为官名宰夫的简称，"虪"为其氏称或为其名。

---

①（清）阮元校刻：《十三经注疏·周礼注疏》，北京：中华书局，1980年，第645页。

②（清）阮元校刻：《十三经注疏·春秋左传正义》，北京：中华书局，1980年，第1737页。

③（清）阮元校刻：《十三经注疏·周礼注疏》，北京：中华书局，1980年，第640页。

④（清）孙诒让：《周礼正义》（卷六），1931年湖北篴湖精舍递刻本，第156页。

⑤（清）阮元校刻：《十三经注疏·周礼注疏》，北京：中华书局，1980年，第655页。

⑥（汉）许慎撰，（清）段玉裁注：《说文解字注》，上海：上海古籍出版社，1988年，第211页。

图2-5　鲁宰虘簠盖铭拓本
（采自《铭图》5902）

鲁宰虘簠器底铭文的大意为：鲁国掌管法令的宰夫虘，作旅簠，希望自己长寿万年，永远作为宝器使用。

2. 鲁宰虘簠盖铭考释

鲁宰虘簠盖铭共4行含合文20字，释文为："鲁酉子安母肈作簠，其眉寿万年，子子孙孙永宝用。"（图2-5）

"鲁酉子安母"。"鲁"为伯禽代周公旦受封之姬姓鲁国。"酉"李学勤先生认为是"酒"的通假字，为《周礼·天官》的酒人，即掌管酿酒的官吏，在酒人之下又设置了女酒①，而子安母为女名，按李先生之意子安母即鲁国的女酒。而王恩田先生则认为"酉"为人名，古代子女皆可称子，"安母"为酉之女，此器是鲁人酉为其女安母所作的媵器，并称此处之"酉"与该簠器身之铭"鲁宰虘"的"虘"为同一人②。李光雨先生亦赞同王先生之说，认为安母为酉之女，此器是酉为安母所作的媵器③。但李零先生并不认同，提出"酉"与"子安母"是同一人，"酉"为其名，"子安"为其字，"母"是女性称谓中常见的表修饰的后缀，与男性字后加父同理④。对此，林沄先生亦有看法，认为"鲁酉子安母"为一女子的称谓，"子"为其姓，根据记载《春秋》所见子姓国仅有宋国，宋国与鲁国又有姻亲关系，因而"鲁"并非其母国，而是该女子所嫁之国，"酉"则为如"颜懿姬"之"懿"，"宋共姬"之"共"，皆是对女子的美称，"安母"为该女子之字，称该女子为宋国嫁往鲁国之女，两件铭有"鲁酉子安母"的铜簠都是从鲁国传入小邾国，体现了鲁与小邾的亲密关系⑤。

①李学勤：《小邾国墓及其青铜器研究》，《东岳论丛》2007年第2期。

②王恩田：《枣庄山亭郳器与郳国》，《小邾国文化》，北京：中国文史出版社，2006 年，第161页。

③李光雨、刘爱民：《枣庄东江小邾国贵族墓地发掘的意义及相关问题》，《东岳论丛》2007年第2期。

④李零：《读小邾国铜器的铭文——兼论东江墓地的墓主和年代》，《小邾国文化》，北京：中国文史出版社，2006 年，第179页。

⑤林沄：《小邾国东江墓地青铜器铭文部分人名的考释》，《小邾国文化》，北京：中国文史出版社，2006 年，第194页。

诸位先生对本铭的解读大体可分为两大类，即“鲁酉子安母”为“二人”说和“一人”说。首先看“二人”说，鲁酉为安母之父，如是，则又陷入了前文“命父瓶”讨论中的作器者不明的症结，亦不符合金文行文规范。若是鲁酉为其子安母所作的媵器，省略“媵”字尚可理解，但行文若为“鲁酉肇作子安母簠”较为符合常规，作器者与器主分辨较为清晰。而本铭“鲁酉子安母肇作簠”，行文句式更似安母所作而非鲁酉为其所作，故我们认为“二人”说尚可商榷。再看“一人”说，李学勤先生认为安母是鲁国女酒，女酒出自《周礼·天官·叙官》：“酒人，奄十人，女酒三十人，奚三百人。”郑玄注曰：“奄，今谓之宦人；女酒，女奴晓酒者。”[①]由此可见，酒人均为地位较低的宦官或女奴，此类人是否有权利和能力铸造青铜礼器，也甚为可疑。李零与林沄二位先生之言，皆有可取之处，“母”确实为女性美称之字的后缀，但应包含在字之中，然而该女子字“子安母”显然不符合女子的命字规范，又在前文讨论“子皇母”时，我们认为“子”是女性出嫁后的称谓，此处应该亦适用，故该女子字“安母”显然比字“子安母”更为合理，由此，“子”亦非其姓。“酉”是其名，抑或是其美称皆有可能，前文讨论小邾君称谓时说道：“称字则贵之，称名则贱之。”但本器铭文中的酉为该女子自称，若称名以示自谦，亦不无可能。且《释名·释天》曰：“酉，秀也。秀者，物皆成也。”[②]此“成”于物可释为成熟，于人可释为成年，再与表示已嫁的“子”连言，则可理解为成年已嫁之意，比“名酉字安母”更加合乎上下文之意，故我们认为可从“酉”为安母的形容之词，或可称为美称。

“肇作簠”。“肇”，为汉和帝之名，故《说文》无释，段玉裁注曰：“李贤引伏无忌《古今注》曰：‘肇之字曰始’。”[③]依此，肇作簠也即始作簠。以女子之名义作器在金文较为罕见，铭云“肇作”，即该女子是初次作器，或不能独立完成，故器身铭文有男性之名，实为鲁宰虒所作，配以安母之名，这或是器身与器盖所铭不同的原因。

综上所释，鲁宰虒簠器盖铭文的“鲁”为该女子母国名，“酉”表示成年，“子”为该女子已经婚嫁的标志，“安母”为其字。全篇铭文的大意为：鲁国成年已嫁之女安母，初次作簠，希望长寿万年，子子孙孙把它当作宝贝永续传承使用。

正叔之士䳒俞簠与鲁宰虒簠二器均为一器两铭，器盖铭文相同，皆表示为鲁酉子安母作器，而器身之铭却均为男性作器，李光雨先生称这种情况为错置所致。但我们认为错置的可能性不大，青铜礼器为国之重器，是礼的象征，《礼记·礼器》曰：

---

①（清）阮元校刻：《十三经注疏·周礼注疏》，北京：中华书局，1980年，第641页。

②（清）毕沅：《释名疏证》，北京：中华书局，1985年，第10页。

③（汉）许慎撰，（清）段玉裁注：《说文解字注》，上海：上海古籍出版社，1988年，第629页。

“礼器，是故大备。大备，盛德也。礼释回，增美质，措则正，施则行。”[①]足见古人对“礼”的重视，将礼器错置的可能性不大。而且曾子曰：“慎终追远，民德归厚矣。”[②]也能体现古人对死者的重视程度，更何况是国君级别的墓葬，定然是慎之又慎，将随葬礼器错置，可能性微乎其微。此二簠器盖铭文皆表示该器是安母初作，可能正是因其初作，才会有男性之名出现在器身上，实或为男性所作而附安母之名，二位男性职业皆涉及典狱刑罚，可能出自同一家族。由此推测，正叔之士𪂹俞和鲁宰虤或为兄弟关系，同为本家之女安母作器，又安母为初次拥有青铜器，故附以其初作之名。兄弟同为本家之女作器，金文习见，如鲁伯大父簋与鲁伯厚父盘，二器皆为仲姬俞所作，伯大父与伯厚父均以伯为氏，是兄弟辈，故大父为兄，厚父为弟，兄弟二人均为本家之女仲姬俞作媵器[③]。此处正叔之士𪂹俞和鲁宰虤均为安母作器，可能也是属于这种情况。

（三）鲁　国　考

1. 鲁国的始封与灭亡

鲁国，是周代重要的姬姓诸侯国之一，其始封君为周公之子伯禽，有武王所封和成王所封两种说法，但总的来说，鲁国是西周初年周公家族受封的诸侯国是没有疑问的。鲁国是与周王朝关系最为密切的诸侯国，如清人高士奇说：“周之最亲莫如鲁，而鲁所宜翼戴者莫如周。”[④]而且鲁国也是周礼保存最为完善的国家，《左传·昭公二年》记载曰：“晋侯使韩宣子来聘……观书于大史氏，见易、象与鲁春秋，曰：周礼尽在鲁矣。”[⑤]故鲁有《春秋》流传，并辅之以《三传》，加之众多文献典籍的记载，应该说鲁国的历史是非常详尽的，但即便如此，在鲁国的始封地和灭亡时间两个重要问题上，仍然存在争议。

傅斯年先生认为，鲁国始封地在成周东南，也就是现在的河南省鲁山县，迁都于曲阜是后来的事情[⑥]。徐中舒先生也认为鲁国始封于河南鲁山，周公平定“三监之乱”后才东迁至曲阜[⑦]。二位先生皆以为西周初年，周王朝势力尚达不到东夷地区，在周

①（清）阮元校刻：《十三经注疏·礼记正义》，北京：中华书局，1980年，第1430页。

②（清）阮元校刻：《十三经注疏·论语注疏》，北京：中华书局，1980年，第2458页。

③高兵：《从金文看西周的媵婚制度》，《海南师范学院学报》2006年第5期。

④（清）高士奇：《左传纪事本末》（卷一），北京：中华书局，1979年，第5页。

⑤（清）阮元校刻：《十三经注疏·春秋左传正义》，北京：中华书局，1980年，第2029页。

⑥傅斯年：《民族与中国古代史》，上海：上海古籍出版社，2012年，第80、81页。

⑦转引自陈槃：《春秋大事表列国爵姓及存灭表譔异》，上海：上海古籍出版社，2009年，第4页。

公东征之后才逐渐取得了对东夷地区的控制权。但文献记载皆称鲁国始封地在山东曲阜，如《左传·定公四年》记载曰："因商奄之民，命以伯禽而封于少皞之墟。"[①]《史记·鲁世家》云："封周公旦于少昊之虚曲阜，是为鲁公。"[②]按太史公之言，周初周公旦受封于少皞之墟的奄地，即位于今天的曲阜一带。《尚书·费誓》则曰："鲁侯伯禽宅曲阜。"[③]除了文献记载外，从目前的考古资料来看，在山东曲阜鲁国故城遗址尚未发现西周早期的文化层[④]，但在滕州市，却发现了西周早期滕侯的墓葬和青铜器，同为姬姓的滕国在周初就已经进入受封之地，那么同时期的鲁国势力没有理由达不到山东地区。另外，在兖州、汶上一带发现的西周早期鲁君墓地，也证明周初鲁国就已经来到了山东，或许只是没有进入曲阜而已。再从周初东夷地区的具体情况来看，周王朝对这一地区的统治确实不够稳固，奄为东夷大国，且参与了周初武庚叛乱，所以在其故地封国加强统治也是十分必要的。因此，我们认为鲁国始封地确实应该在曲阜，只是限于当时的客观情况，无法立即到曲阜就封，而是通过一系列的征伐，随着东夷的平定才到达其受封之地，并逐步稳固了统治。

不仅鲁国的始封存在争议，其灭亡的时间也存在不同的说法。仅依《史记》所言，司马迁所述鲁国灭亡时间就有三个，《鲁世家》说："倾公……二十四年，楚考烈王伐灭鲁。倾公亡，迁于下邑，为家人，鲁绝祀。"而《春申君传》却说："考烈王元年，以黄歇为相，封为春申君……春申君相楚八年，为楚北伐灭鲁。"《六国年表》则称："楚考烈王八年……取鲁，鲁君封于莒。""楚考烈王十四年……楚灭鲁，顷公迁卞邑为家人，绝祀。"[⑤]由此可见，《鲁世家》言楚灭鲁时间分别为鲁顷公二十四年，即公元前256年；《春申君传》记为楚考烈王八年，即公元前255年；《六国年表》则称楚考烈王八年取鲁，十四年灭鲁，时间分别为公元前255年、公元前249年。根据《鲁世家》所记载的鲁隐公之前的鲁国先公纪年与《孟子》《竹书纪年》相同[⑥]，并结合"取鲁"和"灭鲁"的区别，可知公元前255年鲁国灭亡，鲁顷公被迁于莒，公元前249年，鲁顷公去世，鲁国彻底绝祀。

2. 鲁国与小邾国之关系

小邾国与鲁国关系较好，《左传》记载两国不仅未发生过正面冲突，而且小邾国

①（清）阮元校刻：《十三经注疏·春秋左传正义》，北京：中华书局，1980年，第2134页。

②（汉）司马迁：《史记》，北京：中华书局，1982年，第1515页。

③（汉）孔安国传，（唐）孔颖达正义：《尚书正义》，上海：上海古籍出版社，2007年，第806页。

④王恩田：《曲阜鲁国故城的年代及其相关问题》，《考古与文物》1988年第2期。

⑤（汉）司马迁：《史记》，北京：中华书局，1982年，第748、749、1547、2394、2395页。

⑥陈槃：《春秋大事表列国爵姓及存灭表撰异》，上海：上海古籍出版社，2009年，第7页。

国君先后五次朝见鲁君。但小邾国也并非始终与鲁国交好，二者之间的亲疏可大致分为三个阶段，第一阶段为鲁隐公至鲁文公时期，两国关系亲密；第二阶段为鲁宣公至鲁襄公早期，两国关系疏远；第三阶段为鲁襄公中期至鲁哀公前期，两国关系又见亲密。总体来看，鲁与小邾两国关系平稳，即使是较为疏远的时期，也未发生战争。而且小邾与鲁国关系的亲疏，似乎与其母国邾国也有着关联。

第一阶段，小邾国国君郳犁来两次朝鲁。第一次发生在鲁庄公五年，彼时小邾君尚未获得周天子册命，《春秋经》直接称其为郳犁来。第二次发生在鲁僖公七年，此时小邾君已受天子册命为小邾子，爵位虽是随齐桓公尊王所受，但小邾国国君受爵后朝见鲁国国君，可见这一阶段两国关系很不一般。但是，这一时期邾国却与鲁国战争频繁，《左传·哀公七年》载邾国大夫赴吴求援说："鲁击柝闻于邾……且鲁赋八百乘，君之贰也，邾赋六百乘，君之私也。"[①]"鲁击柝闻于邾"言二国距离之近，"鲁赋八百乘，邾赋六百乘"则言二国军事实力相差不远，故邾鲁二国显然是存在竞争关系的，在这一阶段，仅《左传》记载的两国军事冲突就有十数次。

第二阶段，小邾国近齐而远鲁，多次缺席由晋国和鲁国主导的会盟，如在鲁襄公二年，由鲁、晋、宋、卫等诸国大夫的会盟当中，小邾国却未派代表参加，其原因，《左传·襄公二年》载曰："滕、薛、小邾之不至，皆齐故也。"[②]可见此时小邾国亲齐而远鲁，但也未与鲁国发生军事冲突。反观邾国在这一阶段却与鲁国关系缓和，共同参加晋国组织的历次会盟，并且邾国国君数次朝见鲁国国君，即使有小规模战争，也能很快修复关系。

第三阶段，小邾与鲁两国关系重新拉近，小邾穆公三次朝鲁，而且每次都将两国关系拉近一步。第一次发生在鲁襄公七年，此次朝见并未得到鲁国的重视，《左传·襄公七年》仅曰："小邾穆公来朝，亦始朝公也。"[③]第二次朝鲁发生在鲁昭公三年，小邾国开始受到鲁国的重视，《左传·昭公三年》云："小邾穆公来朝，季武子欲卑之。穆叔曰：'不可，曹、滕、二邾实不忘我好，敬以逆之，犹惧其二，又卑一睦，焉逆群好也？其如旧而加敬焉。《志》曰：能敬无灾。又曰：敬逆来者，天所福也。'季孙从之。"[④]由此可见，季武子想羞辱小邾穆公，经过穆叔分析利害后，听从了其建议，对小邾穆公加以尊敬，反映出鲁国对与小邾国关系的重视。小邾穆公第三次朝鲁发生在鲁昭公十七年，此次朝见则将两国关系推向了高潮，《左传·昭公十七年》曰："小邾穆公来朝，公与之燕。季平子赋《采菽》，穆公赋《菁菁者莪》。昭

①（清）阮元校刻：《十三经注疏·春秋左传正义》，北京：中华书局，1980年，第2163页。
②（清）阮元校刻：《十三经注疏·春秋左传正义》，北京：中华书局，1980年，第1929页。
③（清）阮元校刻：《十三经注疏·春秋左传正义》，北京：中华书局，1980年，第1938页。
④（清）阮元校刻：《十三经注疏·春秋左传正义》，北京：中华书局，1980年，第2032页。

子曰：‘不有以国，其能久乎？’”[1]“燕”指燕礼，是诸侯宴请臣下的一个礼仪，前文已多次提到，鲁为大国，小邾为小国，小邾国之君地位应等同于鲁国之卿，因此，鲁君以燕礼接待小邾国君是符合礼制的。同时燕礼也是一个较为隆重的礼仪，《仪礼·燕礼》云：“燕，朝服于寝……奏《肆夏》……升歌《鹿鸣》，下管《新宫》……君与射。”[2]举行燕礼时要穿着朝服，其间有奏乐、吟诗、行射等仪节，非常隆重，可见鲁国对小邾穆公此次朝见的重视程度，最后叔孙昭子对小邾穆公的称赞也是对两国关系的认可。直至鲁哀公后期，小邾国大夫射以句绎奔鲁之前，小邾国与鲁国关系应该是非常和睦的。而这一阶段，邾国则又与鲁国交恶，两国交战频繁，邾国大夫多次奔鲁，并将其封邑一并献于鲁国，大大削弱了邾国的实力，导致邾国在战争中常常处于不利地位。

除此之外，鲁国与小邾国又长期保持姻亲关系。此次小邾国墓地M2出土的正叔之士𪃶俞簠和鲁宰虢簠均为鲁国之器，二簠器盖铭文的“鲁西子安母”可能就是由鲁国嫁往小邾国的女性。又有已发现的同属春秋早期的鲁伯俞父为其嫁往邾国的女儿所作的诸媵器，若此鲁伯俞父与正叔之士𪃶俞之“俞”为同一人，则鲁伯俞父诸器中的“邾”亦当指小邾，更是两国姻亲关系的证明。除考古资料外，文献中也有鲁与小邾联姻的记载，《左传·昭公二十五年》曰：“季公若之姊为小邾夫人。”[3]季公若是季武子的幼子，其姊也即季武子之女，根据其所处的时代，该女子可能嫁于的小邾国君正是小邾穆公。总之，鲁国与小邾国是姻亲国，其关系是较为密切的。

综上所述，当小邾国与鲁国关系亲密时，鲁国与邾国关系则紧张；小邾国与鲁国关系疏远时，鲁国与邾国关系则缓和。这可能是鲁国长期执行的外交策略，在春秋早期其与邾国的战争中，有数次失利，故鲁国惧怕小邾国与邾国联合，使其面临更大的压力。小邾国与齐国亲密时，鲁国又拉拢邾国，总是在鲁南地区保持一个势均力敌的平衡状态。鲁国在这种均势策略当中，又积极拉拢小邾、曹、滕等小国家，以祈尽可能维持其鲁南地区的区域性霸主地位。

三、毕仲𡩜簠与毕国

毕仲𡩜簠出自小邾国墓地M2，器形与鲁宰虢簠、正叔之士𪃶俞簠类似。器身铭文具有重要的史料价值，铭文中的毕仲可能是仕于东方的毕国遗民，该器的发现为研究毕国灭亡、遗民去向等问题提供了可靠的实物资料。

---

①（清）阮元校刻：《十三经注疏·春秋左传正义》，北京：中华书局，1980年，第2082页。

②（清）阮元校刻：《十三经注疏·仪礼注疏》，北京：中华书局，1980年，第1042、1043页。

③（清）阮元校刻：《十三经注疏·春秋左传正义》，北京：中华书局，1980年，第2107页。

（一）毕仲弇簠铭文考释

毕仲弇簠，通高16.1厘米，口长25.8厘米，口宽24厘米，重4.4千克①。该青铜簠呈长方体，上下对称，器身与器盖形制相似，平口相合，浅腹，斜直壁，顶部与底部四角设置矩形支足，器身与器盖两侧均各有一个兽首形耳，器身唇部四边各有一个兽首卡扣。盖顶饰勾连纹，腹部饰变形夔纹和卷云纹，足部饰夔纹。盖器对铭，共4行含合文22字，释文为：“毕中弇作为其北善簠，其万年眉寿，子子孙孙永宝用之。”（图2-6）

“毕中弇”。“毕”为国族名，王恩田先生认为是位于山东地区的任姓之毕，铭文“”，从宀从草，作“寁”，称“草”通“造”，可释为毕仲的私名，也可理解为“造”，金文中作、造可连用，并举出郜造遣鼎和郜遣簋的例子，二器同为一人所作，一铭中有“造”，另一铭中无“造”，实证造、作二字可连用②。李零先生也认同此观点，称该毕为任姓之毕，将“”隶定为“弇”，亦从宀从草，与王先生看法无异③。李光雨先生亦从王、李二先生之说。李学勤先生将“”隶为“弁”，又根据本铭“毕”的构形，认为写法有山东地区的特点不知是否与姬姓毕国有关，但又称后文的“北”应读为“别”，指毕仲弁可能是姬姓毕国之庶子或别子，在东方之国

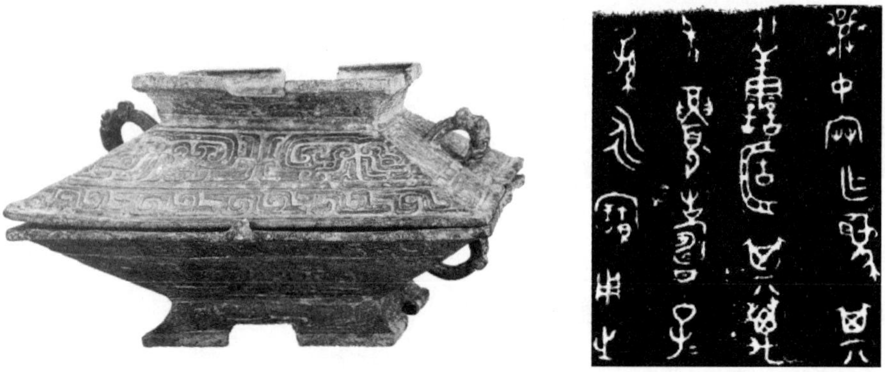

1　　2

图2-6　毕仲弇簠及其铭文拓本

1. 毕仲弇簠　2. 毕仲弇簠器铭拓本

（采自枣庄市政协台港澳侨民族宗教委员会、枣庄市博物馆：《小邾国遗珍》，北京：中国文史出版社，2006年）

①枣庄市政协台港澳侨民族宗教委员会、枣庄市博物馆：《小邾国遗珍》，北京：中国文史出版社，2006年，第47页。

②王恩田：《枣庄山亭郳器与郳国》，《小邾国文化》，北京：中国文史出版社，2006 年，第162页。

③李零：《读小邾国铜器的铭文——兼论东江墓地的墓主和年代》，《小邾国文化》，北京：中国文史出版社，2006 年，第180页。

为官或质子，则本铭之字书写风格有当地之风也是有可能的[①]。“弁”，《说文·皃部》曰：“覍，冕也。周曰覍，殷曰吁，夏曰收。”[②]可见弁是周代之冕的称谓。《说文》亦有其古文从二手者，《释名·释首饰》曰：“弁，如二手相合抃时也。”[③]也称弁字从二手，而本铭从廾，若释为“弁”亦可。依诸先生之言，“毕”为国族之名是没有争议的，且皆认为不似姬姓之毕，姬姓毕国在宗周附近，西周末年被犬戎所灭。M2年代为春秋早秋，西周末年既灭之国，春秋早期在东方尚有质子，似乎有所矛盾，但若为毕国贵族因本国被灭而逃往他国则是有可能的，如晋国魏氏即毕国贵族后裔。“中”通“仲”，应为作器者的行次。

“作为其北善簠”。“为”，容庚《金文编》引罗振玉曰：“从爪从象，意古者役象以助劳，其事或在服牛乘马之前。”[④]而本铭之构形，与容庚先生收录的“为”字皆不完全相同。“其”指代者为何人不甚明了，若指毕仲本人，“为其”也即为毕仲本人，则该簠为毕仲自作器，后文又有“其万年眉寿”，二“其”字重复使用，后者就应省去，如命父瓶铭文“霝父君命父，作其金瓶，眉寿无疆”，此处眉寿无疆前就不再加“其”字，前后皆用“其”行文就不通顺。还有另一类自作器的铭文，多为“作”后直接连器名，篇尾吉祥语前加“其”，如鲁宰虒簠铭文“鲁宰虒作旅簠，其万年永宝用”，“鲁酉子安母肈作簠，其眉寿万年”，子皇母簠铭文“子皇母作𫶊簠，其万年眉寿”等，不再一一备举。总之，在自作器铭文前后皆用“其”字的行文较为怪异，金文资料亦较少见。因此，本铭中的“其”或许并非指代毕仲本人，而是另一人的名字。也就是说作器者毕仲并非器主，该器是他为名字含有“其”的人所作。某人为另一人作器，一般器主的称谓紧跟“作”字之后，如郳君庆壶铭文“郳君庆作秦妊醴壶”，秦妊为器主，在“作”之后。但也有“作”后跟“为”的情况，如姞氏簋铭文：“姞氏自作为宝尊簋，其万年，子子孙孙永宝用”（《集成》3916）。此器为姞氏自作器，但亦证明“作”后可加“为”字。依此，根据本器的器主之名不太可能是“为其”，只能是“其北”了。

“其”的古字即为“箕”，《说文·箕部》曰：“箕，簸者也，丛竹其形，其下为兀。其籀文箕。”[⑤]另外，箕也是二十八星宿中东宫苍龙的最后一个星宿，由四颗星组成，相连之后呈簸箕之形，与《说文》释义相合。《诗·小雅·大东》所言

①李学勤：《小邾国墓及其青铜器研究》，《东岳论丛》2007年第2期。

②（汉）许慎撰，（清）段玉裁注：《说文解字注》，上海：上海古籍出版社，1988年，第406页。

③（清）毕沅：《释名疏证》，北京：中华书局，1985年，第141页。

④容庚编著，张振林、马国权摹补：《金文编》，北京：中华书局，1985年，第174页。

⑤（汉）许慎撰，（清）段玉裁注：《说文解字注》，上海：上海古籍出版社，1988年，第199页。

"维南有箕，不可以簸扬"[①]，亦与此意相同。"北"，《玉函山房辑佚书·年历》云："诹訾，一名北陵。"[②]"诹"亦可作"陬"，"邾"则称"邹"或"陬"，可知，诹与邾可互相指代。且邾地有邑名即曰訾娄，訾娄也称陬邑[③]，"娄"同"小邾娄"之"娄"，是当地人发音之故，所以，訾娄即訾，也就是陬，訾娄即邾娄。同时，"訾"也作"觜"，也是二十八星宿之一，为西宫白虎的一个星宿，在星宿图中"觜"与"箕"恰好一东一西处于同一直线上，"觜"在东，"陬訾"二字一是邾国别称，一是邾邑之名，可指代东方之邾；"箕"在西，或指西方的姬姓毕国。毕国封地按《史记·魏世家》裴骃《史记集解》所引杜预曰："毕在长安县西北。"[④]其地望即今西安市，也即约北纬34°，小邾国所处的枣庄市纬度也是北纬34°，两地刚好一东一西，处于同一纬度。故"其北"二字或即毕仲言明自己身份，虽出自西方姬姓毕国，却仕于东方的邾国。《史记·历书》曰："月名毕聚。"司马贞索隐曰："月，雄在毕，雌在訾，訾则诹訾之宿。"[⑤]如前所说，诹訾可能指邾国，而"雄在毕，雌在訾"或即表示毕仲为男方，女方是在邾地的某位女性。因此，"其北"二字其实是一个指代的称谓，既表达了毕仲本人是来自西方而仕于东方，又表明了来自西方的男性毕仲，为处于东方邾地的一位女性作器。李学勤先生说本铭"北"字应读作"别"，意指别子，庶子，为姬姓毕国后裔仕于东方。但如此，这个"别"字所处的位置，并不能表达出毕仲为毕国别子的意义，毕仲可能是毕国后裔仕于东方，但其别子的身份仍可讨论。王恩田先生则认为"北"为人名，但未作说明，对善簋之"善"则称为"义善"二字所合，也是人名[⑥]。

本铭的"善"字作""，对此，李零先生认为通"膳"，从羊从誩，但称本铭中膳字写法怪异，所从羊字被繁化，却与《金文编》善字的最后两行相近，且其上均有似"北"的笔画，但后又称此处之"北"为饰笔，并非为字[⑦]。《金文编》最后两行"善"字分别出自师晨鼎（《集成》2817）、克鼎、膳夫山鼎（《集成》2825）和此簋（《集成》4303～4310）四器，而克鼎又有大克鼎（《集成》2836）与小克鼎（《集成》2796～2802）之别，实为五器，其"善"字

①（清）阮元校刻：《十三经注疏·毛诗正义》，北京：中华书局，1980年，第462页。

②宗福邦、陈世铙、萧海波：《故训汇纂》，北京：商务印书馆，2003年，第264页。

③王献唐：《三邾疆邑图考》，《山东古国考》，青岛：青岛出版社，2007年，第52页。

④（汉）司马迁：《史记》，北京：中华书局，1982年，第1835页。

⑤（汉）司马迁：《史记》，北京：中华书局，1982年，第1262页。

⑥王恩田：《枣庄山亭郳器与郳国》，《小邾国文化》，北京：中国文史出版社，2006年，第163页。

⑦李零：《读小邾国铜器的铭文——兼论东江墓地的墓主和年代》，《小邾国文化》，北京：中国文史出版社，2006年，第180页。

依次为“”“”“”“”“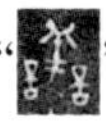”，此五“善”字与本铭虽有相似之处，但皆未见其上有似“北”的笔画，本铭中的“北”字虽小，但较为清晰，若为饰笔，恐显牵强。另外，本铭“善（膳）簠”，应与“羞鬲”“旅簠”“醴壶”等句式类同，表明此簠的用途，不是人名。故该器器主之名应是“其北”，如是则整篇铭文不仅较为通顺，而且表意也十分合理。

“其万年眉寿，子子孙孙永宝用之“。“其”应该指代被称为“其北”者，希望她万年长寿，子孙永远传承使用。

本篇铭文行文与其他铭文有一定差异，可能是铭文篆刻者并非来自山东地区，李学勤先生言或是姬姓毕国之后裔仕于东方者所作是很有见地的。

综上考释，本铭大意为：毕仲弁为被指代为其北的女性所作膳簠，希望她长寿万年，子子孙孙永远传承使用。

（二）毕　国　考

文献对毕国的记载虽少，却能清晰地分辨出三个毕国。其一，《左传·僖公二十四年》所载曰：“管、蔡、郕、霍、鲁、卫、毛、聃、郜、雍、曹、滕、毕、原、酆、郇，文之昭也。”[①]另有文王长子伯邑考，次子武王，故通常认为毕国为文王第十五子之封国。《世本·氏姓篇》曰：“毕、毛姬姓，文王庶子也。”[②]此处毕又在毛之前，与《左传》记载不同，但可以肯定的是，在西周初年即有姬姓毕国存在。其二，《世本·氏姓篇》云：“任姓，谢、章、薛、舒、吕、祝、终、泉、毕、过。”[③]此任姓毕国即王恩田、李零等先生所云之毕，并称地望可能在山东地区，但除此之外，并不再见于其他文献记载，毕仲簠铭之毕是否为任姓之毕，尚有讨论余地。其三，经何光岳先生考证，“毕”为商王武丁之子，故称“子毕”，既是人名，又是国族之名，频繁出现在商代众多的甲骨卜辞中[④]。该毕国与商王关系密切，甲骨卜辞记其事迹涉及范围极广，有商王命其出兵征伐、习田猎、祭河岳、使别国等，可见此毕国深受商王信任。到了商代末期，西伯姬昌在岐山一带兴起，商王为了防止西周扩张，命当时的“子毕”，在今西安市西郊的毕原立国，称毕国，与奠、崇、渔连成一线，阻周东进。

①（清）阮元校刻：《十三经注疏·春秋左传正义》，北京：中华书局，1980年，第1817页。

②佚名撰，（汉）宋衷注，（清）秦嘉谟等辑：《世本八种》，北京：中华书局，2008年，第22页。

③佚名撰，（汉）宋衷注，（清）秦嘉谟等辑：《世本八种》，北京：中华书局，2008年，第22页。

④何光岳：《毕国的来源和迁徙》，《求索》1997年第5期。

此三毕国中，姬姓毕国可与商代的毕国视为一国，正是由于商王立毕国于周东进的必经之地，因此周必先灭之。《史记·魏世家》曰："武王伐纣，而高封于毕，于是毕姓。"其地"在长安县西北"[①]。可见武王伐纣时先灭毕国，将高封于毕国旧地，加之《史记集解》所述地望，故高所封之毕即商王为阻西周东进所立的毕国。"高"即文王之子，姬姓毕国的始封君。《左传·闵公元年》曰："初，毕万筮仕于晋……公侯之子孙，必复其始。"杨伯峻注曰："毕万为毕公高之后，复其始，谓仍将为诸侯也。"[②]由此可见，毕万是毕公高后裔，仕于晋国。姬姓毕国是在商代毕国旧地受封为诸侯的。任姓之毕虽见于《世本》，但并无其他记载，若称毕仲簠铭文的"毕"即为任姓之毕，亦缺乏可靠证据。李学勤先生提出"毕仲可能为姬姓毕国后裔仕于东方"之说，我们认为可以信从，《史记·魏世家》曰："（毕）其后绝封，为庶人，或在中国，或在夷狄。"[③]毕万仕晋，即在中国，山东之地被称为东夷，毕仲弁即毕国于夷狄之地的众多后裔之一。前文在讨论该器铭文"其北"二字时，也对毕仲或来自西方之毕国的问题有所涉及。因此，毕仲弁为姬姓毕国后裔，应是较为合理的。

关于毕国之事迹，文献记载较少，尤其是先秦文献更是只言片语，且皆称"毕"或"毕公"。对于周初毕国始封君的名讳皆为后世文献所记载，因此也引起一些争议。陈颖飞先生对清华简进行了考释，证实毕国始封君毕公名高，是周初伐黎的主将，凯旋之后，其嫡长子受封于黎之旧地，称楷侯，次子留于京畿，继承其爵位[④]。此种做法在周初较为常见，如周公之例，长子伯禽就封为鲁侯，次子留于京畿，承袭周公之位。

关于毕国的地望，《史记·魏世家》裴骃《史记集解》引杜预曰："毕在长安县西北"。张守节正义引《括地志》曰："毕原在雍州万年县西南二十八里。"也就是今陕西咸阳市北毕原。据《逸周书·作雒解》记载曰："元年夏六月，葬武王于毕。"[⑤]《史记·鲁周公世家》记载曰："周公既卒，成王亦让，葬周公于毕，从文王。"[⑥]可见文王、武王、周公均葬于毕，或就在宗周附近。此外，于安君先生考证，毕国故址或在宝鸡周公庙遗址[⑦]。无论何说，皆可证明毕国在西周京畿之地。毕公高之身份在《尚书·顾命》篇记载曰："成王将崩，命召公、毕公帅诸侯相康王。"孔颖

①（汉）司马迁：《史记》，北京：中华书局，1982年，第1835页。

②杨伯峻：《春秋左传注》（修订本），北京：中华书局，2009年，第260页。

③（汉）司马迁：《史记》，北京：中华书局，1982年，第1835页。

④陈颖飞：《清华简毕公高、毕桓与西周毕氏》，《中国国家博物馆馆刊》2012年第6期。

⑤佚名撰，袁宏点校：《逸周书》，济南：齐鲁书社，2010年，第48页。

⑥（汉）司马迁：《史记》，北京：中华书局，1982年，第1522页。

⑦于安君：《毕为何地——解"毕"》，《宝鸡社会科学》2004年第4期。

达疏曰："太保召公，太师毕公。"①可见毕公高伐黎，功勋卓著，既为一方诸侯，又是入辅天子之卿，其地位非常显赫。西周中期以后，毕氏开始衰败，《逸周书·史记解》云："昔有毕程氏，损禄增爵，群臣貉页匮，比而戾民，毕程氏以亡。"②何光岳先生认为此毕程氏即商代之毕国，而毕公高的后裔却重蹈了其覆辙③。也正是由于封国位于西周王畿地区，在西周晚期国人暴动和犬戎灭周的冲击下，毕国也应与此时灭亡，而平王东迁后又未寻得立足之地，落得绝封的后果，其后裔皆为庶人。

在传世青铜器中，有一组十件西周晚期的伯夏父鬲，其铭文为："伯夏父作毕姬尊鬲，其万年，子子孙孙永宝用享"（《集成》719～728）。从铭文可知，该组青铜鬲是名叫夏父的人为其妻子毕姬所作媵器，说明在西周晚期毕国尚存在，且与夏父所在的国家有姻亲关系。前文已述，小邾国始封君郳友父之兄即字曰夏父，而且夏父为长子，友父为次子，称夏父为伯夏父也是有可能的，其时代正是西周晚期。但郳国与毕国等级相差甚远，是否可以联姻也值得讨论。郳友父之女即嫁往胙国，而胙国是周公之子的封国，地位应与毕国相当。据我们考证，此时胙国正处在南燕的攻击之中，且在不久后灭国④，而西周晚期，毕国也正处于风雨飘摇当中。在这种情况下，毕、胙二国由于自身政治局势不稳与国小势微的郳国、小邾国联姻也是有可能的，故伯夏父鬲铭文中的夏父，与郳国的夏父不排除是同一人的可能。毕仲簠作器者毕仲弃或正是出于这个原因，来到东夷之地为官。前文对铭文"其北"的讨论也可证明，毕仲为某位东方之国的女子作器，且随葬于小邾国墓地，更可见西方的毕国与东方的小邾国之间的密切关系。

四、昆君妇媿靁壶与昆国

昆君妇媿靁壶出自小邾国墓地M3，该壶造型与本墓地出土的其他铜壶区别较大。铜壶铭文的"昆"是国族名，即昆吾国，器主媿靁为鬼方氏后裔，又自称"昆君妇"，这就为研究昆吾国、小邾国和鬼方氏三者的关系提供了可靠的资料。

①（汉）孔安国传，（唐）孔颖达正义：《尚书正义》，上海：上海古籍出版社，2007年，第721页。

②佚名撰，袁宏点校：《逸周书》，济南：齐鲁书社，2010年，第90页。

③何光岳：《毕国的来源和迁徙》，《求索》1997年第5期。

④袁俊杰：《小邾国媵器随葬于本国贵族墓地原因探析》，《华夏考古》2008年第2期。

（一）昆君妇媿需壶铭文考释

昆君妇媿需壶，通高45.3厘米，口径17.7厘米，腹径29.9厘米，重14.3千克[1]。该壶同出一对，形制、铭文皆相同。无盖，侈口，圆唇，长颈内收，鼓腹下垂，圈足外撇。颈部两侧各有一个兽首环耳，环耳套有铜环。颈部饰垂鳞纹，腹部上下饰瓦纹，中间夹接连蝉纹，圈足饰鳞纹。器身内壁铸铭文共3行含合文17字，释文为："昆君妇媿需作旅壶，其年万，子子孙孙永用。"（图2-7）

"昆君妇媿需"。传世青铜器中，亦见铭有"昆君妇媿需"的鼎与盉各一件。昆为国族名，本铭作""，昆君鼎作""（《集成》2502），昆君盉作""（《集成》9434），三字构形大体相似，皆为从○从昆，清人阮元释"○，内作子未成形，是古包字"，认为该字即褒姒之"褒"。方濬益则认为"勹中从昆，亦人之形象，与篆文巳同意，释为古文包字说自可通"。故《集成》即又称昆君鼎为包君鼎。柯昌济先生说○中之字为"熊"字简化。刘心源则称○中为"友"字倒写，隶定为"圂"[2]。王恩田先生认为方濬益的说法可从，○中之字从二虫，即为昆虫之"昆"的

1

2

图2-7　昆君妇媿需壶及其铭文拓本

1. 昆君妇媿需壶　2. 昆君妇媿需壶器铭拓本

（采自枣庄市政协台港澳侨民族宗教委员会、枣庄市博物馆：《小邾国遗珍》，北京：中国文史出版社，2006年）

[1]枣庄市政协台港澳侨民族宗教委员会、枣庄市博物馆：《小邾国遗珍》，北京：中国文史出版社，2006年，第62页。

[2]转引自王恩田：《枣庄山亭郳器与郳国》，《小邾国文化》，北京：中国文史出版社，2006年，第164页。

本字，又昆、混、浑三字可通用，进而论证本铭之字所从的〇为意符，既表示混沌未开之意，又像无端绪可寻的意味，最终得出该字从昆得声，是“浑”的本字。“妇媿霝”，王先生认为是人名，妇表示其为女性，媿为姓，霝为名，称其为昆国国君，又据秦国国君亦有女性，故昆国国君为女性也是可能的。同时不排除“妇媿霝”是昆国国君之女，将铭文中“作”字提于“昆君”二字之后，即可理解为昆国国君为其女妇媿霝所作之器[①]。李零先生认为，本铭的“昆”字，从囗从昆，是国族之名，为媿霝的母国，媿霝对夫称母氏。亦认为“媿”为姓，“霝”为名，“君妇”则表明其身份为小邾君的儿媳[②]。李学勤先生也认为“媿霝”二字是女性的姓和名，称媿霝为墓主的母亲[③]。而陈英杰先生则认为，“君妇”为诸侯之妻称谓，昆君妇即昆君之妻，也就是媿霝，并引《诗·小雅·楚茨》中“君妇莫莫，为豆孔庶”，郑笺“君妇谓后也”以为证[④]。

关于本铭之首字“”，王恩田、李零二位先生所言从〇从昆或从囗从昆，说法实则相同，皆指该字外围字形。据冯时先生对“邑”字考证，“邑”指没有城垣的聚落，其所从之“囗”即指代聚落外的环壕，抑或是封域的形象[⑤]。《说文·邑部》云：“邑，国也，从囗，先王之制，尊卑有大小。”段玉裁注曰：“囗音韦，封域也。”[⑥]“国”在先秦时期也指都邑，“邑”所从指封域之“囗”即是其字符，也就是邑的本字。本铭中的昆字亦从囗，按“囗”即为“邑”的本字，那么本铭首字也即从昆从邑。且诸位先生将该字释为国族之名，也即地名，先秦地名多从“邑”字，如两周诸侯国名中，邾国于朱地，从邑为“邾”；郳国在兒地，从邑为“郳”；邿国在寺地，从邑为“邿”；又如鄂国、郾国、郾国、邢国等不胜枚举，因此“昆”从邑也无可厚非，故本铭之字或可隶定为“**郈**”，为国族之名应无误。

关于昆国国君为女性之说，王恩田先生所举两例皆出自秦，一为秦祖，一为秦君，皆可见于《史记·秦本纪》，但均未言明二人为女性。前文已经指出，周代女性的地位是非常低下的，莫说为一国之君，即便为一家之长也十分罕见。即使秦为蛮夷

①王恩田：《枣庄山亭郳器与郳国》，《小邾国文化》，北京：中国文史出版社，2006 年，第164页。

②李零：《读小邾国铜器的铭文——兼论东江墓地的墓主和年代》，《小邾国文化》，北京：中国文史出版社，2006年，第180页。

③李学勤：《小邾国墓及其青铜器研究》，《东岳论丛》2007年第2期。

④陈英杰：《金文中“君”字之意义及其相关问题探析》，《西周金文作器用途铭辞研究》，北京：线装书局，2008年。

⑤冯时：《“文邑”考》，《考古学报》2008年第3期。

⑥（汉）许慎撰，（清）段玉裁注：《说文解字注》，上海：上海古籍出版社，1988年，第283页。

之国，有女性为国君的旧习，但其一直致力于脱夷入夏，应不会再有让女性为君的情况。先秦时期，很多部族的始祖在传说中皆为女性，如商的女性始祖为简狄，周的女性始祖为姜嫄等，可能是远古时期处于母系社会，人只知其母，不知其父的缘故，到了周代应不会再有此情况出现。另外，即便昆君是女性，其以国君身份作器，也未必会在铭文中表明自己的性别，以示其与他国国君不同。如小邾之国名，王献唐先生说："立国不自称小……时人以非旧邾，以邾上加小为别。"①小邾国墓地的铜器铭文也只有"邾友父""邾君庆""邾公子害"等，说明在其自称时确实不称小邾，而直接称邾。又如春秋时晋国发生的"曲沃代翼"一事，曲沃武公其后世定称其为武公，不会加"曲沃"二字。故即便昆君是女性，其自称时应称"昆君媿霝"，应不会加上表示性别的"妇"字，基于求同的思想，并不想让他人觉得其本人异于别国国君，如此推测，昆君应不是女性。

"妇"，《说文·女部》曰："服也，从女持帚洒埽也。"段玉裁注曰："妇人，伏于人也。"②可见妇被释为附属的意思，于人而言即"妻"，"妇"除诸先生所言本人之妻与儿子之妻外，还有一义为弟妻。《尔雅·释亲》云："兄之妻为嫂，弟之妻为妇。"③《仪礼·丧服》郑玄注曰："谓弟之妻妇者，卑远之，故谓之妇。"④可见"妇"亦有弟妻的说法，且言卑远之，故可作自称。若按此，"昆君妇"则可释为"昆君之弟妻"，而且此称呼应该是媿霝的自称。昆为国族之名，先秦时期有昆吾国，与小邾国同为陆终之后，《世本》曰："陆终娶于鬼方氏之妹，谓之女嬇。生六子……其一曰樊，是为昆吾，昆吾者，卫是也……五曰安，是为曹姓，曹姓者，邾是也；六曰季连，是为芈姓，芈姓者，楚是也。"⑤由是，昆吾、小邾与楚同出自陆终一脉。另《左传·昭公十二年》载楚灵王之言曰："昔我皇祖伯父昆吾，旧许是宅。"⑥因楚之祖季连最幼，所以楚灵王称昆吾为皇祖伯父。依此，媿霝若嫁至小邾国为夫人，小邾之祖安为陆终第五子，昆吾之弟，又弟之妻称妇，故媿霝自称"昆君妇"也就是昆吾弟妻，与楚灵王称昆吾为"皇祖伯父"之意相同。另外，据王恩田先生考证，陆终之妻女嬇的"嬇"字，与媿霝之"媿"为双声叠韵，女嬇也即女媿，又女媿为鬼方氏之妹，故可证媿姓与晋国的"怀姓九宗"可能皆为鬼方后裔，而曹姓的邾国

①王献唐：《春秋邾分三国考》，《山东古国考》，青岛：青岛出版社，2007年，第6页。

②（汉）许慎撰，（清）段玉裁注：《说文解字注》，上海：上海古籍出版社，1988年，第614页。

③（清）阮元校刻：《十三经注疏·尔雅注疏》，北京：中华书局，1980年，第2593页。

④（清）阮元校刻：《十三经注疏·仪礼注疏》，北京：中华书局，1980年，第1114页。

⑤佚名撰，（汉）宋衷注，（清）秦嘉谟等辑：《世本八种》，北京：中华书局，2008年，第5页。

⑥（清）阮元校刻：《十三经注疏·春秋左传正义》，北京：中华书局，1980年，第2064页。

和小邾国可能有与媿姓女子通婚的传统。《世本》言昆吾国为己姓，而媿霝为媿姓，亦可证媿霝并不是昆君之女。“霝”字前文在讨论命父瓶时已有较多论述，本处不再赘言，依诸先生“霝”应是媿霝之名或字。

“旅壶”二字均较为怪异，“旅”之下有“车”字，“壶”之下有“二手”，这种写法可能是媿霝母国的金文书写习惯。昆君鼎铭文的“旅”字作“”，其下亦有“车”字，昆君盉铭文“作”字下面的字为“”，也可清楚地看出有“二手”，亦为从“二手”之字。另外，1955年于河南省泌阳县出土的西周中期的𠩺壶（《集成》9618）铭文也有旅壶二字，分别作“”和“”与本铭中“旅壶”二字构形相似。《金文编》中收录的原壶铭文的壶字作“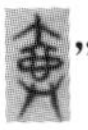”①，其下半部分亦从二手。这种写法或为某地的地方特色，或这种“壶”相对正常写法的“旅壶”又有了更加细分的别体。总之，此二字虽构形怪异，但仍隶定为“旅壶”。

“其年万，子子孙孙永用”。本铭的“年”字亦不同于别铭，王恩田先生认为，“年”上从禾，下从刃，是“年”的异构字，“年”为泥母真部，“刃”为泥母文部，文真旁转，故二字可通，仍隶定为年。“万”字下从走，王先生与李学勤先生均隶定为“迈”，但仍读为万，“其年万”为“其万年”的倒文，句意不变。

综上所释，“昆”为国族之名，可能指先秦古国昆吾，“妇”指弟妻，“媿霝”为人名，“媿”为姓，“霝”为名或字。本篇铭文的大意为：昆吾之君的弟妻媿霝，造作旅壶，希望其万年，子子孙孙永远传承使用。

（二）昆　国　考

昆国，现今能与文献相联系者仅昆吾一国，昆国指昆吾国也得到了大多数学者的认同，关于昆吾，传世文献记载较多，如《世本》《左传》《国语》《竹书纪年》等先秦文献均有记述。然而，关于昆吾的记载虽多，但出处不同，故有许多抵牾之处，导致学界对其称谓、姓氏、地望、历史沿革等问题存在诸多争议，现将有关问题进行梳理，并略作探讨。

关于昆吾国名，王国维先生曾有过详细考证，认为在不同的历史时期，对昆吾的称谓也不同，其总结说：“其见于商周间者，曰鬼方、曰混夷、曰獯鬻，其在宗周之季则曰玁狁，入春秋后则始谓之戎、继号曰狄，战国以降又称之曰胡、曰匈奴。”②可见，王国维先生将昆吾作为西方、北方少数民族的统称。昆吾又称作“昆虞”，《太

①容庚编著，张振林、马国权摹补：《金文编》，北京：中华书局，1985年，第704页。

②王国维：《观堂集林》，北京：中华书局，1959年，第583页。

平御览》记载曰："黄帝将适昆虞之丘。"[①]昆虞之丘也称昆吾之丘。昆吾又称作"琨珸"，唐兰先生认为昆吾古或称王，因此依文王称"玟"、武王称"珷"之例，昆吾也称"琨珸"。另有"锟铻"之称，《列子·汤问》云，周穆王时西戎献"锟铻之剑"。陈槃先生认为，是人名，又有"王"号才可称为"琨珸"，后又或为掌管冶金的官吏，所以又称为"锟铻"，故"昆吾"既是国族之名，又是人名[②]。初为人名，后为国名之例，并不鲜见，前文所讨论的霝父国之名，即由人名发展而来。又如彭国，其始封之君彭祖，为陆终第三子，国名也是由彭祖之名得来。因此，昆吾最初指人名，而后来演变为国名，也是可以理解的。另外，无论昆吾国名如何变化，而均不离"昆"字或"昆"字韵转之字，由此亦可推论，昆君妇媿霝壶铭中的"昆"，应是指代昆吾国。

昆吾国的姓氏在文献中有两种说法，一说昆吾为己姓，一说昆吾为妘姓。己姓之说见于《世本》："陆终娶于鬼方氏之妹，谓之女嬇。生六子……其一曰樊，是为昆吾，昆吾者，卫是也。"宋衷注曰："昆吾，国名，己姓所出。"[③]另外，《国语·郑语》也有这样的说法："己姓昆吾、苏、顾、温、董，则夏灭之。"[④]由此亦可见，昆吾地望位于卫地，即今河南濮阳，也是颛顼旧都。《汉书·古今人表》昆吾条颜师古注曰："妘姓国也。"[⑤]今本《竹书纪年·帝癸》云："二十八年，昆吾氏伐商。"[⑥]徐文静《竹书统笺》说，疑此伐商之昆吾为妘姓，因与夏桀同姓，故为之伐商，非必定是居濮阳之己姓昆吾[⑦]。前引《左传》楚灵王说："昔我皇祖伯父昆吾，旧许是宅。"依楚灵王之言，昆吾国的封地当在许，也即今河南许昌。

关于昆吾国的灭亡，文献亦有两种说法，其一即前引《国语·郑语》所言："夏灭之。"其二，今本《竹书纪年·帝癸》云："三十一年，商自陑伐夏邑，克

①（宋）李昉：《太平御览》，北京：中华书局，1960年，第370页。

②陈槃：《春秋大事表列国爵姓及存灭表譔异》，上海：上海古籍出版社，2009年，第1293、1294页。

③佚名撰，（汉）宋衷注，（清）秦嘉谟等辑：《世本八种》，北京：中华书局，2008年，第5页。

④（春秋）左丘明撰，（三国吴）韦昭注，明洁辑评：《国语》，上海：上海古籍出版社，2008年，第240页。

⑤（汉）班固：《汉书》，北京：中华书局，1962年，第884页。

⑥王国维撰，黄永年校点：《古本竹书纪年辑校·今本竹书纪年疏证》，沈阳：辽宁教育出版社，1997年，第60页。

⑦（清）徐文清：《竹书统笺》（卷四），上海：上海图书集成局，1987年，第25页。

昆吾。”[①]《诗·商颂·长发》曰：“韦顾既伐，昆吾夏桀。”[②]也说商汤灭了韦、顾两国后，继而征伐昆吾和夏桀。故有学者认为昆吾有二，一为己姓，位于河南濮阳，一为妘姓，位于河南许昌。陈槃先生则引清人梁玉绳的论证对这一说法进行了驳斥：“案妘姓无昆吾国，师古注妘姓，必己之误。今案‘己’古文作‘改’，或作‘妃’，‘妘’古文作‘似’，或作‘以’，今作‘己’，形近，故易混淆。”[③]由此可见，昆吾国并无己姓与妘姓之分，也应无许昌和濮阳二国之别。故陈槃先生言昆吾之都时说在河南许州府和直隶大名府开州，未知其孰先孰后。按《路史·国名纪》所言：“昆吾，已姓，樊之国……夏末迁于许。”[④]今本《竹书纪年·帝廑》也说：“四年，昆吾氏迁于许。”王国维注曰：“旧许是宅，盖谓陆终之子昆吾，不得在胤甲时。”[⑤]王国维先生认为“陆终之子昆吾”初封地在许昌，并非胤甲所封。二文献虽然皆说昆吾国先封于濮阳，而后迁往许昌，但王国维先生之说不无道理。若昆吾国封地先于濮阳，后于许昌，则楚灵王应说“昔我皇祖伯父昆吾，旧卫是宅”而非“旧许是宅”了。因此，可以推断昆吾国为己姓，初封于许昌，后迁于濮阳。

关于昆吾国既被夏灭，又被商灭的记载，两次灭国可能都真实存在。第一次被夏灭之后，其封地可能被夏王朝的统治者从许昌迁到了濮阳。《路史·国名纪》云：“濮阳，帝后所都……亦号颛顼之墟。”[⑥]昆吾国之先祖，正是颛顼后裔，陆终之长子，而三代皆有封前代后裔于其祖地的传统，如武王灭商之后，即封纣王之子武庚于殷之旧地，掌管殷之遗民。故夏灭昆吾之后，又将其别封于其先祖之地濮阳，也是完全有可能的。与武庚不同的是，昆吾国不仅没有发生叛乱，而且还深受夏王朝统治者的重用，《国语·郑语》记载曰：“佐制物于前代，昆吾为夏伯矣，大彭、豕韦为商伯矣。”韦昭注曰：“其后夏衰，昆吾为夏伯。”[⑦]其中“豕韦”即前文所引《长发》中被商汤所灭的“韦”，大彭即彭国，也是被商所灭，二者均成了商伯，可见夏商有“佐制物于前代”的传统，因此，昆吾虽被夏所灭，但仍可以为夏伯。此处之“伯”

①王国维撰，黄永年校点：《古本竹书纪年辑校·今本竹书纪年疏证》，沈阳：辽宁教育出版社，1997年，第60页。

②（清）阮元校刻：《十三经注疏·毛诗正义》，北京：中华书局，1980年，第627页。

③陈槃：《春秋大事表列国爵姓及存灭表撰异》，上海：上海古籍出版社，2009年，第1295页。

④（宋）罗泌撰，罗萍注：《路史》，《四部备要》第44册，北京：中华书局，1936年，第335页。

⑤王国维撰，黄永年校点：《古本竹书纪年辑校·今本竹书纪年疏证》，沈阳：辽宁教育出版社，1997年，第54页。

⑥（宋）罗泌撰，罗萍注：《路史》，《四部备要》第44册，北京：中华书局，1936年，第335页。

⑦（春秋）左丘明撰，（三国吴）韦昭注，明洁辑评：《国语》，上海：上海古籍出版社，2008年，第240页。

并非爵位之“伯”，而是指长官、尊长的意思，如周襄王册命晋文公为侯伯，即为诸侯之长，命其拱卫王室，故“伯”的地位是非常显赫的。昆吾国当与晋国相同，夏王室衰微之后，把昆吾国册命为夏伯，以拱卫夏王朝，今本《竹书纪年》有多次商伐昆吾、昆吾伐商的记载，最后昆吾与夏一同被商所灭，可以看出，昆吾国也确实承担起了拱卫夏王室的责任。昆吾国被商灭之后，文献不见再封的记载，可能是由于昆吾国力强大，又与夏桀关系密切，如《诗·商颂·长发》郑玄笺曰：“韦，豕韦，彭姓也。顾、昆吾皆己姓。三国党于桀恶。”孔颖达疏曰：“按夏商之际，昆吾最强盛。顾在其东，豕韦在其西。”[①]可见昆吾与豕韦、顾同为夏王室屏障，而昆吾国最强盛，故商人为了防止其东山再起，不再对昆吾进行封国，而任用实力较弱的大彭、豕韦为商伯。

被商灭国后，昆吾遗民可能迁往了山西一带，与鬼方的少数民族杂居生活在一起，远离了中原地区，故王国维先生所言商周时期昆吾被称为鬼方、混夷，其原因应即昆吾与鬼方部族长期生活在同一地区，两个部族之名不仅可混用，而且可指同一个地区。王恩田先生提到晋邑昆都，应该就是这一时期，昆吾在鬼方活动时留下的遗迹，后晋国灭怀姓九宗，该地成为晋邑。另据王国维先生考证，商代有众多关于征伐鬼方的记载，西周初期，成王在二十三年和二十五年分别命盂征伐鬼方，大盂鼎和小盂鼎铭文即记载了这两次征伐鬼方，盂献俘受命之事[②]。特别是小盂鼎铭文对鬼方的战争记载非常惨烈：“告曰：王命盂以□□伐鬼方……执酋三人，获馘四千八百有二馘，俘人万三千八十一人……俘车卅辆，俘牛三百五十五牛，俘羊卅八羊。盂又告曰：□□□□，乎蔑我征，执酋一人，获馘二百卅七馘，俘人□□人，俘马百四匹，俘车百□辆”（《集成》2839）。从盂执鬼方之酋、获馘、俘人以及斩获牛羊车马的数量来看，此次战争对昆吾无疑是毁灭性的打击，可能是导致昆吾从鬼方再次迁移的重要原因。随着商和西周的不断征伐，昆吾国不断向西迁徙。因此，西周中期以后所见的有关昆吾的记载均称其在西方，《列子·汤问》曰：“周穆王大征西戎，西戎献锟铻之剑。”[③]这时的昆吾已经西迁，可能在其西迁之地发现了铜矿，并掌握了较高的冶炼工艺。《山海经》云：“又西二百里，有昆吾之山，其上多赤铜。”袁珂注曰：“郭璞云，此山出名铜，色赤如火，以之为刀，切玉如割泥也；周穆王时，西戎献之，《尸子》所谓昆吾之剑也。”[④]《山海经》虽有荒诞之处，但从一个方面亦证实了昆吾不断西迁，并掌握了先进的冶炼技术。王国维先生所言，入春秋之世，昆吾始被

①（清）阮元校刻：《十三经注疏·毛诗正义》，北京：中华书局，1980年，第627页。
②王国维：《观堂集林》，北京：中华书局，1959年，第585页。
③（东晋）张湛：《列子注》，《诸子集成》（三），北京：中华书局，2006年，第65页。
④袁珂：《山海经校注》，北京：北京联合出版公司，2014年，第113页。

称为“戎”，而我国中原王朝习惯将西方的少数民族称为戎，也证明了自西周中期以后，昆吾不断西迁的史实。

总而言之，昆吾国从夏伯到戎狄，从中原到鬼方又到西域，是一个不断与中原王朝抗争而又不断失败，被排挤出中原地区而逐步蛮夷化，最终与北方、西方少数民族融合的过程。昆君妇媿霝壶铭文的“媿霝”，为“媿”姓，是位于鬼方的小部族，应是在春秋早期被晋灭国的“怀姓九宗”之一，她出身卑微之国，又远嫁小邾，故借昆吾之名抬高自己的身份。此时昆吾国虽早已灭国西迁，但相比媿霝母国，名声尚在，且与媿霝母国曾长期生活在同一地区，又与小邾先祖为兄弟关系。因此，媿霝可能借称以昆吾国之弟妻的身份，来拉近与小邾国的关系，并作昆君妇媿霝壶，以及传世的昆君鼎和昆君盉等器物，来作为自己身份的象征。

五、铸叔盘与铸国及秦国

铸叔盘，并非考古发掘出土，而是小邾国墓地的被盗器物。除铸叔盘外，另有两件形制相似的青铜盘铸有铭文，内容虽然模糊不清，但可以辨识出与铸叔盘铭文不同，是郳庆为秦妊所作。此三件铜盘被倒卖至澳门后，由北京中贸圣佳国际拍卖有限公司购回收藏。三件铜盘均是为秦妊所作的媵器，特别是铸叔盘是铸国为其所作，不仅为研究春秋战国时期特有的政治婚姻提供了有力的证据，而且为探讨“秦人东来”和任姓、嬴姓、秦国关系等问题提供了佐证。

（一）铸叔盘铭文考释

铸叔盘尺寸、重量不详，大口微侈，方唇，浅腹，平底，圈足外撇。器身两侧有对称附耳，圈足有兽首形支足，腹部与足部饰窃曲纹。形制与小邾国墓地M2出土的夔纹盘大体类似。该器铭文拓本尚未公布，李学勤先生将其释读为：铸叔作叔妊秦媵盘，其万年眉寿，永宝用[①]（图2-8）。

“铸叔”。“铸”也称“祝”，为国名，金文习见，目前所知有铸侯求钟（《集成》47）、铸公簠（《集成》4574）、祝姬鬲（《铭图》2825）等器铭之“铸（祝）”，皆指此国。“铸叔”可能是当时铸国国君之名，唐兰先生旧藏春秋早期的铸子叔黑臣鬲铭文云：“铸子叔黑臣肇作宝鬲，其万年眉寿，永宝用”（《集成》735）。此铭的“铸”即铸国，“子”可能是铸国国君的爵位。《礼记·曲礼下》云：“其在东夷、北狄、西戎、南蛮，虽大曰子……庶方小侯入天子之国曰‘某人’，于

①李学勤：《小邾国墓及其青铜器研究》，《东岳论丛》2007年第2期。

图2-8　铸叔盘
（采自枣庄市政协台港澳侨民族宗教委员会、枣庄市博物馆：《小邾国遗珍》，北京：中国文史出版社，2006年）

外曰‘子’。”[①]《春秋经·僖公二十七年》曰：“杞子来朝。”《左传》云：“用夷礼，故曰子。”[②]可见杞国并非夷狄之国，因用夷礼就被称为“子”，而铸国不是华夏之国，既位于东夷地区，又是“庶方小侯”，故称“子”是非常合理的。“叔”则是这位铸子的行次，“黑臣”是他的名字。本铭的“铸叔”，可能是“铸子叔黑臣”的简称，省去了带有歧视性质的“子”和这位国君的名字“黑臣”。这种情况也是可能存在的，如郳伯鬲铭文“郳伯作媵鬲，其万年，子子孙孙永宝用”（《集成》669）。郳伯御戎鼎铭文“郳伯御戎作媵姬宝鼎，子子孙孙永宝用”（《集成》2525）。两件青铜器铭文的郳伯是否为同一人，尚不能定论，但可以肯定的是铭文既可单称郳伯，又可在郳伯后加上名字，称郳伯御戎。因此，本铭中的“铸”为国名，“叔”为这位国君的行次，二字合言之即该国国君的称谓，可能与铸子叔黑臣为同一人，铸叔是对他的简称。

“叔妊秦”。此“叔”字也是指行次，前文在讨论女性称谓时已有论述，女性称谓中可加入表示行次的“孟、仲、叔、季”等字，并有鲁伯大父器群铭文为证。“妊秦”或认为是“秦妊”二字的倒置[③]，李学勤先生则认为，古时女性的称谓，姓可以置于名前，但名不能位于姓前，故“秦妊”与“妊秦”并非一人，而“妊秦”是“秦妊”随嫁之“娣”[④]。但秦妊另两个随嫁之娣“华妊”和“奏妊”却是名置于姓前的称谓方式。另外，成伯孙父鬲铭文“成伯孙父作浸嬴尊鬲”（《集成》680），伯梁父簋铭文“伯梁父作嫌姞尊簋”（《集成》3793），叔向父簋铭文“叔向父作婞姒尊簋”（《集成》3849～3855），陈侯簋铭文“陈侯作嘉姬宝簋”（《集成》3903）等，铭中女性皆是名在姓前的称谓模式。由此可见，置名于姓前的称谓模式虽然不多，但也是客观存在的。《左传·昭公二年》记载曰：“少姜有宠于晋侯，晋侯谓之少齐。”

①（清）阮元校刻：《十三经注疏·礼记正义》，北京：中华书局，1980年，第1265页。

②（清）阮元校刻：《十三经注疏·春秋左传正义》，北京：中华书局，1980年，第1822页。

③枣庄市政协台港澳侨民族宗教委员会、枣庄市博物馆：《小邾国遗珍》，北京：中国文史出版社，2006年，第92页。

④李学勤：《小邾国墓及其青铜器研究》，《东岳论丛》2007年第2期。

杨伯峻注曰："于当时之礼，妇应称母家姓。今不称姜，而以其国名为称，所以表示宠异。"[①]可知，处于某种特殊的原因，称谓也有把女子母国名置于其私名后的情况，"妊秦"之"秦"为国族之名，"妊秦"或即如"少齐"之例将国名置于后。故我们认为"妊秦"是"秦妊"之倒置的说法，是可以信从的。

"媵盘"二字明确表示了该青铜盘为媵器，是铸叔为叔妊秦所作的随嫁之物。"盘"为该器的自名，在器物自名前加"媵"字，表明了该器物是用作媵器，前文的"旅簠""善簠""旅壶""醴壶"等，自名前所加之字也应表器物的用途。

综上所释，本篇铭文中的"铸叔"应是铸国国君铸子叔黑臣的简称，"妊秦"是出于某种原因对"秦妊"的倒置。本铭的大意为：铸国国君铸叔，为叔妊秦作随嫁之盘，希望她万年长寿，永远把此盘作为宝物使用。

（二）铸　国　考

铸国，也称"祝国"。《吕氏春秋》曰："武王胜殷……命封黄帝之后于铸。"[②]《史记·周本纪》云："封黄帝之后于祝，帝尧之后于蓟。"[③]二者互相参校，可知铸国即是祝国。王国维先生也同意这一观点，认为铸国不仅同于祝国，而且与州国也同为一国，"祝"之古音与"州"相同，《左传》《公羊传》称之为"州吁"，《谷梁传》称之为"祝吁"，实则为同一地[④]。但陈槃先生认为，铸国即祝国无误，但绝不同于州国，并列举了三条理由，其一，《左传·桓公五年》有"州公如曹，度其国危，遂不复"的记载，在这之后，州国之地并入杞国，并成为杞国之都，换言之，在鲁桓公五年左右，州国就已灭国，而铸国则至鲁襄公二十三年仍尚未绝祀，在所处时代上，铸国与州国有较大出入。其二，铸国为黄帝之后，是任姓，而州国为炎帝之后，是姜姓。其三，在地望上，州国居淳于，在今安丘县，而铸子叔黑臣器群之出土地则在青州，即今益都县，二者相去甚远，故不可能为同一国[⑤]。我们认为陈槃先生之说依于史实，时间节点无误，可以信从。

关于铸国的姓氏则众说纷纭，因其所封为黄帝之后，故有姬姓之说。又据《礼记·乐记》记载曰："而封黄帝之后于蓟，封帝尧之后于铸。"[⑥]此说刚好与《史记》所记相反，因此，又有铸国为帝尧之后的说法。关于帝尧的姓氏，《帝王世纪》曰：

①杨伯峻：《春秋左传注》（修订本），北京：中华书局，2009年，第1228页。

②许维遹撰，梁连华整理：《吕氏春秋集释》第十四卷，北京：中华书局，2009年，第356页。

③（汉）司马迁：《史记》，北京：中华书局，1982年，第127页。

④王国维：《观堂集林》，北京：中华书局，1959年，第890页。

⑤陈槃：《春秋大事表列国爵姓及存灭表譔异》，上海：上海古籍出版社，2009年，第854页。

⑥（清）阮元校刻：《十三经注疏·礼记正义》，北京：中华书局，1980年，第1542页。

“帝尧，陶唐氏，伊祁姓也。”[①]帝尧为祁姓，故有铸国为祁姓之说。除了依据文献记载的考证之外，亦有通过金文资料的考证，《金文氏族谱》根据铸侯求钟铭文“铸侯求乍季姜媵钟”，称季姜为铸侯求之女，“季”表示其行次，而“姜”则是其母姓，故铸国为姜姓[②]。当此时，一国嫁女，亦有异姓之国往媵的现象，如《左传·成公八年》云：“卫人来媵共姬，礼也。”紧接着又有《左传·成公九年》记载曰：“晋人来媵，礼也。”还有《春秋经·成公十年》载曰：“齐人来媵。”[③]鲁国嫁女共姬，卫国与晋国往媵，皆为姬姓之国，故《左传》曰“礼也”，齐国是姜姓，但也往媵，不但不书礼，而且无传，可见异姓之国往媵不符合当时之礼制。异姓往媵，虽不合礼制，但却是真实存在的，铸侯求钟铭文的铸侯为季姜作媵器，可能是异姓往媵的情况。另外，铭文并没有言明铸侯与季姜的关系，若该钟是夫为妇作媵器，即铸侯迎娶姜姓女子亦无不可。因为，仅以铸侯求钟单篇铭文，就断言铸国为姜姓，缺乏佐证，并不可从。铸公簠铭文“铸公作孟妊车母媵簠”（《集成》4574），“铸公”即铸国国君，“孟”是代表该女子的行次，“妊”为其本国之姓，“车母”是她的字，该器即为铸公为他的女儿车母所作的随嫁媵器，可见铸国为任姓。另有西周晚期的䰞姬鬲铭文为“䰞姬作孟妊姑兹羞鬲”，“䰞”，赵平安先生考证即为“铸”字，那么“䰞姬”也就是嫁往铸国的姬姓女子，应是铸国国君夫人，“孟”亦表行次，“妊”为出嫁女子的本国之姓，“姑兹”是她的字，故该器即铸夫人为其女儿姑兹作的媵器”[④]，姑兹为任姓，也可证明铸国为任姓。另外，铸叔盘是铸叔为秦妊作的媵器，属同姓之国往媵的情况，也是铸国为任姓的佐证。《世本·氏姓篇》记载曰：“任姓，谢、章、薛、舒、吕、祝、终、泉、毕、过。”[⑤]《国语·晋语四》曰：“凡黄帝之子，二十五宗，其得姓者十四人，为十二人。姬、酉、祁、己、滕、箴、任、荀、僖、姞、儇、依是也。”[⑥]可知任姓出自黄帝，亦验证了《史记》关于铸国为黄帝后裔的记载，因此，铸国为任姓应该是可以确定的。

关于铸国的地望，陈槃先生考证有四处。其一为祝丘，根据《左传·桓公五年》“城祝丘”的记载，考证铸国故地在今山东临沂县东南之即丘城。其二为祝柯，《春

①（晋）皇甫谧撰，陆吉点校：《帝王世纪》，济南：齐鲁书社，2010年，第12页。

②转引自陈槃：《春秋大事表列国爵姓及存灭表譔异》，上海：上海古籍出版社，2009年，第856页。

③（清）阮元校刻：《十三经注疏·春秋左传正义》，北京：中华书局，1980年，第1905、1906页。

④赵平安：《山东泰安龙门口新出青铜器铭文考释》，《中国历史文物》2006年第2期。

⑤佚名撰，（汉）宋衷注，（清）秦嘉谟等辑：《世本八种》，北京：中华书局，2008年，第22页。

⑥（春秋）左丘明撰，（三国吴）韦昭注，明洁辑评：《国语》，上海：上海古籍出版社，2008年，第164页。

秋经·襄公十九年》曰："诸侯盟于祝柯。"确定祝柯地望在今山东省长清县丰齐镇。其三为祝其，也称夹谷，《左传·定公十年》有"公会齐侯于祝其，实夹谷"的记载，该地地望的考证分歧较大，既有在山东省淄川县、莱芜市之说，又有在江苏省赣榆区之说，何者为是，难以确定。其四为古祝国，根据晏氏《齐记》的记载，在今山东省历城县。陈槃先生认为有众多铸国故地流传，是由于铸国迁移频繁造成的[①]。先秦小国，生存于大国夹缝之中，常常择强者而从，或迁移避祸，以求自保，或被灭国后又复国再迁，铸国可能就属于此种情况，故有多处故地。陈槃先生迁移频繁之说，应当无误。铸国的灭国时间，今本《竹书纪年》记载为晋文侯三年，齐人灭祝[②]，但《左传》关于铸国的最晚记载则在昭公二十五年："公使昭子自铸归。"[③]可见至春秋晚期铸国尚存，齐国灭铸可能遵循的是"灭国迁民而不绝其祀"的原则，在此种情况下，也为铸国多故址提供可循之据。另外，昭公二十五年，鲁昭公被季平子逐出鲁国而居于齐，他能让臧孙昭子自铸国归鲁，可能离不开齐国的支持，可见，此时铸国虽一息尚存，但很可能已沦为齐国的附庸。

铸国与小邾国所处地域环境相同，皆在齐鲁宋等大国的夹缝之中，如何能使国家绵延自保当是国君考虑的头等大事，其方法不外乎两条，即依附与联合。依附即依附于大国，尽力事奉，以求庇护，如铸侯求钟铭文所反映的史实，铸侯求为季姜作媵器，此"季姜"即便不是出自齐国，也是齐国的同姓国，铸国为迎合齐国，故亦为之往媵。联合即联合小国，即如铸叔盘铭所述，铸叔为叔妊秦作媵器，使其随嫁至小邾国，这也是铸国拉近与小邾国关系的策略，小国之间相互联合，互为依托，亦是为了自保。因此，铸国、小邾国等小国的生存之道，充分反映了春秋战国时期诸侯国之间特有的政治婚姻或婚姻外交关系。

（三）秦　国　考

小邾国墓地共出土秦妊铭铜器9件，追缴和购回的秦妊铭铜器18件，前文已有讨论，本铭"妊秦"为"秦妊"倒置，秦为当时的国族之名是没有异议的，它是位于山东地区的先秦古国。小邾国墓地出土众多与秦有关的铜器，值得我们注意，这里的"秦"牵扯到与小邾国的关系，以及与"嬴秦"的关系，这些问题都需要做进一步的深入探讨，因此，对"秦"的考证是十分必要的。

山东之秦虽不见于文献记载，但根据此次出土的金文资料，可以推断该秦为任

①陈槃：《春秋大事表列国爵姓及存灭表譔异》，上海：上海古籍出版社，2009年，第858页。

②王国维撰，黄永年校点：《古本竹书纪年辑校·今本竹书纪年疏证》，沈阳：辽宁教育出版社，1997年，第101页。

③（清）阮元校刻：《十三经注疏·春秋左传正义》，北京：中华书局，1980年，第2110页。

姓。其一，小邾国墓地出土的“秦妊”铭铜器，均是邾庆为秦妊所作媵器。夫为妇作媵器，铭文对女性称谓模式为“母国名+妇姓”，因此“秦”为任姓。其二，根据铸叔盘铭文，知该盘是铸叔为秦妊所作的媵器。周代有“一国嫁女，同姓之国往媵”的礼俗，前文已考证铸国为任姓，既然铸叔可为秦妊作媵器，那么铸与秦应是同姓之国，亦可证明该秦为任姓。

关于山东之秦的地望，《左传·庄公三十一年》曰：“秋，筑台于秦。”杜预注曰：“东平范县西北有秦亭。”①可见在春秋时期鲁西南地区确实有秦地，而且这一“秦亭”对探讨任姓之秦与嬴姓之秦的关系，亦有重要的意义。《史记·秦本纪》曰：“邑之秦，使复续嬴氏祀，号曰秦嬴。”裴骃《史记集解》引徐广曰：“今天水陇西县秦亭也。”②近年来，“秦人东来说”已被学界广泛认可，陇西县的“秦亭”可能就是秦人依范县“秦亭”来命名的。若此说成立，则需对秦人的迁徙进行梳理。《史记·秦本纪》曰：“秦之先，帝颛顼之苗裔，孙曰女修。女修织，玄鸟陨卵，女修吞之，生子大业……大费拜受，舜赐姓嬴氏……其玄孙曰费昌，子孙或在中国，或在夷狄，费昌当夏桀之时。”③可知秦人与小邾国君同是颛顼的后裔，且女修吞玄鸟之卵生了秦人的先祖大业，这一传说与“天命玄鸟，降而生商”非常相似，皆是东夷各国对鸟崇拜的体现。大业之子大费，在帝舜时受赐嬴姓，目前可知的嬴姓古国奄、薄姑、郯、莒、钟离、郎等也多在东夷地区，因此，嬴姓最初分布在东夷或淮夷地区应是无误的。直至夏桀之后，费昌的子孙才开始进入中原。此后秦人逐步往西迁移，《史记·秦本纪》载曰：“中潏，在西戎，保西陲。生蜚廉。蜚廉生恶来。恶来有力，蜚廉善走，父子局以材力事殷纣。”④说明秦人是一步步从东夷迁往中原，再迁往西陲的，将“秦亭”之名也带到了西部地区，东夷地区不再见嬴秦踪迹，秦的故地则被任姓占有，成为任姓氏族所居之处。

但是，《秦本纪》称中潏“在西戎，保西垂”，中潏之子孙蜚廉、恶来却仍留在殷地辅佐纣王，可见中潏“在西戎，保西垂”并不代表秦人已经西迁。秦人何时由何原因彻底西迁，《史记》虽未交代，但《清华简》却有详细记载。《清华简·系年》曰：“飞曆（廉）东逃于商盍（葢）氏。成王伐商盍（葢），杀飞曆（廉），西迁商盍（葢）之民于邾虐，以御奴䖒之戎，是秦先人。”⑤李学勤先生考证，“飞曆”即蜚廉，“商盍”即商奄⑥，“邾虐”是秦人西迁后初居之地，释为“朱圉”或“朱圄”，

①（清）阮元校刻：《十三经注疏·春秋左传正义》，北京：中华书局，1980年，第1783页。

②（汉）司马迁：《史记》，北京：中华书局，1982年，第178页。

③（汉）司马迁：《史记》，北京：中华书局，1982年，第173页。

④（汉）司马迁：《史记》，北京：中华书局，1982年，第174页。

⑤李学勤主编：《清华大学藏战国竹简》（贰），上海：中西书局，2011年，第141页。

⑥李学勤：《清华简关于秦人始源的重要发现》，《光明日报》2011年9月8日。

位于今甘肃省甘谷县[①]。《系年》所记载成王“杀蜚廉”应是蜚廉参与三监之乱失败后，逃往东夷奄国继续组织抗周斗争，最终失败被杀，奄国之民也被集体迁往邾圉。王洪军先生考证“奄”“郾”“嬴”三者可互通[②]，蜚廉与奄国同为嬴姓，且奄为东夷大国，因此，蜚廉会逃往奄国进行抗周斗争。此次抗周，文献记载奄国除迁往邾圉外，还有被迁入齐国的薄姑，而东夷的嬴秦可能随奄国之民被迁往邾圉。若如“秦亭”之例，秦人为东来，邾圉在东夷地区应该也有相同的地名，事实也正是如此。“邾”不必多言，与鲁国相邻，有“鲁击柝闻于邾”的说法，足见两地之近，鲁即奄国故址，所以邾也在奄的范围内，邾国居民即是奄族的一支（后有详论）。“圉”应该也位于奄的范围内。《公羊传·昭公三十一年》曰：“颜夫人者，妪盈女也，国色也。”[③]“颜”即邾国国君夷父颜，妪盈是他的夫人。王献唐先生认为：“妪义前人未发，非老妪之妪……妪盈谓妪之盈氏，亦即嬴氏。”[④]我们认为此说可从，“妪”绝非“老妪”之“妪”，若为“老妪”，《公羊传》不会称其为“国色”，因此，只能是地名，且与邾圉之“圉”同音，或为同一地点。“盈”即“嬴”，可见妪地嬴姓与邾国有姻亲关系，且同为东夷国族，故妪地应近邾。奄国所迁之邾圉，其命名应与“秦亭”相同，皆是秦人以故地之名命之。这就是我国先民在由故地迁徙到其他地域时，经常以原居住地的城邑、山川命名新生活区域的城邑、山川的习俗，如“邾”，《说文·邑部》释曰：“江夏县。”段玉裁注曰：“今湖北黄州府，城去故邾城二里许是也，楚宣王灭邾，徙居于此。”[⑤]可见邾国与小邾国被楚国灭国迁于江夏县，并将所迁之地仍称为邾，因此，江夏县也有邾国故城，这就是上述“都邑虽迁，国号未变”习俗的具体体现。

综上所述，通过山东与甘肃皆有“秦亭”“邾圉”二地名，其命名与我国先民的迁徙习俗有关，可作为“秦人东来”的一个旁证，也为解释任姓秦国提供了条件。任姓秦国确实存在于山东地区，近于邾鲁，可能是周人践奄后，将秦地的嬴姓国民西迁，并将任姓贵族封于此地，加强该地区的统治。邾国、鲁国、齐国、滕国等皆是封于东夷旧地的新诸侯国。另外，任姓秦国与铸国、薛国均相距不远，且三国皆是任姓，可能同出一脉。由于地缘上为近邻，加之封国原因相同，任姓秦国与小邾国结下姻亲，所以小邾国墓地出土了大量邾庆为秦妊所作的媵器，足见两国关系之亲近。

---

①李学勤：《谈秦人初居“邾虘”的地理位置》，《初识清华简》，上海：中西书局，2013年，第148页。

②王洪军：《新史料发现与“秦族东来说”的坐实》，《中国社会科学》2013年第2期。

③（清）阮元校刻：《十三经注疏·春秋公羊传注疏》，北京：中华书局，1980年，第2331页。

④王献唐：《三邾疆邑图考》，《山东古国考》，青岛：青岛出版社，2007年，第55页。

⑤（汉）许慎撰，（清）段玉裁注：《说文解字注》，上海：上海古籍出版社，1988年，第293页。

六、滕侯□盨与滕国

滕侯□盨，并非考古发掘出土，而是小邾国墓地的被盗器物。该盨共有两件，形制、铭文均相同，被倒卖至澳门后，由北京中贸圣佳国际拍卖有限公司购回收藏[①]。滕国与小邾国关系密切，经常与小邾国一并出现于《春秋》经传，该盨出自小邾国墓地，也为研究春秋战国时期小国联合的政治策略提供了证据。

（一）滕侯□盨铭文考释

滕侯□盨，尺寸、重量不详，呈圆角长方体，器盖与器身相合，直口深腹，四支足外撇。盖顶有两对回首夔龙形捉手，两龙对视，器身两侧铸有对称附耳。盖顶饰窃曲纹，盖底与口沿外侧亦饰一周窃曲纹，腹部饰瓦纹，支足饰窃曲纹。铭文不十分清晰，李学勤先生释读为：滕侯□作乒□□滕仲旅簋，其子子孙孙□□永宝用[②]。经对比，其铭文与现藏于上海博物馆的春秋早期滕侯稣盨（《集成》4428）铭文十分相似，该器器形未公布，铭文为："滕侯稣作乒文考滕仲旅簋，其子子孙万年，永宝用。"此二铭文在行文格式上和所缺文字上均有很高的一致性，两篇铭文所记应该相同（图2-9～图2-11）。

"滕侯稣"。"滕"为姬姓诸侯国名，"滕侯"即滕国国君。关于滕国国君，不同时期对其称谓则有不同。《左传·隐公十一年》曰："春，滕侯、薛侯来朝，争长。"[③]按《左传·僖公二十四年》所载："管、蔡、郕、霍、鲁、卫、毛、聃、郜、雍、曹、滕、毕、原、酆、郇，文之昭也。"[④]滕国始封君为文王之子，滕侯又自称是"周之卜正"，故位列侯爵亦无可厚非。然而，《春秋经·桓公二年》记载"滕子来朝"，与上次"争长"仅仅相隔一年，"滕侯"就变为了"滕子"。杨伯峻注曰："公、侯、伯、子、男皆古国君之统称，故或称'滕侯'，或称'滕子'，亦犹僖公二十七年经云'杞子来朝'，而文公十二年经云'杞伯来朝'。或书'杞子'，或书'杞伯'，其实一也。"[⑤]但是，《春秋》经传称杞国国君为"杞子"仅僖公二十七年一次，除此之外，庄公、僖公、文公、成公、襄公之世皆称"杞伯来朝"，且诸侯会

①枣庄市政协台港澳侨民族宗教委员会、枣庄市博物馆：《小邾国遗珍》，北京：中国文史出版社，2006年，第97页。

②李学勤：《小邾国墓及其青铜器研究》，《东岳论丛》2007年第2期。

③（清）阮元校刻：《十三经注疏·春秋左传正义》，北京：中华书局，1980年，第1735页。

④（清）阮元校刻：《十三经注疏·春秋左传正义》，北京：中华书局，1980年，第1817页。

⑤杨伯峻：《春秋左传注》（修订本），北京：中华书局，2009年，第83页。

图2-9　滕侯□盨

（采自枣庄市政协台港澳侨民族宗教委员会、枣庄市博物馆：《小邾国遗珍》，北京：中国文史出版社，2006年）

图2-10　滕侯□盨铭文

（采自枣庄市政协台港澳侨民族宗教委员会、枣庄市博物馆：《小邾国遗珍》，北京：中国文史出版社，2006年）

图2-11　滕侯穌盨铭文拓本

（采自《集成》4428）

盟之时，也均称杞伯。杞国国君仅有一次被称为“杞子”，《左传·僖公二十七年》记载曰：“春，杞桓公来朝，用夷礼，故曰子。”[①]这条记载把称“杞子”的原因已说清楚了，杞国国君用夷礼朝见鲁僖公，是对鲁僖公的不敬，因此，《春秋经》以其用夷礼而亦用夷俗称其为“杞子”也是对杞国国君的贬低与回应。除此次之外，杞国君

①（清）阮元校刻：《十三经注疏·春秋左传正义》，北京：中华书局，1980年，第1822页。

皆称伯是没有异议的。滕国国君自鲁桓公二年之后，皆被称为“滕子”，再也没有出现“滕侯”的称呼，恐怕不是“爵位皆指国君，可混称”之故，可能与其地处东夷之地，因用夷礼有关。“鮇”则是此滕侯的名或字，不见于《春秋》经传。

“作氒文考滕仲”。“氒”，金文习见，通“厥”，《说文·厂部》曰：“发石也。”段玉裁引《释言》曰：“厥，其也。”并称此为厥之假借，假借盛行而本意废矣[①]。由此可见，“厥”字长期假借为“其”字，而它的本意逐渐不用了，“其”本是指代之词，并无实意，与朱骏声《通训定声》“厥，发声之词”[②]的说法相合。如是说，“作氒”即“作其”。“文”，赞美之辞，此为谥号。《逸周书·谥法解》云：“经天纬地曰文；道德博厚曰文；勤学好问曰文；慈惠爱民曰文；愍民惠礼曰文；赐民爵位曰文。”[③]可见“文”作为谥号，是对此人的高度评价，只有极其出众的人才能用“文”作谥，如西周的文王即是如此。“考”则是对亡父的尊称，“文考”即是滕侯鮇对他亡父的尊称。“滕仲”则是滕侯鮇亡父的名字，一般而言，国君的父亲应是该国的上一代国君，为表尊重可称为“公”，如1982年于山东滕县出土的滕侯簋的铭文“滕侯作滕公宝尊彝”（《集成》3670），铭文中的滕侯即为滕国的现任国君，滕公则是其上一代滕侯。另有爯簋铭文“文考釐公”[④]，爯对其亡父亦尊称为“文考”，而后的“釐公”显然也是国君称谓，“釐”为谥号。由此而见，滕侯鮇直接对其亡父称名，而不称“公”或“侯”，说明他的父亲或未做滕国国君，并不是上一代滕侯。

根据“滕仲”的称谓，他可能是上一代滕侯的母弟[⑤]，如鲁国的“仲庆、叔牙、季友”，又称“共仲、僖叔、成季”，皆为鲁庄公母弟，且以行次为氏。当时，国君的母弟拥有很大的权力，如鲁庄公去世后，仲庆就杀了公子般，逐季友，立闵公，又过了两年之后，他又杀了闵公而欲自立，最终因季友回国没有成功。共仲之乱结束后，季友又立僖公，直至春秋晚期鲁国的政治一直被季氏把持。此足见国君母弟地位之高，权力之大。但鲁国是周礼最为完备的国家，即便后世季氏长期掌握鲁国政权，也没有出现季氏后裔自立为鲁君的现象。晋国却发生了“曲沃代翼”的事件，也是由国君的母弟引起，最终在曲沃武公时，以小宗代替大宗成为晋侯。但因晋武公的父亲和祖父皆不是晋侯，故他为父祖作器时也只能称他们为“桓叔”“庄伯”，而不能称

①（汉）许慎撰，（清）段玉裁注：《说文解字注》，上海：上海古籍出版社，1988年，第447页。

②宗福邦、陈世铙、萧海波：《故训汇纂》，北京：商务印书馆，2003年，第294页。

③佚名撰，袁宏点校：《逸周书》，济南：齐鲁书社，2010年，第68页。

④河南省文物考古研究所、平顶山市文物管理委员会：《平顶山应国墓地八十四号墓发掘简报》，《文物》1998年第9期，图一〇。

⑤冯峰：《枣庄东江墓地出土金文人名三题》，《齐鲁文化研究》（第十二辑），济南：泰山出版社，2012年。

公称侯。本铭的滕侯稣称其亡父为“滕仲”，即说明滕仲并不是滕国国君，滕侯稣可能是以公孙的身份，以小宗代替大宗，继承了滕国大统。王恩田先生也认为，滕侯稣的父亲不是长子而是次子，也证实了“一继一及”制，也即“（君位）传子—传弟—传子”的制度①。然而以小宗代替大宗，特别是滕侯稣的父亲并非国君，其以公孙的身份为君，显然是不符合周代礼制的，而鲁国又是列国中最重周礼的国家，故自鲁桓公二年之后，《春秋》经传皆称滕国国君为“滕子”，可能就是滕国不按周礼，以小宗为君的缘故。据张志鹏先生考证，《春秋经》隐公十一年争长的“滕侯”和桓公二年来朝的“滕子”是滕国的两代国君，“滕子”正是因为初登君位而前往朝鲁②。如按是说，桓公二年正是滕国国君称谓从“滕侯”至“滕子”的节点，又适逢新滕君即位，或许正是这次即位的滕国国君是以小宗代替大宗而为君，不合周礼，故从此《春秋》经传便开始将滕国国君称为“滕子”了。

“旅簋”。“旅”在器物自名之前表其用途，前文已有讨论。而本器形制为“盨”，但其自名曰“簋”，似有矛盾，但这种情况也不是孤例，如此次追缴小邾国墓地的器物当中，有一件郳庆壶，但其铭文却为“郳庆作秦妊簠”③，可能是因为“壶”与“簠”二字音近可通。那么盨自名为“簋”或因两种器物用途相同亦可通称，无论作何解释，青铜器器形与自名不符的情况时有发生，不足为奇。

“其子子孙万年，永宝用”。该句“子”下有重文符号，而“孙”下却无重文符号。

综上所释，铭文大意为：滕侯稣为他谥号为“文”的亡父滕仲作旅簋，希望子子孙孙万年长寿，永远将它珍藏使用。

该器物是滕侯稣为其亡父所作的祭器，按理是不会作为“赗葬之器”的，为何出自小邾国墓地，难以理解。但这种情况也时有发生，如毕伯鼎铭文写明是毕伯克为“受命毕公”作的祭器，却出自芮国墓地。若想探明其真实原因，恐需更多的材料和证据。

（二）滕　国　考

关于滕国的考证，前辈学者已有不少论断，许多问题已趋于清晰，但亦有一些问题仍然存疑，如周代以前是否已有滕国，滕国始封于何地，最终为谁所灭等问题依然扑朔迷离。

---

①王恩田：《滕国考》，《东夷古国史研究》（第一辑），西安：三秦出版社，1988年，第263页。

②张志鹏：《滕国新考》，《河南大学学报》2011年第4期。

③枣庄市政协台港澳侨民族宗教委员会、枣庄市博物馆：《小邾国遗珍》，北京：中国文史出版社，2006年，第118页。

滕国的始封君乃是文王之子，且曾任周王朝的卜正一职，对此，《世本》记载曰："周文王子，错叔绣，封于滕……齐景亡滕。"[①]故滕国为姬姓，始封君即周文王之子错叔绣几无争议。但在此之前，《国语·晋语四》则记载曰："凡黄帝之子二十五宗，其得姓者十四人，为十二姓。姬、酉、祁、己、滕、箴、任、荀、僖、姞、儇、依是也。"[②]其中已有滕，且与周人之姬姓并列，关于这个黄帝之后的滕姓是否封邦建国，《史记·陈杞世家》曰："滕、薛、驺，夏、殷、周之间封也，小，不足齿列，弗论也。"[③]太史公称滕国在夏时已经被封，应即黄帝之后的滕姓所封之国，此说尚且存疑，因不知太史公所言之根据。滕国夏代是否已被分封不敢妄言，但在商代确实有滕国存在。据王恩田先生考证，在商代卜辞中即有"滕"字，又有传世青铜器滕女觚、滕尊等器，为商代器物，或商代遗民所作之物[④]。

关于滕国的始封之地，传统观点认为即封于今山东滕州附近，但陈槃先生根据《左传·闵公二年》记载，卫国滕邑是滕国旧地，而后封于山东[⑤]。何光岳先生亦同意此观点，并认为滕国最早封于错地，后迁于滕邑，最后定于山东[⑥]，我们认为何光岳先生的观点尤为合理。首先观文王之子的称谓，如"三监"管叔鲜，封于管，叔为排行，鲜为其名，另蔡叔度、霍叔处皆是此结构之称谓，而滕国的始封君称为错叔绣，而不称滕叔绣，可见其最初应封于错地。前文已言王恩田先生考证，商代滕国已经存在，卫国滕邑正是殷商故地，如三监封于殷之周围以起监督作用，那么错叔绣也完全有可能迁封于殷商故地，管治殷遗民。战国楚竹书《容成氏》51号简记周师"戊午之日，涉于孟津，至于共、滕之间"[⑦]。此滕应就是殷商之滕，错叔绣迁封滕地之后，就因旧滕而建新滕，这种情况在周初并不罕见，如前文讨论的毕国亦是如此，毕公高受封于商代毕国故地，而建立新的姬姓毕国。另有曹国、纪国、卫国等无不如此，皆是在殷商旧国故地分封新国。1982年于山东滕县发现滕侯墓，出土数件带有滕侯铭文的青铜器，据发掘者称该墓葬的年代为西周早期[⑧]，因此，至迟在这一时期，滕国就

①佚名撰，（汉）宋衷注，（清）秦嘉谟等辑：《世本八种》，北京：中华书局，2008年，第13页。

②（春秋）左丘明撰，（三国吴）韦昭注，明洁辑评：《国语》，上海：上海古籍出版社，2008年，第164页。

③（汉）司马迁：《史记》，北京：中华书局，1982年，第1585页。

④王恩田：《滕国考》，《东夷古国史研究》（第一辑），西安：三秦出版社，1988年，第268页。

⑤陈槃：《春秋大事表列国爵姓及存灭表撰异》，上海：上海古籍出版社，2009年，第27页。

⑥何光岳：《滕国考》，《益阳师专学报》1996年第2期。

⑦李零整理：《容成氏》，《上海博物馆藏战国楚竹书》（二），上海：上海古籍出版社，2002年，第143、290页。

⑧滕县博物馆：《山东滕县发现滕侯铜器墓》，《考古》1984年第4期。

已经离开了卫地滕邑到了今山东滕州，此番又对滕国改封可能与周公东征有关。“三监之乱”既已平定，殷商故地的殷遗民对周王室的威胁大大减弱，而周公东征之后，东夷初定，需要有效的管理，故周公在此时又进行分封，将滕国封至今山东滕州。因此，周代之姬姓滕国，始封君为错叔绣应该无疑，滕国最初封于错地，后又根据周初不同时期的统治需要，迁封于卫国滕邑，并最终在山东滕州立国。

关于滕国的灭亡，李发林先生经过论证，总结出五种说法①，分别是依《世本》之说为齐景公所灭，但按《春秋经》记载，齐景公去世于鲁哀公五年，而《春秋经·哀公十一年》还记载有“葬滕隐公”②，故齐景公灭滕说尚可商榷。据《左传·隐公七年》孔颖达疏曰：“（滕）隐公以下，春秋后六世，而齐灭之。”③也即田齐的威王或愍王所灭之说。亦有从《史记·越王勾践世家》司马贞索隐说，滕国为越王绕道所灭，此说已被李发林先生否定。另有据《战国策·宋卫策》记载，认为滕被宋康王所灭。此五种说法，李发林先生认为滕国被田齐所灭之说可从，并认为是宋灭滕之后侵犯齐国利益，齐国迅速占领滕地，并灭宋国。我们认为春秋时期的灭国兼并战争，除楚国外，多为灭国不绝嗣，复国的情况也常有发生，如齐桓公助卫复国、楚国为许复国等，《孟子》一书中也有滕定公、滕文公父子的记录④。因此，滕灭于战国后期，应符合事实，至于是宋所灭或是齐所灭，则无以为考了。

滕国与小邾国关系较为密切，终春秋一世皆在同一阵营，如《左传·襄公二年》曰：“滕、薛、小邾之不至，皆齐故也。”⑤可见此时小邾与滕国同事齐国。又《定公元年》记载宋仲几所言曰：“滕、薛、郳，吾役也。”⑥说明春秋后期滕与小邾又共同依附于宋国。另外，在春秋中期晋国举行的会盟中，皆有两国身影，说明此时滕与小邾又附从于中原霸主晋国了。两国外交政策的一致性充分体现了两国关系已到了唇亡齿寒的密切程度，或许这也是滕侯盨出现在小邾国墓地的原因之一。

七、小　　结

本章运用汇释疏解的方法，对小邾国墓地出土的铜器铭文进行考释，并对铭文所见的国族逐一进行探讨。这些国族多为微国，或文献记载简略，或文献无载、金文

①李发林：《滕县地区古代三个小国历史试谈》，《枣庄师专学报》1989年第3期。

②（清）阮元校刻：《十三经注疏·春秋左传正义》，北京：中华书局，1980年，第2166页。

③（清）阮元校刻：《十三经注疏·春秋左传正义》，北京：中华书局，1980年，第1732页。

④张志鹏：《滕国新考》，《河南大学学报》2011年第4期。

⑤（清）阮元校刻：《十三经注疏·春秋左传正义》，北京：中华书局，1980年，第1929页。

⑥（清）阮元校刻：《十三经注疏·春秋左传正义》，北京：中华书局，1980年，第2131页。

初见，但根据金文资料仅有的信息，并结合文献考证，仍取得了一定的认识。通过对命父瓶铭文的研究，推断出霝父不仅是国名，也曾是族名甚至人名，是一支对雷电有崇拜的氏族所建立的国家。正叔之士簠和鲁宰簠的铭文则反映出两位来自鲁国的司掌刑狱之官是两器的作器者，且二人可能是来自同一家族皆为名叫安母的女子作器，铭文称两件青铜簠为安母初作之器，则应是依附两位男性才能铸造。通过对毕仲簠铭文“其北”二字的详细论证，可以看出毕仲借助天文知识委婉地表达了他来自西方而仕于东方，并为东方之国的女子作器，根据该器物的年代，也可推断毕仲的母国毕国，至迟在这一时期已经亡国。昆君妇媿霝壶铭文，则揭示了来自鬼方的女子嫁往小邾国，为提升自己的地位，自称昆吾弟妻，通过昆吾拉近母国与小邾国的关系，或为取得小邾国某方面的支持，以延缓“怀姓九宗”被晋国灭亡的进程与速度。铸叔盘与滕侯盨铭文则反映了铸国、滕国与小邾国相同的外交策略，即侍奉大国，联合小国，两个国家都与小邾国有着密切的联系，且很多时候都依附于同一个国家，故常有“礼尚往来”之举，以求在列国的夹缝中求生存，代表了当时大部分弱小国家的生存之道。

总之，无论是文献记载丰富的鲁国，抑或文献不足征的毕国、铸国、滕国等，还是文献无载、金文初见的霝父国，自古至今皆有诸多争议，因此，我们在对古国族的考证中要实事求是，既要基于考古资料，又要结合传世文献，以最大的可能来还原历史的真实。

附录2-1　命父瓶铭文与霝父国相关问题考证①

摘要：2002年山东省枣庄市发现春秋早期小邾国墓地，M1出土的命父瓶铭文有“霝父”二字，系金文初见，通过命父瓶铭文的释读，可知“霝父”为国族之名，“命父”是当时霝父国国君的字。“霝父”是太昊部族中崇拜雷电、雷雨的部族首领，他居住在一高处，被后人称为“霝父丘”，此后，“霝父”成为地名、国族名。霝父国君的自作青铜瓶出现在小邾国墓地，体现了以霝父与小邾为代表的东周小国，为谋求生存而进行联盟的外交策略，但霝父国与当时的霸主齐国相邻，却未依附于齐，因此，最终被齐桓公所灭。

关键词：命父瓶　霝父国　小邾国　外交策略

命父瓶出土于山东省枣庄市东江小邾国墓地M1，其形制特殊，与以往所见青铜瓶差别较大。器身与器盖铸有相同铭文，其中，古国族“霝父”，文献无载，金文初见，具有重要的史料价值。命父瓶的发现与铭文释读，为研究“霝父”国的历史文化和该国与小邾国的关系提供了第一手资料。

一、命父瓶铭文考释

命父瓶，口径14.2厘米，腹径20.4厘米，腹深19.5厘米，壁厚0.4厘米，高26.4厘米，重2.7千克②。该瓶青铜质，盖呈圆锥形，盖顶有球形纽，子母口，鼓腹下收，圜底，通体呈水滴形。该器素面，器盖与器身口沿皆有对称中空贯耳，上下相接，可以穿绳。盖器对铭，共4行含合文21字，释文为：“霝父君命父作其金瓶，眉寿无疆，子子孙孙永宝用之。”

王恩田先生认为“霝父”为国名，金文初见，将铭文“”释为“命”字，“命父”为霝父国君的字，但称霝父国无考③。冯峰先生认同“霝父”为地名这一观点，但并未对“”进行释读，称“霝父君父”前者为国族之名，中间有“君”表示为

①该文发表于《河南科技大学学报（哲学社会科学版）》2020年第1期。

②枣庄市博物馆、枣庄市文物管理办公室：《枣庄东江周代墓葬发掘报告》，《海岱考古》（第四辑），北京：科学出版社，2011年，第141～231页。

③王恩田：《枣庄山亭郳器与郳国》，《商周铜器与金文辑考》，北京：文物出版社，2017年，第314～321页。

该国族之君，后者是国君私名，这种称谓模式与小邾国墓地出土“郳君庆”铭相同，“郳君”即小邾国君，“庆”为小邾国君的私名，同时，冯峰先生对“霝父”的地望进行考证，认为齐鲁之地应有邦邑灵父丘，地名又可省去“丘”字，故可简称为“灵父”，也即铭文中的“霝父”，父是霝父丘的国君或封君[1]。李锦山先生将“”释为“友”，认为该字与郳友父鬲铭文中的“友”是同一个字，这两件青铜器的器主皆指小邾国始封君郳友父，“霝父”是他的号，《世本》称其为“肥”并无证据，得出小邾国君既有名又有号的结论[2]。但郳友父鬲铭文，“友”字写作“”，与“”下半部分虽然相同，但上半部分差别较大，“友”从二“又”，而“”上半部分从“亼”，与“友”字形构明显不同。另外，《左传·庄公五年》孔颖达疏云：“《世本》云：邾颜居邾，肥徙郳。宋衷注曰：邾颜别封小子肥于郳，为小邾子，则颜是邾君，肥始封于郳。《谱》曰：小邾，邾侠之后也。夷父有功于周，其子友别封为附庸，居郳……《世本》言肥，杜《谱》言友，当是一人。”[3]并且，通过“肥”与“友”二字的含义可知，小邾国始封君名“肥”字“友”，“父”为对男子的美称，跟在字之后[4]，故《世本》记载无误，而“霝父”为郳友父之号的说法目前尚无法确定。李零先生则将“”隶定为䣛，称此字从亼从卩从甘，与“佥”字形虽有不同，但仍释为“佥”，绝不是“郳友父”之“友”。此字非“友”无疑是正确的，但《说文·亼部》云：“佥，皆也，从亼从二口从从。”[5]此字与李先生说“从亼从卩从甘”虽有一定差距，但该字从甘之说，尚可接受。杨树达先生就曾将郳友父鬲铭文中的“友”隶定为㕛，从二又从甘，而本铭与郳友父之“友”的下半部分相同，故从甘无可厚非。《说文·卩部》曰：“令，发号也，从亼、卩。”所以，按李零先生之说，本铭构形可推为从令从甘，而“令”与“命”古为同一字，故将其隶定为䣛是正确的。又段玉裁注曰：“《诗》笺曰：善也。按诗多言令，毛无传。《古文尚书》言灵，见《盘庚》《多士》《多方》，《盘庚正义》引释诂，灵，善也。盖今本《尔雅》作令，非古也，凡令训善者，灵之假借字也。”[6]可见“令”与“灵”可假借，同

①冯峰：《枣庄东江墓地出土金文人名三题》，《齐鲁文化研究》（第十二辑），济南：齐鲁书社，2012年，第47～55页。

②李锦山：《郳国公室墓葬及其相关问题》，《小邾国文化》，北京：中国文史出版社，2006年，第205～239页。

③（清）阮元校刻：《十三经注疏·春秋左传正义》，北京：中华书局，1980年，第1764页。

④贾一凡：《郳公子害簠器主身份及相关问题》，《濮阳职业技术学院学报》2016年第3期。

⑤（汉）许慎撰，（清）段玉裁注：《说文解字注》，上海：上海古籍出版社，1988年，第222页。

⑥（汉）许慎撰，（清）段玉裁注：《说文解字注》，上海：上海古籍出版社，1988年，第430页。

释为善，而“灵”与“霝”可互通，故该字与霝父之“霝”亦相合。古代国君常以地名作为自己的称谓，如小邾国处郳地，邾庆即称郳庆，战国时魏定都于大梁，魏惠王又称梁惠王，因此“霝”与“𠕋”可互训，霝父为地名，霝父君称𠕋父亦合乎情理。所以，将字释为𠕋不仅构形吻合，而且字义相合。而古人“书无定势，字无定法”，笔划可增减，偏旁可互易。邾友父之“友”，杨树达先生作“曶”，李学勤先生作“沓”，王恩田先生隶为“習”，虽不尽相同，但皆从二“又”，因此，各种写法均被认为是“友”的古字。所以，将𠕋直接读为“命”，自然可以接受，“”字可从李零先生隶定为“𠕋”，同时从王恩田先生读为“命”最为合理。

另外，李零先生还认为“霝父”与“𠕋父”均是以字称的人名，“𠕋父”是“霝父”的父亲，二人分别是友父之后的两代小邾国国君[①]。小邾国墓地的发掘者初从李锦山先生将本铭释为“霝父君友父”[②]，后又改从李零先生释为“霝父君佥父”，亦称佥父为当时的小邾国国君，霝父是其子[③]。但是，若命父与霝父是父子关系，则“霝父君命父作其金瓶”便难以通读，铭中“其”字指代不明，可指霝父，也可指命父，若是霝父为命父作金瓶，即子为父作器，表示子对父的孝，金文习见，如西周晚期的伯頵父鼎铭文：“伯頵父作朕皇考屖伯、吴姬宝鼎”（《集成》2649）。另有谌鼎铭文：“谌䈀作其皇考、皇母诸妣君齍鼎”（《集成》2680）。这类器有一明显特点即一般是子为亡父作器，罕见父亲在世而为其作器，李零先生认为命父是在位的小邾君，即还在世，其子霝父为他作器，显然是不符合常理的。若是命父为霝父作器，即父为子作器，则多是父亲为女儿作出嫁所用媵器，霝父显然不是女子之名，父为女作器之说难以说通。此外，若一人为另一人作器，金文规范应是“某作某金瓶”较为合理，能够清晰分辨作器者与器主，上述两例均是如此。但若按“霝父君命父作其金瓶”例，伯頵父鼎铭文则成了“伯頵父皇考屖伯，吴姬作宝鼎”，作器者就不再是伯頵父，而变成了已经去世的屖伯和吴姬，显然是不可能的。并且仅凭“霝父君命父”就判定霝父是命父之子，仍需继续讨论。李学勤先生认为霝父是霝之父，即媿霝[④]的父亲，君是指他为某国的国君，命父是他的字。“霝父君命父”也即霝之父为某国国君[⑤]。若如李先生所言，亦不符合行文规范。周代极重父权，男性家长在子女面前有着至高无上的权威，因此，金文多如邾友父鬲铭文“邾友父媵其子胙曹宝鬲”，明确表示胙曹是邾

①李零：《读小邾国铜器的铭文——兼论东江墓地的墓主和年代》，《小邾国文化》，北京：中国文史出版社，2006年，第173～189页。

②李光雨、张云：《山东枣庄春秋时期小邾国墓地的发掘》，《中国历史文物》2003年第5期。

③李光雨、刘爱民：《枣庄东江小邾国贵族墓地发掘的意义及相关问题》，《东岳论丛》2007年第2期。

④媿霝是小邾国墓地出土的另一件青铜器铭文中的人名，本文不做过多讨论。

⑤李学勤：《小邾国墓及其青铜器研究》，《东岳论丛》2007年第2期。

友父之女，却几乎没有“霝父君命父”这样表达命父为媿霝之父的句式。由此可见，命父为媿霝之父的说法也有讨论的余地。因此，相比之下王恩田先生的看法更为合理，即霝父为国族之名而非人名，“”应释为“命”，命父为霝父国之君。

“金瓶”二字，铭文作“”“”，为该器自名，在金文中是首次出现。王恩田先生将其释为“仓瓶”，并引《说文·仓部》云：仓，其字作，与本铭写法相似。又《缶部》云：瓶字或从缶，或从瓦，并声。认为“”亦是从“并”得声，但是写法怪异，可能是瓶的异构字，但对仓瓶的含义未解释[1]。李零先生将其释为“金缾”，其中“金”即铜，写法怪异，因此并不确定为“金”字，但也不认同王恩田先生所释的“仓”字，认为该字虽与战国的“仓”字有类似之处，但与西周、春秋的“仓”字不同，对将“缾”释为“瓶”表示认同，但又称此字从并从攴，“瓶”或“缾”都是释读后的写法。李零先生表示该字的发现非常重要，“”为首次发现，并且为器物自名，与以往从金从比的字有很大区别，而且“鈚”表示的瓶字，其实是扁壶特有的器名[2]。因此，该器自名为缾，或许是这种器形的特有称呼。苏影先生通过比较，认为该字应为“金”字而非“仓”，并列举楚王酓前簠、重金扁壶、鄂君启车节等铭文，指出“金”可以作为修饰词置于器名之前的用法，认为该字是“金”字无疑[3]。综合以上各家观点，将“”“”二字隶定为“金瓶”是较为合理的。

“眉寿无疆，子子孙孙永宝用之”，这几个字虽然铸造的不是非常规整，但字体清楚。《说文·眉部》：“眉，目上毛也。”段玉裁注曰：“人老则有长眉，《豳风》、《小雅》皆言眉寿，毛曰：‘豪眉也。’又曰：‘秀眉也。’《方言》：‘眉黎耋鲐，老也。’”[4]由此可知，“眉寿”一词先秦时期就已经出现，“眉”是“老”的象征，是长寿的代表，文献中的注释也多依照此旧解，得到了大多数学者的认可。但是，夏渌先生认为：“‘眉’通‘弥’，训为‘终’、‘偏’、‘满’均可，所以‘眉寿’即‘㳽寿’，是‘满寿’、‘全寿’、‘终寿’的意思。”[5]这一观点认为“眉寿”与“眉毛”无关，而且“眉寿”也不指代具体的年岁，只求终其一生，年岁越长越好。以上两种观点虽然对“眉寿”的释义不同，但都表达了对器主人圆满走完一生的美好祝愿，“眉寿无疆”“万年眉寿”等吉祥语也在大多数青铜器铭文中出现，即希望器主人长寿无疆，子子孙孙永远传承使用。

---

①王恩田：《枣庄山亭郳器与郳国》，《商周铜器与金文辑考》，北京：文物出版社，2017年，第314～321页。

②李零：《读小邾国铜器的铭文——兼论东江墓地的墓主和年代》，《小邾国文化》，北京：中国文史出版社，2006年，第173～189页。

③苏影：《佥父瓶铭“金”字补释》，《哈尔滨学院学报》2013年第2期。

④（汉）许慎撰，（清）段玉裁注：《说文解字注》，上海：上海古籍出版社，1988年，第136页。

⑤夏渌：《“眉寿”释义商榷》，《中国语文》1984年第4期。

总之，䨩父并非人名，而是国族之名，命父是该国的国君，命父瓶器形较为特殊，根据其自名可定为金瓶。该篇铭文的大意为：䨩父国国君命父，自作金瓶，希望能够长寿无疆，子子孙孙永远把它作为宝物传承使用。

二、䨩父国考证

（一）䨩　父　丘

䨩父作为国族之名虽文献无载，但山东地区确有地名与䨩父相关。例如，《管子·小匡》记载："（齐桓公）筑蔡、鄢陵、培夏、灵父丘，以卫戎狄之地，所以禁暴于诸侯也。"房玄龄注曰："蔡、鄢陵、培夏、灵父丘，皆邑名。"[①]可见齐桓公所筑的城邑中有一处名叫灵父丘。《国语·齐语》云："筑葵兹、晏、负夏、领釜丘，以御戎狄之地，所以禁暴于诸侯也。"韦昭注曰："四者皆厄塞，与山戎众狄接也。"[②]以上两条记载虽出自不同文献，但所记是同一事件，即齐桓公为防御戎狄的骚扰，筑了四个城邑。既然所记事件相同，所筑四邑也应相同，但四邑名称在两部文献中有所不同。第一个城邑《管子》曰蔡，而《国语》称葵兹。蔡为国名，《左传·僖公二十四年》云："管、蔡、郕、霍、鲁、卫、毛、聃、郜、雍、曹、滕、毕、原、酆、郇，文之昭也。"[③]可知蔡是文王之子蔡叔度的封国，蔡国拥有三处都城，初在上蔡，位于今河南省上蔡县西南，后蔡平侯迁都于新蔡，位于今河南省新蔡县，最后蔡昭侯又迁都于州来，称之为下蔡，地处今安徽省凤台县。蔡国三处都城均距齐地较远，其中上蔡、新蔡皆地处中原腹地，无戎狄可御，下蔡位于州来，虽近徐淮夷，但已非齐桓公之时，可见《管子》记载"筑蔡"可能有误。而"葵"为齐桓公称霸诸侯之地，《春秋经·僖公九年》曰："夏，公会宰周公、齐侯、宋子、卫侯、郑伯、许男、曹伯于葵丘。"杨伯峻注曰："《元和志》谓在考城县东南，《考城县志》谓葵丘东南有盟台，其地名曰盟台乡。则当今在河南省兰考县东。"[④]此葵丘，既近于齐地，又是齐桓公大会诸侯之处，在这里筑城符合情理，故《国语》所载应该更加确切。"鄢"与"晏"读音相同，"培夏"与"负夏"皆有夏字，可见鄢陵即晏，培夏即负夏。"灵父丘"与"领釜丘"读音完全相同，先秦文献中音同字不同较为常见，

①（清）戴望：《管子校正》，《诸子集成（五）》，北京：中华书局，2006年，第128页。

②（春秋）左丘明撰，（三国）韦昭注，明洁辑评：《国语》，上海：上海古籍出版社，2008年，第114页。

③（清）阮元校刻：《十三经注疏·春秋左传正义》，北京：中华书局，1980年，第1817页。

④杨伯峻：《春秋左传注》，北京：中华书局，2009年，第324页。

而且“灵”与“霝”可通，所以灵父丘是霝父丘应可以确定，其位置在齐国附近。

另外，地名省略“丘”字的情况也较常见，如上引文献的“葵”，亦称“葵丘”。《左传·襄公四年》记载的“狐骀”，金文作“虖佁”或“虖佁丘”，其君即可被称为“虖佁君”或“虖佁丘君”[①]；再如清华简《系年》，周建卫叔封于庚（康）丘[②]，而康侯方鼎铭文（《集成》2153）将他称为“康侯”。由此可见，将“霝父丘”称为“霝父”是完全有可能的，同样，霝父丘的国君被称之为“霝父君”也是合理的。

（二）释“丘”

《说文·丘部》曰：“丘，土之高也，非人所为也。”[③]古人祭天之所称为圜丘，《周礼·春官·大司乐》云：“冬日至，于地上之圜丘奏之。”贾公彦疏曰：“言圜丘者，案《尔雅》土之高者曰丘，取自然之丘，圜者象天圜。……因高以事天，故于地上。”[④]在古人看来，高处能通达于天，丘不仅是“土之高也”，而且“非人所为”，即自然形成的高点，同时配以天圆地方的宇宙观，那么圜丘就成了祭天的最佳场所了。另外，在“因高以事天”的观念下，自然的高点是祭天的场所，那么人类中的高者，也成为能够通达天帝的使者，这通过远古时期的帝王之名即可窥得一二。例如，陶唐氏帝尧，《说文·阝部》云：“陶，再成丘也……陶丘有尧城，尧尝所居。”[⑤]文中“成丘”即“累丘”，丘为高，累丘则是比“丘”更高之处，帝尧曾在此处居住。又《垚部》曰：“尧，高也，从垚在兀之上，高远也。”段玉裁注曰：“兀者，高而上平也。高而上平之上又增益之以垚，是其高且远可知也。”[⑥]“垚”即三“土”累加而构成，即土之高者，也可理解为“丘”，“丘”又在高而平的“兀”之上，其高远程度可想而知，帝尧居于陶丘，又被称为尧，其通达于天的能力被“高”体现的淋漓尽致。《尚书·尧典》记载帝尧是一位能够观象授时的人，古人认为，帝尧能知天时，是事天的结果，因此以“高”配之，足见人们对他的崇拜。除了帝尧之

①李鲁滕：《“虖佁（丘）”略考》，《古代文明（第6卷）》，北京：文物出版社，2007年，第199～205页。

②李学勤主编：《清华大学藏战国竹简（贰）》，上海：中西书局，2011年，第48页。

③（汉）许慎撰，（清）段玉裁注：《说文解字注》，上海：上海古籍出版社，1988年，第386页。

④（清）阮元校刻：《十三经注疏·周礼注疏》，北京：中华书局，1980年，第790页。

⑤（汉）许慎撰，（清）段玉裁注：《说文解字注》，上海：上海古籍出版社，1988年，第735页。

⑥（汉）许慎撰，（清）段玉裁注：《说文解字注》，上海：上海古籍出版社，1988年，第694页。

外，夏禹是又一个代表，《国语·周语上》曰："昔夏之兴也，融降于崇山。"又曰："其在有虞，有崇伯鮌。"[①]鮌即是禹的父亲，被称为崇伯，"崇"也是"高"的意思。由此二例可以看出，古人对"高"十分重视，是被人们崇拜的对象，上古氏族首领、帝王均被形容以高，认为他们是天帝在人间的使者。

由此可见，被形容以"高"的能够事天的人，与普通人不同，那么，他们居住的地方自然也异于常人。前文已经提到，帝尧曾居住的地方被称为"陶丘"，是一个累丘的高处，夏禹所居的崇山也是一个非常高的地方。此外，传说中的黄帝，居住之地被称为"轩辕丘"，《帝王世纪》记载："（黄帝）受国于有熊，居轩辕之丘，故因以为名，又以为号。"[②]还有颛顼帝的居所被称为"帝丘"，《左传·昭公十七年》曰："卫，颛顼之虚也，故为帝丘。"[③]这也解释了前文提到的清华简《系年》，为何说"周建卫叔封于庚（康）丘"，因为卫所封之处古时为颛顼帝的居所帝丘，所以称封卫叔于康丘。远古时期较有作为的氏族首领所居之处皆被称为"丘"，以丘之高别于普通人的居所，来彰显他们身份。

综上所述，古时候受人尊重的氏族首领，后人均用"高"来形容他们，其居所也以表达"高"的"丘"来命名，这些人居住在"丘"，又被形容得极高，更容易通达于天，体现了古人"因高事天"的思想，而"丘"就是这种思想的产物。

（三）释"霝"

"霝"，《说文·雨部》曰："雨零也，从雨从三口。"段玉裁注引《广韵》曰："霝雨为神雨、善雨，霝有神灵吉祥之义。"[④]前文也已提到，"霝"与"灵"相通，且与"令"皆有"善"之意，所以有神灵吉祥之义。另外，陈立人先生根据金文有众多"霝冬霝命""霝命难考""霝命无期"等句式，认为"霝"亦指神灵，又通过比较"雷"与"霝"字的构形，认为此二字为孪生，又据音韵学，推定二字可对转，得出"霝"为神灵，源于古人对雷电、雷雨的崇拜，也即主管雷雨之神，并认为䨩和罍都是"祭雷之器"[⑤]。

若依陈先生之言，霝为雷神，即传说中的雷公，亦称靁公，其原型见于《汉

①（春秋）左丘明撰，（三国）韦昭注，明洁辑评：《国语》，上海：上海古籍出版社，2008年，第14、45页。

②（晋）皇甫谧撰，陆吉点校：《帝王世纪》，济南：齐鲁书社，2010年，第5页。

③（清）阮元校刻：《十三经注疏·春秋左传正义》，北京：中华书局，1980年，第2084页。

④（汉）许慎撰，（清）段玉裁注：《说文解字注》，上海：上海古籍出版社，1988年，第572页。

⑤陈立人：《"郿"字考》，《株洲师范高等专科学校学报》2005年第4期。

书·郊祀志下》："东方，帝太昊青灵句芒畤及靁公、风伯庙、岁星、东宿东宫于东郊兆。"[①]"雷公"虽仅见于此，但句芒记载较多，《世本》有云："芒，作罔。"宋衷曰："芒，庖牺之臣。"[②]由句芒为庖牺之臣，可推雷公的原型也是太昊庖牺氏之臣。另外，太昊与雷神的关系也不寻常，《帝王世纪》记载："太皞帝庖牺氏，风姓，母曰华胥，燧人之世，有大人之迹出于雷泽之中，华胥履之，生庖牺氏于成纪。"[③]文中的大人也就是天人，华胥氏踩到了雷神的脚印，从而孕育了太昊。此说法虽然荒诞，但反映了古时候人们从对雷电的崇拜，到对雷电之神的崇拜，雷电之神从天上来到了人间，化身为部落首领太昊，与其说太昊是雷神的化身，还不如说他是该部落雷电崇拜的象征。这就是远古先民从自然崇拜到祖先、英雄崇拜的过程。而本铭所见的"霝"，很可能是太昊部落中的一个氏族首领，他承袭了太昊部落对雷电的崇拜，本人也自称为"霝"，之后"霝"由人名演变为地名，他的子孙也世居此地，成为该地之君。地名源于人名的例子还见于《竹书纪年》记载："晋文侯二年，周宣王子多父伐郐，克之，乃居郑父之丘，名之郑，是曰桓公。"[④]另外，《左传·襄公十一年》也有"五父之衢"的记载，以上二地名均由人名演变。

由此可知，"霝"为主管雷雨、雷电的神灵，是太昊部落的崇拜对象，该部落的一支，首领以"霝"自称，古人常以"父"加在字的后面，作为对男子的美称，其后人称之为"霝父"，久而久之，该人名演化成地名，而且远古之君所居之处，古人出于"以高事天"的思想，皆称之为"丘"，霝父所居之地就被称为"霝父丘"，也可以直接称为"霝父"，霝父的后人长期居住在霝父丘，便成了命父瓶铭文中提到的以"霝父"为国名的部族。

三、霝父国与小邾国

霝父国君命父的自作器出土于小邾国墓地，无论是馈赠、赗赙或其他原因，都体现了霝父国与小邾国的友好关系，两个国家国小势微，地位相仿，又地缘临近，已经走上联合发展的道路并不足为奇。

除命父瓶外，小邾国墓地还出土了鲁宰虤簠、毕仲弁簠、铸叔盘、滕侯盨等鲁国、毕国、铸国、滕国青铜器，其中滕侯盨从小邾国墓地被盗出，几经周转，现由北京中贸圣佳国际拍卖有限公司购回收藏，李学勤先生将滕侯盨铭文释读为："滕侯□

①（汉）班固：《汉书》，北京：中华书局，1962年，第1268页。

②佚名撰，（汉）宋衷注，（清）秦嘉谟等：《世本八种》，北京：中华书局，2008年，第37页。

③（晋）皇甫谧撰，陆吉点校：《帝王世纪》，济南：齐鲁书社，2010年，第2页。

④范祥雍：《古本竹书纪年辑校订补》，上海：上海古籍出版社，2011年，第39页。

作𢆶□□滕仲旅簋，其子子孙孙□□永宝用。”[①]通过比较，滕侯盨铭文与现藏于上海博物馆的春秋早期滕侯稣盨（《集成》4428）铭文十分相似，释文为：“滕侯稣作𢆶文考滕仲旅簋，其子子孙万年永宝用。”此二铭文在行文格式和所缺文字上均有很高的一致性，故内容应该相同。通过铭文记载可知，滕侯盨是滕侯稣为其亡父滕仲所作之器，无疑是国君级别的青铜器，这一点与命父瓶的性质相同，且两位国君所作之器均出土于小邾国墓地，因此，霝父、滕两国与小邾国的关系应是相同的。

霝父国虽然失载，但是有关滕国的记载，特别是滕国与小邾国关系的记载，《春秋》经传中可以找到，所以，霝父国与小邾国的关系，可从滕国与小邾国的关系窥得。自鲁襄公二年至鲁定公四年，有滕国和小邾国共同参加由齐国或晋国主导的会盟多达21次，可见两国在春秋中晚期一直是重要的盟友。由此可知，霝父国与小邾国也应是盟友关系，在春秋时期的兼并战争中，小国联盟的外交策略无疑是有益于自身发展的，但也是远远不够的。滕国与小邾国共同参加的21次会盟，霝父国都没有参加，可见，这一时期霝父国可能已经灭亡。霝父国、滕国和小邾国虽然都实行小国联盟的外交策略，但不同的是，滕国与小邾国在很长一段时期内共同依附于某一个大国。《左传·襄公二年》载：“滕、薛、小邾之不至，皆齐故也。”杜预注曰：“三国，齐之属。”[②]可见，滕、薛、小邾三国不仅结盟，而且共同依附于齐国。但这种依附关系并不是一成不变，而是唯强是从，随着齐国衰落，三国开始参加晋国主持的会盟。《春秋经·襄公十八年》：“公会晋侯、宋公、卫侯、郑伯、曹伯、莒子、邾子、滕子、薛伯、杞伯、小邾子，同围齐。”[③]滕、薛、小邾三国参加了晋国主导的对齐国的战争，完全站在了齐国的对立面。滕国和小邾国在对霸主强国惟命是从的同时，对近邻的大国也是尽力侍奉，《左传·昭公三年》记载：“曹、滕、二邾实不忘我好。”孔颖达疏云：“一睦谓小邾，……小邾是亲鲁者之一国也。”[④]可知，滕国和小邾国对相邻的鲁国一直保持着较好的外交关系。《左传·定公元年》记载：“宋仲几不受功，曰：滕、薛、郳，吾役也。”[⑤]这里的“郳”即小邾国，此时，滕国与小邾国又受到了近邻的宋国控制。

霝父、小邾、滕三个地位相似的小国，命运却不相同，这应是三国不同的外交策略造成的，霝父国虽然与小邾等国结盟，但没有依附齐、晋这样的强国，故早早亡国，名不见经传。小邾国则在与小国联盟的同时，依附齐国，随齐桓公尊王，于鲁庄

①李学勤：《小邾国墓及其青铜器研究》，《东岳论丛》2007年第2期。

②（清）阮元校刻：《十三经注疏·春秋左传正义》，北京：中华书局，1980年，第1929页。

③（清）阮元校刻：《十三经注疏·春秋左传正义》，北京：中华书局，1980年，第1964页。

④（清）阮元校刻：《十三经注疏·春秋左传正义》，北京：中华书局，1980年，第2032页。

⑤（清）阮元校刻：《十三经注疏·春秋左传正义》，北京：中华书局，1980年，第2131页。

公十五年至鲁僖公七年之间，受周天子册命为子爵①。命父瓶出土于小邾国墓地M1，因此，至迟到春秋早期需父国还是小邾国的盟友，而齐桓公则在需父丘筑城抵御戎狄，可见，需父国亡国的时间下限即齐桓公时期，其灭亡很可能是在齐桓公“一战帅服三十一国”②时，盟友小邾国以此为戒，调整外交策略，开始依附齐国。

四、结　　语

通过对命父瓶铭文的释读，可知“需父”是地名，铭文“”应释读为“命”，“命父”是需父国君的字。“需父丘”的地望在山东地区，与齐国临近，“需父”初为人名，是太昊部落中的一个氏族首领，通过“需”字可知，他的部族对雷雨、雷电非常崇拜，在古人“因高事天”的思想下，“需父”居住在一处高地，随着时间的推移，该地被后人称为“需父丘”，也就是需父国的所在地。需父国和滕国国君制作的青铜器均出现在小邾国墓地，且文献记载中，滕国与小邾国是盟友关系，由此可推需父国与小邾国也应是盟友关系。需父国与小邾国同样实行小国联盟的外交策略，但不同的是需父没有找到一个可依附的强国，最终被齐桓公所灭。命父瓶铭文虽然简短，但将一个名不见经传的国族“需父”呈现在学界面前，通过对需父国相关问题的研究，证实了一个古国族的存在，也使两周诸侯国史方面的研究进一步完善。当然，以上仅为一孔之见，诸多不足，还请同好指正。

①贾一凡：《小邾国族源与分封探析》，《枣庄学院学报》2017年第1期。

②（春秋）左丘明撰，（三国）韦昭注，明洁辑评：《国语》，上海：上海古籍出版社，2008年，第112页。

附录2-2　胙国史事探析[①]

摘要：胙国始封于周成王四年，始封君为周公第七子；据金文可复原出胙国国君世系四代；柞伯簋铭柞伯为胙国第一代国君。康王称第一代胙伯为小子也是合乎宗法的；柞伯鼎铭柞伯为簋铭柞伯的直系后人。铭中的幽叔很可能就是第一代胙伯的谥号；西周时期的柞伯武功高强，能征善战，深得周王赏识与重用，具有较高的军事地位。胙国虽为小国，但在西周时期也是一个以武力著称的军事强国；小邾国女子嫁为胙国夫人。这既说明生存在大国夹缝中的小邾国出于战略考虑，不得不通过婚姻外交来攀附高枝以自保。也说明在春秋时期的兼并战争中，胙国随着军事实力的下降，讲究门户的贵族婚姻原则已不再严格遵守。

关键词：胙国　始封　史事　金文

胙国是周代姬姓诸侯国，其史事经传几无称述，胙国故城也被黄河冲毁而埋在地下，古今史家都说胙国史迹不详。通检学界有关胙国的研究文章仅有数篇铭文考释，而以专文论述胙国历史者目前尚未见到。兹不揣简陋，仅就管窥所及，试对胙国的始封年代与始封君以及金文所见胙国史事进行探讨，弥缝其阙于万一，以祈能对胙国史的深入研究有所助益。

一、胙国的始封

胙国始封于周成王四年（公元前1039年[②]）。周武王克商后二年病，“后二年而崩”[③]，“太子诵代立，是为成王”[④]。“成王少，周公旦代行政当国。管、蔡疑之，乃与武庚作乱”[⑤]，联合东方的徐、奄、熊、盈、薄姑等部，起兵叛周。“周公奉成王命”亲率大军东征，诛武庚，杀管叔，放蔡叔，平东方诸国，苦战“三年而毕

①该文曾发表于《河南大学学报》2008年第3期。略有改动。

②夏商周断代工程专家组：《夏商周断代工程1996-2000年阶段成果报告（简本）》，北京：世界图书出版公司，2000年，第88页。

③夏商周断代工程专家组：《夏商周断代工程1996-2000年阶段成果报告（简本）》，北京：世界图书出版公司，2000年，第49页。

④司马迁：《史记·周本纪》，北京：中华书局，1982年。

⑤司马迁：《史记·宋微子世家》，北京：中华书局，1982年。

定”[①]。其规模之大、持续时间之长与艰巨之程度，都远远超过了武王伐纣。经过这次战争，周灭商之事业才告完成。鉴于这一沉重教训，周成王四年便实行大分封，把同姓、异姓及古帝王之后封于新占领的东方，以巩固周政权。《左传·僖公二十四年》富辰曰：“昔周公弔二叔之不咸，故封建亲戚以蕃屏周。”杨伯峻注曰：“弔，伤也。二叔、管叔、蔡叔。”“咸，终也。不咸谓不终也。”“封建，分封土地建国家也。”“蕃屏，为周室作藩篱屏障也。”[②]据荀子说：“武王崩，成王幼，周公屏成王而及武王以属天下，恶天下之倍周也……兼制天下，立七十一国，姬姓独居五十三人焉。周之子孙苟不狂惑者，莫不为天下之显诸侯。”[③]其中属于文王诸子的有十六国；属于武王诸子的有四国；属于周公姬旦之子的胙，就是在这个时候被分封的。其地在今河南延津县北故胙城东。为东都洛邑的东门户，也是保卫洛邑、防御淮夷徐戎的第二道屏障。与其同时受封的兄弟还有凡、蒋、邢、茅、祭。《汉书·王莽传》记载曰：“成王广封周公庶子，六子皆有茅土。”[④]这些封国虽然大小不等，但都安排在周王朝管辖的中心或关键区域，它们围绕着商都朝歌附近畿内的三监故地和当时叛乱者盘踞的地带，广泛分布在中原地区和千里王畿线上，占据着当时农业生产最好的黄土冲积地，与本族子弟的畿内采邑、众多比较疏远的宗族封国、异姓亲戚之国、古帝王之后的封国及其他旧国错杂在一起，这就直接加强了周王室的统治力量，为周王室筑起了一道道坚固的屏障，尤其是对中原周边地区控制的加强，对殷商遗民敌对势力的瓦解和削弱，对于稳定当时的政局，巩固周王朝的统治，发挥了重要作用。

胙国始封君为周公旦的第七子。周公有八子，皆封国授土。虽然史籍关于周公诸子的排行次序记载不尽相同，但通过比勘分析还是可以理清楚的。长子伯禽封于鲁以镇守东方，次子君陈留相王室，继为周公。《史记·管蔡世家》记载曰：“武王已克殷纣……封叔旦于鲁而相周，为周公。”[⑤]成王曰：“叔父，建尔元子，俾侯于鲁。”[⑥]《汉书·王莽传》颜师古注曰：“谓命周公以封伯禽为鲁公也。”“谓周公拜前，鲁公拜后。”[⑦]《史记·鲁周公世家》更详：“封周公旦于少昊之虚曲阜，是为鲁公。周公不就封，留佐武王。”“其后武王既崩，成王少……于是卒相成王，而使其子伯禽代就封于鲁。”“子伯禽固已前受封，是为鲁公。”《史记索隐》述赞亦曰：“周公摄政，负扆據图。及还臣列，北面匔如。元子封鲁，少昊之墟。夹辅王室，系

①司马迁：《史记·周本纪》，北京：中华书局，1982年。

②杨伯峻：《春秋左传注》，北京：中华书局，1990年，第420、421页。

③王天海校释：《荀子·儒效》，上海：上海古籍出版社，2005年，第260、303页。

④（汉）班固：《汉书》，北京：中华书局，1962年，第4090页。

⑤（汉）司马迁：《史记》，北京：中华书局，1982年，第1564页。

⑥程俊英译注：《诗经·鲁颂·閟宫》，上海：上海古籍出版社，1985年，第665页。

⑦（汉）班固：《汉书》，北京：中华书局，1962年，第4064页及注［一三］、［一四］。

职不渝。”[①]有人认为封鲁、封齐、封古代帝王之后，都应在成王东征以后，因为武王灭纣后，周的势力尚未及于东夷地区。这一分析是非常有道理的。《世本·氏姓篇》记载曰：“周。案郑氏《坊记》注曰：‘君陈周公之子、伯禽弟也。’《尚书序》：‘命君陈分正东郊。’《成周纪年》作‘王命周平公治东都，即君陈也’。《谱》云：‘长子伯禽封鲁，次子君陈留相王室，食采于周。’则《左传》所称周公黑肩等，皆即其后。”[②]由此来看，周公长子伯禽、次子君陈之排行与封地甚明。

其余六人，皆为周公庶子，伯禽之弟。《汉书·王莽传》记载曰：“六子皆封。”颜师古注曰：“周公六子，伯禽之弟也。”[③]《左传·僖公二十四年》富辰曰：“管、蔡、郕、霍、鲁、衛、毛、聃、郜、雍、曹、滕、毕、原、酆、郇，文之昭也。邘 、晋、应、韩，武之穆也。凡、蒋、邢、茅、胙、祭，周公之胤也”[④]。《左传·襄公十二年》杜预注曰：“六国皆周公之支子，别封为国，共祖周公。”[⑤]杨伯峻注曰：“胤，嗣也……是以此六子皆周公庶子。”[⑥]《左传》成书较早，是先秦重要史籍。富辰为周大夫，是周襄王的近臣，距成王400年左右，因此后人对其所述文、武、周公诸子之顺序是给予肯定的。例如，清代学者秦嘉谟辑补《世本》，在编定鲁于文王诸子封国中的次序时说：“鲁，依《世本·世家》文补。案《史记·管蔡世家》，详言武王同母弟十叔之叙，鲁在管叔之下，次居第四。然富辰言文王之子管蔡郕霍，下始数鲁卫，当必有本，今从《左传》。”在编定周与周公诸子封地中的次序时说：“今据《潜夫论》补次凡蒋诸国之上。”此言极是。最后他在《世本·世家》和《潜夫论》的基础上，把周公八子的封国排定为鲁、周、凡、蒋、邢、茅、（胙）、祭，除对鲁、周做了补次，并对其依据做了说明外[⑦]，其余皆从富辰之说，反映了他对《左传》史料的高度重视。实际上，富辰所言周公子的顺序就是按年龄的长幼行次排列的。这不仅符合一般的叙述习惯，也符合当时的礼制与礼俗。史书中也不乏其例，司马迁记载武王所封同母昆弟和文王十子及其后所封时，基本上都是由年长到年少依次来叙述的[⑧]。

按富辰所言周公诸子之序，胙在凡、蒋、邢、茅之下，再加上鲁、周，次居第

①（汉）司马迁：《史记》，北京：中华书局，1982年，第1515、1518、1524、1548页。
②（清）秦嘉谟：《世本》，《世本八种》，上海：商务印书馆，1957年，第226、227页。
③（东汉）班固：《汉书》，北京：中华书局，1962年，第4062页及注［一五］。
④杨伯峻：《春秋左传注》，北京：中华书局，1990年，第422、423页。
⑤杨伯峻：《春秋左传注》，北京：中华书局，1990年，第996页。
⑥杨伯峻：《春秋左传注》，北京：中华书局，1990年，第423页。
⑦秦嘉谟：《世本·氏姓篇》，《世本八种》，上海：商务印书馆，1957年。
⑧（西汉）司马迁：《史记·管蔡世家》，北京：中华书局，1982年。

七。因此，有人说胙国为周公旦第六子的封国是不对的[①]。盖因《世本》的《王侯大夫谱》、《居篇》和《史记》的《世家》只记载了长子伯禽代就封于鲁的世系与都居之地，《左传》僖公二十四年与定公四年也只记有伯禽和周公庶子六人，而次子君陈代为周公之史事则载于《尚书》，但未明言君陈与周公是父死子继的父子关系，致使后人已不知次子君陈袭爵周公之事，或虽知君陈袭爵周公之事，但不知君陈是周公次子，或根据不完全的和晚出的资料做简单推论，提出了一些误说。《汉书·王莽传》陈崇奏之曰："臣闻功亡原者赏不限，德亡首者褒不检。是故成王之于周公也……王曰：'叔父，建尔元子'。子父俱延拜而受之。可谓不检亡原者矣。非特止此，六子皆封……今殿下既知公有周公功德，不行成王之褒赏，遂听公之固辞，不顾《春秋》之明义，则民臣何称，万世何述？诚非所以为国也。臣愚以为宜恢公国，令如周公，建立公子，令如伯禽。所赐之品，亦皆如之。诸子之封，皆如六子……唯陛下深惟祖宗之重，敬畏上天之戒。""及民上书者八千余人，咸曰：'伊尹为阿衡，周公为太宰，周公享七子之封，有过上公之赏，宜如陈崇言。'"[②]这是张竦为大司徒司直陈崇写的奏书和其他民众上书的节文。他们引经据典，征史循例，比附伊尹与周公，极尽称颂之能事，广搜封赏之故事，其目的就是为王莽篡权摇旗呐喊、寻找历史依据。如果他们确实知道周公次子君陈受封的事，那是无论如何都不会漏掉的！"竦者博通士，为崇草奏"[③]，尚且不知周公次子君陈受封而只字未提及之，其追随者八千多人更是直言周公享七子之封。可见，至迟在汉代人们就已把周公受封诸子误为七人了。到东汉末年思想家王符才发现了这一问题，他在总结周代姬姓封国时，除转述《左传·僖公二十四年》富辰所讲的文之昭、武之穆、周公之胤诸国外，又增补了周。他说："姬之别封众多……周、召、虢、吴、随、邠、方、卯、息、潘、养、滑、镐、宫、密、荣、丹、郭、杨（阳）、逢、管、唐、韩、杨（扬）、觚、栾、甘、鳞虞、王氏，皆姬姓也。"[④]在总结氏姓时，又说："周氏、邵氏、毕氏、荣氏、单氏、尹氏、鐂氏、富氏、巩氏、苌氏，此皆周室之世公卿家也。周、召者，周公、召公之庶子，食二公之采，以为王吏，故世有周公、召公不绝也。"[⑤]此实为上文的进一步注解，周作为周公庶子世袭的采邑，故被王符补正为姬姓封国。到唐代司马贞为《史记》作索隐时，便彻底纠正了这一误说。他说："周公元子就封于鲁，次子留相王

①2007年1月笔者在延津县做调查时，被访问者即这样讲，还说胙国的始封君叫伯。网上亦有此类说法，恕不一一备列。

②（汉）班固：《汉书》，北京：中华书局，1962年，第4062、4063、4066页。

③（汉）班固：《汉书》，北京：中华书局，1962年，第4053页。

④（汉）王符著，汪继培笺，彭铎校正：《潜夫论·五德志》，北京：中华书局，1985年。

⑤（汉）王符著，汪继培笺，彭铎校正：《潜夫论·志氏姓》，北京：中华书局，1985年。

室，代为周公。其余食小国者六人，凡、蒋、邢、茅、胙、祭也。”[①]但并未引起今人的足够重视，如有人说：“周公之祚七，长禽封鲁公，次曰凡、曰蒋、曰邢、曰茅、曰胙、曰祭。”[②]显然是把君陈给漏掉了。或把《左传·僖公二十四年》的周公之胤断句为“凡蒋、邢、茅、胙、祭”，加上鲁，以应合文献周公“六子皆封”之数，更谬。皆为断章取义、不熟知文献之故。若能做全面的综合考察分析，周公八子及其行次史籍所载的确昭然。

二、金文所见胙国史事

胙国历史文献记载简略，大量史事被淹没在历史的长河中。然而，考古新发现的金文资料则每每能补其缺遗。现就已公布的资料试做论述。

（1）柞伯簋与大射礼。该器出土于河南平顶山应国墓地M242[③]，簋内底铸有长篇铭文8行74字：

> 隹（惟）八月辰才（在）庚申，王大射
> 才（在）周。王令（命）南宫逹（率）王多
> 士，师𩵦父逹（率）小臣。王徲（迟）
> 赤金十反（钣）。王曰：“小子、小臣，
> 敬又[illegible]（臤），隻（获）则取。”柞（胙）白（伯）十
> 爯（称）弓，无灋（废）矢。王则畀柞（胙）
> 白（伯）赤金十反（钣），徣（诞）易（赐）柷见。
> 柞（胙）白（伯）用作周公宝尊彝。

这是一篇记载胙伯参加周王举行的大射礼的铭文。其大意是说，在八月庚申这一天，周王在都城镐京举行大射礼。周王命南宫率领王子弟中得爵之士，师𩵦父率领王臣。周王陈放了十钣红铜作为奖品，周王说：“小子、小臣，你们要谨慎谦恭，持弓矢审固，若能射得，就取走这十钣红铜。”柞伯十次举弓，十发十获，没有作废一箭，周王于是便把十钣红铜奖给了柞伯，并且又把柷地赐予柞伯用作向王贡纳野物的田猎地。柞伯因此铸造铜簋以为纪念，并用来祭祀周公，以感谢周公在

①（汉）司马迁：《史记》，北京：中华书局，1982年，第1524页及注［一］。

②詹招琳：《中华姓氏源流通谱（二）》，http：//gaoshi zong qin. bokee. com. / viewdiary. 15425125.html.

③王龙正、姜涛、袁俊杰：《新发现的柞伯簋及其铭文考释》，《文物》1998年第9期。

天之灵的护佑。

柞伯簋资料公布后，学界的分歧意见主要有四点。一是簋的年代。发掘者认为“将柞伯簋的制作年代定在康王时期比较合适”[①]。李学勤先生认为“中器时在昭王，可证柞伯簋的年代”[②]。裘锡圭先生认为柞伯簋是“西周早期铜器”[③]，但未指明是何王之时。朱凤瀚先生认为“簋年代约在康、昭之时”[④]。按该器所饰兽面纹确为商末周初铜器上的常见纹饰，铭文字体也属西周早期金文习见的波磔体，但器体形制与双重足的做法则常见于西周早期至穆王时期，我们注意到李学勤先生把这种借以举高簋体的类似设计，已由原说的“年代均为昭穆时期”[⑤]，重审为“年代大都为康王至穆王时”[⑥]。如果再综合考虑柞伯参加此次射礼的年龄因素，笔者认为簋的年代定在康王之时较为妥当。同时也说明该器的一些特征在康王时即已出现，并延续到昭穆王时期。

二是周王的话是对谁说的。发掘者认为是对小子、小臣等所有参加竞射的人讲的[⑦]。李学勤先生认为是“专对柞伯而言，并不是讲给所有参加大射的卿大夫士听的”[⑧]。按《仪礼·大射仪》《礼记·射义》之记载，大射礼的确是由众人参加的耦射竞技活动，周王不可能只让柞伯一个人射箭，因此，周王的话也不可能只对柞伯一个人讲。学界对柞伯簋铭的某些字虽然存在分歧，但在断句上大都以小子、小臣为王的训诰对象，可能就是基于这种考虑的。

三是柞伯为第几代。发掘者认为“簋铭中的柞伯应是第一代胙国国君的嫡长子”[⑨]。李学勤先生认为“柞伯也应是胙国的始封君”[⑩]，又说“平顶山发现的柞伯簋，作器者乃周公之子、胙国的第一代国君”[⑪]。现在看来，应以李学勤先生所说的第一代胙伯为是。这不仅有周公另一子祭公为昭王重臣可作佐证，而且在周公诸子封国所铸铜器之铭文中还有这样一个规律：凡是“用作周公宝器”者，作器者都是该国的始封君、周公之子，如邢侯簋、延盘等。凡不是“用作周公宝器”，而是用作文考、烈祖、皇考等宝器者，作器者都是该国的继任者、周公的孙辈后代，亦即周公儿子的

①王龙正、姜涛、袁俊杰：《新发现的柞伯簋及其铭文考释》，《文物》1998年第9期。
②李学勤：《柞伯簋铭考释》，《文物》1998年第11期。
③裘锡圭：《商铜鼋铭补释》，《中国历史文物》2005年第6期。
④朱凤瀚：《柞伯鼎与周公南征》，《文物》2006年第5期。
⑤李学勤：《柞伯簋铭考释》，《文物》1998年第11期。
⑥李学勤：《论覨簋的年代》，《中国历史文物》2006年第3期。
⑦王龙正、姜涛、袁俊杰：《新发现的柞伯簋及其铭文考释》，《文物》1998年第9期。
⑧李学勤：《柞伯簋铭考释》，《文物》1998年第11期。
⑨王龙正、姜涛、袁俊杰：《新发现的柞伯簋及其铭文考释》，《文物》1998年第9期。
⑩李学勤：《柞伯簋铭考释》，《文物》1998年第11期。
⑪李学勤：《中国青铜器及其最新发现》，《烟台师范学院学报》1995年第3期。

子孙后代，如鲁侯熙鬲、鲁伯悆盨、柞伯鼎等。按古代“男子二十加冠”而成人[①]，“与戎事”[②]。根据夏商周断代工程年表，从成王四年（公元前1039年）到昭王终年即昭王十九年（公元前977年），积62年。昭王在位19年[③]，当然，柞伯也不可能与昭王同年死。假如柞伯死于昭王十年之前，时年应为六七十岁。因此，第一代柞伯活到昭王之年是有可能的。既然第一代胙伯在昭王之时还活着，那成器于康王之时、并已称“伯”的柞伯簋铭的“柞伯”，就不可能是第二代柞伯，也不可能是第一代柞伯的嫡长子了。同时，还必须指出的是第一代柞伯能活到昭王之年，并不是说他参加大射礼也一定在昭王之年。柞伯参加大射礼的年代，无疑应与簋的制作年代相近。据夏商周断代工程年表，从成王四年到康王终年，即康王二十五年（公元前996年），积43年[④]，加上冠礼之年龄，柞伯为63岁，而参加大射礼则必在康王前期，其年龄应为50多岁。况且，“古者五十而后爵”[⑤]，柞伯既已称伯爵，自然也应在五十岁以上。如果把该器的年代定在昭王之时，而柞伯必以六七十岁的高龄参加大射礼并获得“十称弓无废矢”的成绩，就有些不可思议了。

四是“小子”为哪些人的称谓。发掘者认为“士”是举行过冠礼的贵族成年男子的称谓，“成年的多士与小子对举，这说明小子是对未成年人的称谓”。“小子有年轻人的意思”，成人与小子对举，“说明小子的本意原是指尚未行冠礼的未成年人”。“非自称小子，是其实际身份，即指同族的年轻人或晚辈”。“本铭的小子，又称王多士，是周王的警卫队成员，同时也是贵族大学的国子”。“柞伯是周公的后裔，当属铭文中周王所称的‘小子’之列。他在胙国为大子，称柞伯，因年少而游学于京城，故可称为小子”。“柞伯应是首任胙国君主的嫡长子，是康王的堂弟，所以康王称之为小子是合乎情理的。”[⑥]李学勤先生认为：“当时‘小子’等词如系自称，是表示谦卑；如称他人，则是长上的口吻，并不意味被称呼者年纪幼小。”[⑦]今案发掘者当初之说确未谛审，斟酌不够严密，以致前后所论矛盾。相比之下，李说则较为近似，可以信从。目前学界关于“小子”含义与身份的讨论至少有六七种意见，但在商周金文中，“小子”往往是与“子”相对而言的，“子”是大宗之长，小子是从本家

①宗福邦、陈世铙、萧海波：《故训汇纂》，北京：商务印书馆，2003年，第204、841页。

②（汉）桓宽撰，王利器校注：《盐铁论·未通》，北京：中华书局，1992年。

③夏商周断代工程专家组：《夏商周断代工程1996-2000年阶段成果报告（简本）》，北京：世界图书出版公司，2000年，第88页。

④夏商周断代工程专家组：《夏商周断代工程1996-2000年阶段成果报告（简本）》，北京：世界图书出版公司，2000年，第88页。

⑤（清）阮元：《十三经注疏·士冠礼》，北京：中华书局，1980年。

⑥王龙正、姜涛、袁俊杰：《新发现的柞伯簋及其铭文考释》，《文物》1998年第9期。

⑦李学勤：《柞伯簋铭考释》，《文物》1998年第11期。

分出去的从属于大宗的分族族长，即小宗之长①。在西周社会，按照宗法制度和贵族宗族的组织结构，周天子是当时天下同姓诸侯的大宗，各同姓诸侯在其封国内也是其同姓卿大夫的大宗，但对于周天子来说则是小宗。柞伯作为周公的后裔，自然被视为周天子的小宗。因此，康王称自己的堂叔、第一代柞伯为小子也是合乎宗法的，完全没有必要遵循《尚书·康诰》“王若曰：孟侯，朕其弟，小子封”之例②，非得把柞伯说成是康王的堂弟、第二代柞伯。相反，西周宗法制度恰恰是《康诰》“王”为成王的确解。按伯叔之叔，金文常写作弔，古文弔与弟字形相近，“朕其弟”之弟，或有可能是叔字之讹误。其后文“寡兄”之寡，早已有学者指出：“读为椵，大也。”③如是解则字通意顺，也不存在学界所说的那些矛盾了。况且，簋铭的“小子”也不是王针对柞伯一个人的称呼，而是对所有参加竞射的宗小子的称谓，其中也一定有与康王平辈的堂弟或错辈的堂叔、堂侄。再者，簋铭柞伯除获得射前即已设定的“赤金十钣”外，原文认为又受到周王赏赐的柷敔乐器。柷为众乐之统，能赐予柞伯足见礼仪之重。并征之《礼记·王制》：“天子赐诸侯乐，则以柷将之，赐伯、子、男乐，则以鼗将之。”④《史记·鲁周公世家》“于是成王乃命鲁得郊祭文王。鲁有天子礼乐者，以褒周公之德也”⑤，以为佐证。现在看来，柞伯又受到周王赏赐的是柷地，而不是乐器。既然周王能把柷地赐予他监管或用作向王贡纳野物的田猎地，更说明此时的柞伯也不应是未成年人，而且非第一代柞伯莫属。

（2）柞伯鼎与昏邑之战。该器的年代为西周晚期厉宣之时⑥。腹内壁一侧铸铭文12行，含合文112字：

（惟）四月既死霸，虢中（仲）令
柞（胙）白（伯）曰：“才（在）乃圣且（祖）周公繇
又（有）共于周邦，用昏无
及，广伐南或（国）。今女（汝）𢦏（其）率
蔡侯左至于昏邑。”既围𩏂（城），
令蔡侯告。𨒪（徵）虢中（仲）𧽊（遣）
氏，曰：“既围昏。”虢中（仲）至。辛酉，
尃（搏）戎。柞（胙）白（伯）鞻（执）𠹌（讯）二夫，隻（获）戭（馘）

①朱凤瀚：《商周家族形态研究》，天津：天津古籍出版社，2004年。
②（清）阮元：《十三经注疏》，北京：中华书局，1980年，第203页。
③李民、王健：《尚书译注》，上海：上海古籍出版社，2004年，第259页。
④（清）阮元：《十三经注疏》，北京：中华书局，1980年，第1332页。
⑤（汉）司马迁：《史记》，北京：中华书局，1982年，第1523页。
⑥朱凤瀚：《柞伯鼎与周公南征》，《文物》2006年第5期。

十人。諆（其）弗敢㤅（昧）朕皇且（祖），
用乍（作）朕剌（烈）且（祖）幽叔宝尊
鼎，諆（其）用追亯（享）孝，用旂（祈）眉
寿邁（万）人（年）。子子孙孙其永宝用。

这是一篇关于胙伯率领蔡侯围攻昏邑的战事记录。全铭大意是：在四月既死霸时，虢仲命令柞伯说："当初在你的圣祖周公致力于周邦的时候，其勤勉无人能及，他曾广伐南国。现在命令你率领蔡侯从左面进抵昏邑。"等到已将昏邑城围住，柞伯命令蔡侯向上司报告。蔡侯征召虢仲的部下通信员遣氏，蔡侯对遣氏说："已经包围了昏邑。"虢仲于是亲临昏邑。辛酉日，开始进攻，搏杀戎人。柞伯抓到俘虏二人，获馘十人。柞伯不敢对自己的皇祖有所隐蔽，因而作我的烈祖幽叔之宝尊鼎，用以追思、享孝幽叔，用来祈求长寿万年，子子孙孙要永远宝用此鼎。

铭中的幽叔是谁？这是一个不应回避的问题。按皇祖，晋公𥂴、望簋、禹鼎、不䙐簋盖、叔向父簋、毕盖簋、㝬簋、𩛥史殿壶、秦公簋、叔夷钟、中山王䂂方壶等器铭中亦见。为古时王室称其"已故的祖父"[①]；也"泛指远祖"[②]。《书·五子之歌》曰："皇祖有训。"[③]五子皆启之子，禹之孙；《诗·鲁颂·閟宫》曰："皇祖后稷，享以骍牺。""周公皇祖，亦其福女。"[④]《左传·昭公十二年》曰："昔我皇祖伯父昆吾，旧许是宅。"定公元年曰："薛之皇祖奚仲居薛，以为夏车正。"[⑤]《国语·晋语九》曰："敢昭告于皇祖文王。"[⑥]按烈祖，墙盘、師　鼎、六年琱生簋、师询簋、宰兽簋等器铭中亦见。为"古称开基创业的帝王"或"始祖"[⑦]，"是对祖先的敬称"[⑧]。《书·伊训》曰："伊尹乃明言烈祖之成德以训于王。"孔氏传："汤，有功烈之祖，故称焉。"[⑨]《诗·鲁颂·泮水》曰："允文允武，昭假烈祖。"朱熹集传曰："烈祖，周公鲁公也。"[⑩]《左传·哀公二年》曰："卫太子祷曰：'曾孙蒯聩敢

①《辞源》，北京：商务印书馆，1980年，第2178页。
②《辞海》，上海：上海辞书出版社，1980年，第1770页。
③（清）阮元：《十三经注疏》，北京：中华书局，1980年，第156页。
④（清）阮元：《十三经注疏》，北京：中华书局，1980年，第615页。
⑤（清）阮元：《十三经注疏》，北京：中华书局，1980年，第2064、2131页。
⑥李维琦点校：《国语·战国策》，长沙：岳麓书社，2006年，第121页。
⑦《辞海》，上海：上海辞书出版社，1980年，第1566页。
⑧《辞源》，北京：商务印书馆，1980年，第1920页。
⑨（清）阮元：《十三经注疏》，北京：中华书局，1980年，第163页。
⑩宗福邦、陈世铙、萧海波：《故训汇纂》，北京：商务印书馆，2003年，第1353页。

昭告皇祖文王、烈祖康叔、文祖襄公。’”杨伯峻注曰：“康叔亦卫之始封君。”[①]上举诸例说明，在周代被称为皇祖、烈祖者，都是有功烈的开基创业的远祖或始封君，其他任何人都是无资格享受这一美誉的。依此则柞伯鼎铭所称之朕皇祖与朕烈祖只能是周公和胙国的始封君。然本铭既已称周公为圣祖，且周公的名谥、爵称史载清楚，可以肯定与幽叔无涉。若皇祖取祖父之称，则本铭之柞伯只能是第一代胙伯的孙子。从成王到厉、宣，共十王，250多年，而胙国国君只有三世，显然不妥，亦应排除。

按幽叔，类似称谓亦见于親簋、六年琱生簋、宰兽簋、叔向父簋、即簋及师丞钟等器铭。王冠英先生考释親簋“用作朕文祖幽伯宝簋”说：“親的祖父谥‘幽伯。’”[②]王慎行先生论证师𩛥的家族世系时说：即簋、师丞钟铭的“‘幽叔’正是师望的谥号”[③]。王辉先生注解禹鼎“肆武公亦弗遐忘朕圣祖考幽大叔、懿叔”说：“幽、懿皆谥号。《说文》：‘幽，隐也。’又云：‘懿，專久而美也。’”[④]此解甚是，于本铭亦适宜。而文献就有称胙伯为“胙叔”的[⑤]。叔是行次，又因以为字。《春秋·文公元年》何休注：“叔者，长幼称也。”[⑥]《仪礼·士冠礼》郑玄注：“伯仲叔季，长幼之称。”《说文·人部》段玉裁注：“伯仲叔季，为少长之次。”《急就篇》卷一颜师古注：“叔者，伯仲之下也。”[⑦]案周代贵族取名字可包含本人在兄弟中的排行，即所谓“伯某甫仲叔季，惟其所当”[⑧]。故对《书·君奭》“亦惟有若虢叔”，《孔安国传》《集韵·屋韵》均曰：“叔，字也。”《诗·郑风·萚兮》“叔兮伯兮”朱熹集传亦曰：“叔、伯，男子之字也。”[⑨]周公子胙伯在兄弟排行中为第七，属叔行，根据古人取名字的礼俗，可包含叔字或直称胙叔。而其子孙继为胙伯者，应是属伯行的嫡长子，叔行的可能性一般不大。换句话说，只有始封君才有叔行的可能。同样，根据谥法，周代贵族谥称中亦可包含其在兄弟中的排行。例如，魏世子馀谥共伯，鲁公子革谥惠伯，陈公子庚谥靖伯，鲁公子庆父谥共仲，鲁公子遂谥襄仲，齐公子年谥夷仲，鲁公子坚、郑公子段谥共叔，鲁公子牙谥僖叔，晋公子捷谥桓叔，卫公子武谥夷叔，鲁公子友谥成季等[⑩]，其中的伯、仲、叔、季皆为行次。因此幽

①杨伯峻：《春秋左传注》，北京：中华书局，1990年，第1616页。

②王冠英：《親簋考释》，《中国历史文物》2006年第3期。

③王慎行：《师𩛥鼎铭文通释译论》，《求是学刊》1982年第4期。

④王辉：《商周金文》，北京：文物出版社，2006年，第218页及注［4］。

⑤陈梦雷：《古今图书集成·氏族典》，北京：中华书局，1985年。

⑥（清）阮元：《十三经注疏》，北京：中华书局，1980年，第2266页。

⑦宗福邦、陈世铙、萧海波：《故训汇纂》，北京：商务印书馆，2003年，第307页。

⑧（清）阮元：《十三经注疏·仪礼注疏·士冠礼》，北京：中华书局，1980年。

⑨宗福邦、陈世铙、萧海波：《故训汇纂》，北京：商务印书馆，2003年，第307页。

⑩秦嘉谟：《世本·谥法》，《世本八种》，上海：商务印书馆，1957年。

叔很有可能就是胙国始封君，亦即周公第七子胙伯的谥称。析言之，则幽为其谥，叔是其字。

（3）邾友父鬲与婚姻外交。山东枣庄市山亭区东江村小邾国贵族墓地M1出土的4件邾友父鬲，铭文相同，共16字：“邾𠭊（友）父媵其子胙嫥（曹）宝鬲，其眉寿永宝用。”①

传世有同铭邾友父鬲，杨树达先生隶释为：“鼄習父朕（媵）其子𩰫嫧宝鬲，其眉寿，永宝用。”②“鼄，”假借为邾。“習”，为友之古文。友又“名肥字友父”③。《春秋·庄公五年》孔颖达疏“《世本》云：邾颜居邾，肥徙郳。《宋仲子注》云：邾颜别封小子肥于郳，为小郳子，则颜是邾君，肥始封郳。《谱》云：小邾，邾侠之后也。夷父颜有功于周，其子友别封为附庸，居郳……《世本》言肥，《杜谱》言友，当是一人”④。友父，即邾颜之子，小邾始封君。“𩰫”，即胙之或字。“嫧”，为邾国曹姓之本字。友父之女嫁于胙，故称𩰫嫧。铭文大意为：邾友父为其女儿胙曹作宝鬲，祈求长寿，子子孙孙要永远宝用。

这五件邾友父鬲⑤，均是小邾国君媵女之器，即邾友父为其嫁为胙国夫人的女儿制的媵器。按照金文惯例，胙曹一名，胙为其夫氏，曹为其姓。先秦女子称姓，前冠以氏，或取夫家氏或取自家氏。可知此人是曹姓嫁于胙氏者。小邾国为曹姓，胙国为姬姓，符合古代通婚原则，《潜夫论·志氏姓》：“曹姓封于邾；邾颜子之支，别为小邾。”笺曰：“隐元年《左传》杜注：邾，今鲁国邹县也。”⑥古代贵族婚姻比较讲究门户，然小邾国“其后数从齐桓以尊周室，王命以为小邾子”⑦，是子爵，胙国为伯爵，而两国能通婚，表明在春秋时期的兼并中，这一原则已经不是很严格了。同时，小邾国生存在齐、鲁、宋、邾等大国的夹缝之中，出于战略考虑，它不仅要内修政治，还要通过合理的外交政策和姻亲对象来外联诸侯，以提升自己的对抗实力。正是这样才使小邾国即使在风雨飘摇的春秋战国时代，也能在相当长的时间内国泰民安，终使国祚长达500年之久。

（4）柞侯簋与胙国媵器。该器为传世铜器，铭文共11字：“柞侯曰：为季姬簋，

①李学勤：《小邾国墓及其青铜器研究》，《东岳论丛》2007年第2期。

②杨树达：《积微居金文说》，北京：中华书局，1997年，第166页、250页。

③陈槃：《春秋大事表列国爵姓及存灭表譔异》，台北：“中研院”历史语言研究所，1988年，第283页。

④杨树达：《积微居金文说》，北京：中华书局，1997年，第250页。

⑤另据朱凤瀚先生告知，山西省在打击文物犯罪中又查获1件邾友父鬲，至此该鬲已达6件，符合当时鼎鬲组合中鬲为偶数的制度。

⑥汪继培笺，彭铎校正，王符：《潜夫论》，北京：中华书局，1985年，第144页及注［6］。

⑦（清）阮元：《十三经注疏》，北京：中华书局，1980年，第1764页。

其万年用。”[①]此则是胙国国君为其女儿季姬所作的陪嫁礼器。

另外，岑仲勉先生把出土于江苏丹徒区烟墩山的宜侯夨簋铭文中的地名“宜”隶为“胙”，定其地望在今河南延津县北35里，即古胙国所在地[②]。然此胙侯是由虞侯转封来的，若虞为北虞，其地在今山西平陆县，周武王封仲雍之后周章弟虞仲于此。若虞读作吴，其地在南方，周武王封仲雍之后周章于此。而文献记载，胙则为周公庶子的封国，其国君金文则称柞伯。因此岑先生之说似可商榷。

三、结　语

综上所述，我们可以归纳为如下五点。①胙国是周公第七子的封国，始封于成王四年。据金文其世系可复原四世，即簋铭柞伯亦即鼎铭幽叔、鼎铭柞伯、簋铭柞侯和鬲铭胙君。②柞伯簋成器于康王之时，作器者为周公之子、胙国第一代国君。根据文献记载的祭公仕周之年、古代男子加冠和授爵之年龄以及夏商周断代年表中周昭王之积年，第一代胙伯活到昭王之世是有可能的。康王称第一代胙伯为小子也是合乎宗法的。柞伯簋是胙国铜器，却随葬在应国墓地。应国也是姬姓国，属“武之穆”。两国发生战争的可能性不大，而M242又属西周早期墓葬。故此簋应是柞伯作为赗赙礼物赠送给应国贵族，以助办M242墓主人丧事的。表明在西周早期胙、应两国关系比较亲密。③柞伯鼎的作器者为柞伯簋铭柞伯的直系后人。鼎铭中的幽叔很有可能就是指第一代柞伯，幽为其谥，叔是其行字。④西周时期的胙伯武功高强，能征善战，深得周天子的赏识与重用。康王时期的第一代柞伯，曾荣幸地参加了周王在都城镐京举行的大射礼，柞伯“十称弓无废矢，”以精湛的射艺，获得周王“赤金十钣”和柷地的奖赏。西周晚期厉宣时的柞伯，虽奉周朝重臣虢仲之命，却能率、令蔡侯围攻昏邑，搏杀戎人。在这次以虢仲为主帅、柞伯为主将、蔡侯为副将的三方师旅协同作战中，柞伯取得俘虏二人，获馘十人的战绩。可见柞伯的军事地位是比较高的。胙国虽为小国，但在西周时期也和虢国一样，是一个以武功著称于世的军事强国。⑤胙国与小邾国是姻亲国。小邾国女子嫁为胙国夫人。这一方面说明生存在大国夹缝中的小邾国，出于战略考虑，不得不通过政治婚姻来攀附高枝以自保。另一方面也说明在春秋时期的兼并战争中，胙国的军事实力已今非昔比，讲究门户的贵族婚姻原则已经不是很严格了。

①中国社会科学院考古研究所：《殷周金文集成》3752，北京：中华书局，2007年。

②王卫平：《半个世纪以来围绕俎侯夨簋的争论》，《文博》2001年第5期。

第三章　新见小邾国及其相关青铜器研究

近年来，随着考古发掘的不断展开，又有一批新的与小邾国相关的青铜器面世，出土这些器物的遗址大多被不法分子盗掘，有的遗址抢救性发掘工作仍在进行。这些遗址的考古发掘资料尚未正式公布，但公安部门追缴的部分器物已经在各大博物馆展出，现将目前已知的青铜器的情况进行初步的整理与研究，抛砖引玉，以供学界讨论。

一、徐楼墓地出土的青铜器

徐楼墓地M1与M2的墓葬形制、棺椁制度以及随葬器物组合前文已有论述，其中M1出土青铜器92件，有铭文者为宋公鼎3件，宋公铺2件，滥夫人镈1件，采集编钟残片4片；M2出土青铜器86件，有铭文者为徐王鼎1件，⿰氵戈公鼎1件，郳子妆戈1件。除此之外，两座墓葬还出土了不知名青铜器、盒、矰矢等独具特色的器物。这些金文资料为研究徐楼墓地墓主人的国别、婚姻外交提供了证据，众多的特殊随葬器物则是探讨当时贵族生活、娱乐方式的重要资料。

（一）宋公鼎铭文考释及文化因素分析

M1共出土3件宋公鼎，均有残损，形制、纹饰、铭文相同，只是大小有别，为一组列鼎。以M1：39为例，该鼎口径32.8厘米，腹径34.8厘米，腹深12.4厘米，通高26厘米①。3件鼎均有平盖，盖正中心有一个半环形纽，周围铸有铭文，鼎口微敛，与盖成子母口，斜弧腹下收为圜底，鼎腹极浅，器身铸有一对高出鼎盖的附耳，三条蹄形足肥大粗壮，足底外撇。盖顶饰一周蟠螭纹，蟠螭纹外延铸有三个曲尺形捉手，其上亦饰蟠螭纹，器身外壁上部饰一周蟠螭纹，下部饰一周弦纹，附耳上侧饰夔龙纹，下饰S纹，底部有范痕。3件鼎均为实用器，鼎底部有烟炱，且曾修补。鼎盖上与鼎腹内壁铸有相同铭文，共5行含合文28字，释文为："有殷天乙唐孙宋公⿴囗匋作⿰氵戈叔子⿰饣桼鼎，其眉

①枣庄市博物馆、枣庄市文物管理办公室、峄城区文广新局：《枣庄市峄城徐楼东周墓葬发掘报告》，《海岱考古》（第七辑），北京：科学出版社，2014年，第59～127页。

寿万年，子子孙孙永保用之。”（图3-1）

“有殷天乙唐孙宋公𪔂”。“有”为句首助词，无实际意义，常用于上古国名之前，如《离骚》云：“及少康之未家兮，留有虞之二姚。”①“有虞”即帝舜所立的国族之名。又如《尚书·汤誓》曰：“有夏多罪，天命殛之。”②《左传·襄公四年》曰：“昔有夏之方衰也，后羿自鉏迁于穷石，因夏民以代夏政。”③《逸周书·度邑》曰：“自洛汭延于伊汭，居阳无固，其有夏之居。”④可见，夏代在古文献中也被称“有夏”，这种称谓方式延续到了商代。《尚书·太甲中》曰：“皇天眷佑有商，俾嗣王克终厥德，实万世无疆之休。”⑤《荀子·正论》曰：“昔者武王伐有商，诛纣，断其首，县之赤旆。”⑥因此，“有”是冠于上古国族前的词头，“有殷”即商王朝。“天乙唐”即“天乙汤”，也就是建立殷商王朝的成汤。“天乙”甲骨文作“大乙”，卜辞中常有对大乙祭祀的贞问，如“上甲岁三牛……大乙岁三牛”（《合集》22641，图3-2），上甲是上甲微，商代先王，大乙即成汤，此卜辞是贞问对上甲、大乙的祭祀用牲的。又如“癸卯卜，王贞自大乙、大丁、大甲”（《合集》22725，图3-3），大乙仍指成汤，大丁应是《史记》所言“未立而卒”的成汤太

1

2

图3-1　宋公鼎及其铭文拓本

1. 宋公鼎　2. 宋公鼎器铭拓本

（采自山东博物馆、枣庄市博物馆：《大君有命，开国承家：小邾国历史文化展》，北京：北京时代华文书局，2018年）

①（宋）朱熹撰，黄灵庚点校：《楚辞集注》，上海：上海古籍出版社，2015年，第28页。

②（清）阮元校刻：《十三经注疏·尚书正义》，北京：中华书局，1980年，第160页。

③（清）阮元校刻：《十三经注疏·春秋左传正义》，北京：中华书局，1980年，第1933页。

④佚名撰，袁宏点校：《逸周书》，济南：齐鲁书社，2010年，第46页。

⑤（清）阮元校刻：《十三经注疏·尚书正义》，北京：中华书局，1980年，第164页。

⑥（清）张湛：《荀子集解》，《诸子集成》（二），北京：中华书局，2006年，第219页。

图3-2　“大乙”卜辞拓本
（采自《合集》22641）

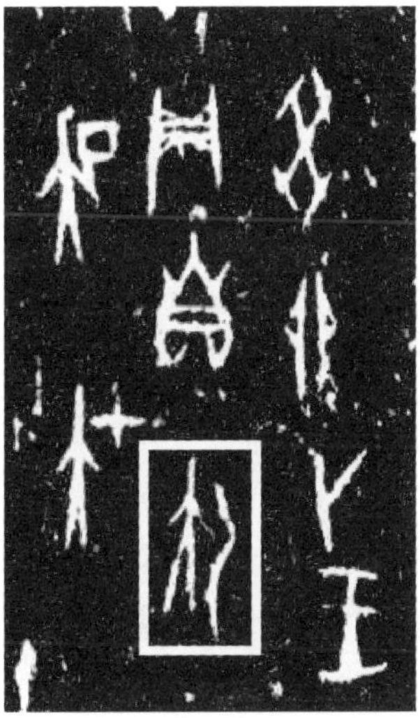

图3-3　“大乙”卜辞拓本
（采自《合集》22725）

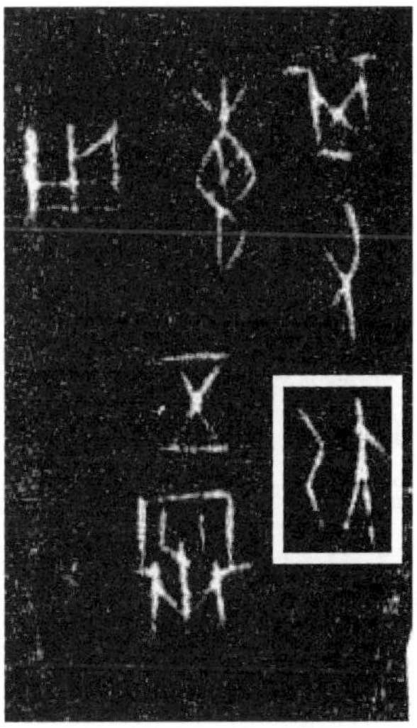

图3-4　“大乙”卜辞拓本
（采自《合集》27090）

子太丁，大甲则是太丁长子太甲，成汤、太丁、太甲是商代前三世的商王，太丁、太甲是成汤的嫡子和嫡长孙，因此将三人列在一起贞问。还有“其又大乙，叀五牢用”（《合集》27090，图3-4），这则卜辞记录了用五牢的标准来祭祀大乙。由此可见，商人十分重视对大乙的祭祀，而大乙就是本铭的天乙，见于《史记·殷本纪》记载：“主癸卒，子天乙立，是为成汤。”[①]“唐”是“汤”的本字，所以，天乙唐即天乙汤，也就是文献中的成汤、甲骨文中的大乙。金文常有“某某之孙某某”的句式，是青铜器的器主借助某位有很高名望的先祖来介绍自己，如郳公**钘**钟铭文：“陆终之孙郳公**钘**作毕禾钟。”陆终祝融是郳国国君的先祖，因此，郳公**钘**自称为“陆终之孙”。本铭的“天乙唐孙”也见于金文资料，宋公栾簠铭文“有殷天乙唐孙宋公栾作其妹句吴夫人季子媵簠”（《集成》4589、4590）。该铭文与本铭句式如出一辙，宋国始封君是微子启，《史记·宋微子世家》记载曰：“微子开者，殷帝乙之首子而帝纣之庶兄也……武王崩，成王少，周公旦代行政当国。管、蔡疑之，乃与武庚作乱，欲袭成王、周公。周公既承成王命，诛武庚，杀管叔，放蔡叔，乃命微子开代殷后，奉其先祀，作微子之命以申之，国于宋。”[②]微子开即微子启，为避汉景帝刘启名讳改称“开”，宋国国君是殷商王室后裔，在武庚之乱后受封于宋以延续殷商先祀，故宋国国君在其作器的铭文中自称为“有殷天乙唐孙”。“⿴囗陶”即“固”，该字金文习见，学界前辈已有较多论述，王恩田先生曾作过总结：“⿴囗陶，

①（汉）司马迁：《史记》，北京：中华书局，1982年，第92页。

②（汉）司马迁：《史记》，北京：中华书局，1982年，第1607、1621页。

徐同柏、吴大澂、董作宾、周法高释造，孙诒让释遯，吴宝炜释遂，郭沫若释貌，杨树达、高田忠周释为愙之借音字。释愙的主要根据是《说文》‘貈’字条引《论语》：‘狐貈之厚以居。’而今本《论语》貈字作貉。尽管李孝定先生从音韵学角度对舟、各二字声韵相远，是否可以通假表示怀疑，但释愙毕竟远胜于他说。”①王先生认为杨树达、高田忠周释为“愙”较其他说法更为合理，李学勤先生也认同这一观点：“1942年杨树达先生作《毛公鼎跋》，分析‘⿴口貈’字从‘貈’声，而‘貈’通‘貉’，故‘貈’当读为‘愙’即‘恪’字，这一见解尽管有学者反对，但已被有关学界多数人接受，如《殷周金文集成》便予采用。现在徐楼村鼎铭宋公名‘⿴口貈’与‘固’、‘瑕’相通，‘固’古音见母鱼部，‘瑕’匣母鱼部，‘⿴口貈’匣母铎部，证明杨树达先生的释读是正确的。”②本铭“⿴口貈”字从囗从貈，隶定为“固”得到了学界多数学者的赞同，特别是李学勤先生得出⿴口貈、固、瑕三字古音相通的认识，一举解决了宋公鼎器主身份的问题。《春秋经·成公十五年》载曰：“夏六月，宋公固卒。”《左传》云：“夏六月，宋共公卒……秋八月，葬宋共公。”③《史记·宋微子世家》曰：“二十二年，文公卒，子共公瑕立。”④宋共公《春秋》称固，《史记》称瑕，依李先生之言，三字相通，可知本铭的“⿴口貈”即宋共公固。对此也有学者提出了不同意见，叶正渤先生认为：“⿴口貈，从囗从貈，发掘报告释作‘固’，称宋公固。本文以为，发掘报告把从囗从貈（貂）的⿴口貈字释作‘固’，是缺乏文字学根据的。该字在西周金文中是常见字，或读作绸缪之绸（毛公鼎铭文），或读作‘繇、繇、由’，也有读作‘劭’，有勉励义，但是从来没有读作‘固’的。《春秋》所记（鲁）成公十五年：‘夏六月，宋公固卒’，是大司马公孙固。《史记·宋微子世家》：‘十七年，（宋）成公卒。成公弟御杀太子及大司马固而自立为君。’宋成公十七年是前620年。大司马公孙固，是宋庄公之孙，字子鱼，宋襄公时任大司马之职，历仕宋襄公、宋成公。是宋襄公的祖父辈，宋成公的太祖父辈，故可称为宋公固，此宋公是辈分上的尊称，并非国君之称。”⑤叶先生对本铭“⿴口貈”的释读暂且不谈，单论其认为宋公固并非宋国国君一说尚可商榷，《春秋》经传记载诸侯国君去世，往往卒时称名字，葬时称谥号，如《春秋经·隐公三年》曰：“八月庚辰，宋公和卒……癸未，葬宋穆公。”又《桓公十七年》曰：“六月丁丑，蔡侯封人卒。

①王恩田：《枣庄峄城宋公鼎与公鼎》，《管子学刊》2013年第1期。

②李学勤：《枣庄徐楼村宋公鼎与费国》，《史学月刊》2012年第1期。

③（清）阮元校刻：《十三经注疏·春秋左传正义》，北京：中华书局，1980年，第1914页。

④（汉）司马迁：《史记》，北京：中华书局，1982年，第1630页。

⑤叶正渤：《枣庄徐楼东周墓出土青铜器铭文考释》，《中国文字学报》（第7辑），北京：商务印书馆，2017年，第75、76页。

癸巳，葬蔡桓侯。”又《昭公元年》：“六月丁巳，邾子华卒……葬邾悼公。”[①]而且若《春秋》记载的宋公固并非国君，而是宋国的大司马，那么《左传》又将其称为宋共公就说不通了。因此，我们认为李学勤、王恩田二先生将本铭“𡇗”字隶定为“固”，即宋共公固是十分合理的。

“𣲚叔子”。“𣲚”字的隶定是本铭争论的焦点，李学勤先生将其隶为“𥹯”，并提出：“‘𥹯’字以‘𢀴’为声，‘𢀴’字见于《说文》，是从‘比’声的字，所以‘𥹯’也属‘比’声。这个‘𥹯’国就是文献里的费国，位于山东鱼台，与枣庄徐楼村相距不远。《书·费誓》的‘费’，据《史记集解》本作‘粊’，正是从“比”声的字。”[②]李先生将本铭释为“费”，作国名，是学界对该字的首次隶定，得到了一些学者的认可。王琦、燕生东先生将本铭隶为“𨛫”，认为：“（该字）从比、米、邑，以比为声。东周时期，国、城邑名上多有‘邑’旁，因此，‘𨛫’在先秦时期应与‘粊’为一字。文献中费国之‘费’又读为‘粊’，《费誓》《古文尚书》内还作《粊誓》。李学勤先生认为徐楼墓与文献中的费国有关，甚确。”[③]石敬东先生亦从其说，认为该字可写为“鄪”，读作“费”[④]。这一看法也得到发掘者的认可，被徐楼墓地的发掘报告所采用[⑤]。王恩田先生则将该字隶定为“𣳚”，认为：“根据80多年来中国考古学的发现与研究，可以总结出一条规律：秦始皇以前的国君墓葬一般均埋在都城之内或都城附近……鱼台费国位于枣庄徐楼东北直线距离100余千米，无论是鱼台费国国君的墓，还是费县费邑封君的墓都不可能埋在枣庄徐楼……𣳚从戈，从水，比声。应读作邳……峄城徐楼宋公鼎和𣳚公鼎的发现证明𣳚即邳，也就是上邳。峄城西北距滕州薛国故城直线距离约35千米。证明许慎和应劭所说邳在鲁国薛县的看法是正确的。”[⑥]王先生依据先秦诸侯国君墓皆在城中，认为李学勤生生关于“费国”的看法因与徐楼距离过远而不可从，这无疑是正确的，大量的考古资料也证实，先秦时期诸侯贵族墓葬多近于其都城。但是，王先生的观点只是将相距徐楼100余千米的费国，变成了距离35千米的邳国，无论35千米还是100余千米，这个距离对于一个方圆

①（清）阮元校刻：《十三经注疏·春秋左传正义》，北京：中华书局，1980年，第1722、1758、2019页。

②李学勤：《枣庄徐楼村宋公鼎与费国》，《史学月刊》2012年第1期。

③王琦、燕生东：《山东枣庄徐楼发现的粊国墓及相关问题》，《齐鲁文化研究》（第十二辑），济南：泰山出版社，2012年，第44页。

④石敬东：《枣庄徐楼墓葬及相关问题》，《海岱考古》（第七辑），北京：科学出版社，2014年，第406页。

⑤枣庄市博物馆、枣庄市文物管理办公室、峄城区文广新局：《枣庄市峄城徐楼东周墓葬发掘报告》，《海岱考古》（第七辑），北京：科学出版社，2014年，第63页。

⑥王恩田：《枣庄峄城宋公鼎与公鼎》，《管子学刊》2013年第1期。

不过百里的小国都太远了，都不会是在“都城之内或都城附近”。因此，赵平安先生提出了关于“𣲗”字隶定的第三种观点。赵先生认为：“𣲗，从水旁，𢦏声……由于𢦏是鐵的声符，𢦏、鐵音近可通，𣲗可以看作瀸的异体字，瀸是精母谈部字，滥是来母谈部字，声近可通。”[①]仔细观察本铭字形可知，该字从水从戈从二人，张光裕先生得出结论：“该字右旁实从戈作，故李氏（李学勤）释读或可再议，所从二人，无论是否读‘比’或‘从’，人首部位皆同处戈形横划之上，与‘伐’字金文相较，仅单人与双人之别，能否隶定为‘𣲗’，似宜细加考虑。”[②]从张先生之言可以看出，该字的构形从戈从二人，单人与金文“伐”字相近，双人自然与“𢦏”字相近，加之水旁，故隶定为“𣲗”，读为“滥”应是可从的。这一观点也得到了傅修才先生的认同，他指出：“宋公铺所从的‘𢦏’，其构形象以戈砍伐二人头，有灭绝之义，其正可与“伐”字构形之义相对比，故宋公铺此字可以释作‘𣲗’字。”[③]郑清森先生考证了滥国地望，认为：“将铭文解释为滥字相对合理，因为枣庄市峄城区徐楼村东周墓葬附近春秋时期确属滥国辖地。”[④]除此之外，谢雨田[⑤]、王宁[⑥]、井中伟[⑦]、路国权[⑧]、叶正渤[⑨]等先生也都根据自己的研究，认为本字释为“滥”。但叶正渤先生认为“𣲗叔”是人名，与M2出土的𣲗公鼎器主𣲗公为同一人，这一看法值得商榷。“𣲗叔子”是女性之名，本铭虽无“媵”字，但前文已有讨论，媵器铭文有不带“媵”字的情况。“𣲗叔子”属于前文总结的“夫氏+行次+妇姓”的称谓模式，这一模式适用于母国为出嫁女子所作媵器。母国为女子作器需冠以夫氏，“𣲗”即滥，是国名，亦即以地名作为氏称。“叔”表行次，即该女子排行第三，或为第三女至幼女中间的某一

①赵平安：《宋公䜌作𣲗叔子鼎与滥国》，《中华文史论丛》2013年第3期。

②张光裕：《读新见“宋公䜌铺”二器札迻》，《出土文献与古文字研究》（第六辑），上海：上海古籍出版社，2015年，第115页。

③傅修才：《新见宋公铺铭文辨正——兼论宋公铺与宋公鼎的关系》，复旦大学出土文献与古文字研究中心，2013年10月18日。

④郑清森：《山东枣庄徐楼村东周墓出土宋国青铜铭器考——兼论春秋时期滥国》，《四川文物》2017年第4期。

⑤谢雨田：《新出宜脂鼎铭文小考》，复旦大学出土文献与古文字研究中心，2014年2月27日。

⑥王宁：《山东枣庄徐楼东周墓出土铜器铭文释读平议》，复旦大学出土文献与古文字研究中心，2014年5月13日。

⑦井中伟：《试论枣庄徐楼春秋墓的几个问题》，《青铜器与山东古国学术研讨会论文集》，上海：上海古籍出版社，2017年，第424页。

⑧路国权：《峄城徐楼2009M1、M2铜器群的年代和意义》，《青铜器与山东古国学术研讨会论文集》，上海：上海古籍出版社，2017年，第441页。

⑨叶正渤：《枣庄徐楼东周墓出土青铜器铭文考释》，《中国文字学报》（第7辑），北京：商务印书馆，2017年，第75页。

个，皆可以称为“叔”。“子”是该女子的姓，宋国是殷商王室后裔，为子姓，由本铭可知，是宋公固为该女子作器，该女子无疑是宋国公室成员，为子姓。所以，“濫叔子”是宋国国君为其公室之女作媵器时对该女子的称谓，并非“濫叔”与“濫公”是同一人。

“餗鼎”。“餗”同“饙”，是表本器用途的自名，该字在子皇母簠铭文中就已经出现，并进行了探讨，此处不再复述。

综上所释，宋公固即宋共公，也就是《史记》中的宋公瑕，“濫”即滥，与小邿国同出自邿国，是由邿叔术建立的小国。本铭大意可译为：殷商开国之君天乙成汤的子孙宋公固，为将嫁于滥国的公室之女叔子作媵器餗鼎，希望其长寿万年，子孙永远保护并传承使用它。

图3-5　薛国故城浅腹平盖鼎（M2：104）
（采自山东博物馆、滕州市博物馆：《惟薛有序，于斯千年：古薛国历史文化展》，杭州：浙江人民美术出版社，2016年）

滕州薛国故城M2出土了7件浅腹平盖列鼎，即M2：98、M2：99、M2：100、M2：101、M2：102、M2：103、M2：104（图3-5），这批列鼎形制纹饰相同，大小依次递减。其中M2：99，口径29厘米，腹径30厘米，腹深11厘米，通高26厘米；M2：100，口径32厘米，腹径33厘米，腹深11.5厘米，通高26厘米；M2：101，口径33厘米，腹径34厘米，腹深12厘米，通高27厘米①。以上三件浅腹平盖鼎与宋公鼎形制大小最为接近，均是平盖，盖顶正中心有一个半环形纽，周围铸有铭文，鼎盖与鼎沿合为子母口，器身为斜弧壁，浅腹圜底，附耳宽大，且高出鼎盖，三蹄形足极为粗壮。盖顶铭文外饰一周蟠螭纹，边缘铸三个曲尺形捉手，捉手也饰蟠螭纹，器身外壁饰一周蟠螭纹，盖顶、腹内壁均有铭文，共6行29字，内容未公布。李宏先生认为：“薛人作为东夷人的支裔，随商人入主中原，后又随周人东征而重封祖地。自夏、经商、至周而国祚绵延。从薛国故城墓葬所出器物看，其既具有浓厚的东夷人文化特征，也明显地带有夏夷交融的痕迹……（徐楼墓地）M1出土的青铜鼎为平盖鼎，是中原与东夷结合的风格，青铜的地域文化风格在春秋中期进一步凸显。也说明了平顶盖鼎所分布的区域。也给了我们一个启示，即作为殷商后裔的宋公族，以平盖鼎为

①山东省济宁市文物管理局：《薛国故城勘查和墓葬发掘报告》，《考古学报》1991年第4期。

媵器，本身就说明这种器形与殷遗的联系。”①李宏先生通过对这类平盖鼎的源流进行分析，认为其具有明显的殷商文化因素，也揭示了薛国故城浅腹平盖鼎与宋公鼎类似的内在原因。

（二）宋公铺与铜铺的发展演变

M1发掘出土2件宋公铺，除此之外，张光裕先生曾撰文指出在私人处还有2件形制铭文相同的宋公铺，其中1件收录于吴镇烽先生的《商周青铜器铭文暨图像集成》（6157）②，由此可知，徐楼M1至少应随葬4件宋公铺。考古发掘出土的2件宋公铺均残，形制、尺寸大体相同，以M1：24为例，口径24厘米，盘深4.4厘米，底径22.4厘米，足径17.8厘米，通高24.6厘米③。覆钵形盖，盖顶铸有八个外翻镂空莲花瓣，器盖口沿对称有四个卡扣，器身为直口，平折沿，方唇，浅盘，直壁，平底，器柄粗大、中空，大喇叭形足。盖顶中央刻划七角星纹，其外环绕一圈蟠螭纹，器盖下部饰一周较为稀疏的蟠螭纹，器身外壁饰与器盖相同的蟠螭纹，蟠螭纹上下各有两圈凸弦纹，器柄镂空，饰三周长方形镂孔，镂孔交汇处有乳钉和刻划细线相连，足部饰四周长方形镂孔，交汇处亦有乳钉与刻划细线相连。盖内顶、器内底铸有相同的铭文，共6行含合文28字，释文为：“有殷天乙唐孙宋公圝作泧叔子餗铺，其眉寿万年，子子孙孙永保用之。”（图3-6）

宋公铺也称宋公豆，学界根据文献记载以及青铜器自名，将柄部镂空的豆称为“铺”。本器自名为“箭”，隶读为“铺”，除此之外，铭文内容及行文格式与宋公鼎完全一致。青铜铺出现于西周中期，关于铺的起源，高亨先生有考论：“余疑铺即笾也……铜器之豆，上体如盂而深，正宜于盛濡物。铜器之铺，上体如盘而浅，以盛濡物，所容甚少，以盛干物，可以积累，所容乃多，正宜于盛干物，而不宜于盛濡物，则铺是笾而非豆，明矣。”④《说文·竹部》载曰：“笾，竹豆也。”段玉裁注曰：“豆，古食肉器也。木豆谓之梪，竹豆谓之笾。”⑤《仪礼·乡射礼》云：“荐脯

①李宏：《论春秋时期平盖鼎的起源与传承》，《青铜器与山东古国学术研讨会论文集》，上海：上海古籍出版社，2017年，第86、87页。

②张光裕：《读新见“宋公圝铺”二器札迻》，《出土文献与古文字研究》（第六辑），上海：上海古籍出版社，2015年，第113页。

③枣庄市博物馆、枣庄市文物管理办公室、峄城区文广新局：《枣庄市峄城徐楼东周墓葬发掘报告》，《海岱考古》（第七辑），北京：科学出版社，2014年，第66～71页。

④高亨：《文史述林·说铺》，北京：中华书局，1980年，第533页。

⑤（汉）许慎撰，（清）段玉裁注：《说文解字注》，上海：上海古籍出版社，1988年，第444页。

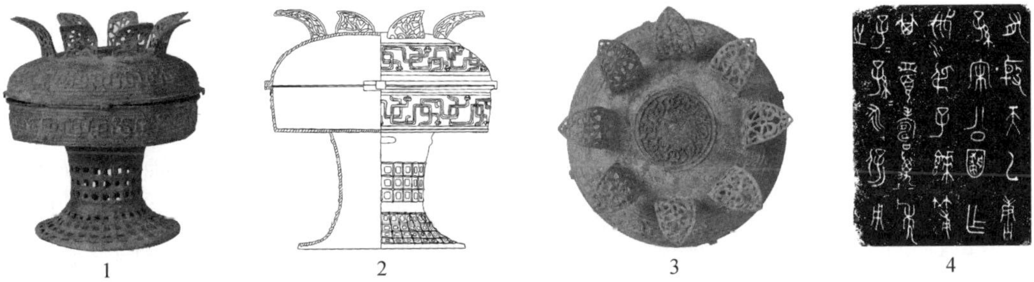

图3-6　宋公铺及其铭文拓本

1. 宋公铺（修复后）　2. 宋公铺线图　3. 宋公铺俯视　4. 宋公铺铭文拓本

（1、3、4. 采自山东博物馆、枣庄市博物馆：《大君有命，开国承家：小邾国历史文化展》，北京：北京时代华文书局，2018年；2. 采自枣庄市博物馆、枣庄市文物管理办公室、峄城区文广新局：《枣庄市峄城徐楼东周墓葬发掘报告》，《海岱考古》（第七辑），北京：科学出版社，2014年）

用笾，醢以豆。”郑玄注曰：“脯用笾，笾宜干物也。醢以豆，豆宜濡物也。”①可见，笾是用竹条编制而成，因此只能盛放以脯为代表的“干物”，高亨先生认为，铺就是青铜质的笾，柄部的镂孔就是竹条交错的反映。目前可见最早的青铜铺，出土于宝鸡茹家庄西周中期墓葬M1②，该铺敛口，腹部微鼓，饰一周较大乳钉，柄部镂空，正如竹条交错编织的形状。自西周中期至春秋晚期，青铜铺器形的变化主要体现在器柄，铺柄镂空的形状从如竹条交错的写实状向抽象的象征形状演变。西周中期偏晚的微伯铺（《集成》4681），直口方唇，窄折沿，直壁浅盘，粗高柄，足部外撇，器腹外壁饰一周鳞纹，柄部为镂空波曲纹，正中有同心圆形纹饰，以乳钉隔开，如编织时打的结，总体已经较为抽象，但仍能看出其象征编织物。西周晚期至春秋早期的青铜铺变化不大，以姜休母铺（《铭图》6119）为例，仍是直口、浅盘，外壁饰一周重环纹，以同心圆纹隔开，与西周中期器形不同的者，是这一时期青铜铺的镂空粗柄开始束腰，并在腰间饰箍棱，纹饰仍为波曲纹。这种箍棱应是替代西周中期的同心圆形纹饰，作为固定编织物的象征性纹饰。春秋早期的青铜铺，形制与西周晚期基本相同，只是这一时期窃曲纹（曾中斿父铺《铭图》6131）、垂鳞纹（虢季铺《铭图》6114）开始流行，并装饰于青铜铺的柄部。春秋中期青铜铺器形变化较大，开始配有器盖，盖顶铸八个外翻镂空莲花瓣，器柄虽仍为镂空，但作为编织物最后象征的箍棱装饰已不再见到，开始出现大量蟠螭纹或蟠虺纹，如厚元氏铺（《集成》3119）、仙人台墓地铜铺（M6：B8）。到了春秋晚期，青铜铺的装饰更加繁复，如纪王崮遗址春秋晚期

①（清）阮元校刻：《十三经注疏·仪礼注疏》，北京：中华书局，1980年，第1009页。

②宝鸡茹家庄西周墓发掘队：《陕西省宝鸡市茹家庄西周墓发掘简报》，《考古》1976年第4期。

墓葬出土的蟠螭纹铺[①]，不仅盖顶铸有八个外翻镂空莲花瓣，还对称饰四个镂空扉棱，通体以蟠螭纹为装饰，器柄粗壮，铸成镂空蟠螭纹，制作工艺复杂（图3-7）。

综上所述，青铜铺是根据文献记载和青铜器自名而定，以盛放干物的竹笾为原型，以柄部镂空为特点，最早出现于西周中期。随着时间的推移，青铜铺器形也不断演变，柄部的镂空造型从写实到抽象，器身纹饰从西周中期的波曲纹，演变为西周晚期至春秋早期的窃曲纹、垂鳞纹，再到春秋中晚期的蟠螭纹、蟠虺纹。青铜铺的器形也愈加复杂，春秋中期以前，青铜铺无盖，以后不仅配有器盖，而且器盖往往装饰八个外翻花瓣，甚至再有四个镂空扉棱。因此，青铜铺的发展演变过程，是由注重实用性到注重艺术性的过程，徐楼墓地M1出土的这件宋公铺，作为工艺品的成分则应该更多一些，是宋共公为叔子所作的媵器。

图3-7 两周时期的青铜铺

1. 浅盘铺 2. 微伯铺 3. 姜休母铺 4. 曾中斿父铺 5. 厚元氏铺 6. 蟠螭纹铺

（1. 采自宝鸡茹家庄西周墓发掘队：《陕西省宝鸡市茹家庄西周墓发掘简报》，《考古》1976年第4期；2～5. 采自《铭图》6140、6119、6130、6154；6. 采自山东省文物考古研究所、临沂市文化广电新闻出版局、沂水市文化广电新闻出版局：《沂水纪王崮春秋墓出土文物集萃》，北京：文物出版社，2016年）

（三）滥夫人镈残铭零释及其相关问题

滥夫人镈出土于徐楼墓地M1，残破严重，舞长12.4厘米，宽9厘米，残高12.8厘

①山东省文物考古研究所、临沂市文化广电新闻出版局、沂水县文化广电新闻出版局编著：《沂水纪王崮春秋墓出土文物集萃》，北京：文物出版社，2016年。

米[1]。该镈器形呈合瓦状，上塑蟠龙形纽，平舞，长方形钲，篆间各有三排共九个乳钉状枚，枚之间饰S形勾连龙纹，舞部饰涡纹。钲部残存“用乐以□”4字铭文，铣部左侧残存“眉”字铭文，右侧残存“滥夫人永”4字铭文。因此，滥夫人镈残存铭文共9字，其中8字可释读（图3-8）。

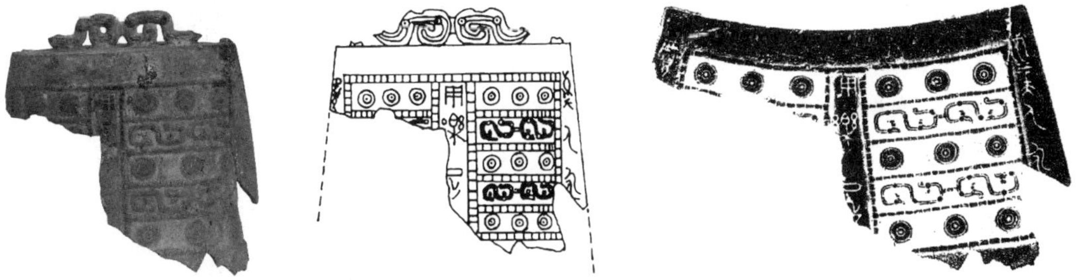

1　　　　2　　　　3

图3-8　滥夫人镈及其铭文拓本

1. 滥夫人镈（残）　2. 滥夫人镈线图　3. 滥夫人镈铭文拓本

（1. 采自山东博物馆、枣庄市博物馆：《大君有命，开国承家：小邾国历史文化展》，北京：北京时代华文书局，2018年；2. 采自枣庄市博物馆、枣庄市文物管理办公室、峄城区文广新局：《枣庄市峄城徐楼东周墓葬发掘报告》，《海岱考古》（第七辑），北京：科学出版社，2014年；3. 采自《铭图续》31040）

滥夫人镈铭文中因残缺不能释读的字，谢雨田先生认为：“该镈钲部残存铭文，整理者释作‘用乐□’，‘乐’下残部作‘’，据笔势，它似当释作‘以喜’。”[2]吴镇烽先生《商周青铜器铭文暨图像集成》收录该器时，也将本铭释为“以喜”。但是，“以喜”在金文资料中并不常见，其含义无法解释，王宁先生指出：“第一字释‘以’是也。第二字以为是‘喜’字则恐有问题，金文中‘喜’无作此种形体者……这个镈的铭文可能是‘滥夫人永□用乐，以□眉寿□□’，‘永’后疑是‘宝’字；‘以’后的残文相当于金文中常见的‘以祈眉寿’‘用祈眉寿’的‘祈’字，但具体为何字待考；末二字当是‘万年’或‘无疆’。”[3]王宁先生对本铭的考释虽多是推断，但在字迹如此残缺的情况下，能得出这样合乎逻辑的推断实属不易，相较其他观点，我们认为王宁先生的看法最为符合金文的行为规范，也合乎铭文字形的隶定。

“滥”是国名，王献唐先生考证：“春秋时邾分三国，一为邾，一为小邾，一为滥，同出一系。”[4]滥国的始封君为邾国国君夷父颜的弟弟叔术，《公羊传·昭公

①枣庄市博物馆、枣庄市文物管理办公室、峄城区文广新局：《枣庄市峄城徐楼东周墓葬发掘报告》，《海岱考古》（第七辑），北京：科学出版社，2014年，第77页。

②谢雨田：《新出宜脂鼎铭文小考》，复旦大学出土文献与古文字研究中心，2014年2月27日。

③王宁：《山东枣庄徐楼东周墓出土铜器铭文释读平议》，复旦大学出土文献与古文字研究中心，2014年5月13日。

④王献唐：《春秋邾分三国考》，《山东古国考》，青岛：青岛出版社，2007年，第3页。

三十一年》记载曰："（夷父）颜夫人者，妪盈女也，国色也，其言曰：'有能为我杀杀颜者，吾为其妻。'叔术为之杀杀颜者，而以为妻，有子焉，谓之盱。夏父者，其所为有于颜者也。盱幼而皆爱之，食必坐二子于其侧而食之，有珍怪之食，盱必先取足焉。夏父曰：'以来，人未足而盱有余。'叔术觉焉，曰：'嘻！此诚尔国也夫！'起而致国于夏父，夏父受而中分之，叔术曰：'不可！'三分之，叔术曰：'不可！'四分之，叔术曰：'不可！'五分之，然后受之。"[①]可知，夷父颜死后，其弟叔术成为邾国国君，并与夷父颜的妻子育有一子盱，盱与夷父颜长子夏父争食，而后叔术让国还政，让夏父继承邾国君位，自己去滥地做了封君。盱与夏父争食时，小邾国始封君邾友父并不在场，可证此时友父已到郳地为君，因此，小邾国立国是早于滥国的。夷父颜死于周宣王三十二年（后文详述），叔术在夷父颜死后继任邾国国君并生子盱，叔术前往滥地时，盱年龄尚幼，故叔术作为邾国国君时间不长，应在五年左右，因此，叔术居滥的时间在周宣王三十七年左右，即公元前791年前后，国土面积是邾国的1/5。滥国灭亡的时间，三传皆有记载，《左传·昭公三十一年》曰："冬，邾黑肱以滥来奔，贱而书名，重地故也。君子曰：名之不可不慎也，如是。以地叛，虽贱必书，地以名其人，终为不义。"[②]《公羊传·昭公三十一年》曰："冬，黑弓以滥来奔。文何以为邾娄？通滥也。曷为通滥？贤者子孙宜有地也。贤者孰谓？谓叔术也。何贤于叔术？让国也。"[③]《穀梁传·昭公三十一年》曰："冬，黑肱以滥来奔。其不言邾黑肱，何也？别乎邾也。其不言滥子，何也？非天子所封也。来奔，内不言叛也。"[④]可以看出，《左传》与《公羊传》《穀梁传》记载同一事件的说法不同，《左传》称"邾黑肱""以地叛"，而《公羊传》则解释了黑肱有"滥"为封地的原因，《穀梁传》说明了为何"黑肱"前不冠以"邾""不言叛"。滥国虽然是邾国君位和平更替的产物，而且不像小邾国受到天子册命，但它作为一个封国，从邾国分离出来是客观事实，就如小邾国未受册命之前的状态一样，其国君虽无诸侯之名分，但有诸侯之实，所以，"黑肱以滥来奔"不能算是对邾国的背叛，其名前也不用冠"邾"，《穀梁传》的记述应是最合乎实际的。因此，黑肱以滥地投奔鲁国，也宣告了滥国的灭亡，此事发生在鲁昭公三十一年，即公元前511年。滥国从约公元前791年叔术立国，到公元前511年黑肱奔鲁国灭，国祚约280年。据路国权先生进一步考证，认为："峄城徐楼2009M1、M2铜器群的年代下限不晚于公元前530年。"[⑤]这一

①（清）阮元校刻：《十三经注疏·春秋公羊传注疏》，北京：中华书局，1980年，第2331页。

②（清）阮元校刻：《十三经注疏·春秋左传正义》，北京：中华书局，1980年，第2126页。

③（清）阮元校刻：《十三经注疏·春秋公羊传注疏》，北京：中华书局，1980年，第2331页。

④（清）阮元校刻：《十三经注疏·春秋穀梁传注疏》，北京：中华书局，1980年，第2441页。

⑤路国权：《峄城徐楼2009M1、M2铜器群的年代和意义》，《青铜器与山东古国学术研讨会论文集》，上海：上海古籍出版社，2017年，第441页。

看法很有见地，徐楼墓地青铜器群的年代并不出滥国积年的时间范围，也为确定墓主人身份为滥国国君夫妇提供了有力证据。

“夫人”这一称谓在周代是有严格规定的，《礼记·曲礼下》云：“天子之妃曰后，诸侯曰夫人，大夫曰孺人，士曰妇人，庶人曰妻。公侯有夫人，有世妇，有妻，有妾。”[①]可见，只有诸侯国君的正妻才能称为“夫人”，据统计，“夫人”一词在春秋经传中一共出现了54次，均指诸侯的正妻[②]。金文资料中的“夫人”也多指诸侯国君的妻子，如宋君夫人鼎盖铭“宋君夫人之餜盂鼎”（《集成》2358）卫夫人鬲铭“卫夫人作其行鬲，用□□□”（《集成》595）。依此，本铭的“滥夫人”，即滥国国君的正妻，也就是宋公鼎、宋公铺铭文中宋共公为其作媵器的宋国公室之女叔子。叔子很有可能是宋共公的女儿，宋国在当时是小邾国、滥国这样的小国极力攀附高枝的对象，而且宋国常与它们联姻。《左传·昭公二十五年》记载曰：“季公若之姊，为小邾夫人，生宋元夫人。”[③]季公若是鲁国季武子的幼子，其姊所嫁的小邾国国君应是小邾穆公，也即小邾穆公的女儿嫁给了宋元公，这里提到的“夫人”也皆指诸侯正妻。宋共公的女儿叔子嫁于滥国国君，孙子宋元公则娶了来自小邾国的夫人，宋国与同出自邾国的滥和小邾两国在春秋后期保持了几代姻亲，足见关系密切。

综上所述，滥国是从邾国分离出来的小国，立国于约公元前791年的叔术居滥，亡国于公元前511年的黑肱奔鲁，国祚约280年，徐楼墓地的铜器群年代下限在公元前530年，正好处于滥国积年的时间范围内。滥夫人即宋公鼎、宋公铺铭文中宋共公为其作媵器的叔子，她很可能是宋共公的女儿，在春秋中晚期，宋国与同出自邾国的滥国和小邾国保持了长期稳定的姻亲关系，足见宋、滥、小邾三国的密切关系。

（四）滥公鼎铭文考释及其型式分析

滥公鼎出土于徐楼墓地M2，口径23.8厘米，腹径23.2厘米、腹深10.2厘米，通高20.7厘米[④]。该鼎呈钵形，直口，平折沿，方唇，口沿上对称铸有一对立耳，弧腹下收，圜底外壁有烟炱，三蹄形高足外撇。上腹外壁饰一周蟠螭纹，蟠螭纹下为一周三角形垂叶纹，足上部饰兽面纹。鼎内壁铸有铭文共3行22字，释文为：“唯正月初吉日丁亥，滥公宜脂，余（择）其臧金用铸其熑宜鼎。”（图3-9）

---

①（清）阮元校刻：《十三经注疏·礼记正义》，北京：中华书局，1980年，第1267页。

②赵世纲：《固始侯古堆出土乐器研究》，《固始侯古堆一号墓》，郑州：大象出版社，2004年，第130页。

③（清）阮元校刻：《十三经注疏·春秋左传正义》，北京：中华书局，1980年，第2107页。

④枣庄市博物馆、枣庄市文物管理办公室、峄城区文广新局：《枣庄市峄城徐楼东周墓葬发掘报告》，《海岱考古》（第七辑），北京：科学出版社，2014年，第91页。

滥公鼎器形与M1出土的宋公鼎差异极大，与山东地区这一时期流行的平盖鼎型式不同，也不完全与春秋时期的楚式鼎类似。滥公鼎器形较小，钵形鼎腹、立耳铸于小平折沿的造型具有浓郁的吴越青铜器的风格。江苏丹徒烟墩山20世纪50年代出土一批青铜器①，其中有一件鸟耳素面鼎器形与滥公鼎类似，不过其年代应属西周时期。胡嘉麟先生认为滥公鼎是越式鼎，器形与屯溪土墩墓 M1、M3出土的龙纹鼎类似②。胡先生的看法很有见地，屯溪土墩墓 M1出土龙纹鼎共4件③，其中龙纹鼎三、龙纹鼎四，鼎口对称铸有一对立耳，钵形腹，圜底，三足外撇，器形正与滥公鼎相似。除此之外，江淮地区发现这类青铜鼎较多，藏于安徽省桐城市博物馆的蟠螭纹鼎④，直口折沿方唇，鼎口立耳略向外撇，器身呈钵形，圜底，三蹄形足，外壁饰一周蟠螭纹；藏于安徽博物院，出土于舒城县的重环纹鼎⑤，器形与蟠螭纹鼎基本一致，只是器身饰一周重环纹。由此可见，滥公鼎器形并非当地所有，而与江淮地区的吴越式鼎更接近，这类鼎的特征是器形较小，一般通高仅20厘米左右，大者不过30余厘米，立耳铸于鼎口，浅

1　　2

图3-9　滥公鼎及其铭文拓本

1. 滥公鼎　2. 滥公鼎铭文拓本

（采自山东博物馆、枣庄市博物馆：《大君有命，开国承家：小邾国历史文化展》，北京：北京时代华文书局，2018年）

---

①江苏省文物管理委员会：《江苏丹徒县烟墩山出土的古代青铜器》，《文物参考资料》1955年第5期。

②胡嘉麟：《吴越徐舒青铜器的非均衡性特征及断代刍议》，《南方文物》2018年第3期。

③李国梁主编：《屯溪土墩墓发掘报告》，合肥：安徽人民出版社，2006年，第33页。

④安徽大学、安徽省社会科学院、安徽省文物考古研究所编著：《安徽江淮地区商周青铜器》，北京：文物出版社，2014年，第131页。

⑤安徽大学、安徽省社会科学院、安徽省文物考古研究所编著：《安徽江淮地区商周青铜器》，北京：文物出版社，2014年，第134页。

腹呈钵形。但不同的是，滥公鼎足部外撇，呈蹄形，上部饰兽面纹，仅就鼎足而言，具有明显的楚式风格，而屯溪土墩墓的龙纹鼎足部虽然外撇，但为上粗下细的锥形，安徽博物院、桐城市博物馆藏的青铜鼎，足部虽呈蹄形，但外撇并不明显。因此，滥公鼎的器形特征应属于胡嘉麟先生所说的“非均衡性”，钵形的器身是吴越式鼎的特点，而外撇并饰兽面纹的蹄形足则是楚式鼎的风格。不过，这种杂糅的器形风格皆属于春秋中晚期，并不影响滥公鼎的断代（图3-10）。

1　　2　　3　　4

图3-10　江淮地区的吴越式铜鼎

1. 鸟耳素面鼎　2. 龙纹鼎　3. 蟠螭纹鼎　4. 重环纹鼎

（1. 采自江苏省文物管理委员会：《江苏丹徒县烟墩山出土的古代青铜器》，《文物参考资料》1955年第5期；2. 采自李国梁：《屯溪土墩墓发掘报告》，合肥：安徽人民出版社，2006年；3、4. 采自安徽大学、安徽社会科学院、安徽省文物考古研究所：《安徽江淮地区商周青铜器》，北京：文物出版社，2014年）

“滥公宜脂”。滥公指滥国国君。王献唐先生说：“叔术分国居滥，初未举滥为号，犹小邾居郳，不以郳与小邾为正名。《春秋》一国数名，类原于此，初本无名，因其便利而呼之，呼各不同，名亦不同。叔术既未标滥为国，地小位卑，名称不著。”[①]可知滥与小邾都不是国家的正名，只因为叔术立国在滥地，而被别国称为“滥”，如小邾国始封君邾友父立国在郳地，邾君庆也称郳庆。滥国与小邾国同出自邾国，小邾国君可自称为邾君，滥国国君或可依此例，也能自称为邾君，若如此，如何区分三邾的器物便成了一个难题。但可以确定的是，春秋晚期金文资料中，如郳公镈铭文，小邾国君自称“郳公”，而不再见“邾君”的称谓了。滥国国君应该也是如此，随着其久居滥地，而且一直被别国称滥，便“标滥为国”，自称“滥公”了。“滥公”的“公”并非爵称，而是尊称。周代公爵诸侯国只有宋国、杞国、祝国、焦国、蓟国、陈国、虢国七个，其中虢国是因其开国君主虢仲是周文王之弟，故被周武王封为公爵，其余六国君主之所以被封为公爵，皆因其为前代王室后裔。滥国国君并不在这七国之列，其称公只能是尊称，《春秋经·隐公三年》孔颖达疏曰：“至于既葬，虽邾、许子男之君皆称谥而言公。”[②]诸侯国君死时称爵、葬时称公是《春秋》经传的一种惯例，也是对诸侯国君的尊称，“公”并不代表爵位。小邾国墓地出土的

①王献唐：《春秋邾分三国考》，《山东古国考》，青岛：青岛出版社，2007年，第12页。

②（清）阮元校刻：《十三经注疏·春秋左传正义》，北京：中华书局，1980年，第1722页。

铜器铭文对小邾国国君称君或称字，而从不称公，是因为春秋早期小邾国君未受周天子册命，不能位列诸侯，到郳犂来之后，小邾国君受周天子册命为子爵，便有了自称“郳公”的情况。依此，滥国国君能够自称滥公，也应获得了周天子册命，前文滥夫人镈铭文中宋国之女叔子自称为滥夫人，“夫人”之称只能用于诸侯国君的正妻，也可证明滥国国君已经受到了周王的册命，至迟于春秋中晚期便位列诸侯了。由此可见，《穀梁传》云：“其不言滥子，何也？非天子所封也。”[①]这一记载可能有误，滥国国君能自称“公”，其正妻能自称“夫人”，可证滥国应已经受到了周天子的册命，只是因为其国小势微不见于文献记载而已。

“宜脂”是滥公的私名，本铭“宜”字的写法从“肉”，与金文习见的“宜”字略有不同，可隶定为“脂”，读为“宜”。“宜”后的字，从字形上看，叶正渤先生认为：“从反人（或匕）从肉从口，作𦙃，字书所无，发掘报告亦未释。本文疑是旨字异构，铭文当是瀸公人名，则瀸公名宜旨。”[②]谢雨田先生则比较了孟姬𢼸簋、燕侯旨鼎、伯旛鱼父簠等器铭文，指出：“可知它显然是‘旨’字，应释作‘脂’，这是目前已发表的金文中首次出现‘脂’字。‘脂’疑读为‘旨’，‘宜脂’，𣳾公之名。”[③]文献记载的滥国国君只有叔术与黑肱二人，叔术之子盱可能也是一代国君，宜脂之名不见于文献，本铭的发现可为进一步补正滥国国君世系提供新的证据。

“余（择）其臧金”。谢雨田先生通过字音的韵转，将“余”隶定为“择”[④]，而叶正渤先生则认为“余”为第一人称代词，指代滥公宜脂[⑤]，王宁先生认为读为“舒”或“抒”，这里是取出、拿出之意[⑥]。“臧”本铭从爿从口，谢、叶二先生均隶定为“臧”，训为“善”，王宁先生则直接读为“良”，“臧金”或“良金”也就是金文习见的“吉金”，若依此，将“余”隶定为“择”，本铭为“择其臧金”即“择其吉金”，在语义上更加符合金文的行文规范，故谢先生之说可从。

“煾宜鼎”。“煾”字从火从泉，发掘者释为“爨”，谢雨田先生认为：“‘煾’可如整理者所说读为‘爨’，‘宜’则指肉肴。‘煾宜鼎’指‘（用来）煮肉的鼎’。如果‘煾’和其后的‘宜’是并列结构，都是器名‘鼎’的修饰语，我们

①（清）阮元校刻：《十三经注疏·春秋穀梁传注疏》，北京：中华书局，1980年，第2441页。

②叶正渤：《枣庄徐楼东周墓出土青铜器铭文考释》，《中国文字学报》（第7辑），北京：商务印书馆，2017年，第77页。

③谢雨田：《新出宜脂鼎铭文小考》，复旦大学出土文献与古文字研究中心，2014年2月27日。

④谢雨田：《新出宜脂鼎铭文小考》，复旦大学出土文献与古文字研究中心，2014年2月27日。

⑤叶正渤：《枣庄徐楼东周墓出土青铜器铭文考释》，《中国文字学报》（第7辑），北京：商务印书馆，2017年，第77页。

⑥王宁：《山东枣庄徐楼东周墓出土铜器铭文释读平议》，复旦大学出土文献与古文字研究中心，2014年5月13日。

疑‘煫宜’读作‘煎和’。泉声字与前声字关系密切，两者可通。故‘煫’可读作‘煎’，从它从‘火’来看，它也有可能本是‘煎’的异体。宜，疑母歌部，和，匣母歌部，‘宜’、‘和’辗转相通。《周礼·天官·内饔》郑玄注：‘煎和，齐以五味。’‘煎和’在铭中作‘鼎’的修饰语，应该是强调该鼎的功能，说明该鼎是用来煎和食物的。”[①]谢先生的论断有很强的逻辑性，金文中确有在器名前加功能性修饰语的情况，其观点可备一说，但过于迂回。“煫宜鼎”的“宜”与“滥公宜脂”的“宜”构形完全一致，同样的字前释为“宜”，后释为“和”恐有不妥之处，因此，我们认为仍以发掘报告的释读为准。

总之，滥公鼎是滥国国君宜脂的自作器，该鼎呈钵形，器形较小，三足外撇，具有明显的江淮地区吴越式鼎的特点，而蹄形足上部又饰兽面纹，则兼具楚式鼎的风格。铭文滥公宜脂即宋国叔子的丈夫，从其自称为“公”，叔子自称“夫人”来看，可知此时滥国可能已经位列诸侯，用诸侯之礼了。“宜脂”是滥公的名字，不见于文献，为完善滥国国君世系提供了新的证据。

（五）徐王鼎铭文通释考论

徐王鼎出土于徐楼墓地M2，口径21厘米，腹径21.4厘米，腹深8.8厘米，通高17.6厘米[②]。徐王鼎器形与滥公鼎相似，但也有差别，该鼎整体呈钵形，敛口，小折沿，圆唇，口沿上对称铸有一对小立耳，鼓腹下收为圜底，三细高蹄形足外撇。鼎外壁上部饰一周蟠虺纹，其下饰一周三角形纹垂叶，足上部饰兽面纹，器底有烟炱。器内壁有铭文8行，含合文共35字，释文为：“唯王正月之初吉丁亥，此余王□君作铸其小鼎，□□永宝，子孙无疆，子子孙孙永宝是尚。”（图3-11）

“此余王□君”。“此余王”，王琦、燕生东先生释为“此徐王”，认为：“M2出土的徐王某君铜鼎是徐国馈赠或赗赙的。窄平沿、浅弧腹、环立耳、三足外撇，是典型的越式鼎。”[③]该鼎器形与滥公鼎虽有差别，但总体上属于同一类型，即以江淮地区吴越青铜器风格为主，兼具楚国青铜器风格，徐楼所处的滥国，距徐国很近，有来自徐国的馈赠或赗赙并不足为奇。网友暮四郎则发帖指出：“‘此余’即‘差郐’……从鼎铭文看，这个断代（笔者案：将徐楼墓地的年代定为春秋晚期）显然是靠不住的。‘此余（差郐）’在战国中期……越王无余（即此余、差郐）之元年至

①谢雨田：《新出宜脂鼎铭文小考》，复旦大学出土文献与古文字研究中心，2014年2月27日。

②枣庄市博物馆、枣庄市文物管理办公室、峄城区文广新局：《枣庄市峄城徐楼东周墓葬发掘报告》，《海岱考古》（第七辑），北京：科学出版社，2014年，第91页。

③王琦、燕生东：《山东枣庄徐楼发现的𨚕国墓及相关问题》，《齐鲁文化研究》（第十二辑），济南：泰山出版社，2012年，第45页。

1　2　3

图3-11　徐王鼎及其铭文拓本

1. 徐王鼎　2. 徐王鼎线图　3. 徐王鼎铭文拓本

（1、3. 采自山东博物馆、枣庄市博物馆：《大君有命，开国承家：小郳国历史文化展》，北京：北京时代华文书局，2018年；2. 采自枣庄市博物馆、枣庄市文物管理办公室、峄城区文广新局：《枣庄市峄城徐楼东周墓葬发掘报告》，《海岱考古》（第七辑），北京：科学出版社，2014年）

十二年，据杨宽先生考订，在公元前372～前261年（笔者案：此处应是公元前372～前361年，前261年应是笔误），那么徐楼M2的年代当在此之后。”[①]徐楼墓地的年代并不是因个别器物或某几字铭文确定的，就器物而言，以宋公铺为代表的器形明显具有春秋晚期偏早的特征，就铭文而言，既有文献中明确记载的宋共公生卒年可做证据，又有“黑肱奔鲁”这一事件作为徐楼墓地时间下限，综合各个方面，徐楼墓地的年代为春秋晚期偏早应该是没有问题的。同时，就暮四郎的看法，袁金平先生回帖指出：“金文中吴、越两国国君称名一般是‘国名+王+名、字’这种组合形式，罕见‘差余王’这样‘人名+王’的形式，至少金文中未见。清华简《系年》‘夫秦王’是个特

①暮四郎：《枣庄徐楼东周墓所出“此余王□君”鼎铭文小识》，武汉大学简帛论坛·简帛研读，2014年4月15日。

例。”[①]袁先生的看法甚是，古人的称谓是有一定标准的，如前文探讨古人称名和称字的问题、诸侯国君是否受周王册命对其称谓的影响、女子母国与夫国对其的称谓方式不同等，可知古人对称谓的重视，因此，暮四郎将“此余王”释为“差郐”以及据此将徐楼墓地的年代定为战国中期的观点，尚有商榷的余地。王宁先生认为：“‘此余’当为国名，邹鲁一带春秋时期确有余国，如出土于山东费县的春秋中期器《余子汆鼎》（《集成》2390），另外还有春秋晚期器《余王剑》（《集成》11579），均当是此余国之器……这个余国是否是‘徐’还有待证实，但由此可得一启发，就是‘此余’很可能就是‘徐’的缓读。”[②]袁金平先生则认为“余”就是徐国，称：“从地域联系上，铭文中的‘余王’理解为‘徐王’似乎更合理一些。《文物》2013年第3期上孔令远等先生公布了两件有铭徐戈，其铭即以‘余’表‘徐’，另外，纪甫人匜铭‘余余王’第二个‘余’，李家浩先生即认为读‘徐’，‘此余王’之‘此’可能就是李家浩先生多次提及的所谓‘附加语’。国名附加语如‘句（工）吴’‘于越’等。孔文所涉两铭，‘余子白取此’‘余王容居此’之‘此’为人名附加语。如此，徐国称名或偶用缀字‘此’，这是我们以前所不了解的。”[③]袁先生总结的“此”为附加语的观点，正与王宁先生“缓读”的看法相合，王先生认为：“从读音上看，‘此’是清钮，‘余’是鱼部，‘徐’是邪钮鱼部，清、邪二钮同是齿头音为旁钮双声，则‘此余’之促音正读如‘徐’。”[④]因此，无论从出土的金文资料，还是从古文字学、音韵学的角度，将“此余王”释读为“徐王”是可以的，“余”即“徐”为国名。

“徐”金文作“郐”，《说文·邑部》云：“邾下邑地。从邑余声。鲁东有郐城。读若涂。”段玉裁注曰：“邾当作邹。如鄹篆与邓篆相联之例。地当作也。《周礼》雍氏注：‘伯禽以王师征徐戎。’刘本徐作郐、音徐。按《鲁世家》：‘顷公十九年。楚伐我。取徐州。’徐广曰：‘徐州在鲁东。今薛县。’引《后志》曰：‘鲁国薛县。本国。六国时曰徐州。’玉裁谓：‘楚所取之徐州即郐地。疑非薛。齐湣王三年巳封田婴于薛。不能至鲁顷公十九年鲁尚有薛也。’《齐世家》：‘田常执简公于俆州。’亦非此徐州。‘城’当作戎。许书之例未有言城

①暮四郎：《枣庄徐楼东周墓所出“此余王□君”鼎铭文小识》，武汉大学简帛论坛·简帛研读，2014年4月15日，袁金平回帖。

②王宁：《山东枣庄徐楼东周墓出土铜器铭文释读平议》，复旦大学出土文献与古文字研究中心，2014年5月13日。

③暮四郎：《枣庄徐楼东周墓所出“此余王□君”鼎铭文小识》，武汉大学简帛论坛·简帛研读，2014年4月15日，袁金平回帖。

④王宁：《山东枣庄徐楼东周墓出土铜器铭文释读平议》，复旦大学出土文献与古文字研究中心，2014年5月13日。

者。郐戎，即周礼注所云伯禽以王师征郐戎。今尚书作徐夷，徐戎。许郑所据作郐。邹在鲁东，则郐在鲁东可知矣。《书序》曰：‘徐夷竝兴。东郊不。’昭元年传：周有徐奄。徐盖郐戎也。邹习于夷，故左传曰邾又夷也。”[①]可见，许慎认为“徐”是邾国的一个城邑，段玉裁虽然否定了这一说法，但同意“徐”在鲁东的观点，并认为“郐城”即“徐夷”，邾国与其关系密切。前文已有讨论，从“邑”之字多表地名，故“郐”本字应作“余”，春秋晚期以后的金文资料中，“郐”字构形多作从“余”从“邑”，但也有直接写作“余”的情况。冉钲铖铭文有“余□□之子余冉”“伐郐㜉子孙余冉”（《集成》428），余冉为余国后裔，自称为“郐㜉子孙”，故陈槃先生认为：“前作郐，后作余，则同一器中亦或省或不省矣。”[②]除此之外，还有春秋中期的徐王容巨戈（《铭图续》31230），铭文中“徐王”直接写为“余王”，这里的“容巨”，也见于《礼记·檀弓下》：“邾娄考公之丧，徐君使容居来吊、含……容居对曰：‘容居闻之：事君不敢忘其君，亦不敢遗其祖。昔我先君驹王西讨济于河，无所不用斯言也。容居，鲁人也，不敢忘其祖。”郑玄注曰：“驹王，徐先君僭号，容居，其子孙也……鲁，鲁钝也。言鲁钝者，欲自明不妄。”孔颖达正义曰：“无所不用斯言也者，所谓处所斯此也。谓我从先君驹王以来，于诸侯无一处不用此称王之言也，言我对诸侯恒称王也。”[③]这里的邾娄考公即邾定公，与鲁文公同时，故徐王容巨戈铭的“容巨”即文献中的“容居”，时代为春秋中期无误。从郑玄、孔颖达等人的注疏可以看出，徐国僭越称王始自徐驹王，至容居时已被诸侯各国所接受，故曰“恒称王”，这一传统也体现在徐王容巨戈铭文中。因此，徐王鼎铭文从字的构形和徐国国君自称为王的习俗来看，“此徐”之后的字应是“王”字无误，而本铭开篇所言“唯王正月”，可能并非以周王记时，历法采用王正，而很可能就是指的徐王。叶正渤先生则将本铭读为“此余左执君”，认为：“‘左执君’当是职官名，‘君’字字迹不清晰。‘左执君’也是作器者人名，据此，则本器可命名为左执君鼎。”[④]通过以上讨论，叶先生之说尚可商榷。徐国为嬴姓国，《世本·氏姓篇》云：“徐、奄，嬴姓。”[⑤]《史记·秦本纪》也记载曰：“秦之先为嬴姓，其后分封，以国为姓，有徐氏、郯氏……”[⑥]

---

①（汉）许慎撰，（清）段玉裁注：《说文解字注》，上海：上海古籍出版社，1988年，第296页。

②陈槃：《春秋大事表列国爵姓及存灭表譔异》，上海：上海古籍出版社，2009年，第499页。

③（清）阮元校刻：《十三经注疏·礼记正义》，北京：中华书局，1980年，第1314页。

④叶正渤：《枣庄徐楼东周墓出土青铜器铭文考释》，《中国文字学报》（第7辑），北京：商务印书馆，2017年，第75、76页。

⑤佚名撰，（汉）宋衷注，（清）秦嘉谟等辑：《世本八种》，北京：中华书局，2008年，第23页。

⑥（汉）司马迁：《史记》，北京：中华书局，1982年，第221页。

据陈槃先生考证："'嬴'，旧籍通作'盈'。《汉志》临淮郡本注：'故国，盈姓。'补注：'盈、嬴字同，《左传》作徐嬴。'今案二字通用，旧籍习见。"①滥国始封君叔术的妻子即盈姓之女"妪盈"，且滥国地缘上与徐国邻近，可见，滥国与盈（嬴）姓国早有互相通婚的传统，徐王鼎出土于滥国国君墓中亦较为合理。另外，陈槃先生还说："（嬴）或作'偃'。刘师培《左盦集》（五）《偃姓即嬴姓说》曰：'徐之为嬴姓，而有偃王。偃亦嬴姓之嬴。犹吕尚之称姜公也。'"②《说文·女部》云："嬴，帝少皞之姓也。"段玉裁注曰："伯翳嬴姓，其子皋陶偃姓。偃、嬴，语之转耳。"③所以，嬴姓也即偃姓，嬴、盈、偃三字作为姓时是相同的。《世本·氏姓篇》记载曰："偃姓，舒庸、舒蓼、舒鸠、舒龙、舒鲍、舒龚。"④这些都是分布在江淮地区的土著小国，被称为"淮夷"，今天学界称之为"群舒"。江淮地区铜矿资源丰富，西周时期"群舒"为周王室开采、运输铜矿，春秋以降，周王室衰微，这些小国不再向天子朝贡，开采的铜矿为己所用，逐步发展起来。从金文资料可知，"徐"字的"彳"旁为"邑"字所讹，本字应作"余"；"舒"字的"予"旁亦为"邑"字所讹，本字应作"舍"。"余""舍"二字古音相通，群舒的"偃"姓也与徐国的"嬴"姓相同，故后世常将其混称为"徐淮夷"，足见徐国与淮夷群舒关系的密切。

"此徐王"之后两字不十分清晰，发掘者释读为"□君"，叶正渤先生将其释为"执君"，认为是官名，但未作论证⑤。王宁先生认为："应当是余王之名，此二字在目前发现的金文中首见，第一个字《问题》（王琦、燕生东：《山东枣庄徐楼发现的粊国墓及相关问题》）、《简报》（《山东枣庄徐楼东周墓发掘简报》，《文物》2014年第1期）均不识，此字左旁疑是《说文》中的'夲'字（读若'滔'），右旁很可能是上白下手，可隶定为'㩝'，疑是从手皋声，但具体该释为何字待考。第二个字《问题》《简报》均释'君'，从字形上看绝非君字……此字当是上'女'或'母'下'于'，当即'谋'之异构……'㩝谋'是此余王之名，当是春秋晚期的一

①陈槃：《春秋大事表列国爵姓及存灭表譔异》，上海：上海古籍出版社，2009年，第501页。

②陈槃：《春秋大事表列国爵姓及存灭表譔异》，上海：上海古籍出版社，2009年，第502页。

③（汉）许慎撰，（清）段玉裁注：《说文解字注》，上海：上海古籍出版社，1988年，第612页。

④佚名撰，（汉）宋衷注，（清）秦嘉谟等辑：《世本八种》，北京：中华书局，2008年，第23页。

⑤叶正渤：《枣庄徐楼东周墓出土青铜器铭文考释》，《中国文字学报》（第7辑），北京：商务印书馆，2017年，第75、76页。

位徐王。”[①]网友暮四郎读为“邦君”，袁金平回复说：“‘王’后二字模糊不清，当是徐王之名。‘邦君’之释很可疑。上字左从‘幸’，下字下部似是‘于’。很关键的两个字看不清，真是可惜。若上字是‘执’字，下字从‘于’得声，这个徐王则可能就是‘章禹’。孟蓬生先生以大量事实论证‘章’上古音归侵（谈）部，很可信。如此‘执’‘章’音可通。”[②]但是，袁金平先生对自己的观点并无把握。以上各观点虽对本铭字形隶定、释读多不相同，但对此二字是徐王的名字并无异议，对人名的隶定、考释是古文字研究中的一大难点，但无论如何隶定，都不影响对通篇铭文表意的解读，故我们暂仍从发掘者的观点，将二字存疑，待有更加合理的解读时再做讨论。

综上所述，徐王鼎是春秋晚期徐国某位国君所作的鼎，徐国为嬴姓，嬴与偃可互通，徐国与淮夷群舒关系密切，徐王鼎较滥公鼎的鼎足更加细长，蹄形不甚明显，但三足外撇幅度更大，徐王鼎造型具有更为明显的江淮地区吴越风格。又据“嬴”与“盈”古代为同一字，滥国始封君叔术的妻子即盈姓之女“妪盈”，可知滥国与盈姓之国有联姻传统，加之徐国位于鲁东地区，与滥国临近，因此，徐王鼎作为馈赠或赗赙，便随葬在与之关系密切的滥国国君墓葬当中了。

（六）䣄子戈的国别及随葬原因辨析

䣄子戈出土于徐楼墓地M2，通长29厘米，援宽3.8厘米[③]。吴镇烽先生将其时代定为春秋中期，器形为楚式戈。该戈前锋呈三角形，援身较长，微向上扬，上下两刃均开锋，无脊，胡较短，下端平直。阑内侧有三个穿，皆呈长方形，上面一个较短，下面两个较长。圆角长方形内，较为平直，下有缺口，中部有一横向长方形穿。内饰双线纹勾边。胡部有铭文共5字，释文为：“䣄子痎之用。”（图3-12）

淅川下寺春秋楚墓亦出土有一件䣄子戈（M36：19），通长26厘米，援长18厘米，胡长10厘米，重0.3千克，胡部刻有铭文一行共5字：“䣄子妆之用。”[④]（图3-13）该青铜戈与徐楼M2䣄子戈相比，除“中脊明显”之外，形制、铭文均相同，将两件䣄子戈分别称为徐楼䣄子戈、下寺䣄子戈加以区别。有学者认为它们具有春秋中

①王宁：《山东枣庄徐楼东周墓出土铜器铭文释读平议》，复旦大学出土文献与古文字研究中心，2014年5月13日。

②暮四郎：《枣庄徐楼东周墓所出“此余王□君”鼎铭文小识》，武汉大学简帛论坛·简帛研读，2014年4月15日，袁金平回帖。

③枣庄市博物馆、枣庄市文物管理办公室、峄城区文广新局：《枣庄市峄城徐楼东周墓葬发掘报告》，《海岱考古》（第七辑），北京：科学出版社，2014年，第96页。

④河南省文物研究所、河南省丹江库区考古发掘队、淅川县博物馆编：《淅川下寺春秋楚墓》，北京：文物出版社，1991年，第46页。

晚期楚戈的显著特征[①]，这一看法与吴镇烽先生相同。据赵世纲先生考证：“‘鄝’通‘蓼’，春秋时异国同名为蓼者有三，后均被楚灭。一在今河南唐河县境；一在河南固始东北；一在今安徽舒城一带，又称舒蓼。《左传·文公五年》：‘冬，楚公子燮灭蓼。’此戈铭（笔者案：下寺鄝子戈）中的蓼国，似应为上引楚公子燮所灭之蓼，为皋陶之后，姬姓，公元前622年为楚所灭。其地当在今固始县东蓼成岗一带。”[②]赵先生的考证已十分详尽，也得到了学界多数人的认同，有学者在此基础上推测：“淅川下寺春秋楚墓所出鄝子戈多半是楚灭蓼时带回的战利品。”[③]还有学者进一步推论：“那么同为‘鄝子妆之用’的铜戈又为何会随葬于枣庄徐楼M2𣲚公墓中呢？该𣲚公生前很可能参加了助楚灭蓼战争，死后将彰显当时军功的这件战利品随身埋葬。从地理位置上看，当时𣲚宋联姻，𣲚公假道宋国助楚，正可以对蓼国形成南北夹击之势。”[④]在已知材料基础上进行合理推论无可厚非，但我们认为这一推测的可能性不大。虽然，经前文论证，楚国和小邾国是兄弟之国，滥国与小邾国同是从邾国分离出来，可能与楚国关系友好，但是，这种同宗、姻亲等关系还并不足以维系到两国的联合侵伐作战层面，春秋战国时期诸侯国之间大都存在着同宗关系，然而，并没有阻挡灭国战争的频发。另外，滥国是叔术接受邾国1/5的疆土而建立起来的，其能控制的具体国土

1　　　　　　2

图3-12　徐楼鄝子戈及其铭文拓本

1. 徐楼鄝子戈　2. 徐楼鄝子戈铭文拓本

（1. 采自山东博物馆、枣庄市博物馆：《大君有命，开国承家：小邾国历史文化展》，北京：北京时代华文书局，2018年；2. 采自《铭图续》31123）

---

①井中伟：《早期中国青铜戈·戟研究》，北京：科学出版社，2011年，第160～163页。

②赵世纲：《淅川下寺春秋楚墓青铜器铭文考索》，《淅川下寺春秋楚墓》，北京：文物出版社，1991年，第374页。

③田成方：《鄝子妆戈的年代、国别及相关问题》，《考古与文物》2011年第5期。

④井中伟：《试论枣庄徐楼春秋墓的几个问题》，《青铜器与山东古国学术研讨会论文集》，上海：上海古籍出版社，2017年，第433页。

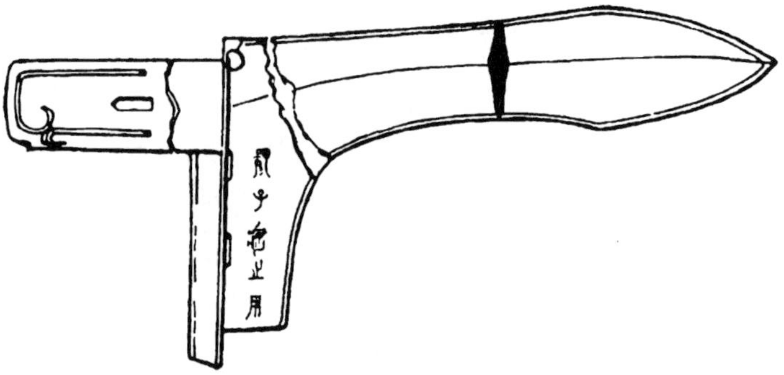

1

2

图3-13　下寺鄝子戈及其铭文拓本

1. 下寺鄝子戈线图　2. 下寺鄝子戈铭文拓本

（采自河南省文物研究所、河南省丹江库区考古发掘队、淅川县博物馆：《淅川下寺春秋楚墓》，北京：文物出版社，1991年）

和有效人口已不得而知，不过可以肯定的是郳国1/5的面积并不大，人口也不会太多，这样一个国小势微的滥国，是否有能力假道宋国助楚灭蓼尚存疑问。而且蓼国与楚国相比，应处于绝对劣势，两国实力悬殊，攻灭蓼国，楚国是否需要滥国假道宋国前来相助也可存疑。总之，淅川下寺和枣庄徐楼的两位墓主人得到鄝子戈的方式应该是不同的，至少徐楼鄝子戈应不是攻伐蓼国所得的战利品。

按赵世纲先生的观点，三个蓼国均被楚国所灭，但并没直接证据表明鄝子戈铭中的“鄝”是哪一个蓼国。按陈槃先生整理，位于唐河县的蓼国“桓十一年见，不知何年灭于楚”；固始县东北的蓼国“文五年见，为楚所灭”；舒城县的舒蓼“文十四年见，宣八年，灭于楚”①。鄝子戈的年代，吴镇烽先生认为是春秋中期，井中伟先生认为是春秋中晚期，李学勤先生认为是春秋中期之末②，刘彬徽先生将淅川下寺1979M36的年代定为楚国第三期，绝对年代在公元前600～前530年③。依此，赵世纲先生推断鄝子戈是固始县的蓼国之器，但该蓼国被灭于鲁文公五年，即公元前622年，其时代属春秋中期偏早，且鄝子戈此时已作为战利品被楚国缴获，故其铸造时代应比公元前622年更早，这与该戈春秋中期末段的时代特征不符。而舒城县的舒蓼则被灭于鲁宣公八年，即公元前601年，虽仍早于淅川下寺1979M36的年代上限，但已经非常接近，而且

①陈槃：《春秋大事表列国爵姓及存灭表譔异》，上海：上海古籍出版社，2009年，第448、687、710页。

②李学勤：《枣庄徐楼村宋公鼎与费国》，《史学月刊》2012年第1期。

③刘彬徽：《楚系青铜器研究》，武汉：湖北教育出版社，1995年，第56页。

鄝子戈铸造的时代本就早于淅川下寺1979M36的下葬年代，时代上较前者更加吻合。舒蓼被楚国所灭，鄝子戈被当作战利品带回楚国，随葬于M36，这一推论仍可成立，只是徐楼鄝子戈正如杨蒙生先生所言：“枣庄徐楼春秋墓中所出鄝子戈之来源则有多种不确定性。”[①]如前文探讨，群舒与徐国关系密切，被称为“徐淮夷”，且徐国嬴姓与群舒偃姓其实相同，而滥国与嬴姓国又有着姻亲关系，故徐王鼎随葬于徐楼墓地M2，无论作为馈赠或赗赙并无不妥，同样，与徐国关系密切的舒蓼之器，出现在徐楼墓地，其合理性应优于假道宋国，助楚灭蓼所得。因此，我们认为无论从文献记载及鄝子戈形制上，抑或是鄝子戈随葬于徐楼墓地的原因上，下寺和徐楼墓葬出土的鄝子戈铭中的“鄝”，应该指代舒蓼更为合理。

虽然，对“蓼”的国别上有不同的看法，但对“鄝子”二字的隶定，学界并无异议，“鄝”字作从翏从邑，表地名，即文献中的“蓼国”。“子”为爵称，《路史·国名纪》云：“群舒，子爵。”[②]鄝子戈自铭的爵称，也可作为对其国别的佐证。徐楼鄝子戈铭“鄝子”后面的字作“”，该字左旁为“爿”，中间似“厂”形，也像“㫃”字中的“𠂉”，其下为“女”，女下是一条折线，发掘者隶定为“妝”，读为“妆”。王宁先生认为：“此字左旁从爿，为疒之省，此无异议；右旁非‘女’，当是‘安’字……‘安’、‘晏’古音同影纽元部音同，所以，此三者当为一字，均‘瘿’之或体，为鄝子之名。”[③]古文字从厂、从宀经常混用，故王宁先生将本字右旁隶定为“安”甚是。下寺鄝子戈铭中的该字作“”，该字与徐楼鄝子戈铭构形稍有区别，左旁从“爿”并不明显，对其隶定主要有两种看法，其一，发掘者[④]和赵世纲先生[⑤]均释为“妆”；其二，董珊[⑥]、刘彬徽[⑦]、郭国权[⑧]等先生将之改释作“[疒+安]”。杨蒙生先生对甲骨、金文、简帛、玺印等处出现的“安”字进行全面梳理，归纳出了

①杨蒙生：《枣庄徐楼出土鄝子戈铭文补说》，《中国文字研究》（第21辑），上海：上海书店出版社，2015年，第56页。

②（宋）罗泌撰，罗苹注：《路史》，中华书局：《四部备要》第44册，北京：中华书局，1989年，第330页。

③王宁：《山东枣庄徐楼东周墓出土铜器铭文释读平议》，复旦大学出土文献与古文字研究中心，2014年5月13日。

④河南省文物研究所、河南省丹江库区考古发掘队、淅川县博物馆编：《淅川下寺春秋楚墓》，北京：文物出版社，1991年，第46页。

⑤赵世纲：《淅川下寺春秋楚墓青铜器铭文考索》，《淅川下寺春秋楚墓》，北京：文物出版社，1991年，第374页。

⑥董珊：《东周题铭校议（五种）》，吉林大学硕士学位论文，1997年。

⑦刘彬徽：《楚系金文订补（之一）》，《古文字研究》（第二十三辑），北京：中华书局、合肥：安徽大学出版社，2002年，第87页。

⑧郭国权：《河南淅川县下寺春秋楚墓青铜器铭文集释》，吉林大学硕士学位论文，2008年。

“安”字的两系演变过程，最终认为：“释‘痎’之说可从。由前引‘安’字形体所从指事符号的竖、折两种写法推知，枣庄徐楼郳子戈铭此字所从安旁右下方之折笔实为‘安’字原始形体中指事符号的变形写法。它在整个字形中可能兼有保持字形重心平衡的作用。”①杨先生对“安”字源流的梳理极其详细，发掘者仅注意徐楼郳子戈铭中该字从爿从女，即隶定为“妝”，却忽略了铭中“厂”形字符和指事的折笔，而且也没有注意“爿”字符一般表“疒”的功能。王宁先生之说又过于迂回，已隶定本铭右旁为安，就大可不必再将其韵转为晏之后又做隶定。因此，我们认为徐楼郳子戈铭与下寺郳子戈铭第三字，构形差别不大，同为从爿（疒）从安，应隶定为“痎”，是郳子的名字。

徐楼郳子戈与下寺郳子戈形制、铭文、年代相同，皆是郳子痎铸造，这一郳子是舒蓼的国君，而非位于固始东北的蓼国国君。两件郳子戈虽出自同一人，但随葬在淅川下寺墓地和枣庄徐楼墓地的原因并不相同。舒蓼在鲁宣公八年（公元前601年）被楚国所灭，故楚墓中的郳子戈应是楚国灭蓼时所得的战利品。滥国与徐国关系密切，可能有联姻传统，徐国与群舒不仅同姓，而且活动范围大体相同。徐王鼎随葬在滥公墓葬是馈赠或赗赙，那么，郳子戈同样作为馈赠或赗赙的可能性，要远大于滥国假道宋国助楚灭蓼获得郳子戈的可能性。总之，郳子戈出现在滥公墓葬，体现了当时小国之间或联合共生或随强凌弱的复杂关系。

（七）矰矢及其弋射问题

徐楼墓地M2共出土箭镞39枚，其中有3枚形制特殊，发掘报告将其定为D型镞和E型镞。D型镞，2件，形制、大小相同，桃形首，亚腰形关，圆锥形铤，首最大径3厘米，通长13.4厘米；E型镞，1件，首上方下圆，呈喇叭形，粗关，圆锥形铤，下残，首上端边长0.6厘米，下端直径2.8厘米，残长13厘米②（图3-14）。

这两种箭镞的铤均呈圆锥形，并不具有直接的杀伤性，是用于弋射的箭镞。弋射是射猎或射礼的一种，即缴射，《诗·郑风·女曰鸡鸣》云：“将翱将翔，弋凫与雁。”郑玄注曰：“闲于政事，则翱翔习射。《笺》云：‘弋，缴射也。’”孔颖达正义：“缴射，谓以绳系矢而射也。《说文》云：‘缴，谓生丝为绳也。’”③可知，弋射是将线绳系于箭镞，对天上的飞鸟进行射猎。因此，弋射用的箭镞是具有特殊形

①杨蒙生：《枣庄徐楼出土郳子戈铭文补说》，《中国文字研究》（第21辑），上海：上海书店出版社，2015年，第56页。

②枣庄市博物馆、枣庄市文物管理办公室、峄城区文广新局：《枣庄市峄城徐楼东周墓葬发掘报告》，《海岱考古》（第七辑），北京：科学出版社，2014年，第99页。

③（清）阮元校刻：《十三经注疏·毛诗正义》，北京：中华书局，1980年，第340页。

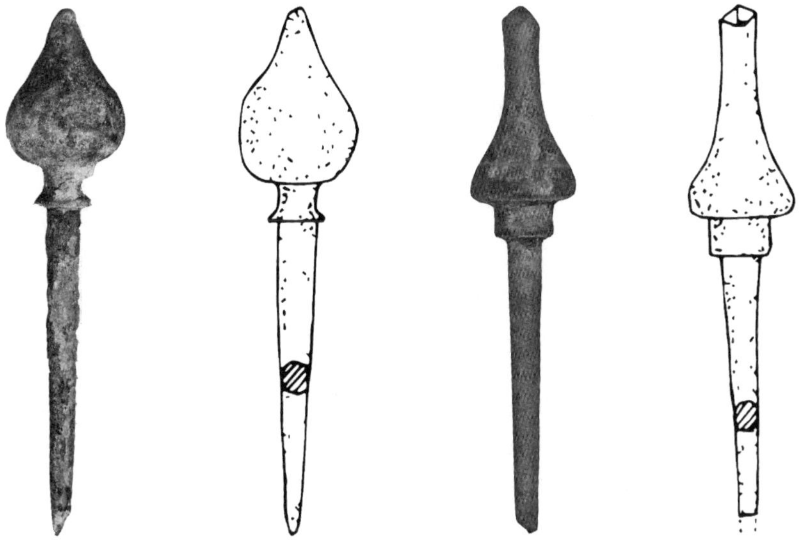

图3-14　徐楼墓地出土的矰矢

1. D型镞　2. D型镞线图　3. E型镞　4. E型镞线图

（采自山东博物馆、枣庄市博物馆：《大君有命，开国承家：小邾国历史文化展》，北京：北京时代华文书局，2018年）

制的，《周礼·夏官·司弓矢》载曰："凡矢，枉矢、絜矢利火射，用诸守城、车战；杀矢、鍭矢用诸近射田猎；矰矢、茀矢用诸弋射；恒矢、痺矢用诸散射。"郑玄注曰："此八矢者，弓弩各有用四焉。枉矢、杀矢、矰矢、恒矢，弓所用；絜矢、鍭矢、茀矢、痺矢，弩所用也。"[①]所以，矰矢、茀矢虽皆为弋射所用，但各自搭配的射具不同，挽弓行射时用矰矢，举弩行射时用茀矢。弓的起源要远早于弩，目前可见最早的弩出土于洛阳中州路战国中期墓。文献记载中，弩于春秋晚期便已出现，《孙子·作战篇》记载曰："公家之费，破车罷马，甲胄矢弩，戟楯蔽橹，丘牛大车，十去其六。"[②]在春秋晚期，弩便被孙武列为作战准备的重要军械之一。茀矢是用弩来发射的，其出现定比弩要晚，因此，时代为春秋中期之末的徐楼M2出土D、E型箭镞应是用弓发射的矰矢。

弋射的起源很早，甚至是射礼起源的动因之一，陈春慧先生认为："射礼起源于原始狩猎文化中的射禽鸟类活动。"[③]古人有意识的弋射活动于商代晚期就已经开始，藏于中国国家博物馆的作册般铜鼋（《铭图》19344）是商代晚期青铜器，器形

①（清）阮元校刻：《十三经注疏·周礼注疏》，北京：中华书局，1980年，第856页。

②（春秋）孙武著，（汉）曹操等注：《孙子十家注》，《诸子集成》（六），北京：中华书局，2006年，第28页。

③陈春慧：《论射礼兴衰与文化嬗变》，《南京理工大学学报》2002年第1期。

写实，作背部中四箭的鼋形，背甲有铭文4行33字，释文为：丙申，王迖（弋）于洹，获。王射，奴射四，率无废矢。王命寝馗贶于作册般，曰："奏于庸，作汝宝。"（图3-15）其中，关于"迖"的隶定，晁福林先生认为："在此铭中，直接说它从弋，写作'迖'更为合适……弋则常用作弋射之义了……作册般鼋这个迖字可以读若'弋'，指弋射而言。"[①]我们也认为该字应释"迖"，读为"弋"，意即弋射。《说文·厂部》："弋，橜也"。段玉裁注曰："俗用杙为弋，顾用弋为隿射字，其误久矣。杙者，刘刘杙也，不为橜弋字。弋，象形，故不从木也。"《玉篇·隹部》："隿，缴射飞鸟也。今作弋。"又《弋部》："弋，缴射也。"即用带绳子的箭射猎禽鸟。那么，"王弋于洹"即王弋射于洹水，亦即商王在洹河举行弋射。这与文献记载的"弋凫与雁"和金文记载的"射于大池"、在辟雍"王射大龚"以及战国青铜器人物画像纹的弋射图所反映的水泽环境也完全一致[②]。

战国时期弋射成为一项非常受贵族喜爱的活动，《吕氏春秋·当贵》记载曰："夫事无大小，固相与通，田猎驰骋，弋射走狗，贤者非不为也，为之而智日得焉，不肖主为之，而智日惑焉。"[③]可见到了战国时期，弋射已经不再具有礼的性质，而作为一项娱乐活动了，甚至意志不坚定的人（不肖主）会因弋射玩物丧志。考古发掘出

1

2

图3-15　作册般铜鼋及其铭文拓本

1. 作册般铜鼋　2. 作册般铜鼋铭文拓本

（采自《中国历史文物》2005年第1期）

①晁福林：《作册般鼋与商代厌胜》，《中国历史文物》2007年第6期。

②袁俊杰：《作册般铜鼋铭文新释补论》，《中原文物》2011年第1期。

③（战国）吕不韦著，（汉）高诱注：《吕氏春秋》，《诸子集成》（六），北京：中华书局，2006年，第316页。

土的战国器物上也常常描绘弋射的场景，如采桑宴乐射猎攻战纹青铜壶（图3-16）、曾侯乙墓漆箱（图3-17）等。这些器物图案描绘的弋射场景与文献记载高度一致，皆是用缴有线绳的矰矢射猎天上的飞鸟，用这样的方式射猎，是为了获取完整的未受伤的飞禽，特别是大雁。大雁在古人的生活中有很重要的地位，如《仪礼·士昏礼》记载："昏礼，下达纳采，用雁。"郑玄注曰："用雁为挚者，取其顺阴阳往来。"①大雁是候鸟，古人认为其知时节，有信义，是作为信物的不二之选。

用弩、茀矢进行弋射的场景则较为少见，目前仅在秦始皇陵园陪葬坑发现了疑似用弩弋射的遗存。秦始皇陵园K0007陪葬坑位于秦始皇陵园外城垣东北角之外900余米处，2001年8月8日至2003年3月20日，由陕西省考古研究所与秦始皇兵马俑博物馆联合组建的始皇陵考古队对该陪葬坑进行了抢救性发掘。发现了一条有建筑的象征性河道，河道内出土青铜禽46件，其中铜鹤6件，天鹅20件，其他为鸿雁等禽类（图3-18），另外还出土跽姿和箕踞姿的陶俑15件。关于该遗迹的性质，发掘者认为："水禽和陶俑放置在一起，说明它们和人之间有一种和谐、亲善的关系，是经过人工驯化过的。出土陶俑、同出的小件器物表明陶俑可能执掌一定的乐器，以音乐来驯化水禽。"②此观点并没有得到学界的广泛认同，刘钊先生认为："该陪葬坑应是对秦始皇王室苑囿的一种局部仿造……这些握持乐器的陶俑就是宴乐俑，是为君王游幸苑囿提供乐舞以用于欣赏和助兴的。"③焦南峰先生赞同将K0007解释为"鹤池""雁池"

图3-16　采桑宴乐射猎攻战纹青铜壶图案
（采自宋兆麟：《战国弋射图及弋射溯源》，《文物》1981年第6期）

图3-17　曾侯乙墓漆箱图案
（采自《曾侯乙墓》）

①（清）阮元校刻：《十三经注疏·仪礼注疏》，北京：中华书局，1980年，第961页。

②陕西省考古研究所、秦始皇兵马俑博物馆：《秦始皇陵园K0007陪葬坑发掘简报》，《文物》2005年第6期。

③刘钊：《论秦始皇陵园K0007陪葬坑的性质》，《中国文物报》2005年8月5日第7版。

1

2

图3-18　秦始皇陵园K0007陪葬坑出土的铜水禽

1. K0007陪葬坑铜水禽全景　2. K0007陪葬坑铜水禽局部

（采自陕西省考古研究所、秦始皇兵马俑博物馆：《秦始皇陵园K0007陪葬坑发掘简报》，《文物》2005年第6期）

的观点，但认为将其解释为象征“左弋外池”更贴切，跽姿和箕踞姿陶俑可称为“左弋射士”，其中“箕踞姿”陶俑可称为“撅张士俑”①。罗明先生亦认为K0007象征弋射场景，但陶俑手中应持弓弩，纠正了焦先生将跽姿陶俑解释为“手持短矛的猎手”的看法②。

箕踞姿俑又称“筰舟俑”，其状态被认为是“正在划船的姿态”③，发掘者则认为这种箕踞的坐姿严重违反礼制，不见于其他俑类，应是一种独处时或非正规场合的坐姿④。秦始皇陵园K0007陪葬坑虽然发现了象征性河道，但并没有发现舟船遗迹，而且陪葬坑内所展示的场景应是极其考究的，人俑也都是以写实的手法刻画了当时的任务状态，若以一种违反礼制的坐姿出现，似乎不大可能。罗明先生通过考证，认为两种姿态的人俑是相互配合的，共同完成在园囿里的弋射，箕踞姿俑是“主射手双足踏强弩，双手拉弓弦，上身前倾，正准备向后仰身腰引弩的瞬间”，跽姿俑则是“主射手的副手，手执缴线轴”⑤。从战国时期的人物画像纹铜器的弋射图案就可以看出，弋射不是单独一个人就能完成的，其所用的矰矢、茀矢系有较长的线绳，因此，至少需

①焦南峰：《也论秦始皇陵园KOO07陪葬坑的性质》，《中国文物报》2005年11月25日第7版。

②罗明：《秦始皇陵园K0007陪葬坑弋射场景考》，《考古》2007年第1期。

③秦始皇帝陵博物院：《铜禽坑（K0007陪葬坑）》，秦始皇帝陵博物院官网，2012年6月1日。

④陕西省考古研究所、秦始皇兵马俑博物馆：《秦始皇陵园K0007陪葬坑发掘简报》，《文物》2005年第6期。

⑤罗明：《秦始皇陵园K0007陪葬坑弋射场景考》，《考古》2007年第1期。

要一人行射，一人缴线，正与罗先生分析的两种人俑姿态相合。另外，包括弋射在内的射礼，在最原始的状态下都是在水泽之旁举行的，经过周代改造而仪式化之后的射礼，在“大池”“辟池”等处举行，依然离不开水域，而且其行射的目标多为禽类，如麦方尊铭文“王射大鸿禽”（《集成》6015）的记载，侯靶的中心被称“鹄”，也是对禽类行射的写照。秦始皇陵园K0007陪葬坑河道内放置的众多禽类，正是箕踞姿俑和跽姿俑行射的目标（图3-19）。

秦始皇陵园K0007陪葬坑发掘之前曾遭焚毁，弋射所用的弓弩箭杆可能已被烧毁或腐朽，但是陪葬坑出土了弩机、缴线轴等器物，与弩机相伴出土的应是茀矢，足以证明该陪葬坑表现的确是弋射场景。此外，秦始皇陵园并非仅此一例弋射用矢，陵园西侧陪葬坑的一号铜车马车舆内的铜箭箙内发现了54枚铜箭，其中50枚铜矢带有锋利的箭镞，另4枚则为圆柱形箭镞，不具有杀伤力，因带箭羽，应是矰矢。据冉万里先生考证，铜车马应是外出田猎所驾的田车，故载有矢，其中普通的矢用以射猎猛兽，矰矢用以弋射飞禽，秦始皇陵西侧陪葬坑出土的一号铜车马和二号铜车马是秦始皇外出狩猎的田车车队的证据①（图3-20）。

弋射出现的时间很早，其初只是田猎活动的一部分，也是射礼起源的动因之一。后来为了获得完整的大雁等飞禽，才使用了缴有线绳的矰矢、茀矢行射。从考古发现可以看出，用弩弋射的茀矢出现晚，应用也不十分广泛，加之徐楼墓地也未出土弩机等能证明弩已出现的器物，因此，M2出土的D、E型的箭镞，应是用弓进行弋射的矰

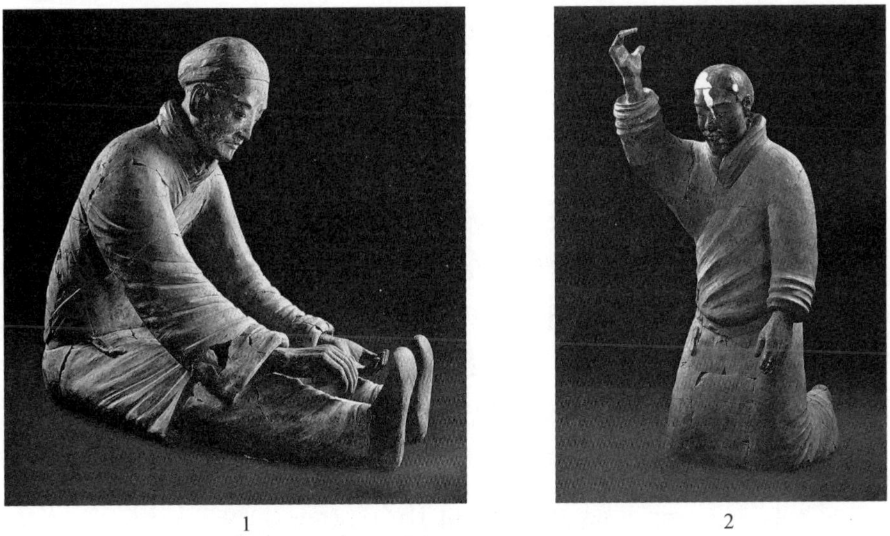

图3-19　秦始皇陵园K0007陪葬坑出土的陶俑

1. 箕踞姿俑　2. 跽姿俑

（采自秦始皇帝陵博物院：《铜禽坑（K0007陪葬坑）》，秦始皇帝陵博物院官网，2012年6月1日）

①冉万里：《由弋射之矢看秦始皇陵车马坑》，《大众考古》2015年第1期。

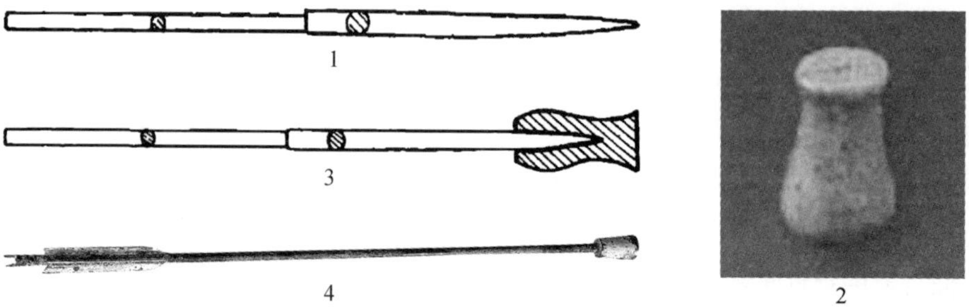

图3-20　秦始皇陵园陪葬坑出土的矰矢、茀矢

1. K0007陪葬坑锥形器　2. K0007陪葬坑喇叭形器　3. K0007陪葬坑锥形器、喇叭形器复原茀矢　4. 一号铜车马矰矢（1、2. 采自陕西省考古研究所、秦始皇兵马俑博物馆：《秦始皇陵园K0007陪葬坑发掘简报》，《文物》2005年第6期；3. 采自罗明：《论秦始皇陵园K0007陪葬坑弋射场景考》，《考古》2007年第1期；4. 采自秦始皇帝陵博物院：《铜禽坑（K0007陪葬坑）》，秦始皇帝陵博物院官网，2012年6月1日）

矢。滥国国君墓葬随葬矰矢，证明了当时弋射田猎的流行，而且在一个礼崩乐坏的时代，弋射也正从射礼向娱乐活动演变。徐楼墓地M2出土的矰矢，为研究春秋中晚期贵族的射礼、生活及娱乐方式提供了实物资料。

综上所述，徐楼墓地两座墓葬的墓主人分别是滥公宜脂和他的夫人叔子，这是在考古学上首次证实与小邾国同出邾国的滥国真实存在。从出土的金文资料可以看出，滥国国君宜脂自称滥公，他的妻子自称夫人，可知此时滥国已经位列诸侯，受命获得爵位。与其他国君级的夫妻并葬墓不同，徐楼墓地夫人墓（M1）的规模及随葬品质量是高于国君墓（M2）的。以列鼎为例，两座墓葬虽然皆出土三件青铜鼎，但M1的三件鼎形制相似、铭文相同，均是宋公固为叔子所作的媵器，而M2出土的三件青铜鼎是配鼎，即由徐王鼎、滥公鼎和一件无铭盖鼎组合而成，形制、国别差异很大，足见滥国与宋国综合国力的差距。随着徐王鼎、郳子戈的出土，也可以看出，滥国在与宋国这样的大国结为姻亲国的同时，与徐国、群舒等小国也保持了密切的关系，这样的外交策略正与小邾国相同。随着徐楼墓地的发现和深入研究，充分证实了王献唐先生“邾分三国”的认识，滥国与小邾国同宗同源，自身实力与所处环境基本相同，有着共同的姻亲国、共同的外交策略，因此，徐楼墓地的考古发掘，为小邾国墓地的比较研究提供了新资料，也极大地推动了小邾国历史与文化的相关研究。

二、横岭埠遗址出土的青铜器

横岭埠遗址位于枣庄市山亭区山城街道横岭埠村北的薛河东岸，该遗址地势东高西低，东西长约500米，南北宽400米，面积约20万平方米。遗址南部，村民取土下挖0.5米，发现一座土坑墓，墓葬被破坏，墓坑内出有鬲、盂等陶器残片。另外，在遗址的东南部发现一座双室石椁墓葬，出土有铜鼎及兵器[①]。2016年5月，枣庄市山亭区警方破获横岭埠遗址盗墓案，缴获被盗小邾国的青铜器9件，其中鼎、匜、盘三件铜器带有铭文。刘锡柱等先生认为横岭埠遗址距东江小邾国墓地仅1.5千米，这批被盗铜器应是出自小邾国墓地。之后为配合枣庄市里庄水库建设工程，山东省文物考古研究所对横岭埠遗址进行考古发掘。截至2016年年底，共清理春秋时期的墓葬三座，均为土坑竖穴墓，其中M1为双椁一棺，器物箱在椁南侧，另两座墓均为单棺，棺南侧为器物箱，出土器物有陶鬲、陶簋、陶豆等，山东省文物考古研究所王春云先生认为，这三座春秋墓葬的性质可能与小邾国有关[②]。横岭埠遗址的三座春秋墓均在棺椁南侧设置盛放随葬品的器物箱，这一葬制与东江小邾国墓地相同，警方追缴的9件青铜器，可能正如犯罪分子所供述的那样，是在横岭埠遗址盗掘出土的，而非小邾国墓地的遗物。

（一）郳寿父鼎铭文考释及其年代问题

郳寿父鼎见于2018年10～12月山东博物馆举办的山东古国系列展之二——“大君有命，开国承家：小邾国历史文化展”，尺寸不详，口微侈，平折沿，方唇，口沿两侧对称铸有一对立耳，斜弧腹下收，圜底，底部有三蹄形足。上腹部外壁饰两圈凹陷纹并被均匀隔开，每隔断中有刻划纹饰，但因锈蚀严重具体纹饰不可辨认，下腹部外壁饰一周凸弦纹（图3-21）。器形与安徽博物院藏小邾国墓地被盗的四件弦纹列鼎（图1-6）相似，但这组列鼎三足外扩，与山东长清县仙人台M3[③]出土的窃曲纹鼎形制更像，属西周晚期至春秋早期特征，M3同出的青铜簠形制与小邾国墓地出土的青铜簠几乎相同，也可证其年代。郳寿父鼎年代则应与长清县仙人台M6出土的D型鼎相近，属春秋早期偏晚阶段（图3-22）。因此，出土郳寿父鼎的横岭埠遗址年代应是春秋早期偏晚，与小邾国墓地M2、M3年代接近。郳寿父鼎腹内壁有铭文4列，含合文共16字，释文为：“郳寿父作鼎，其万年，子子孙孙永宝用享。”

“郳寿父作鼎”。本铭“郳”字作“鼀”形，中部竖划贯穿上下，如蜘蛛的躯干，周围四笔呈上下对称状，如蜘蛛的四肢，该字构形较为原始，象形性明显，与安徽博物院藏小邾国被盗器物中郳庆簠铭文的“郳”字构形相同，年代也应相近（图3-23）。“寿父”为人名，原清宫旧藏有春秋早期伯寿父簠（《集成》4535），现已失传，器形只有当时所绘线图，为长方体，窄沿方唇，腹壁斜直下收，两侧对称饰一

①刘锡柱、张莺燕、李光雨：《薛河流域的商周文化遗址》，《青铜器与山东古国学术研讨会论文集》，上海：上海古籍出版社，2017年，第366页。

②中国考古网：《山东省文物考古研究所2016年度田野考古交流会在临淄工作站举行》，2017年1月19日。

③山东大学考古系：《山东长清县仙人台周代墓地》，《考古》1998年第9期。

1　　2

图3-21　郳寿父鼎及其铭文拓本

1. 郳寿父鼎　2. 郳寿父鼎铭文拓本

（摄于山东博物馆）

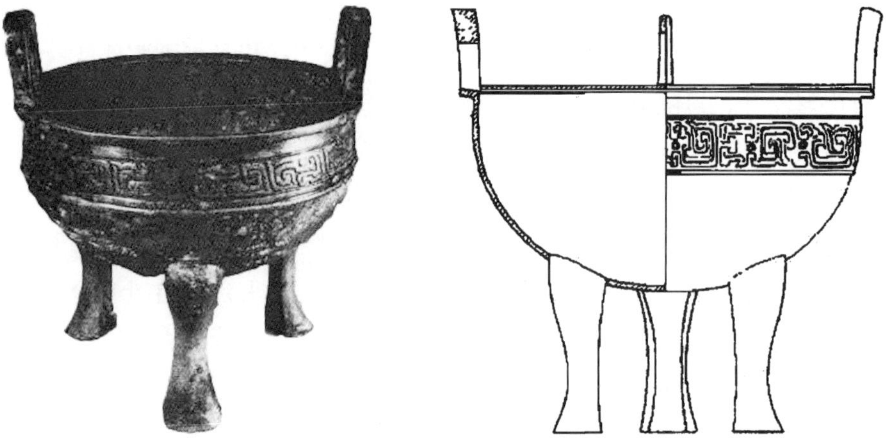

1　　2

图3-22　仙人台墓地出土的铜鼎

1. 窃曲纹鼎（M3：1）　2. D型鼎线图（M6：B3）

（采自山东大学考古系：《山东长清县仙人台周代墓地》，《考古》1998年第9期》）

对兽首形耳，圈足正中有缺，口下和圈足均饰重环纹，腹部饰环带纹。器腹有3列12字铭文，释文为："伯寿父作宝匿，其万年，永宝用。"（图3-24）行文与郳寿父鼎铭文类似，但拓本模糊不清，无法将二寿父做详细比较，但单从所绘簠的器形看，与小邾国墓地出土的青铜簠大体相似。本铭"寿"字从寿从口，与前文郳友父鬲、命父瓶、子皇母簠、毕仲弁簠铭中的"寿"字形构相同。郳寿父文献无载，《说文·老部》云："寿，久也。"段玉裁注曰："久者，从后灸之也。引申为长久，此用长久之义

1　　　　2

图3-23　郳庆簠及其铭文

1. 郳庆簠　2. 郳庆簠铭文

（采自枣庄市政协台港澳侨民族宗教委员会、枣庄市博物馆：《小邾国遗珍》，北京：中国文史出版社，2006年）

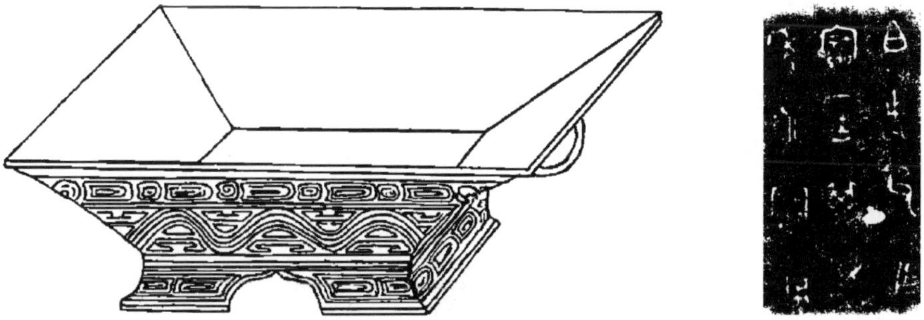

1　　　　2

图3-24　伯寿父簠线图及其铭文拓本

1. 伯寿父簠线图　2. 伯寿父簠铭文拓本

（采自《铭图》5833）

也。”[①]可知“寿”是一个富有吉祥寓意的字，作为人名十分适宜，又王国维先生考证说：“男子字曰某父……盖男子之美称莫过于父。”[②] 因此，“寿父”即作器者的字，“作鼎”则说明了该鼎的性质为郳寿父自作器。

“其万年，子子孙孙永宝用享”。本铭“其”字从“甘”从“丌”，形构与伯寿父簠、毕仲弁簠铭“其”字相同，“子孙”二字的重字符皆在左侧，与小邾国墓地铜器铭文“子孙”的重字符在右侧不同，具有明显的特殊性。“永宝用享”的写法与句式均与郳庆簠铭相同，而小邾国墓地其他青铜器铭文皆为“永宝用”或“永宝用之”。虽然，先秦时期金文书写并没有固定的句式与写法，但通过比较，郳寿父鼎铭

①（汉）许慎撰，（清）段玉裁注：《说文解字注》，上海：上海古籍出版社，1988年，第398页。

②王国维：《观堂集林》，北京：中华书局，1950年，第165页。

文与小邾国墓地出土其他铜器铭文的句式与文字写法既有相似，又有不同。

综上所述，郳寿父鼎被盗掘于距小邾国墓地仅1.5千米的横岭埠遗址，如此近的距离，而墓主人不与小邾国君葬在一处，以及器物和铭文表现出与小邾国千丝万缕的联系和细枝末节的不同。可以推知，郳寿父一定是小邾国的贵族成员，但不是小邾国君，又其墓葬所在地近于东江，因此，郳寿父生活的年代应在小邾国立国的前期，即郳犁来受齐、宋、邾三国攻伐而迁都之前，这件青铜鼎则是郳寿父自作器，应随葬于其本人之墓。

（二）郳眉父匜铭文考释及其与郳寿父的关系问题

郳眉父匜也见于“大君有命，开国承家：小邾国历史文化展”，尺寸不详，已残，器身呈瓢状，直口微敛，宽流上昂，深腹微鼓，圜底，器身上部饰变形龙纹，下部素面，底部铸有四个兽纹蹄形扁足，匜后部有龙形鋬，龙口衔匜后沿，双目突出，头顶有双角，颈部、背部有鬃，不见卷尾。郳眉父匜与安徽博物院藏小邾国墓地被盗的郳庆匜和郳庆匜形制相似，与小邾国墓地M2出土的窃曲纹匜差异较大。郳眉父匜器内底有铭文3列，含合文共16字，释文为：“郳眉父作匜，其万年，子子孙孙永宝用享。”（图3-25）

“郳眉父作匜”。本铭“郳”字仍做“鼀”形，但构形与郳寿父鼎铭文“郳”字大不相同，却与春秋早期的郳伯御戎鼎铭“”（《集成》2525）、郳来唯鬲铭“”（《集成》670）相似。山东博物馆将“眉父”二字释为“寿父”，刘锡柱等先生则将其隶为“眉父”[①]。郳寿父鼎铭中的“寿”字作“”，从耂从省从口，金文习见，是寿字无疑，郳眉父匜铭中的“眉”字作“”，拓本虽不是十分清晰，但也可以看出该字与“寿”构形不同。“眉”“寿”二字金文习见，而且常常以“眉寿无疆”“眉寿万年”等相伴连言，因此，通过与其他金文资料的比较，我们认为刘锡柱等先生的隶定可以信从。“眉寿”二字前文已有考证，作为吉祥语常见于青铜器铭文的结语，即祝福器主长寿。若某人以“眉”和“寿”作为其名与字，则与王引之总结古人取名字的“五体”“六例”原则中互文十分契合，而且，古人确有以“眉”为字的例证，如宋眉父鬲铭文“宋眉父作丰子媵鬲”（《集成》601）。宋眉父即字为眉父的宋国男子，宋国为子姓，丰子则是嫁往丰国的子姓女子，宋眉父鬲就是宋眉父为丰子作的媵器。又根据前文提到的伯寿父簠铭文，可知，“眉”与“寿”是可以作为当时男子的名字的。但是，根据王国维先生“古代男子在字后加父作美称”的论断，则“眉父”和“寿父”皆是字称，而非名称。从小邾国墓地出土的铜器铭文也可以看出，青铜器

①刘锡柱、张莺燕、李光雨：《薛河流域的商周文化遗址》，《青铜器与山东古国学术研讨会论文集》，上海：上海古籍出版社，2017年，第366页。

1

2

图3-25 郳眉父匜及其铭文拓本

1. 郳眉父匜 2. 郳眉父匜铭文拓本

（摄于山东博物馆）

铭文往往对作器者称字，而不称名，如郳友父名肥，但郳友父鬲铭文称其为“友父”而不称“肥”。小郳国墓地出土郳庆铜器铭文称器主为“郳庆”、“兒庆”或“郳君庆”，吴镇烽先生《商周青铜器铭文暨图像集成（附录）》新收录的一件郳庆父壶和两件郳庆父簋（《铭图续》30837～30839），铭文均称郳庆为“郳庆父”，与小郳国墓地的郳庆器铭相互印证，可推知“庆”也是器主的字。通过比较分析，可知“郳寿父”“郳眉父”皆是器主的字，而非一名一字，究其原因当是古人“贵字贱名”传统所致，青铜器是十分重要的礼器，故其铭文对器主的称谓也用更加正式的“字”。但同一人不能拥有两个字，故郳寿父与郳眉父应是两个人，二器铭文字体的差异也可以证明这一点。这两件器物被盗掘于距小郳国君墓地仅1.5千米的横岭埠，可以推知郳寿父和郳眉父虽不是小郳国君，但也是十分重要的贵族，又二人的字在当时是伴生的吉祥语，那么，郳眉父和郳寿父最有可能是兄弟关系，二人应是小郳国某代国君的兄弟，去世后被葬在了距离小郳国君墓地不远的横岭埠，正反映了周代“同宗者，生相近、死相迫”的宗法制度。

“其万年，子子孙孙永宝用享”。本铭句式与郳寿父鼎铭相同，字形写法确有区别，二器的“其”字形构相同，但本铭的“子孙”与东江小郳国墓地出土的金文资料相同，重字符皆在字的右侧，与郳寿父鼎铭文重字符在左侧不同。行文句式相同，可知以上二器的年代大体相当，但字的形构不同，可能与作器者的书写习惯有关，故也可从侧面推测郳寿父与郳眉父不是同一人。

郳眉父匜铭文对作器者称字，器主郳眉父与郳寿父不是同一人，他们的字相得益彰，可能是小郳国某代国君的兄弟，死后被葬在了距离小郳国国君墓地不远的横岭埠。

（三）窃曲纹盘的特征与年代

窃曲纹盘见于“大君有命，开国承家：小邾国历史文化展”，尺寸不详，该器直口，方唇，浅腹，平底，圈足上部为直壁，下部大幅度外撇，器身外壁对称铸有一对附耳，且饰一周窃曲纹。值得注意的是该青铜盘内底铸有铭文，但锈蚀严重，仅通过照片难以辨认，还需对其进一步除锈处理后才能得知铭文的具体内容（图3-26）。

该盘与小邾国墓地出土的凤鸟纹盘（M2：16）形制相似，浅腹、附耳直立及圈足皆具春秋早期特征（图3-27），不同的是窃曲纹盘唇部较厚，折沿不如凤鸟纹盘突出，且圈足较矮，边沿外撇幅度更大，加之其窃曲纹规整，似凤鸟纹演变的纹饰，故窃曲纹盘年代当略晚于凤鸟纹盘，属春秋早期偏晚阶段，与郳眉父匜年代相当。

图3-26　窃曲纹盘

（摄于山东博物馆）

图3-27　凤鸟纹盘

（采自枣庄市政协台港澳侨民族宗教委员会、枣庄市博物馆：《小邾国遗珍》，北京：中国文史出版社，2006年）

（四）窃曲纹提链壶的特征与年代

窃曲纹提链壶见于“大君有命，开国承家：小邾国历史文化展”，尺寸不详，器形呈方形，有盖，器盖为平顶，盖上对称铸有一对小环，环内各套一个大青铜环，其中一个残缺，直颈，颈部两侧各有一个环耳，有提链连接，器腹鼓腹下收，平底，颈部与腹部连接处饰一周窃曲纹（图3-28）。

这类扁方形提链壶出现年代较晚，器形似钫，以往并不多见，与小邾国墓地出土的郳君庆壶等圆鼓腹青铜壶形制差异较大，而与薛国故城出土的薛侯行壶（M3：9）类似，不同的是薛侯行壶盖顶铸有立鸟形纽，颈部稍长，且腹部不如该窃曲纹壶更鼓，其年代应更晚（图3-29）。薛国故城M3被盗严重，除薛侯行壶外，没有出土其他更具时代特征的器物，发掘者认为其年代为春秋早中期，故窃取纹壶年代当稍早于薛侯行壶，属春秋早期偏晚阶段。另外，提链铜壶从在墓葬中的位置看在山东地区多与铜盘、铜匜或铜盉放置在一起，在山东之外的地区多与盛酒器放置在一起[①]，可知其既

①路国权：《东周青铜容器谱系研究》，上海：上海古籍出版社，2018年，第126页。

图3-28　窃曲纹提链壶
（摄于山东博物馆）

图3-29　薛侯行壶
（采自山东博物馆、滕州市博物馆：《惟薛有序，于斯千年：古薛国历史文化展》，杭州：浙江人民美术出版社，2016年）

可作水器，又可作酒器。

总而言之，横岭埠遗址是一处与小邾国相关的遗址是可以确定的，其位置距离东江小邾国国君墓地很近，被盗掘出土的器物器主身份与小邾国君关系也比较密切，应是小邾国的宗室贵族。鼎、盘、匜、壶之器物组合与小邾国君墓地出土的器物组合相同，横岭埠遗址的墓葬与小邾国墓地形制、葬俗类似。但横岭埠遗址被盗掘出土了青铜簋，而小邾国墓地则不见此类器物。横岭埠遗址的发现与发掘是研究小邾国墓葬随葬器物组合发展演变的关键，待该遗址发掘资料正式公布之后，必然会对小邾国春秋前期的历史文化研究起到很大的推动作用。

三、大韩墓地出土的青铜器

大韩村东周墓地位于山东省枣庄市滕州市官桥镇大韩村村东，2017年3月前后发生盗窃案，滕州市公安部门追缴出自大韩墓地的青铜器150余件（套）。2017年4～5月山东省文物考古研究院会同滕州市博物馆对墓地进行了考古勘探。墓地东西长约100米，南北宽约70米，总面积约7000平方米，共发现墓葬70座，墓葬基本开口于耕土层下，深度一般在3～5米，个别深7米以上。2017年10月至2018年1月，山东省文物考古研究院联合滕州市文物局对墓地的中东部进行了发掘，这次发掘共清理墓葬52座，其中小型墓38座，大、中型墓13座，另外还有1座未完工的墓葬①。2018年4～11月，山东省文物考古研究院联合枣庄市和滕州市文物局对大韩墓地进行第二次发掘，初步发现墓葬93座，其中小型墓68座，大、中型墓25座，目前已发掘70余座②。大韩墓地距离东江小邾国墓地、滕州小邾国故城遗址均20余千米，且警方追缴被盗器物中有一件铭有“郳公克父”的青铜戈，待考古发掘资料正式公布以后，定会将小邾国历史文化的研究推向又一个高潮。

（一）大韩墓地概况③

大韩墓地前后两次共发现墓葬160余座，时代横跨春秋晚期至战国晚期（其中M35为清代墓葬未算在内），且墓地有一定规划，墓葬排列有序，大、中、小三个等级墓葬差异明显，出土器物丰富、文化因素复杂，该墓地性质的确定，对研究鲁西南地区古国族的文化交流、丧葬制度等具有重要意义。据2017年10月至2018年1月第一阶段发掘情况，现对大韩墓地的丧葬制度进行初步研究。

第一阶段共发掘墓葬52座，其中小型墓38座，除M35外，时代均为战国晚期；中型墓7座，时代均为春秋晚期；大型墓6座，时代皆为战国时期；未完工墓1座④。通过墓葬分布平面图（图3-30）可知除M38未完工外，大型墓为M37、M39、M40、M41、M42、M45；中型墓为M26、M43、M44、M47、M48、M50、M52；其余为小型墓。

1. 小型墓

小型墓除一座在发掘区东部外，其余均分布在发掘区的西部，除清代墓葬M35打破M36外，其他小型墓多打破大中型墓，而自身则无打破关系，可知小型墓经过一定的规划，且时代最晚。37座战国晚期墓葬中，墓向为南北向者共30座，占墓葬的81%，其中两两成组者应为夫妻合葬墓共16座，占南北向墓葬的53.3%；墓向为东西向者仅7座，占墓葬的19%，其中两两成组分布的夫妻合葬墓6座，占东西向墓葬的85.7%。大韩墓地的小型墓可分为两组，A组为南北向墓葬，占大多数，但夫妻合葬墓

①郝导华、张桑等：《山东滕州大韩东周墓地发掘获重要发现》，中国文物信息网，2018年8月1日。

②山东博物馆：“大君有命 开国承家——小邾国历史文化展”大韩村遗址介绍，2018年10～12月。

③因大韩墓地未发表正式发掘报告，故未将本部分列入第一章小邾国墓地与其他诸侯国墓地比较的研究。

④中国考古网：《山东省文物考古研究所2017年度田野考古交流会在临淄工作站举行》，2017年1月31日。

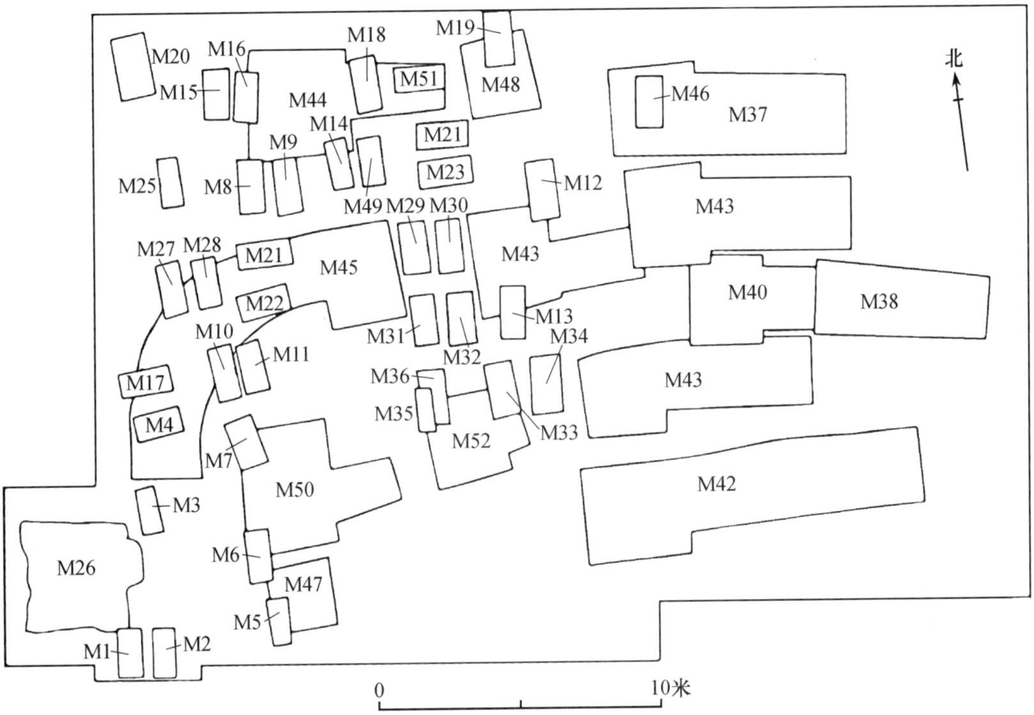

图3-30　大韩墓地2017年发掘区墓葬分布图

（采自山东省文物考古研究院2017年度田野考古交流会）

仅占半数；B组墓葬为东西向分布，占少数，但绝大多数为夫妻合葬墓。A、B两组墓的方向不同，埋葬方式也有差异，其性质有可能如鲁国故城甲、乙组墓葬，墓主人属于两个不同的族群。据发掘者称："（小型墓）皆为长方形土坑竖穴墓，有的设置腰坑。这批墓多为一棺，少数一棺一椁。"①这一信息非常关键，墓葬是否设置腰坑、殉狗，往往被作为区别商人夷人墓与周人墓的标志，"有的设置腰坑"，则可知墓葬多数不设腰坑，而多数墓葬为南北向的A组墓，那么，A组墓葬的特征为南北向、无腰坑，这正与鲁国故城乙组墓葬相同；B组墓葬的特征为东西向，有腰坑，葬制与鲁国故城甲组墓类似。待正式发掘报告发表之后，再把大韩墓地A、B两组墓的出土器物、棺椁制度加以比较，并与周边其他墓地如鲁国故城甲、乙组墓葬等进行比较研究，将会对大韩墓地两组小型墓的国别族属，以及人口比例等问题有一个较为清晰的认识。

2. 中型墓

中型墓一共7座，也分布在发掘区的西部，其中4座带有墓道，2不带墓道，1座疑

①郝导华、张桑等：《山东滕州大韩东周墓地发掘获重要发现》，中国文物信息网，2018年8月1日。

似有墓道。从墓葬分布图可以看出，中型墓的墓室面积应与大型墓相差不多，只是墓道较短，而且时代均为春秋晚期，对墓葬类型进行初步划分时应考虑了时代因素。中型墓墓向均朝东，发掘者以墓道的差异，将其分为三类："第一类无墓道；第二类为带有东向短小墓道的平面呈'甲'形的甲字形墓，墓道往往偏向一侧；第三类墓亦为带有东向墓道的甲字形墓，墓道稍长且不规整，墓道底面一般凹凸不平，或有凹槽，该类墓墓道亦往往偏向一侧。"[①]M50与M47是中型墓中唯一一对并排分布的墓葬，应是夫妻合葬墓，M50墓室面积远大于M47，且有墓道，墓主人应是男性，M47墓室面积小，且不带墓道，墓主人应是女性。中型墓皆为一棺一椁，墓室内设置有器物箱，但位置不固定，出土器物有鼎、豆、敦、罍、盘、匜等礼器，剑、戈、镞等兵器，以及乐器和车马器。

7座中型墓没有打破关系，也应是经过规划的，且盛行腰坑、殉狗。所有中型墓均被A组小型墓打破，有打破关系者共计15座；而被B组小型墓打破者仅有1座，即M51打破M44的墓道。中型墓与B组小型墓皆有腰坑、殉狗，葬俗相近，族属相同，与A组小型葬俗区别较大，族属不同。结合中小型墓的打破情况，中型墓几乎不被族属相同的B组小型墓打破，而均被族属不同的A组小型墓打破。据此推断大韩墓地小型墓规划时侧重点应是不同的，B组墓建造时可能尽量避开了族属相同的中型墓，A组墓则只规划自身墓葬的排列，并不关注是否会打破中型墓。这也是日后判断大韩墓地三种类型墓葬性质的依据。

3. 大型墓

大型墓一共6座，5座分布在发掘区东部，1座在发掘区的西部，时代皆为战国时期。这类墓葬的墓室面积较大，墓道长且宽，有甲字形墓和刀形墓，其中位于发掘区西部的刀形墓M45，其墓道为长弧形，非常少见。发掘者称大型墓："墓室分为椁室与器物箱，或椁室在南、器物箱在北，或反之。墓葬多发展为一棺二椁。人骨仰身直肢，头向东。墓主身边一般放置朱砂。器物箱中随葬鼎、簠、盖豆、敦、舟、罍、鈚、盘、匜等青铜器，鼎、豆、壶、方座簋等陶器。该类墓亦有一部分陶器带有彩绘。"[②]与中型墓相比，大型墓葬具为一棺二椁，随葬礼器多了簠，陶器中的一件方座龙耳簋造型奇特，具有明显的楚文化风格。大型墓不仅随葬器物组合相比中型墓发生了明显变化，而且葬俗也有区别，这一时期的墓葬不再设置腰坑、殉狗，但盛行殉

①郝导华、张桑等：《山东滕州大韩东周墓地发掘获重要发现》，中国文物信息网，2018年8月1日。

②郝导华、张桑等：《山东滕州大韩东周墓地发掘获重要发现》，中国文物信息网，2018年8月1日。

人。就墓葬的打破关系和时代而言，M37、M45均被战国晚期小墓打破，其年代应早于战国晚期，M40被M39和未完成的M38打破，因M38未完成，时代应最晚，故M40应早于战国晚期，而M40又打破M41，因此，三座并排的墓葬，越往南时代越早，即M41时代最早，M40次之，M39最晚，又M41与M42并排分布，墓葬形制基本一致，只有规模大小之别，很可能是夫妻异穴合葬墓，二者时代应相近。发掘者认为大型墓的时代涵盖战国早、中、晚期，M37、M45时代早于战国晚期，其余大型墓只有M39时代最晚，所以M39应是战国晚期墓，M37、M40、M45时代相当，早于战国晚期，M41、M42时代最早。

同为战国时期墓葬，大型墓的埋葬区与小型墓完全分离（M45除外），应是经过专门的规划，并有一定的用意。对比大中小型墓的时代、葬俗和分布范围，可以看出春秋晚期的中型墓埋葬区在西部，战国时期的大型墓埋葬区主要在东部，而且随葬器物组合和葬俗发生了变化，可视为战国大型墓的墓主人对春秋晚期中型墓墓主人的取代。至战国晚期，人口膨胀，开始有平民埋入这一片区域，但由于身份地位的差异，平民不能葬入发掘区东部的大型墓埋葬区，只能选择埋葬在西部。其中B组小型墓与春秋晚期中型墓葬俗一致，它们的墓主人可能与中型墓的墓主人存在某种联系，故这一区域发现的B组小型墓较少，而且即便埋入这个区域，也会尽量避开中型墓，反映了两种墓主人之间的亲密关系。同时可以推断春秋晚期的中型墓应有地上遗存，否则，B组小型墓很难在如此局促的环境中避开中型墓分布。

以上推论均是建立在现有发掘资料的基础上，获得的初步认识，虽能看出一些规律，但在正式发掘报告发表之前，特别是对大韩墓地大、中、小三类墓葬的葬制、葬俗、随葬器物组合、人骨分析进行严谨的比较研究之前，所有推论都有待检验，只能作为分析这一墓地性质的一种思路，供学界参考与讨论。

（二）郳公戈的年代及其与郳公克敦之关系

郳公戈是山东省滕州市公安部门追缴大韩墓地被盗器物中的一件，见于“大君有命，开国承家：小邾国历史文化展”，以及2018年12月至2019年1月中国国家博物馆举办的“众志成城，守护文明——全国打击防范文物犯罪成果展”。该戈尺寸不详，前锋呈三角形，援身较长，微向上扬，锋部下收，上下两刃均开锋，脊部明显，胡较短，呈弧形。阑内侧有两个穿，上穿锈蚀呈圆形，下穿略呈长方形。内呈刀形，较长，上部平直，略微上扬，下部靠近援部平直，尾部上扬略呈弧形，内中部有一横向长方形穿。通体素面，锈蚀严重。胡部有铭文12字，释文为：“郳公克父，择其吉金，作其元用。”（图3-31）

郳公戈内较长，为刀形，尾端呈弧形上扬，与这一时期大部分内呈圆角长方形的戈不同，而形制与薛国故城M2出土的Ⅲ式戈相近，发掘者将M2年代定为春秋早中期[①]（图3-32），而同出的浅腹平盖鼎形制与徐楼墓地M1出土宋公鼎相近，宋公鼎作器者宋公固死于公元前576年，因此徐楼墓地M1年代可确定为春秋中期末段。据路国权先生研究，浅腹平盖鼎最早见于洛阳西工区2005M8832：5，其年代上限为春秋中期[②]。所以，以浅腹平盖鼎的考古类型学与文献记载宋公固生卒年代为准，薛国故城M2年代应与徐楼墓地M1相近，当属春秋中晚期，郳公戈器形特征与薛国故城Ⅲ式戈相近，但其援身束腰，故将郳公戈的年代定为春秋晚期较为合理。依此，郳公戈既可能出土于大韩墓地春秋晚期的中型墓，又可能作为战国大型墓墓主的战利品，随葬在大型墓。郳公戈若出土于春秋晚期的中型墓，因其为自作器，且制作年代与墓葬年代大体吻合，很可能该墓墓主即为郳公克父本人，那么，大韩墓地中型墓应是小邾国春秋晚期的国君墓地，这无疑将为解决春秋早期之后小邾国的迁徙问题提供极有力的证据。若郳公戈作为战利品出土于战国时期的大型墓，则可对小邾国春秋晚期的外交与战争进行研究，小邾国国小势微，被他国进行一次能够缴获国君用戈的军事打击，可以说是致命的，《春秋经・哀公四年》记载曰："宋人执小邾子。"杜预注曰："小邾子无道于其民，故称人，以执。"[③]这是文献记载的春秋晚期小邾国受到的唯一一次军事打击，而且宋国直接攻入小邾国都，俘获了小邾国君，郳公戈是否在此次战争中被缴获耐人寻味。总体而言，大韩墓地的中型墓盛行腰坑殉狗，与小邾国墓地的葬俗不同，故郳公戈出土于战国大型墓的可能性更大，但这些信息因犯罪分子的盗掘已无法复原，对小邾国研究造成了无法弥补的损失。

青铜戈上的铭文字数在十个以上者较为少见，特别是海岱地区出土的青铜戈，铭文"最少者一字、常见者三字、最多者七字"[④]，铭字较多的青铜戈，铭文位置则多在内部，如郳公戈十二字铭文分两列铭于胡部者十分罕见（图3-33）。"郳公克父"是戈铭中相对清晰的部分，"郳"字在春秋战国时期共有三种写法，其一，

图3-31　郳公戈
（摄于中国国家博物馆）

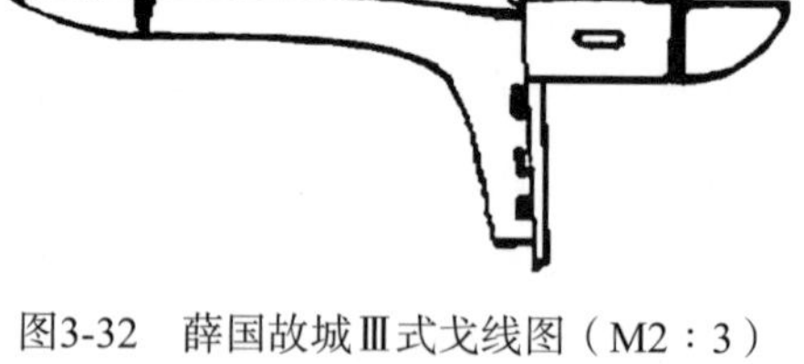

图3-32　薛国故城Ⅲ式戈线图（M2：3）
（采自山东省济宁市文物管理局：《薛国故城勘查和墓葬发掘报告》，《考古学报》1991年第4期）

①山东省济宁市文物管理局：《薛国故城勘查和墓葬发掘报告》，《考古学报》1991年第4期。
②路国权：《东周青铜容器谱系研究》，上海：上海古籍出版社，2018年，第48、50页。
③（清）阮元校刻：《十三经注疏・春秋左传正义》，北京：中华书局，1980年，第2158页。
④孙敬明：《新见郳公戈刍议》，《中国文物报》2017年5月30日第7版。

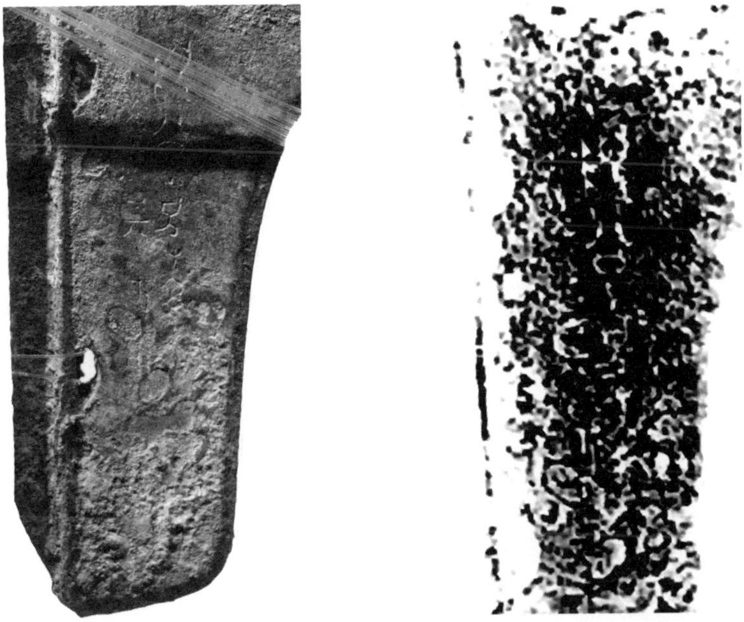

1　　2

图3-33　郳公戈铭文

1. 郳公戈铭文　2. 郳公戈铭文拓本

（1. 摄于山东博物馆　2. 摄于中国国家博物馆）

直接写为“兒”，如小邾国墓地出土郳庆诸器。其二，写作从邑从兒的“郳”，且“兒”上方有类似“十”形字符。如郳㛄逄母鬲（《集成》596）、郳公镈（《铭图》15815～15818）、郳右居戈（《集成》10969）。其三，写作从阜从兒，“兒”上方有类似“十”形字符，如本铭和郳公克敦（《集成》4641）。前者郳字写法要比后者原始，孙亚冰先生考证说：“殷虚甲骨一期、宾组卜辞有‘兒’国，且标明此兒国在商都之东。”[①]小邾国受封应在兒国旧地，故小邾国初期国君以“兒”为氏称时，直接写作“兒”，不加其他字符。春秋中晚期以后，郳字开始写作从“阜”与“邑”，二字符均表地名，无实际意义。这样的情况也见于金文中的“邾”字，其初写作蜘蛛形的“鼄”，如小邾国墓地诸器等，至春秋晚期，则写作从邑从朱的“邾”，如邾公钎钟（《集成》102）。“兒”上方加类似“十”形字符，则可能是特指郳国及郳国公室，对此孙敬明先生认为：“还有一件铭文为‘郳右冶’的铜戈（笔者案：即郳右居戈），其‘郳’字上缀加‘竹’符，此戈应属战国晚期燕国占据郳地所铸造。”[②]郳右居戈的年代应不是战国晚期，孙先生亦未说明燕国占据郳地所造的戈，为何要加

①孙亚冰：《浅论殷墟卜辞中所见东方和南方方国》，《商承祚教授百年诞辰纪念文集》，北京：文物出版社，2003年，第211页。

②孙敬明：《新见郳公戈刍议》，《中国文物报》2017年5月30日第7版。

"竹"符，前文已有讨论，"郳"字写作从阜或从邑之后，"十"形字符便开始出现，是否因燕国占领还需商榷。"公"是尊称，而非爵称，前文探讨滥公鼎铭文时已作说明，小邾国君称"公"，不见于小邾国墓地出土的铜器铭文，国君被尊称或自称为"公"，是受天子册命爵位，位列诸侯之后才能享有的特权，本铭郳公克父与郳公镈铭文中的郳公韍父都是郳犁来受册命为子爵之后的小邾国君。据郳公镈铭文，郳公韍父是小邾惠公之子，《春秋释例·氏族谱》记载曰："（小邾）惠公以下，春秋后六世而楚灭之。"①可知郳公韍父时代应在春秋末期至战国初期，又郳公戈为春秋中晚期器，故郳公克父是郳公韍父之前的小邾国君。郳犁来受命以后两代小邾国君失考，郳公克则可能是其中的一位，再之后穆公、恭公、惠公又皆为谥称，也不排除其字为"克父"的可能。传世青铜器中有一件郳公克敦，已不知器形，但其年代为春秋晚期，器内壁有11字铭文："郳公克铸其饙敦，永宝用之。"（图3-34）铭文中的"克"是器主的字，字后加"父"是对男子的美称，通过比较两件器铭，可以看出"郳"与"克"两字的写法完全一致，因此，郳公克即郳公克父，郳公克敦与郳公戈器主为同一人。遗憾的是，目前所能见到的郳公克之器仅此两件，但郳公戈是追缴之物，无出土信息，郳公克敦则只剩铭文拓本，现只能期待大韩墓地的考古发掘能够尽可能地弥补这些缺憾，为小邾国的研究提供更多的有用信息。

图3-34　郳公克敦铭文拓本

（采自《铭图》6067）

（三）深腹平盖鼎及其与海岱地区青铜鼎之谱系

深腹平盖鼎，共2件，出土于大韩墓地M44春秋晚期中型墓，见于"众志成城，守护文明——全国打击防范文物犯罪成果展"。该鼎平盖，盖顶中央铸有半环形纽，边缘有三个曲尺形捉手，鼎盖与鼎口沿为子母口，口部微敛，深腹，对称附耳高出鼎盖，圜底，三蹄形足较粗壮。器身上部饰蟠螭纹，中部为一周凸弦纹，其下素面（图3-35）。这种深腹平盖鼎与薛国故城M2出土的深腹平盖鼎器形基本一样，与该墓同出有7件浅腹

①（晋）杜预：《春秋释例》（十五卷附校勘记二卷），《武英殿聚珍版丛书》，清乾隆敕刊本，第459页。

图3-35　大韩墓地深腹平盖鼎（M44）
（采自郝导华、张桑等：《山东滕州大韩东周墓地发掘获重要发现》，中国文物信息网，2018年8月1日）

图3-36　薛国故城深腹平盖鼎（M2：105）
（采自山东博物馆、滕州市博物馆：《惟薛有序，于斯千年：古薛国历史文化展》，杭州：浙江人民美术出版社，2016年）

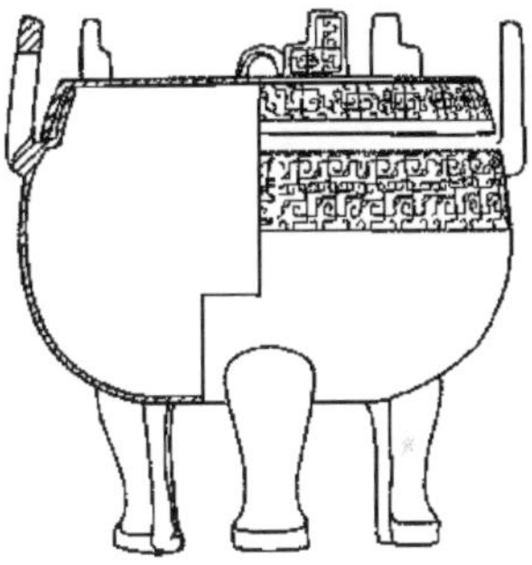

图3-37　南阳李八庙蟠虺纹平盖鼎线图（2004M1：1）
（采自南阳市文物考古研究所：《河南南阳李八庙春秋楚墓清理简报》，《文物》2012年第4期）

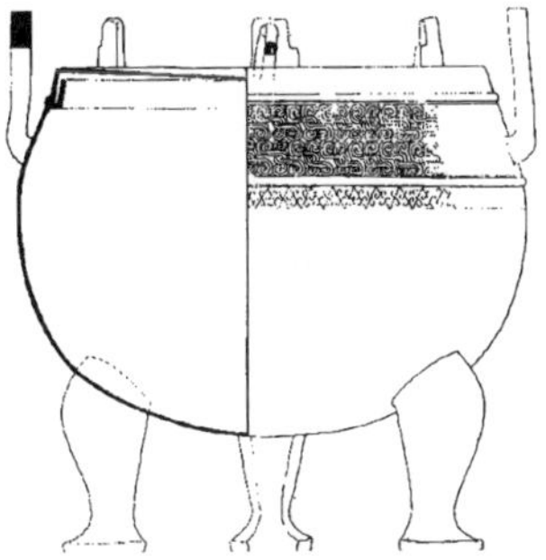

图3-38　淅川下寺鬻鼎线图（1979M7：6）
（采自河南省文物研究所、河南省丹江库区考古发掘队、淅川县博物馆：《淅川下寺春秋楚墓》，北京：文物出版社，1991年）

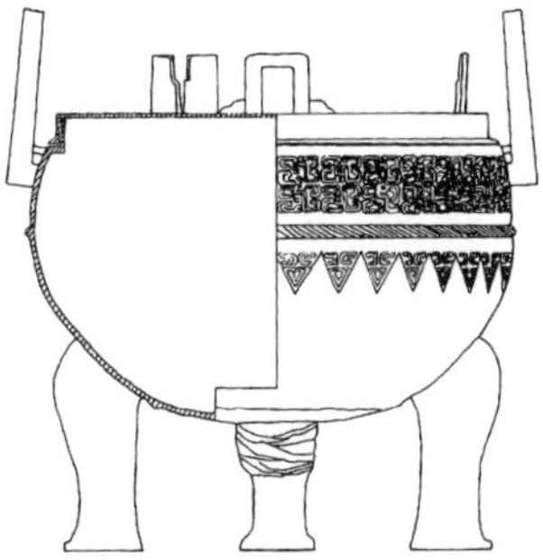

图3-39　徐楼墓地C型鼎线图（M2：26）
（采自枣庄市博物馆、枣庄市文物管理办公室、峄城区文广新局：《枣庄市峄城徐楼东周墓葬发掘报告》，《海岱考古》（第七辑），北京：科学出版社，2011年）

平盖列鼎，故该深腹鼎被发掘者称为陪鼎，高37厘米，口径25.4厘米[①]（图3-36）。除此之外，滕州市博物馆还藏有两件尺寸、形制大体相同的深腹平盖鼎。

这类鼎被路国权先生称为“附耳子母口鼎”，其中Aa型Ⅱ式为的特征为深腹，平顶盖，附耳微侈，粗壮蹄足接于下腹中下部，标本号分别为南阳李八庙2004M1：1（图3-37）和淅川下寺1979M7：6（图3-38）[②]，发掘报告称其时代为春秋中期晚段至春秋晚期[③]。路先生所定的附耳子母口鼎Aa型Ⅱ式虽与大韩墓地、薛国故城出土的深腹平盖鼎器形最为接近，但也有很大的差别。附耳子母口鼎Aa型Ⅱ式为鼓腹，腹深远不及后者，器形与徐楼墓地M2出土的C型鼎（图3-39）相同。大韩墓地、薛国故城出土的深腹平盖鼎深腹下收为圜底，大体呈卵形，不见著录。李宏先生认为：“（平盖鼎）西周末年春秋初期集中出现在东方的沂泗和淮河流域，而在夷夏、吴楚等多向文化交流进程中，通过列国的婚聘、征伐、会盟等不同形式的交往，以平盖鼎为载体的东夷诸国文化不断地播迁演变，最终消融于战国初年青铜文化面貌的趋同中。”[④]大韩墓地出土的深腹平盖鼎，为进一步完善海岱地区青铜鼎的谱系具有重要意义。

总之，大韩墓地持续使用时间长，大、中、小三种类型墓葬齐全，规划整齐，墓葬制度差异明显，是一处研究东夷地区诸侯国丧葬制度发展变化的重要遗址。滕州市警方追缴的郳公戈，年代为春秋晚期，为完善小邾国春秋后期国君世系提供了新的依据。M44出土的深腹平盖鼎，不见于以往著录，为探讨东周时期青铜鼎谱系提供了新的材料。该墓地的发现与发掘有极高的学术价值，为研究东夷诸侯国的丧葬制度、小邾国的外交关系和完善青铜鼎谱系都具有重要意义。

四、山西“603专案组”追缴的青铜器

2015年5月，山西省闻喜县酒务头墓群被不法分子盗掘，警方随即对该盗墓案件进行侦办，2016年6月3日，犯罪分子被闻喜县警方抓获，以此为契机，山西省公安厅迅速成立“603专案组”，该年底，此案又上升为公安部挂牌督办案件。至2018年年底，专案组已经追缴到各类被盗文物3038件，其中一级文物27件、二级文物61件、三级文物145件。在追缴的一级文物中，有四件青铜簠形制、纹饰大体相同，其中两件带有“邾季”铭文，应是春秋早期小邾国之器，年代与小邾国墓地大体相当。四件青铜簠

①山东省济宁市文物管理局：《薛国故城勘查和墓葬发掘报告》，《考古学报》1991年第4期。

②路国权：《东周青铜容器谱系研究》，上海：上海古籍出版社，2018年，第46页。

③南阳市文物考古研究所：《河南南阳李八庙春秋楚墓清理简报》，《文物》2012年第4期。

④李宏：《论春秋时期平盖鼎的起源与传承》，《青铜器与山东古国学术研讨会论文集》，上海：上海古籍出版社，2017年，第93页。

的出土信息已经无法得知，但其形制和铭文，将有助于小郳国政治婚姻的研究。

（一）郳季簠的年代及其铭文考释

郳季簠一共2件，形制、纹饰、铭文基本相同，尺寸略有差异。一件高19.2厘米，长30厘米，宽24.3厘米，重5.35千克；另一件高19.3厘米，长29.6厘米，宽24.1厘米，重4.95千克[①]。以后者为例，器形呈长方体，上下对称，器身与器盖形制相似，平口相合，斜直壁，顶部与底部四角设置外侈矩形支足。器身与器盖两侧均各有一个兽首形耳，器身四边唇部各有一个小兽首卡扣。该簠器盖外壁上部饰变形夔纹，下部饰窃曲纹，器身外壁上部饰窃曲纹，下部饰变形夔纹，四支足饰窃曲纹。盖器内底对铭，共5行含合文22字，释文为：“郳季⿱夗口⿳艹田廾用作中媒用铸宝簠，其万年，子子孙孙用宝用。”[②]（图3-40）

郳季簠器形与小郳国墓地出土的子皇母簠（图1-13）、毕仲弁簠（图2-6）等器相比，形制虽大体相似，但也有细微区别。郳季簠通高超过19厘米，支足中部缺口略呈“凸”形，而小郳国墓地的青铜簠高度则在16～17厘米，支足中间缺口为长方形或梯形。按路国权先生对铜簠的型式划分，小郳国墓地的铜簠属Aa形凹蹼足簠，郳季簠则属于Ab型凸蹼足簠，两种亚型的簠皆属于春秋早期[③]。但从青铜簠器形演变来看，东周时期的簠年代越晚，支足越高，而郳季簠的高度明显更高，故其年代虽为春秋早

1

2

图3-40　郳季簠及其铭文

1. 郳季簠　2. 郳季簠铭文

（采自山西省公安厅、山西省文物局编著：《国宝回家：2018山西公安机关打击文物犯罪成果精粹》，北京：文物出版社，2018年）

①山西省公安厅、山西省文物局编著：《国宝回家：2018山西公安机关打击文物犯罪成果精粹》，北京：文物出版社，2018年，第32、37页。以下简称《国宝回家》。

②山西省公安厅、山西省文物局编著：《国宝回家：2018山西公安机关打击文物犯罪成果精粹》，北京：文物出版社，2018年，第33页。

③路国权：《东周青铜容器谱系研究》，上海：上海古籍出版社，2018年，第92、93页。

期，但应略晚于小邾国墓地诸簠。

“邾季𣄰𦐖”。“邾”字写法新见，但大体仍作蛛形的“”。“蛛”形字符在外，“朱”字符在内，与之最接近的是邾君庆壶铭的“”，相比之下，只是“朱”字符上移出“蛛”形之外而已。前文已经指出，邾字的写法虽分为“蛛”形和从邑从朱两种，且“蛛”形的邾字时代较早，但写法并不一致。以邾君庆器为例，即便作器者为同一人，但器形不同、作器的批次不同，邾字的写法也不相同。“季”表行次，《仪礼·士冠礼》记载曰：“伯某甫，仲、叔、季，唯其所当。”郑玄注曰：“伯、仲、叔、季，长幼之称。”[①]《白虎通·姓名》云：“以时长幼，号曰伯仲叔季也。伯者，子最长，迫近父也。仲者，中也。叔者，少也。季者，幼也。”[②]因此，“季”指排行最幼的男子，“邾季”之称金文初见，应是某代小邾国君之弟，据“邾季”可推知，也应有称为“邾伯”“邾仲”“邾叔”的邾国公室成员。目前可确定的以“邾+行次”为称谓的青铜器有三件，其中铭“邾伯”者两件，分别是邾伯鬲（《集成》669）和邾伯御戎鼎（《集成》2525），两器均是邾伯所作媵器，年代为西周晚期至春秋早期，前者铭文仅言“媵鬲”，未说器主是谁，后者则是邾伯御戎为滕姬作所，可知邾国与滕国是姻亲国，小邾国墓地出土滕侯盨，也可证两国的密切关系。铭“邾叔”者一件，即邾叔之伯钟，知当时确有被称为“邾叔”的人，器主自称邾叔之伯，故邾叔地位应该较高，可能是国君。另外，邾季簠的整理者称：“过去有邾叔豸父簠发现，出土在枣庄不远的平邑县东阳乡蔡庄墓葬。”[③]这件器物铭文模糊不清，释读也存在争议，《集成》收录该器，编号为4592，亦将铭文读为“邾叔豸父”，而发掘者对“叔”前后的字均未作释读[④]，吴镇烽先生将其释读为“□叔虎父”（《铭图》5926），从铭文字形看，第一字应该是从蛛形的邾字，但不能确认，故暂时存疑。除“氏+行次”的称谓之外，金文资料中还有“行次+字”的称谓方法，1974年陕西岐山贺家村发现青铜窖藏，其中出土一件伯夏父鼎（《集成》2584），以及传世青铜器有十件伯夏父鬲（《集成》719～729）、两件伯夏父罍（《集成》9967、9968），以上诸器皆是伯夏父为其妻子毕姬所作的媵器，可知伯夏父与毕国有姻亲关系。无独有偶，1960年陕西扶风齐家村发现青铜窖藏，出土中友父簋两件（《集成》3755、3756），中友父盘（《集成》10102）、中友父匜（《集成》10224）各一件。小邾国始封君邾友父是邾国国君夷父颜的次子，按行次当称“仲”，他的兄长字为夏父，按行次当称“伯”，虽不知以上“伯夏父”“中友父”是否为邾夏父、邾友父，但至少可以证明这种称谓

①（清）阮元校刻：《十三经注疏·仪礼注疏》，北京：中华书局，1980年，第957页。

②（汉）班固等撰：《白虎通》，北京：中华书局，1985年，第230页。

③山西省公安厅、山西省文物局编著：《国宝回家：2018山西公安机关打击文物犯罪成果精粹》，北京：文物出版社，2018年，第33页。

④李常松：《平邑蔡庄出土一批青铜器》，《考古》1986年第4期。

方式在当时是非常流行的。

“⿱夗口⿱艹⿱辠廾”为整理者隶定，是郳季的名字。“⿱夗口”字本铭作“”，徐楼墓地M2出土滥公鼎铭文的“脂”字作“”，为从肉从反人（匕）从口之形，与本铭相比，从肉从口相同，但滥公鼎“匕”形字符明显从“人”字形，而郳季簠铭“口”上两字符相连，右上字符也不像“人”字。“⿱夗口”字金文习见，西周早期能匋尊铭作“”（《集成》5984），西周早期晚段的元尊铭作“”（《集成》4827），元卣铭作“”（《铭图》13270），西周中期郃⿱夗口簋铭作“”（《集成》4197）。以上诸器铭文的“⿱夗口”均为人名，该字的构形大体一致，左上字符或从肉，或从夕，右上字符与郳季簠铭相同，皆从“卪”，不从“人”字形，下部的“口”作指示符，可省略。故整理者将该字隶定为“⿱夗口”较为准确，可读为“夗”。“夗”古文通“蜿”，《说文·夕部》云：“转卧也。”段玉裁注曰：“谓转身卧也。《诗》曰：辗转反侧。凡夗声、宛声字，皆取委曲意。”[①]是知“蜿”形容蛇类爬行时弯曲延伸的样子，本字即“夗”，从“转卧”会意为“委曲”。“⿱夗口”后之字作“”，整理者隶定为“⿱艹⿱辠廾”，认为“辠”字周围环绕“草”字符，故隶定为“⿱艹⿱辠廾”。该字中部字符从自从辛为“辠”，是“罪”之本字，《说文·辛部》云：“辠，犯法也。从辛从自，言辠人蹙鼻苦辛之尤。秦以辠似皇字，改为罪。”段玉裁注曰：“此志改字之始也。古有假借而无改字。罪本训捕鱼竹网。从网、非声。”[②]因此，依罪字本训为“捕鱼竹网”，则该字应隶为“⿱⺮⿱辠廾”。可知依字义本铭“辠”字周围的字符并不是“草”，而应是“竹”，故整理者隶定该字只见其构形，没有深究字义，才将该字隶定成了“⿱艹⿱辠廾”。析言之，“⿱夗口”可释为“夗”，取蜿蜒委曲之意，“⿱⺮⿱辠廾”以“竹”为指示符，应取其本意即捕鱼用的竹网，合言之，则“⿱夗口⿱⺮⿱辠廾”可理解为沿河弯曲布设竹网，如此可捕得更多的鱼。以“⿱夗口⿱⺮⿱辠廾”为人名，是取收获、丰收的意思，体现了一种美好的愿景。

“中娸”是郳季妻子的名字，“中”即“仲”，亦表行次，“娸”为该女子之姓。《说文·女部》云：“人姓也。从女其声。杜林说：娸，丑也。”段玉裁注曰：“丑者，可恶也。按《页部》曰：頬，丑也。杜说盖以娸为頬头字也。”[③]可知，将“娸”释为丑是后人的讹化，它的本意只作姓。本铭“娸”字为从女从其，“其”通“箕”，与“姬”音相同，又本铭的“其”作从甘从丌之形，而“⿰女丌”为“姬”的古

①（汉）许慎撰，（清）段玉裁注：《说文解字注》，上海：上海古籍出版社，1988年，第315页。

②（汉）许慎撰，（清）段玉裁注：《说文解字注》，上海：上海古籍出版社，1988年，第741页。

③（汉）许慎撰，（清）段玉裁注：《说文解字注》，上海：上海古籍出版社，1988年，第613页。

字，故“中娸”或为“中姬”。但金文资料中的“姬”没有写作“娸”之例，而且“娸”本即古姓，只是金文罕见，又缺乏文献记载，不被我们熟知。故本处仍从整理者，隶定为“中娸”。

这两件郳季簠是小郳国君之幼弟郳季为其妻子仲娸作的媵器，铭文中的“郳季”“中娸”均是金文初见，郳季名字为夗簟，是期盼丰收、收获之意，仲娸是女性称谓中“行次+妇姓”的模式，“娸”作为古姓是首次出现，可知尚有娸姓古国等待探索。通过郳季簠器形与铭文的研究，并结合横岭埠遗址出土的郳寿父、郳眉父铜器，不难发现小郳国自身也应有一套分封体系，即为国君兄弟等公室成员分封食邑，郳季、郳寿父、郳眉父应都是小郳国君的弟弟，郳寿父鼎、郳眉父匜出土于距东江小郳国墓地不远的横岭埠遗址，其封邑也应在此附近。另外，通过郳季簠铭文还知春秋早期小郳国还有娸姓姻亲国，再结合小郳国墓地出土的媵器，可以明白小郳国以婚姻为媒介的外交政策，是其重要的生存之道。但遗憾的是郳季簠出土信息已不可复原，对于郳季与郳寿父、郳眉父、小郳国君的关系，以及其封邑位置等问题就难以判断了。

（二）窃曲纹簠的年代与组合问题

窃曲纹簠一共两件，形制、纹饰基本相同，其中一件残损严重，尺寸略有差异。其中，一件高16厘米，长30.2厘米，宽24.3厘米，重4.75千克；另一件残高约15.7厘米，长约33.1厘米，宽约24.7厘米，重约4.34千克①。以前者完整器为例，该簠呈长方体，上下对称，器身与器盖形制相似，平口相合，斜直壁，浅腹，顶部与底部四角设置外侈矩形支足，支足中部缺口呈“凸”字形，器身与器盖两侧均各有一个兽首形耳，器盖外壁上部饰变形夔纹，下部饰窃曲纹，器身外壁上部饰窃曲纹，下部饰变形夔纹，四支足饰窃曲纹。这两件青铜簠高度与小郳国墓地诸簠相当，比郳季簠矮，而且器身唇部四边没有小兽首卡扣。就器形而言，这两件窃曲纹簠与郳季簠同属路国权先生划定的Ab型凸蹼足簠，加之器身变形龙纹与窃曲纹的组合纹饰，可推知其年代与小郳国墓地的青铜簠相当，属春秋早期（图3-41）。

另外，整理者认为：“从组合看，四件（青铜簠）有拼凑一组的可能……非常有可能来自小郳国墓地。”②按小郳国墓地的丧葬制度，M2、M3两座未被盗掘的墓葬均出土了四件形制、纹饰相同的青铜簠，故整理者称两件郳季簠与两件窃曲纹簠拼凑一

①山西省公安厅、山西省文物局编著：《国宝回家：2018山西公安机关打击文物犯罪成果精粹》，北京：文物出版社，2018年，第38、39页。

②山西省公安厅、山西省文物局编著：《国宝回家：2018山西公安机关打击文物犯罪成果精粹》，北京：文物出版社，2018年，第13页。

图3-41　追缴的窃曲纹簠

1. 窃曲纹簠　2. 窃曲纹簠（残）

（采自山西省公安厅、山西省文物局编著：《国宝回家：2018山西公安机关打击文物犯罪成果精粹》，北京：文物出版社，2018年）

组的可能性很大。若四件青铜簠同出于一座墓葬，则能够对小邾国丧葬制度的认识与研究起到进一步的补充与促进作用。

总之，山西省公安厅"603专案组"追缴回的四件青铜簠应都是小邾国器物，四件铜簠可能成组出自小邾国墓葬，墓主人应是郳季或他的妻子仲娸。通过对郳季簠器形和铭文的研究，可知该青铜簠年代为春秋早期偏晚，略晚于小邾国墓地出土的青铜簠，铭文中的郳季是小邾国君的幼弟，与娸姓国联姻，为其妻仲娸制作了这些青铜簠作为媵器。郳季、仲娸铭均为首次发现，为研究小邾国以婚姻为媒介的外交政策提供了新的证据，郳季作为国君的幼弟，应与郳寿父、郳眉父等均有封邑，对研究小邾国的宗法制度有重要意义。

五、小　　结

本章根据徐楼墓地、横岭埠遗址、大韩墓地出土和山西省公安厅"603专案组"追缴的器物与金文资料，对近十年来新见的与小邾国相关的青铜器及其铭文进行了全面梳理和初步研究。其一，确定徐楼墓地为滥国国君与其夫人的墓葬。滥国与小邾国同样出自邾国，通过比较研究，知两国丧葬制度基本相同，且都是宋国的姻亲国。这是从考古学角度首次证实了滥国的存在以及王献唐先生"邾分三国"的观点。滥国国君自称滥公，其妻子叔子自称滥夫人，可知此时滥国应受到册命爵位，已位列诸侯，又因滥国始封君叔术的妻子为盈姓之女，墓葬中又出土了徐国与舒蓼的器物，故滥国与嬴姓的徐国、偃姓群舒都保持着密切关系。通过滥公墓出土的矰矢，可知滥公宜脂应喜好游猎弋射，足见弋射开始从礼仪向娱乐活动方向转变，这也从侧面反映了春秋晚期礼仪制度的崩溃。其二，横岭埠遗址出土的郳寿父鼎形制与小邾国墓地出土的青铜鼎均不相同，可推断郳寿父鼎的年代应略晚于小邾国墓地，又据横岭埠遗址距离小邾国墓地仅1.5千米，可知郳寿父、郳眉父生活的年代应在郳犂来迁都之前，二人均不是小郑国君，反映了小郑国遵循周代“同宗者，生相近、死相迫”的宗法制度。其三，大韩墓地大、中、小三种类型墓葬齐全，时间跨度长，且丧葬制度差异明显，不同时期埋葬的人族属应不相同。另外，墓地经过缜密规划，战国小型墓可按葬俗分为两组，墓葬排列整齐，无打破关系，并与同时期的大型墓葬区分开，为研究战国时期的墓地制度提供了新资料。该墓地出土的郳公戈，胡部有12字铭文，文字数量乃海岱地区铜戈之最，同时，铜戈的主人是春秋晚期的一代小郑国君，郳公戈的发现，为完善小郑国春秋后期的国君世系提供了新的证据。其四，山西省公安厅“603专案组”追缴的四件青铜簠，其中两件郳季簠价值较大，铭文中的郳季是小郑国君的幼弟，结合横岭埠遗址郳寿父、郳眉父铜器，可知小郑国宗室应有封邑，此有益于对小郑国宗法分封制度产生新认识。郳季的妻子仲娸，是来自娸姓古国的女子，这一姓氏非常罕见，是研究小郑国以婚姻为媒介的外交策略的又一重要证据。

总而言之，随着考古发掘和打击文物犯罪的深入开展，越来越多的与小郑国相关的遗迹、遗物不断面世，为我们进一步研究小郑国的历史和文化提供了可靠的新资料，奠定了坚实的研究基础，使我们对小郑国历史的认识越来越清晰起来。

第四章　小邾国的历史沿革

小邾国地处东夷地区，政治背景与民族环境都十分复杂，众多远古部族和商周方国交织在一起，华夏人与东夷人互相融合，给小邾国族源的研究提供了丰富的资料，也带来了诸多问题。而小邾国墓地发现的众多小邾君青铜器，为以往争议颇多的小邾国分封问题提供了更为翔实的一手资料，也为文献记载的郳犁来跟从齐桓公匡扶王室而受册命之史事提供了佐证。另外，这些小邾君铜器出自不同的墓葬，并记录了至少三代国君的名讳，为小邾国世系的复原提供了证据。而众多带有古国族名的青铜器则为小邾国的外交政策，以及当时小国生存方式的研究奠定基础。总之，小邾国墓地及相关遗存的发现与发掘，为研究小邾国历史沿革提供了丰富的实物资料。

一、小邾国的族源与分封

小邾国出自邾国，在族源上，其国君与国民族属不同，通过小邾国君为祝融后裔，可推定其属鬲族；从金文中“邾”字的构形，可知小邾国民是奄族的分支。在分封上，小邾国君封国受土与册命受爵并非同时。本节拟对小邾国国君与国民两种族源、封国与受爵两个时间进行探讨。

（一）小邾国的族源

1. 小邾国君的族源

关于小邾国君的族源，文献有较多记载，《世本》曰：“高阳生称，称生卷章，卷章生黎。吴回氏生陆终，陆终娶于鬼方氏之妹，谓之女嬇。生六子……五曰安，是为曹姓，曹姓者，邾是也。”[①]可见邾国为曹姓，出自陆终，陆终之父为吴回，但未言明吴回与黎的关系。《史记·楚世家》曰：“重黎为帝喾高辛居火正，甚有功，能光融天下，帝喾命曰祝融。共工氏作乱，帝喾命重黎诛之而不尽，帝乃以庚寅日诛重黎，而以其弟吴回为重黎后，复居火正，为祝融。”[②]可以看出，重黎与吴回乃是

①佚名撰，（汉）宋衷注，（清）秦嘉谟等辑：《世本八种》，北京：中华书局，2008年，第5页。

②（汉）司马迁：《史记》，北京：中华书局，1982年，第1689页。

兄弟，皆为帝喾时火正，被先后命为祝融。《世本》称“重黎”为“黎”，当是同一人[①]，黎为帝颛顼之后，世系清晰，吴回为其兄弟，自然也是颛顼之后，由此可以推断陆终的第五子安，也即小邾国君的先祖出自颛顼帝是非常明确的。

自“安”以后的曹姓世系比较清楚，《春秋释例·氏族谱》也有记载：“邾即安之后也，周武王封其苗裔邾侠为附庸，居邾。”[②]由此可知，邾侠是邾国真正意义上的始封之君，受封于西周初年，但并非一方诸侯，而只是被封为附庸。《左传·隐公元年》曰：“公及邾仪父盟于蔑。”杨伯峻注曰：“盖鲁之附庸。”[③]可见至鲁隐公元年，邾国尚为附庸。邾侠之后，郭克煜先生引《世本》记载曰：“侠生非，非生成，成生车辅，车辅生将新，将新生訾父，訾父生夷父。”[④]但是，经刘卓异先生详细考证，认为：“具体到这则邾国早期世系史料，其来源也应当是颜氏家族内部谱牒。即陈镐所撰且未经修订过的《陋巷志》正德二年刻本……这段邾国早期世系资料很可能来自金元以后山东颜氏家族内部的谱牒资料，在明清两代广为流传，可信度渐增而出处逐渐模糊，最终以讹传讹，成了所谓‘出自《世本》’的珍贵史料。”[⑤]这则史料的年代过晚，其可信度大大降低，不过，无论邾国每代国君的名字是否准确，邾侠的后裔，历代居于邾地，直至夷父当无误的。夷父是该国君的字，其名为颜，《春秋释例·氏族谱》云：“夷父颜有功于周，其子友别封为附庸，居郳。”[⑥]前文已有讨论，“友”也即“友父”，是小邾国的始封君，“友父”为其字，其名曰“肥”。至此，小邾国的族源问题已梳理清晰，自前往后将“颛顼”“陆终”“安”“邾侠”“夷父”“友”几个关键的节点联系起来以后，可以清楚地看出，小邾国君为曹姓，是祝融陆终的后裔，不仅有文献记载，而且有金文资料佐证。传世的邾公釨钟铭文：“陆𧊒之孙，邾公釨作氒禾钟”（《集成》102）。王国维先生将“𧊒”释为“螽”，亦即“终”，也可释为“融”，“陆𧊒”即为“陆终”[⑦]。有力地直接证实了邾国是陆终祝融的后裔。

①也有言“重”与“黎”为二人，或也可能，对我们讨论的小邾国族源问题，没有影响，故此处搁置不谈。

②（晋）杜预：《春秋释例》（十五卷附校勘记二卷），武英殿聚珍版丛书，清乾隆敕刊本，第381页。

③杨伯峻：《春秋左传注》（修订本），北京：中华书局，2009年，第7页。

④郭克煜：《邾国历史略说》，《东夷古国史研究》（第一辑），西安：三秦出版社，1988年，第246页。

⑤刘卓异：《一则早期邾国世系史料的辨伪》，《史学史研究》2018年第4期。

⑥（晋）杜预：《春秋释例》（十五卷附校勘记二卷），武英殿聚珍版丛书，清乾隆敕刊本，第458页。

⑦王国维：《观堂集林》，北京：中华书局，1959年，第894页。

根据《史记》记载，帝喾命吴回为“祝融”，其子陆终世袭了“祝融”的职位。李惑之引郭沫若言“陆终”即为“祝融”，是同一称号，推论出“祝融”最初是部落和职官之名，后又成为居火正之人的称谓[1]。总之，“陆终”和“祝融”可以混称，而且为氏族部落之名。“融”，《说文·鬲部》释为：“炊气上出也，从鬲虫省声。”[2]可见“鬲”是“融”的形旁，远古时期有鬲族，可以推断，融族应属于鬲族。关于鬲族的考证和研究，前辈学者早有论断，这里不再赘述。同时“鬲”是新石器时代最重要的陶器，陶器的发明是以“鬲”为其原型的，鼎、甗、甑等器物都是从鬲发展而来[3]，可见，鬲也可以作为陶器的代表。《世本》有“昆吾做陶”的记载，鬲为其陶器的代表，则可证明昆吾或也属鬲族。另有“煮”字，《说文·䰜部》释曰：“古文亦‘鬲’字，象熟饪五味气上出也。”[4]此解释与“融”字相同，又言“煮”的古字作“鬲”，亦可证明“鬲”与“融”相通。同时，《说文》“煮”字作“䰜”，并称此形之字皆从“䰜”。而楚国的先祖名曰“鬻熊”，“鬻”即从“䰜”，可见亦与“鬲”有关，楚国与小郳同样出自陆终，故与鬲有关亦属正常。

综上所述，小郳出自祝融，“融”与“鬲”相通，又有与小郳同出陆终的昆吾、楚二国，皆与“陶”“鬲”相关，故小郳国君源于鬲族，应该没有问题。但需要说明的是，此小郳出自鬲族是指小郳国君及宗室出自鬲族，前文已经说明周武王时曹侠受封于郳地，以封地为氏，称郳侠。郳侠出自鬲族，但郳地之前早已有居民，他们则并非鬲族。

2. 小郳国民的族源

郳国国民既然在郳侠受封之前就已经在郳地生活，当然也早于小郳的分封，因此，讨论郳国国民的族源时，不必区分郳与小郳，可皆统称郳地之民。“郳”字在金文中有两种写法，一种可隶定为从蛛形的“鼅”，可见于郳公华钟铭文“”（《集成》245），郳公牼钟铭文“”（《集成》149～152），郳大宰钟铭文“”（《集成》86），郳伯鬲铭文“”（《集成》669），郳来隹鬲铭文“”（《集成》670），鲁伯俞父鬲铭文“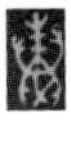”（《集成》690～695），杞伯鼎铭文“”

[1]李惑之：《试论楚先祖祝融谱系》，《求索》1988年第1期。

[2]（汉）许慎撰，（清）段玉裁注：《说文解字注》，上海：上海古籍出版社，1988年，第111页。

[3]李白凤：《东夷杂考》，郑州：河南大学出版社，2008年，第21页。

[4]（汉）许慎撰，（清）段玉裁注：《说文解字注》，上海：上海古籍出版社，1988年，第112页。

（《集成》2494～2495），邾伯御戎鼎铭文“”（《集成》2525），邾□伯鼎铭文“”（《集成》2641），另有邾友父鬲铭文“”，邾君庆壶铭文“”，邾公子害簠铭文“”等，从该字构形看应是象形字，多数学者认为是蜘蛛之状的图形文字，故将其隶定为“鼄”，《说文·黽部》释曰：“鼅鼄也，从黽朱声。”对“鼅”则释为：“鼅鼄，鼄蝥也。”段玉裁注曰：“自关而东，赵魏之交谓之鼅鼄，或谓之蠾蝓，蠾蝓者，侏儒语之转也。”①可见“鼄”即“蛛”字的本字，邾地以“鼄”自称，或源自当地的蜘蛛崇拜，以蜘蛛为图腾，并演变为该地区的地名。另外，“鼄”字所从之“黽”，商周金文习见，亦是图形文字，这种文字也就是郭沫若先生所言的族徽，“黽”字的本字作“”，唐兰先生认为“铭文黽字，也是图画象形字，黾是蛙一类的动物比较大的……这个字很像龟字，但龟字的四足大小相等，而此铭的后足长于前足，从尾巴上曲，应为‘黾’字无疑……这在一般情况下，应是氏族徽号……至于黾这个氏族，金文中常见，如‘黾父丁鼎’‘黽祖乙觚’‘父辛黽卣’之类，都可以为证②”。唐兰先生的“黽”为族徽之说是可信从的，此族出现在商代，邾国受封于邾地是在周武王时，则邾地居民在周以前就已生活在该地区，邾的本字“鼄”所从之“黽”为商代的氏族徽号，是能对应的。另外，我们可以发现，由“黽”字衍生出的字，除了鼄外，还有鼋、鼃之类，“鼋”为龟鳖之属，“鼃”则是“蛙”的本字，皆为爬行动物。根据邹衡先生讨论黄帝部族时所说，图形文字“天”字可能是姬姓部族也就是黄帝部族的主要族徽，而那些由“天”字和其他动物图形组合而成的图形文字，则可能是被黄帝部族征服或为黄帝本部族统辖，从本部族分支出的子部族③。那么依理可以推论黽族的本部族以“黽”为族徽，“鼄”“鼋”“鼃”等图形文字族徽是以“黽”为基础衍生出的子部族，但从大的方面来说，追本溯源，其仍然属于黽族。由此可见，邾地居民之所以将其地名称为“鼄”，应缘于他们是“黽”部族的分支，以蜘蛛为图腾，因而称为“鼄”。而“黽”字在后世逐步演变为了“奄”，“奄”为古国族之名是大家熟知的，李白凤先生《奄族考》一文对奄族有较为翔实的考证④，其地望在东夷地区，周初参与武庚叛乱，周公东征将其平定后，鲁国就封于奄国故址，邾地则距鲁国非常近，《左传·哀公七年》载邾国大夫赴吴求援说：“鲁击柝闻于

①（汉）许慎撰，（清）段玉裁注：《说文解字注》，上海：上海古籍出版社，1988年，第680页。

②唐兰：《从河南郑州出土的商代前期青铜器谈起》，《文物》1973年第7期。

③邹衡：《论先周文化》，《夏商周考古论文集（续集）》，北京：科学出版社，1998年，第279～355页。

④李白凤：《东夷杂考》，郑州：河南大学出版社，2008年，第52页。

邾。”[①]说明两地距离之近，故同属一个大的部族是完全有可能的，或许正因为如此，邾侠才被封于邾地，以加强对黽族的统治。

“邾”字的另一种写法则为从朱从邑，见于邾公钍钟（《集成》102）铭文“”等。该字已经脱离了原有的含义，纯粹表示地名，“朱”为其声，“邑”则是周代地名的标志，如章地封国后称鄣国，曾地封国后称鄫国，寺地封国后称邿国等，皆是如此，并无特殊意义。

综上所述，本小节将小邾国的族源分为小邾国君族源和小邾国民的族源两部分进行讨论。小邾国国君源自陆终祝融之后，应属离族，而小邾国民则是以蜘蛛为图腾的奄族的分支。随着时间的推移，两个部族互相融合，小邾国君自称“鼄君”，而“鼄”字则演变为“邾”，便失去了最初代表氏族的意义。

（二）小邾国的分封与册命

1. 小邾国分封的年代

关于小邾国的分封，《春秋释例·氏族谱》云：“夷父颜有功于周，其子友别封为附庸，居郳。”[②]可知夷父颜为周王室立有功勋，作为嘉奖，封其次子友居郳为附庸，按是说，小邾国是周天子所封。又有《世本·氏姓篇》曰：“邾颜居邾，肥徙郳。”宋衷注曰：“邾颜别封小子肥于郳，为小邾子。”[③]依《世本》所载则是邾颜将其次子封于郳地，为小邾国。

此两种说法，虽在小邾始封于何人上有出入，但在分封时间上确是相同的，均在夷父颜在世之时分封了小邾国，那么，夷父颜的生卒年代就成为研究小邾国始封时间的关键。文献对夷父颜的记载，仅见于《公羊传·昭公三十一年》：“当邾娄颜之时，邾娄女有为鲁夫人者，则未知其为武公与？懿公与？孝公幼，颜淫九公子于宫中，因以纳贼。则未知其为鲁公子与？邾公子与？臧氏之母，养公者也……闻有贼，以其子易公，抱公以逃。贼至凑公寝而弑之。臣有鲍广父与梁买子者，闻有贼，趋而至……于是负孝公之周，诉天子，天子为之诛颜而立叔术，反孝公于鲁。”[④]

第一，《公羊传》所述之事，发生在周宣王时。《国语·周语上》曰：“鲁武公以括与戏见王，王立戏……鲁侯归而卒，及鲁人杀懿公而立伯御。三十二年春，宣王

---

①（清）阮元校刻：《十三经注疏·春秋左传正义》，北京：中华书局，1980年，第2163页。

②（晋）杜预：《春秋释例》（十五卷附校勘记二卷），武英殿聚珍版丛书，清乾隆敕刊本，第458页。

③佚名撰，（汉）宋衷注，（清）秦嘉谟等辑：《世本八种》，北京：中华书局，2008年，第34页。

④（清）阮元校刻：《十三经注疏·春秋公羊传注疏》，北京：中华书局，1980年，第2331页。

伐鲁，立孝公。”韦昭注曰：“懿公，戏也。伯御，括也。孝公，懿公之弟称也。”[①]《史记·鲁世家》云：“二十九年，周宣王立，三十年，真公卒，弟敖立，是为武公。武公九年，武公与长子括，少子戏西朝周宣王……懿公九年，懿公兄括之子伯御与鲁人功弑懿公，而立伯御为君，伯御即位十一年，周宣王伐鲁，弑其君伯御……乃立称于夷宫，是为孝公。”[②]以上史料记述了周王废长立幼，造成鲁国伯御之乱，平乱后立孝公之事，亦提到武公、懿公、孝公，并言明当时的王是周宣王。

第二，周宣王伐鲁立孝公，发生在周宣王三十二年。《公羊传》未说明周王伐鲁的时间，据《史记》载周宣王早鲁武公两年即位，但诸侯即位于次年改元，也即武公元年已经是周宣王三年了，武公在位九年，懿公在位九年，至伯御十一年周宣王伐鲁，正是周宣王三十二年，与《国语》言周宣王三十二年伐鲁，可以互相印证。

第三，周宣王伐鲁时，诛夷父颜。以上两点证实《公羊传》所记鲁国之乱即伯御之乱，故其中的“贼”是与鲁公子伯御串通，但鲁臣鲍广父与梁买子携鲁孝公见周宣王时，称“因颜纳贼”，因此周宣王伐鲁立孝公后，诛杀了此次叛乱的“罪魁祸首”夷父颜。

总之，夷父颜是周宣王之时的人，卒于周宣王三十二年，因此，小邾国的分封时间下限当在周宣王三十二年。

《公羊传·昭公三十一年》记载了叔术让国于夏父之事，原文如下：

> 颜夫人者，妪盈女也，国色也，其言曰：“有能为我杀杀颜者，吾为其妻。”叔术为之杀杀颜者，而以为妻，有子焉，谓之盱。夏父者，其所为有于颜者也。盱幼而皆爱之，食必坐二子于其侧而食之，有珍怪之食，盱必先取足焉。夏父曰：“以来，人未足而盱有余。”叔术觉焉，曰：“嘻！此诚尔国也夫！”起而致国于夏父，夏父受而中分之，叔术曰：“不可！”三分之，叔术曰：“不可！”四分之，叔术曰：“不可！”五分之，然后受之。[③]

以上文献记载了夷父颜之妻妪盈嫁给了为夷父颜报仇的叔术，妪盈与叔术又育一子名叫盱，盱与夷父颜之长子夏父争食，叔术惧二子幼年争食，成人后争国，遂让国于夏父，自己受邾国1/5，居滥地。文中争食的只有夏父与盱二子，说明此时郳友父已

---

①（春秋）左丘明撰，（三国吴）韦昭注，明洁辑评：《国语》，上海：上海古籍出版社，2008年，第10页。

②（汉）司马迁：《史记》，北京：中华书局，1982年，第1527、1528页。

③（清）阮元校刻：《十三经注疏·春秋公羊传注疏》，北京：中华书局，1980年，第2331页。

到郳地为君了，也证明小邾国始封是在夷父颜被诛之前。又盱已能与夏父争食，可知距周宣王三十二年叔术立于邾已有数年，夏父与叔术等同桌就食，应尚未婚配，而能受国，故亦不能称幼，夏父又长于友父。因此，夏父受国之时，友父应未满二十岁。

综上所论，小邾国始封君邾友父应生于周宣王二十年左右，小邾国始封之年应在周宣王二十年至周宣王三十年，即公元前808年至公元前798年。

2. 小邾国册命的时间

小邾国国君受命为子爵的年代较易推断，《左传·庄公五年》曰："郳犁来来朝，名，未王命也。"[①]按此，鲁庄公五年小邾国是为附庸，尚未被册命为子爵。小邾国君第一次被称爵见于《春秋经·僖公七年》："小邾子来朝。"杨伯峻注曰："小邾子，即郳犁来，此时已得王命，故来朝书爵。"[②]两次来朝之人均是郳犁来，可见郳犁来即小邾国始受命之君，受册命的时间下限为鲁僖公七年，即公元前653年。

小邾受命上限的时间，则可从其母国邾国的册命时间窥得一二。邾国入春秋之时亦未受王命，《左传·隐公元年》云："三月，公及邾仪父盟于蔑，未王命，故不书爵。"又《桓公十七年》曰："及邾仪父盟于趡，寻蔑之盟也。"[③]据此两条记载，至迟于鲁桓公十七年，邾国国君在《春秋》经传中仍称名，尚未受命"子"爵。关于邾国受命的时间，《春秋释例·氏族谱》云："齐桓公伯，仪父附从，进爵称子。"[④]可知，邾国受命为子爵的方式是依附齐国，从齐桓公尊王。《春秋经·庄公十三年》曰："齐侯、宋人、陈人、蔡人、邾人会于北杏。"又《庄公十五年》云："宋人、齐人、邾人伐郳。"[⑤]可见在齐桓公初期，邾国就参与齐国主持的会盟，并与齐国、宋国攻伐小邾国，经过这一系列活动之后，邾国国君的称谓就发生了变化，《春秋经·庄公十六年》曰："邾子克卒。"[⑥]因此，至迟在鲁庄公十六年，邾子克也即邾仪父去世之时，邾君已经晋爵为"子"了。

---

①（清）阮元校刻：《十三经注疏·春秋左传正义》，北京：中华书局，1980年，第1764页。

②杨伯峻：《春秋左传注》（修订本），北京：中华书局，2009年，第315页。

③（清）阮元校刻：《十三经注疏·春秋左传正义》，北京：中华书局，1980年，第1715、1758页。

④（晋）杜预：《春秋释例》（十五卷附校勘记二卷），武英殿聚珍版丛书，清乾隆敕刊本，第381页。

⑤（清）阮元校刻：《十三经注疏·春秋左传正义》，北京：中华书局，1980年，第1770、1771页。

⑥（清）阮元校刻：《十三经注疏·春秋左传正义》，北京：中华书局，1980年，第1772页。

小邾国的册命时间，《春秋释例·氏族谱》云："齐桓公请王命，命之。"[①]知小邾国受命也是通过支持齐国霸业，齐桓公请天子册命小邾君。但小邾国从齐桓公，受天子册命的时间一定是晚于邾国的。首先，邾国在齐桓公早期就已经依附齐国；其次，鲁庄公十五年，齐国、邾国攻伐小邾国，说明是时小邾国尚未从齐，不然不会受到同盟国的攻伐。或许正是这次攻伐之后，小邾国从母邦身上看到从齐的益处，亦从齐桓公尊王攘夷，最终也受到册命，进而成为子爵。

由此可推知，小邾国受命称"子"的年代，定在鲁僖公七年之前，鲁庄公十五年之后，也即公元前679年至公元前653年。小邾国墓地出土的金文资料中，小邾国君皆不称爵，可见该墓地的墓主，皆是小邾国晋为子爵之前的国君。小邾国君称子是自邾友父曾孙郳犁来开始的，依此来推断小邾国墓地墓主身份亦有所助益。

二、春秋时期小邾国的国君世系

春秋时期小邾国的国君世系，以郳犁来为界分为前后两段。前期除始封君邾友父外，文献均无记载，只能依靠小邾国墓地墓主人身份推断。春秋后期的小邾国国君，文献也仅记载了郳犁来、小邾穆公、小邾惠公三位，结合郳公镈、郳公戈铭文，可对春秋后期小邾国君世系进行复原。

（一）春秋前期小邾国君世系推断

春秋前期小邾国国君的世系文献无载，只能依据小邾国墓地资料来推断。小邾国墓地一共有六座墓葬，两两并排，M1至M4为一列，自北向南依次是M3、M2、M1、M4。M5和M6自成一列，位于M4西南，M6在北，M5在南。因此，六座墓葬可分为三组，M3与M2为第一组，M1与M4为第二组，M6与M5为第三组，这种墓葬排列方式与曲沃晋侯墓地相似，是夫妻异穴并葬墓。M2出土了青铜戈、青铜剑、青铜镞，且有墓道，其北侧的M3则出土了方奁，内盛玉器，却无墓道，可以推知有兵器随葬的墓主人应是男性，有方奁玉器随葬的墓主人当是女性，男性墓主的墓葬为国君墓，有墓道，规格略高于墓主为女性的夫人墓。同样，M4虽被盗掘，但残存青铜箭镞130枚，亦可证明墓主为男性。M5、M6被盗掘一空，但M5规模大于M6，且有墓道，墓主人也应为男性。如此推断则M2、M4、M5的墓主人为男性，又恰好都位于三组墓葬的南侧，呈现出明显的一致性。因此，小邾国墓地是三代小邾君与夫人的异穴并葬墓，且三组墓

① （晋）杜预：《春秋释例》（十五卷附校勘记二卷），武英殿聚珍版丛书，清乾隆敕刊本，第459页。

葬皆是国君墓在南，夫人墓在北。

对三组墓葬墓主人身份分别进行讨论，由于M2与M3未被盗扰，且出土的金文材料较为丰富，故自北向南，先从这组墓葬进行讨论。

第一组墓葬。M2出土的青铜器铭文非常复杂，有郳君庆壶1对，郳庆鬲4件，这6件器物皆为郳庆为秦妊所作之器。另有4件青铜簠分别来自四个不同的人，但其中正叔之士簠和鲁宰簠经前分析，应是来自同一家族，而毕仲簠和子皇母簠则分属两家。M3有郳庆鬲1对，郳庆匜鼎1件，共3件郳庆为秦妊所作之器，另有铭文昆君妇媿霝青铜壶1对，郳公子害簠4件。昆君妇媿霝壶器形前文已有描述，与M2出土的郳君庆壶无论造型风格，还是铭文行文格式都完全不同。另外，无铭青铜器中，M3的窃曲纹人足盘、卷尾龙耳和三裸人足，与M2出土的夔纹盘附耳、圈足的青铜盘形制风格也完全不同。M3出土的青铜罍有盖，圆肩，弧腹下收，也异于M2出土的罍。由此可见，M3除了郳庆铜器和郳公子害簠这些有明显小邾国标志的器物外，皆具有较强的异域风格，可能是该墓主人的母国是边疆民族地区的国族所导致的。

这两座墓葬的年代，应是三组墓葬中最晚的。M2出土的青铜戈（M2：19），三角形锋，援长而窄，比典型的春秋早期的虢太子元戈等年代偏晚，应是春秋早中期之器。M3出土的青铜匜（M3：16），椭圆形腹，无鋬无足，口沿一侧有长方形外凸浅槽形耳，通体素面，器形亦是春秋早中期的特点。另有M3出土的提链罐，腹身所饰的交龙纹出现时间也较晚，可能至春秋中期左右[①]。M2、M3皆出土了郳庆鬲，裆部较高，足部变细，年代也晚于M1出土的郳友父鬲。综合来看，这两座墓葬的时代应是春秋早期偏晚。但两座墓所出土的7件青铜鼎，8件青铜簠，6件青铜鬲形制却是相同的，对于研究其他已被破坏的墓葬较有参考价值。

这两座墓葬虽然出土的郳君庆为秦妊所作青铜礼器多达9件，但其墓主人应不是郳庆和秦妊。因为非考古发掘出土的器物中，有郳君庆壶4件，铭有妊秦和秦妊的青铜盘3件，郳庆壶3件，郳庆鬲2件，郳秦妊鬲2件，郳庆匜2件，郳庆簠2件[②]，吴振烽先生收录郳庆父壶1件（《铭图续》30337），郳庆父簋2件（《铭图续》30338、30339），因此，目前可见非考古发掘出土的有郳庆和秦妊铭的青铜器多达21件。M2与M3皆是未被盗扰的墓葬，故这些器物必出自其他墓葬。特别是其中的2件郳秦妊鬲，是秦妊的自作器，则可直接证明秦妊墓并不在这一组墓葬当中。又根据前辈之物可出自后辈墓葬，

①王恩田：《枣庄山亭郳器与郳国》，《小邾国文化》，北京：中国文史出版社，2006 年，第166页。

②枣庄市政协台港澳侨民族宗教委员会、枣庄市博物馆：《小邾国遗珍》，北京：中国文史出版社，2006年， 第83～118页。

而后辈之物不可能出自前辈墓葬的原则[①]，该组墓葬的墓主人只能是郳庆的后辈。

M3出土的郳公子害簠，这个“害”很可能是M3墓主人之子，作器为其母亲随葬，但如此以来似乎违背了后辈之物不能出于前人墓葬的原则，但事实上是不违背的。该铭自称“郳公子”，则说明其尚未即位为君，其作器只为母亲陪葬，因此，不能算后辈之物，应是M3墓主去世当时之物，故不违背原则。

这位“害”应是《春秋》经传所记载的郳犁来。“犁来”二字，经王恩田先生考证，如邾称邾娄，牟称牟娄，是东夷地区的语言惯例[②]，《经传释词》曰：“来，句末助词。”《助词辨略》亦曰：“来，语助辞。”[③]这种用法也多见于《诗经》，因此，“犁来”也即为“犁”。而且“犁”与“黎”可通，《公羊传》即称“郳犁来”为“郳黎来”。《说文·黍部》曰：“黎，履黏页，从黍𥝢省声，𥝢古文利。”[④]可见“黎”也可与“利”相通，古为同一字。“害”，《韩非子·六反》云：“夫欲利者必恶害，害者，利之反也。”[⑤]前文在讨论小邾君称谓时，谈及王引之《春秋名字解诂》总结的古人名与字的命名原则“五体”“六例”[⑥]，其中就有一种模式称为“对文”，也即名与字表意相反，如郑国大夫公孙黑，字子皙，皙意为白，“黑”与“皙”即是对文，又如楚国的郤宛，字子恶，宛通婉，意为美好，“宛”与“恶”亦是对文。同样，本铭中的“害”意为“利之反”，自然与“利”是对文，而“利”与“黎”通，名与字对文，故此铭中的郳公子害，就是郳犁来尚未即位时的称呼。如此一来，M3墓主人即郳犁来的母亲，而且M3出土器物多有异域特色，与媿霝来自鬼方亦相符合，应是媿霝从其母邦鬼方带来之物。因此，M3墓主人应为媿霝。该组墓葬是郳犁来的上一代，从其出土器物的时代在春秋早期偏晚也可为佐证。媿霝即郳犁来的母亲，M2的男性墓主，则是郳犁来的父亲，媿霝的配偶，但其名字已无从考证。

第二组墓葬。M1已被盗扰，出土郳友父鬲4件，命父瓶1件。前已有指出，就器形而言，郳友父鬲早于郳庆鬲，年代大体在春秋早期。郳友父鬲器主虽然是胙曹，但M1绝不是胙曹的墓葬。《礼记·曲礼上》规定：“女子许嫁，缨，非有大故，不入其

①李学勤：《〈史记·晋世家〉与新出金文》，《学术集林》（卷四），上海：上海远东出版社，1995年，第163页。

②王恩田：《枣庄山亭郳器与郳国》，《小邾国文化》，北京：中国文史出版社，2006 年，第163页。

③宗福邦、陈世铙、萧海波：《故训汇纂》，北京：商务印书馆，2003年，第109页。

④（汉）许慎撰，（清）段玉裁注：《说文解字注》，上海：上海古籍出版社，1988年，第330页。

⑤（清）王先慎：《韩非子集解》，《诸子集成》（五），北京：中华书局，2006年，第321页。

⑥王引之：《春秋名字解诂》，《经义述闻》卷23，南京：江苏古籍出版社，2000年，第571页。

门。姑、姊妹、女子子，已嫁而反，兄弟弗与同席而坐，弗与同器而食。”[①]可见既嫁之女返回母国，兄弟尚不与其同坐同食，更不会出现死后同葬一处的情况。而且，已出嫁的女子返回母国后，夫国也会将其媵器一并退还，但不会再由她个人保留，而是归其母国所有。《礼记·杂记下》曰：“诸侯出夫人……使者将命曰：寡君不敏，不能从而事社稷宗庙，使使臣某敢告于执事。主人对曰：寡君固前辞不教矣，寡君敢不敬须以俟命。有司陈器皿，主人有司亦官受之。”[②]因此，郳友父为胙曹所作的媵器，又带回小邾国，被职官接收后交予国家。但可以肯定的是，该组墓葬定不是郳友父及夫人之墓，出嫁的女儿返回母国，在当时或是夫国有重大变故，或是被夫国所出，无论哪种情况，皆不是光彩之事，故其父母定不会用女儿媵器随葬于自己的墓中。媵器交还母国后，被后世小邾君占有倒是很有可能，因此，M1应是与胙曹同辈的小邾夫人之墓。

M4虽被破坏严重，但残存的青铜镞竟多达130枚，加之其规模是六座墓葬中最大的，而且与M1皆有墓道，可见M4墓主人在位时小邾国力较强。当时国力强盛的重要体现即是兵力和青铜礼器，所谓“国之大事，在祀与戎”正是指此。M4的130枚青铜镞就是兵力的象征，青铜礼器方面，此次出土和被盗最多也最精致的就是郳君庆之器，目前可见并可以确定的郳君庆及其配偶的青铜礼器就多达30件，对于国小势微的小邾国而言，这已经是个庞大的数字了。此外，在被盗的器物中，有10件形制完全相同的青铜列鼎（图1-7、图1-8），另有4件为另一形制的青铜列鼎（图1-6），按M2与M3列鼎形制相同之例，前者10件鼎应是一组，后者4件又是一组，两组列鼎前者明显优于后者。故此10件鼎可能出自M1和M4，每座墓葬有5件列鼎，已达到了诸侯级别，也体现了当时较强的国力。因此，根据墓葬规模、有铭青铜礼器数量以及列鼎数量可以推断，M4应是郳庆之墓，M1很可能是郳庆夫人秦妊的墓葬。

第三组墓葬。M5和M6被破坏十分严重，没有任何器物残存，M5的规模虽不及M4，但与M2相当，且带有墓道，也是一代小邾君之墓，被盗器物的一组4件列鼎应出自此墓。经前文推断，第一组墓葬为第二组墓葬的后辈，按此规律，第二组应是第三组墓葬的后辈。且古人有“以祖配天”的习俗，在传统的时空观中，南方即代表天[③]，故将祖辈葬于南方，后辈依次往北埋葬，也可推得三组墓葬的辈分应是第三组墓葬高于第二组墓葬，第一组墓葬最低。另外，先秦时期，除楚国以外，各诸侯国均有尚右之俗，以右为贵。小邾国墓地六座墓葬均朝东，国君之墓在右而夫人之墓在左，就是古人尚右的写照。三组墓葬，第二组在第一组右，第三组在第二组右，又证明了第三

①（清）阮元校刻：《十三经注疏·礼记正义》，北京：中华书局，1980年，第1240页。
②（清）阮元校刻：《十三经注疏·礼记正义》，北京：中华书局，1980年，第1569页。
③冯时：《中国古代的天文与人文》，北京：中国社会科学出版社，2006年，第124页。

组墓葬辈分最高。综上所述，第三组墓葬应是邾庆上一代的小邾国君及夫人之墓。

这三组墓葬为三代小邾君之墓，基本可以确定。另外，可以肯定的是，其中没有郳犁来之墓，第一，三组墓葬中第一组辈分最低，邾公子害为第一组墓葬墓主人的下一代，故小邾国墓地无郳犁来之墓。第二，郳犁来之时，已受周天子册命为子爵，若三组墓葬中有郳犁来之墓，则出土小邾君青铜器铭文应有“邾子”“邾公”“郳公”之称，但三组墓葬中均未发现。第三，《左传·庄公十五年》云：“宋人、齐人、邾人伐郳。郑人间之而侵宋。”[①]此时正是郳犁来在位时期，小邾国被三个大国攻伐，若非郑国趁此偷袭宋国，恐怕小邾已经亡国，即使不亡，羸弱的小邾国也必遭重创。小邾国墓地仅发现三代小邾君之墓，经考古勘探，附近再无墓葬，很大可能就是小邾国被齐、宋、邾三国攻伐，遭受重创之后，郳犁来将小邾国都迁往他处，故此地只有三代小邾君之墓，自然就无郳犁来之墓了。

依此说，这三组墓葬的墓主人皆是郳犁来之前的小邾君，《春秋释例·氏族谱》曰：“小邾国，邾侠之后也。夷父颜有功于周，其子友别封为附庸，居郳。曾孙犁来始见春秋。”[②]说明郳犁来是邾友父的曾孙，也即自友父始的第四代小邾国君。因此，M2墓主人为郳犁来的父辈，M4墓主人邾庆为郳犁来祖辈，M5墓主人即为郳犁来曾祖，也就是邾友父。此地三代小邾君之墓，也符合了郳犁来为小邾第四代国君之说。故M5墓主应是小邾始封之君邾友父，M6略小为其夫人之墓。

综上所述，小邾国墓地六座墓葬，两两并列，共分为三组，分别是小邾国前三代国君及夫人之墓。即第三组墓葬为小邾国第一代国君及夫人墓，其中M5为邾友父之墓，M6为邾友父夫人之墓；第二组墓葬为小邾国第二代国君及夫人墓，其中M4为邾庆之墓，M1为秦妊之墓；第一组墓葬为小邾国第三代国君及夫人墓，其中M2为郳犁来父亲之墓，名讳不可考，M3为媿霝之墓。

（二）春秋后期小邾国君世系推断

春秋后期的小邾国君，《春秋》经传中只见郳犁来、小邾穆公与小邾惠公三人，杜预《氏族谱》称小邾穆公是郳犁来之孙，而小邾国是于穆公之孙惠公后六世被楚国所灭的[③]。郳犁来最后一次在《春秋》中出现是《僖公七年》：“小邾子来朝。”[④]

---

①（清）阮元校刻：《十三经注疏·春秋左传正义》，北京：中华书局，1980年，第1771页。

②（晋）杜预：《春秋释例》（十五卷附校勘记二卷），武英殿聚珍版丛书，清乾隆敕刊本，第459页。

③（晋）杜预：《春秋释例》（十五卷附校勘记二卷），武英殿聚珍版丛书，清乾隆敕刊本，第459页。

④（清）阮元校刻：《十三经注疏·春秋左传正义》，北京：中华书局，1980年，第1798页。

此后《春秋》经传再有小邾君的记载就到鲁襄公七年了，即《左传》："小邾穆公来朝，亦始朝公。"[①]鲁僖公七年是公元前653年，鲁襄公七年则到了公元前566年，其间相隔了长达87年。且僖公七年郳犂来朝鲁，距其庄公五年朝鲁亦有36年之久，故僖公七年朝鲁时已经是郳犂来在位的后期。再看小邾穆公，其首次朝鲁即鲁襄公七年，最后一次朝鲁则是鲁昭公十七年，其间相距41年。又《左传·襄公二年》曰："滕、薛、小邾之不至，皆齐故也。"[②]可见至迟在鲁襄公二年时，小邾国仍是依附齐国的，而鲁襄公七年，小邾子朝鲁，可能是小邾穆公即位后，变附齐政策为亲鲁，所以才朝见鲁君。故鲁襄公七年应是小邾穆公在位的早期。又据杜预称小邾穆公是郳犂来之孙，其间仅有一代小邾君，但两人时代相距却在80年左右，若按杜预所言，则郳犂来之子为小邾国君时，大体经历了鲁国僖、文、宣、成、襄五代，在位时间有80年左右，显然是不符合常理的，若其间为两代小邾国君则较为合理，但因在此阶段，小邾国依附于齐国，故《春秋》经传不见记载，又缺乏考古资料，只能作此推断。

小邾穆公之后的世系，可从郳公镈铭文中找到答案。郳公镈目前可见7件，收录于吴镇烽先生《铭图》15815～15818，其中1件藏于上海博物馆，其余6件为私人收藏。郳公镈铸有铭文共80字，释文为："王正九月元日庚午，余有**融**（融-终）之子孙，**郳**（郳）公䪫父，惕戁（勤）大命，保朕邦家，正和朕身，台（以）正朕**服**（服），台（以）共（恭）朝于王所，又**貤**（貤）吉金，**刑**（刑）**鑄**（铸）和鍾（钟），敬监（临）**祼**（祼）祀，乍（作）朕皇祖**恭**（恭）公、皇考惠公彝，爯（称）**祼**（祼）**瓚**（瓒），用旂（祈）寿考，子之子孙之孙，永**固**（固）是保。"（图4-1）董珊先生著有《郳公䪫父二器简释》和《郳公镈"乍正朕保"补释》[③]二文，对郳公镈铭文进行了详细的考释。

"王正九月元日庚午"，王正也即周正，是周代历法，董珊先生所言周正建子，并不完全正确。从夏至西周中期，历法一脉相承，皆以秋分之后第一个月为岁首，即建亥，也就是相传的颛顼历。到西周宣王十五年左右宣王改历，以冬至之后首月为岁首，即建丑。又到春秋鲁僖公时期，立法又有改变，以冬至当月为岁首，即建子之历[④]。可见建子之历是在鲁僖公也就是春秋早中期才确立的。本铭中有"郳公"，称小邾君为"公"，不同于小邾国墓地出土的小邾君器铭称名或君的方式，故"郳公"是郳犂来受王命之后的小邾国君，郳犂来受王命至迟在鲁僖公七年，且郳犂来的名和字前文亦有论证，为"黎"和"害"，并非本铭中的"䪫"。因此，这位郳公应是郳

①（清）阮元校刻：《十三经注疏·春秋左传正义》，北京：中华书局，1980年，第1938页。

②（清）阮元校刻：《十三经注疏·春秋左传正义》，北京：中华书局，1980年，第1929页。

③董珊：《郳公䪫父二器简释》，《出土文献》（第三辑），北京：中西书局，2012年；董珊：《郳公镈"乍正朕保"补释》，复旦大学出土文献与古文字研究中心，2012年5月13日。

④此为中国社会科学院考古研究所冯时研究员上课所述，特此说明。

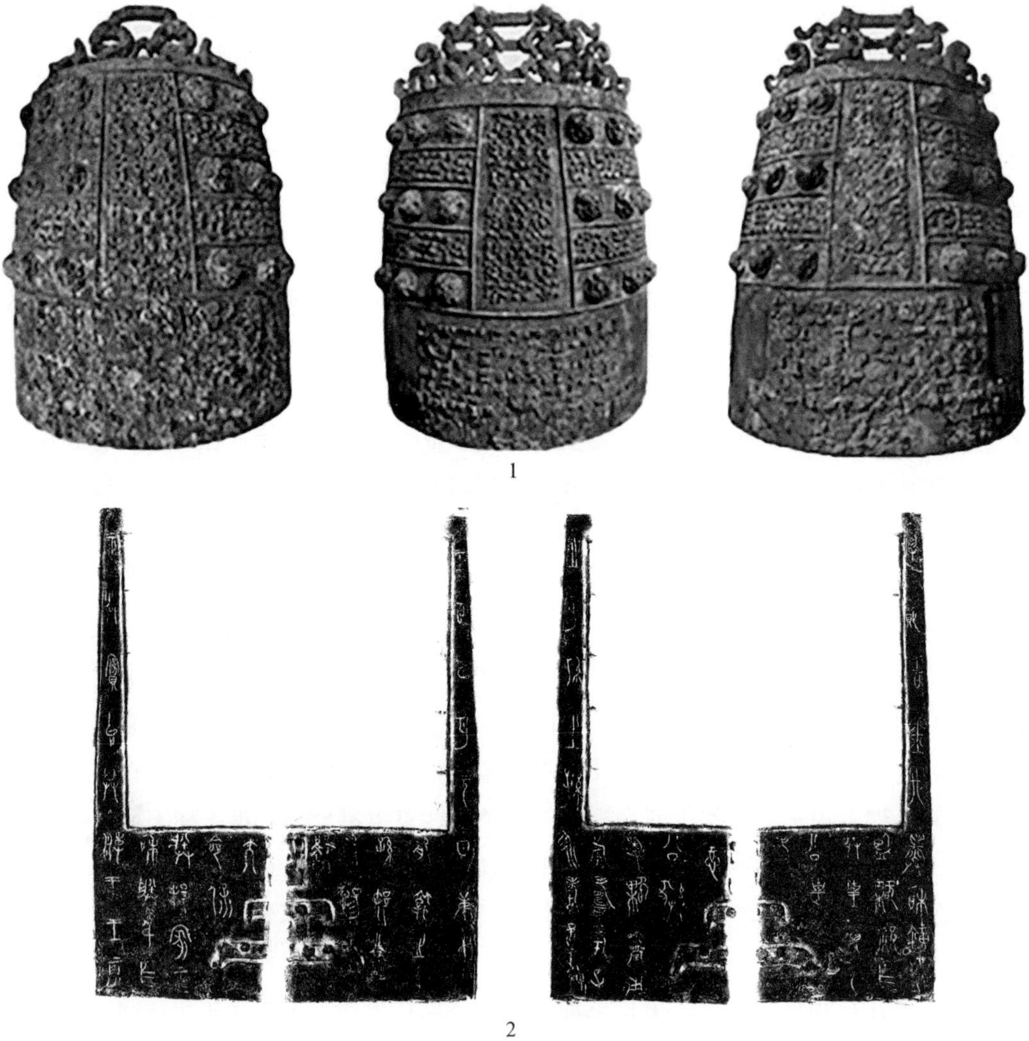

1

2

图4-1　郳公镈及其铭文拓本

1. 郳公镈　2. 郳公镈铭文拓本

（1. 采自《铭图》15815～15818；2. 采自《铭图》15818）

犁来之后的小邾国君，其所处时代的时间上限也就是僖公八年，故其所用历法是建子之历。

“九月元日”，即九月初一，董珊先生依张培瑜《中国先秦史历表》之《春秋朔闰表》，认为九月初一是庚午日的年份在公元前509年，也即鲁定公元年①。《左传·定公元年》记载曰：“晋魏舒合诸侯之大夫于狄泉，将以城成周。”此事的起

①董珊：《郳公韎父二器简释》，《出土文献》（第三辑），北京：中华书局，2012年，第158页。

因，《春秋经·昭公三十二年》说："仲孙何忌会晋韩不信、齐高张、宋仲几、卫世叔申、郑国参、曹人、莒人、薛人、杞人、小邾人城成周。"[①]小邾国与诸侯参与修筑成周城墙一事，谋划于鲁昭公三十二年，开始于鲁定公元年，也就是本铭中所记之年。而本铭后文即有"台（以）共（恭）朝于王所"之说，董珊先生认为此句为拱卫王城之意，也即指小邾国参与的修筑成周城墙之事，其说甚是。

更重要的是本篇铭文是郳公𩠟因筑城之事，作器纪念其"皇祖龏（恭）公、皇考惠公"的。前文已言，小邾惠公为小邾穆公之孙，那么依铭文之言，惠公为𩠟的父亲，而恭公是他的祖父，换言之，也即恭公为穆公之子。又小邾穆公最后一次朝鲁是在鲁昭公十七年，而本铭所记之日则为鲁定公元年，前文已言鲁昭公十七年已是小邾穆公在位的后期，故鲁定公元年修筑成周城墙应是小邾穆公之子孙恭公或惠公在位之时。因此，郳公𩠟才作此青铜镈以纪念其父祖筑成周城墙，拱卫王室之事。但董珊先生说本铭所记之日，也即鲁定公元年时，小邾国君为郳公𩠟，恭公与惠公已经去世。按金文行文，开篇所记时间确实多为作器时间，但此时是鲁定公元年，距鲁昭公十七年小邾穆公朝鲁仅15年，若按董珊先生之说，小邾国已历恭公、惠公、郳公𩠟三代，显然有些牵强。此外，鲁定公元年距春秋之末的公元前476年，尚有33年，距《春秋》记至哀公二十七年，尚有41年。若如此时已是惠公之子郳公𩠟在位，与杜预所言惠公以下即出春秋之世不符。从鲁昭公十七年小邾穆公朝鲁至春秋末世为49年或57年，在这个时间段内，有恭公和惠公两世则较为合理。故我们认为，本铭所记之日并非作器之日，而是郳公𩠟纪念其父祖筑城之日。郳公𩠟为惠公之子，已在春秋末叶。

由此可见，小邾穆公并非郳犁来之孙，是其曾孙的可能性更大。穆公之子为恭公，恭公之子为惠公，惠公之子为郳公𩠟。郳公𩠟已出春秋，是"惠公后六世为楚所灭"的第一世。再结合大韩墓地被盗的郳公戈，年代为春秋晚期，铭文"郳公克父"是郳犂来之后、郳𩠟公父之前的小邾国君，可能是小邾穆公之前文献失载的一位国君，也不排除是谥称恭公、惠公中的一位。

总而言之，综合小邾国墓地墓主人身份、文献记载、郳公镈与郳公戈铭文推断，小邾国春秋时期的国君世系可复原为：邾友父→邾君庆→媿霝之夫→郳犁来→？→郳公克（？）→小邾穆公→小邾恭公→小邾惠公→郳公𩠟。

三、小邾国的外交策略

春秋战国时期以小邾国为代表的弱小诸侯国，在对外策略上呈现出了很高的一致

①（清）阮元校刻：《十三经注疏·春秋左传正义》，北京：中华书局，1980年，第2127页。

性。这些诸侯国一方面参加强国组织的会盟，依附大国以求庇护；另一方面联合与本国实力相当的小国，和平共处，以求生存与发展。下面就以小邾国为例，对这两个方面进行探讨。

（一）依附大国

1. 小邾国与宋国

小邾国脱离母邦邾国后，首先依附的大国是宋国。《春秋经·庄公十五年》记载曰："秋，宋人、齐人、邾人伐郳。"杜预注曰："宋主兵，故序其上。"《左传》云："秋，诸侯为宋伐郳。"杜预注曰："郳，附庸，属宋而叛，故齐桓为之伐。"①可见在春秋早期，小邾国已从邾国的附庸变成了宋国的附庸，其原因可能是小邾与宋、邾虽然皆相邻，但宋国是明显强于邾国的，故小邾国选择了附强的外交策略。但随着齐桓公的崛起，小邾国欲脱离宋国的控制，却引来了宋、齐、邾三国的征伐。尽管小邾国最终还是依附了齐国，但随着齐国的衰落，春秋后期再度被宋国控制，《左传·昭公二十年》记载宋国变乱曰："宋华向之乱……郳甲，出奔郑。"杜预注曰："郳甲，小邾穆公子。"②小邾穆公时为小邾国强盛时期，其间小邾穆公三次朝鲁，多次参加诸侯会盟，即便如此，小邾穆公之子于宋国为大夫，应该是小邾国在宋国的质子，可见宋对小邾的控制确实存在。特别是《左传·定公元年》记载诸侯会盟修筑成周城墙时，宋仲几所言曰："滕、薛、郳，吾役也。"另有《春秋经·哀公四年》所载曰："宋人执小邾子。"杜预注曰："小邾子无道于其民，故称人，以执。"③可见到春秋后期，小邾国又成为宋国的附庸，不仅宋国大夫能驱使小邾大夫，宋人更是能直接进入小邾国，执其国君，皆是小邾为宋附庸的实证。

当然，在小邾与宋国的关系中，并非均是冲突，也有缓和的时候，如《左传·昭公二十五年》记载曰："季公若之姊，为小邾夫人，生宋元夫人。"④可知宋元公的夫人是小邾国之女，在这一时期，小邾国不仅有质子在宋国，还有女嫁为宋元公夫人，可见小邾国以政治婚姻为外交策略，尽力拉拢、依附宋国，以求庇护。

2. 小邾国与齐国、晋国

齐、晋两国在春秋时期相继称霸，也成为小邾国依附的靠山。根据前文论述，

①（清）阮元校刻：《十三经注疏·春秋左传正义》，北京：中华书局，1980年，第1711页。

②（清）阮元校刻：《十三经注疏·春秋左传正义》，北京：中华书局，1980年，第2092页。

③（清）阮元校刻：《十三经注疏·春秋左传正义》，北京：中华书局，1980年，第2131、2158页。

④（清）阮元校刻：《十三经注疏·春秋左传正义》，北京：中华书局，1980年，第2107页。

小邾国晋为子爵，即齐桓公向天子请求，册命小邾国君为小邾子，可见小邾国对齐国的依附程度。《左传·襄公六年》记载曰：“晏弱围棠，十一月丙辰而灭之。迁莱于郳，高厚、崔杼定其田。”①齐国灭莱后，却将莱国君民迁至小邾国，高厚、崔杼还划定了小邾国的疆界。可知此时齐桓公故去，齐国国力虽然逐渐衰落，中原霸主的位置也由晋国取代，但其对小邾国的影响力还是显而易见的。特别是鲁襄公二年时，晋国组织的诸侯会盟，小邾国因齐国的缘故而未参加，再次会盟时，齐国大夫崔杼前往参加，小邾国大夫亦跟随参加。自此之后，小邾国又离齐附晋，鲁襄公十八年，小邾国参加晋国组织的伐齐的战争，可以看出小邾国依附晋国之史实。春秋中期小邾国参与晋国主持会盟、征伐、筑城等活动多达二十次，在此期间，小邾国应该逐步获得了晋国的信任。鲁定公元年，宋仲几称“滕、薛、郳，吾役也”之后，晋国为小邾等三国逮捕宋仲几。

小邾国对齐晋的依附，归根到底是唯强是从，齐国初为中原霸主，就从齐以获爵位，后齐衰晋强，又立刻调转矛头，参与晋国对齐国的征伐，可谓是唯强是从的力证。

3. 小邾国与鲁国

小邾国与鲁国的关系，是其所有对外关系中最重要的。鲁国虽不算强国，但具有完备的礼乐制度，这一点是春秋时期其他诸侯国所不具有的，正是这种文化上的向心力，《春秋》经传中不乏有“邾子来朝”“滕子来朝”“小邾子来朝”“杞伯来朝”“郯子来朝”等记载，可见鲁国在这些小国心中还是占据重要地位的。同时鲁国也重视发展与小邾国的关系，如《左传·昭公三年》云：“小邾穆公来朝，季武子欲卑之，穆叔曰：‘不可，曹、滕、二邾实不忘我好……能敬无灾，敬逆来者，天所福也。”②小邾穆公第三次朝鲁时，鲁哀公以燕礼款待，在宴席上季平子与小邾穆公对吟《诗经》，称赞其治国有方。另外，鲁国与小邾国有着复杂的姻亲关系，小邾国墓地出土的正叔之士䲨俞簠、鲁宰虒簠等铜器，可能皆是鲁国大夫所作，是小邾与鲁联姻的明证。

小邾国虽然唯强是从，先后追随齐、晋这样的霸主强国，但除了从强外，还有附邻的政策，这从小邾与宋、鲁的关系就可以看出来，宋国、鲁国虽不是强国，却是与小邾国相邻的大国，故小邾国在追随齐、晋时，亦保持对宋、鲁的友好关系，以祈能获得更大的生存机会。另外，鲁国也较为注重对小邾国的关系，可能是因为小邾国是鲁国与邾国博弈的重要棋子，是鲁国维持鲁南区域霸主的关键。

---

①（清）阮元校刻：《十三经注疏·春秋左传正义》，北京：中华书局，1980年，第1937页。

②（清）阮元校刻：《十三经注疏·春秋左传正义》，北京：中华书局，1980年，第2032页。

（二）联合小国

小邾国与其他小国之间的关系也很密切，小邾国墓地出土的有铭青铜器中，除了正叔之士簠和鲁宰簠外，其他基本都出自春秋时期的小国。既有毕、胙等姬姓国，又有滕、铸这样的东夷邻国，还有needs父、媿姓、娸姓古国族，这些小国与小邾相仿，皆国小势微，或已经亡国，后世来到东方为官，但小邾国以政治婚姻为纽带，将它们拉拢、联合在一起。铸叔为小邾国夫人秦妊作器，毕仲为小邾女子作器，滕侯也将其礼器随葬于小邾国墓地等，皆可看出小国之间的结交联合。同时，这些小国常常聚合在一起，共同依附于某个强国，如滕、薛、小邾三国就是这种情况。从《春秋》经传中可以看出，有关诸侯会盟的记载或为“滕子、薛伯、小邾子”或为“滕人、薛人、小邾人”。总之，这三国往往是相互并列连言。鲁襄公二年诸侯会盟时，“滕、薛、小邾之不至，皆齐故也”。鲁定公元年，宋仲几曰“滕、薛、郳，吾役也”。能清晰地看出滕国、薛国、小邾国三国是盟友，共同依附于齐国，共同参加会盟，又共同依附于宋国。可见，对弱小国家来说，互相联合，共同依附于强国应该能够获得更大的生存机会，这种模式在春秋兼并战争中无疑是对自身有利的，也可能是春秋时期众多微国皆能延续至战国时期的原因。

综上所述，小邾国的外交策略是多元的，对于霸主强国、近邻大国、小国微国三种不同类型的国家，小邾国采用的政策也不同。对齐国、晋国这样的霸主强国，惟命是从，竭力侍奉。对宋国、鲁国这样近邻的大国是尽力依附，或攀结姻亲，或朝见纳贡，或派质子。因为近邻大国有灭掉小邾国的实力，且地缘临近，即便小邾国追随强国，但若邻国来伐，救援的军队也很难及时到达，故对邻近大国采取依附政策。对铸国、滕国等这样的小国，则尽力联合，共同侍奉同一强国，避免内部矛盾，以求自保。因此，小邾国的外交策略一言以蔽之，就是通过政治婚姻，追随霸主强国，依附近邻大国，联合小国弱国。

四、小邾国的灭亡

小邾国的灭亡，杜预《春秋释例·氏族谱》记载曰：“惠公以下，春秋后六世而楚灭之。”[①]其他文献中便再无踪迹可觅，故陈槃先生亦从杜预之说，认为小邾是被楚国所灭。但杜预之记载仅言春秋后六世，并没有言明具体的时间。据《战国策·宋策》记载：“宋康王之时……齐闻而伐之，民散，城不守。王乃逃倪侯之馆，遂得而

①（晋）杜预：《春秋释例》（十五卷附校勘记二卷），聚珍版丛书，清乾隆敕刊本，第459页。

死。”[①]这是关于宋国灭国的记载，从中可见，齐灭宋时，宋康王尚能逃往郳侯之馆，可见至迟在公元前286年，齐灭宋之时，小邾国尚存在，并且还有庇护宋君的实力。

但齐国灭宋后，国力强盛，西侵三晋之地，南占泗上之土，引起了秦、楚的恐慌，因此，燕国与三晋及秦、楚伐齐，齐国遭受重创，放松了对周边地区的控制。楚考烈王即位后，割州地于秦国以求和，则集中力量夺回被齐国占有的泗上之地。楚国借秦赵战于长平之机，北上攻取了鲁国的徐州，并在数年之后灭掉了鲁国。楚国一举夺回了泗上之地，杜预所言“惠公以下，春秋后六世而楚灭之”应即指此次战争。又《说文·邑部》释“邾”曰：“江夏县，从邑朱声。”[②]江夏县在当时即为楚地，楚国可能灭小邾国之后，将其国君迁到江夏县安置了。

五、小　　结

通过本章的研究，可以看出，小邾国为曹姓国，出自帝颛顼，陆终继为祝融之后，其第五子安的后裔邾侠被周武王封在邾地。根据“融”与“鬲”字的孳乳关系，昆吾、楚、小邾三国同源，皆与“陶”“鬲”相关，推知小邾国君是鬲族后裔；而根据“邾”从“蛛”形写为“鼅”的构形，“鼅”与“黽”的关系，推出小邾国民则是奄族分支。小邾国分封于周宣王后期，始封君是邾友父，被夷父颜封于郳地，郳犁来从齐桓公匡扶王室，被周天子册命“子”爵，其后在《春秋》经传中皆以子爵称。关于小邾国君春秋时期的世系，以郳犁来为界分为两个阶段，郳犁来以前结合小邾国墓地的墓主人身份进行推断，郳犁来之后根据文献记载和郳公镈、郳公戈铭文推断，可将小邾国春秋时期的国君世系复原为邾友父→邾君庆→媿霝之夫→郳犁来→？→郳公克（？）→小邾穆公→小邾恭公→小邾惠公→郳公鞁。小邾国的外交政策则较为清晰，即依附霸主强国，侍奉近邻大国，联合小国微国，正是这样，小邾国在大国的夹缝中方能保全于春秋之世而未灭国，直至战国后期，才被北上的楚国所灭，国祚大体延续了540年左右。

---

①（汉）刘向集录：《战国策》，上海：上海古籍出版社，1998年，第1157页。

②（汉）许慎撰，（清）段玉裁注：《说文解字注》，上海：上海古籍出版社，1988年，第293页。

附录4-1　小邾国族源与分封探析[①]

摘要：小邾国出自邾国，国君为陆终祝融第五子“安”的后裔。在族源上，小邾国君与国民并非同一氏族，通过“融”与“鬲”二字的分析，可推定小邾国君源于鬲族；从金文中“邾”字以“蛛”形的“鼄”为本字，可知小邾国民是奄族的分支。在分封上，小邾国君封国受土与册命受爵并非同时，始封君邾友父受封郳地在周宣王二十年至三十二年；国君郳犁来从齐尊王，受周天子册命为子爵，则在鲁庄公十五年至鲁僖公七年。族源与分封是小邾国历史文化研究中的两个重要方面，因此，需区分国君与国民两种族源、封国与受爵两个时间，不可一概而论。

关键词：小邾国　族源　分封　册命

先秦诸国受中央王朝分封建国，分封的依据多是血缘宗法。因此，族源与分封是诸侯国史研究中不可分割的两个部分。小邾国国小势微，文献记载寥寥，几乎湮没于历史长河之中，但随着近年来考古资料的不断涌现，以及对现有金文资料的解读，小邾国的历史逐渐清晰起来。本文综合文献、考古、金文资料，对小邾国君及国民的族源、小邾国分封国土和册命受爵的时间进行探讨，以祈能够以此推进对以小邾国为代表的鲁南地区历史文化的研究。

一、小邾国族源

（一）小邾国君族源

关于小邾国君的族源，文献记载较多，《世本·三皇世系》云：“高阳生称，称生卷章，卷章生黎。吴回氏生陆终，陆终娶于鬼方氏之妹，谓之女嬇。生六子……一曰樊，是为昆吾，昆吾者，卫是也……五曰安，是为曹姓，曹姓者，邾是也；六曰季连，是为芈姓，季连者，楚是也。”[②]可知邾国国君为曹姓，出自陆终，陆终之父为吴回，但未言明吴回与黎的关系。《史记·楚世家》记载曰：“重黎为帝喾高辛居火正，甚有功，能光融天下，帝喾命曰祝融。共工氏作乱，帝喾命重黎诛之而不尽，帝

①该文曾发表于《枣庄学院学报》2017年第1期。有改动。

②佚名撰，（汉）宋衷注，（清）秦嘉谟等辑：《世本八种》，上海：商务印书馆，1957年，第5页。

乃以庚寅日诛重黎，而以其弟吴回为重黎后，复居火正，为祝融。”[①]可知重黎与吴回为兄弟，皆帝喾时火正，先后被命为“祝融”。《世本》称“黎”，《史记》称“重黎”，当是同一人。黎为颛顼之后，世系清晰，吴回为其弟，亦颛顼之后，故小郳国君的先祖出自颛顼帝，至陆终第五子“安”时得“曹”姓。

白“安”以后的曹姓后裔见《春秋释例·氏族谱》：“邾即安之后也，周武王封其苗裔邾挟为附庸，居邾。”[②]可知，邾挟是邾国始封君，邾挟之后，世系见于《世本》，但称“邾挟”为“邾侠”，曰：“侠生非，非生成，成生车辅，车辅生将新，将新生訾父，訾父生夷父。”[③]但是，经刘卓异先生详细考证，认为：“具体到这则邾国早期世系史料，其来源也应当是颜氏家族内部谱牒。即陈镐所撰且未经修订过的《陋巷志》正德二年刻本……这段邾国早期世系资料很可能来自金元以后山东颜氏家族内部的谱牒资料，在明清两代广为流传，可信度渐增而出处逐渐模糊，最终以讹传讹，成了所谓‘出自《世本》’的珍贵史料。”由此，这则史料的年代过晚，其可信度大大降低，不过，无论每代邾国国君的名字是否准确，邾侠的后裔，历代居于邾地，直至夷父当时无误的。其中“夷父”为该人的字，其名为“颜”，《春秋释例·氏族谱》载：“夷父颜有功于周，其子友别封为附庸，居郳。”[④]《世本·氏姓篇》曰：“邾颜居邾，肥徙郳。”宋衷注曰：“邾颜别封小子肥于郳，为小邾子。”[⑤]《左传·庄公五年》孔颖达正义曰：“《世本》言肥，杜《谱》言友，当是一人。”[⑥]拙作《郳公子害簠器主身份及相关问题》也探讨了孔颖达所言，并通过对2002年枣庄小邾国墓地出土的郳公子害簠铭文的研究，证实“肥”与“友”确实为同一人的名与字[⑦]。故夷父颜的次子，名“肥”字“友”，是小邾国的始封君。因此，自前往后将“颛顼”“陆终”“安”“邾挟”“夷父”“友”几个关键的人物联系起来，可知小邾国君为曹姓，是陆终祝融后裔。除文献外，传世的邾公钎钟铭文有“陆𬶍之孙，邾公钎作氒禾钟”[⑧]，王国维先生将“𬶍”字释为“螽”，即“终”，也可释为“融”，

①（汉）司马迁：《史记》，北京：中华书局，1982年，第1689页。

②（晋）杜预：《春秋释例（十五卷附校勘记二卷）》，武英殿聚珍版丛书，清乾隆敕刊本，第381页。

③郭克煜：《邾国历史略说》，《东夷古国史研究（第一辑）》，西安：三秦出版社，1988年。

④（晋）杜预：《春秋释例（十五卷附校勘记二卷）》，武英殿聚珍版丛书，清乾隆敕刊本，第458页。

⑤佚名撰，（汉）宋衷注，（清）秦嘉谟等辑：《世本八种》，上海：商务印书馆，1957年，第34页。

⑥（清）阮元校刻：《十三经注疏》，北京：中华书局，1980年，第1764页。

⑦贾一凡：《郳公子害簠器主身份及相关问题》，《濮阳职业技术学院学报》2016年第3期。

⑧中国社会科学院考古研究所：《殷周金文集成》，北京：中华书局，2007年，第95页。

“陆蟰”即为“陆终”[①]，邾公钎钟铭文更是直接言明邾君为陆终祝融的后裔。

“融”字，《说文·鬲部》曰：“炊气上出也，从鬲，虫省声。”[②]可见“融”字以“鬲”为本字。另“煮”字《说文·鬲部》作“鬻”，并称此形之字皆从“鬻”，释曰：“古文亦‘鬲’字，象熟饪五味气上出也。”[③]“煮”，字义与“融”相似，字形与“鬲”相同，可证“鬲”与“融”古时可能为同一字。而“鬲”是远古氏族之名，前辈学者早有论断，故“融”应指鬲族。楚国的先祖名曰“鬻熊”，“鬻”从“鬻”，即“鬲”，亦应属鬲族。此外，李白凤先生言新石器时代陶制食器的发明多以鬲为原型，鼎、甗、甑等器物都是从鬲发展而来[④]，因此，鬲可以作为陶器的代表。《世本·作篇》又有“昆吾做陶”的记载，鬲为陶器的代表，可见，昆吾应同为鬲族。据前引《世本·三皇世系》言，昆吾、邾、楚三国的祖先分别为陆终的第一子、第五子、第六子，故三者同属一族，也是可以确定的。

由此可知，“融”与“鬲”相通，“鬲”是陶器的代表，出自陆终祝融的昆吾、楚二国，又皆与“陶”“鬲”相关，故应是鬲族后裔。小邾国君亦出自陆终祝融，所以与昆吾、楚二国国君相同，小邾国君也应是鬲族后裔。

（二）小邾国民族源

“邾”字金文习见，字形可分为两类，一类可隶定为“鼄”，从朱从黽，可见于邾公华钟“”[⑤]，邾公牼钟“”[⑥]，邾大宰钟“”[⑦]，邾伯鬲“”[⑧]，邾来隹鬲“”[⑨]，鲁伯俞父鬲“”[⑩]，杞伯鼎“”[⑪]，邾伯御戎鼎“”[⑫]，邾□伯鼎“”[⑬]，

①黄怀信等：《逸周书汇校集注》，上海：上海古籍出版社，2007年，第894页。

②（汉）许慎撰，（清）段玉裁注：《说文解字注》，上海：上海古籍出版社，1988年，第111页。

③（汉）许慎撰，（清）段玉裁注：《说文解字注》，上海：上海古籍出版社，1988年，第112页。

④李白凤：《东夷杂考》，郑州：河南大学出版社，2008年，第21页。

⑤中国社会科学院考古研究所：《殷周金文集成》，北京：中华书局，2007年，第291页。

⑥中国社会科学院考古研究所：《殷周金文集成》，北京：中华书局，2007年，第157页。

⑦中国社会科学院考古研究所：《殷周金文集成》，北京：中华书局，2007年，第78页。

⑧中国社会科学院考古研究所：《殷周金文集成》，北京：中华书局，2007年，第629页。

⑨中国社会科学院考古研究所：《殷周金文集成》，北京：中华书局，2007年，第630页。

⑩中国社会科学院考古研究所：《殷周金文集成》，北京：中华书局，2007年，第646页。

⑪中国社会科学院考古研究所：《殷周金文集成》，北京：中华书局，2007年，第1254页。

⑫中国社会科学院考古研究所：《殷周金文集成》，北京：中华书局，2007年，第1271页。

⑬中国社会科学院考古研究所：《殷周金文集成》，北京：中华书局，2007年，第1339页。

郳友父鬲“”[1]，郳君庆壶“”[2]，郳公子害簠“”[3][等。该字是象形文字，古文字学者认为其从蜘蛛的形状，故隶定为“鼅”，《说文·黽部》释曰：“鼄鼅也，从黽朱声。”又“鼄”释为：“鼄鼅，鼅蟊也。”段玉裁注曰：“自关而东，赵魏之交谓之鼄鼅，或谓之蠾蝓，蠾蝓者，侏儒语之转也。”[4]可见“鼅”为“蛛”的本字，郳国以“鼅”自称，当地氏族应以蜘蛛为图腾，并演变为该地区的地名。另外，“鼅”字所从之“黽”，本字作“”，为图形文字，作族徽，商周金文习见，唐兰先生认为：“铭文黽字，也是图画象形字……这个字应为‘黾’字无疑……应是氏族徽号……至于黾这个氏族，金文中常见，如‘黽父丁鼎’‘黽祖乙觚’‘父辛黽卣’之类，都可以为证。”[5]唐兰先生以“黽”为族徽之说是可从的，此族出现在商代，郳国受封于周初，可知郳国国民在周以前就在该地区生活，这与黽族在时间上是能对应的。

另外，由“黽”衍生出的字，除了“鼅”外，还有“鼋”“鼃”之类，“鼋”为龟鳖之属，“鼃”字则是“蛙”的本字，皆为爬行动物。邹衡先生认为，图形文字“天”字是姬姓部族也就是黄帝部族的族徽，而那些由“天”字和其他动物图形组合而成的图形文字，则可能是被黄帝征服的部族，或黄帝部族的子部族[6]。那么可以推论，以“黽”为族徽的是黽族本族，“鼅”“鼋”“鼃”等字皆是“黽”字和其他动物组成的图形文字，因此，据邹衡先生观点，以“鼅”“鼋”“鼃”为族徽的部族应是隶属于“黽”族的子部族。由此可见，郳地以“鼅”为称，郳国国民应该是“黽”族的分支。“黽”字在后世演变为了“奄”，“奄”为古国族之名是已知的，李白凤先生的《奄族考》一文对奄族有较为详实的考证[7]。周初，奄族参与武庚的叛乱，成王践奄后，封鲁于奄故址。《左传·哀公七年》载郳国大夫赴吴国求援之言：“鲁击柝闻于郳。”[8]可见郳国与鲁国距离很近，鲁国在奄族故地，那么郳国亦属奄族故地是完

①枣庄市政协台港澳侨民族宗教委员会、枣庄市博物馆：《小郳国遗珍》，北京：中国文史出版社，2006年，第30页。

②枣庄市政协台港澳侨民族宗教委员会、枣庄市博物馆：《小郳国遗珍》，北京：中国文史出版社，2006年，第38页。

③枣庄市政协台港澳侨民族宗教委员会、枣庄市博物馆：《小郳国遗珍》，北京：中国文史出版社，2006年，第67页。

④（汉）许慎撰，（清）段玉裁注：《说文解字注》，上海：上海古籍出版社，1988年，第680页。

⑤唐兰：《从河南郑州出土的商代前期青铜器谈起》，《文物》1973年第7期。

⑥邹衡：《论先周文化》，《夏商周考古论文集（续集）》，北京：科学出版社，1998年。

⑦李白凤：《东夷杂考》，郑州：河南大学出版社，2008年，第52页。

⑧（清）阮元校刻：《十三经注疏》，北京：中华书局，1980年，第1644页。

全有可能的，同样可证邾国国民为黽族分支。

“邾”字的另一类写法则为从朱从邑，见于邾公釛钟“”[①]，此写法出现较晚，已经脱离了原有的含义，纯粹表示地名，“朱”为其声，“邑”则是周代地名的标志，如章地封国后称鄣国，曾地封国后称鄫国，寺地封国后称邿国等皆是此例，与邾地氏族族源无关，故不再讨论。

可见，小邾国君出自陆终祝融，通过“融”字与“鬲”字的比较，并以昆吾、楚二国为旁证，分析得出小邾国君源于鬲族；通过“鼅”字与“黽”字关系分析，得出小邾国民是以蜘蛛为图腾的奄族分支。因此，小邾国君与国民并非同一氏族，在对小邾国族源探讨时必须区别对待。

二、小邾国分封与册命

（一）小邾国的分封

关于小邾国的分封，文献中有两种说法，《春秋释例·氏族谱》云：“夷父颜有功于周，其子友别封为附庸，居郳。”[②]言小邾国为周天子所封；《世本·氏姓篇》记载：“邾颜居邾，肥徙郳。”宋衷注曰：“邾颜别封小子肥于郳，为小邾子。”[③]则称小邾国为邾颜所封。

此两种说法，虽在小邾受封于何人上有所出入，但所记分封时间均在夷父颜之时。那么，夷父颜的生卒年代就成为确定小邾国始封时间的关键。文献中关于夷父颜的详细记载，仅见于《公羊传·昭公三十一年》：“当邾娄颜之时，邾娄女有为鲁夫人者，则未知其为武公与？懿公与？孝公幼，颜淫九公子于宫中，因以纳贼。则未知其为鲁公子与？邾公子与？臧氏之母，养公者也……闻有贼，以其子易公，抱公以逃……臣有鲍广父与梁买子者……负孝公之周，诉天子，天子为之诛颜而立叔术，反孝公于鲁。”[④]

第一，《公羊传》所述之事，发生在周宣王时。《国语·周语上》载曰：“鲁武公以括与戏见王，王立戏。……鲁侯归而卒，及鲁人杀懿公而立伯御。三十二年春，

①中国社会科学院考古研究所：《殷周金文集成》，北京：中华书局，2007年，第95页。

②（晋）杜预：《春秋释例（十五卷附校勘记二卷）》，武英殿聚珍版丛书，清乾隆敕刊本，第458页。

③佚名撰，（汉）宋衷注，（清）秦嘉谟等辑：《世本八种》，上海：商务印书馆，1957年，第34页。

④（清）阮元校刻：《十三经注疏》，北京：中华书局，1980年，第2331页。

宣王伐鲁，立孝公。”韦昭注曰：“懿公，戏也。伯御，括也。孝公，懿公之弟称也。”[①]《史记·鲁世家》云：“二十九年，周宣王立，三十年，真公卒，弟敖立，是为武公。武公九年，武公与长子括，少子戏西朝周宣王……懿公九年，懿公兄括之子伯御与鲁人攻弑懿公，而立伯御为君，伯御即位十一年，周宣王伐鲁，弑其君伯御……乃立称于夷宫，是为孝公。”[②]以上史料记述了周王废长立幼，造成鲁国伯御之乱，平乱后立孝公之事，都提到武公、懿公、孝公，并言明当时的王是周宣王。

第二，周宣王伐鲁立孝公，发生在周宣王三十二年。《公羊传》中未说明周王伐鲁的时间，据《史记》载周宣王早鲁武公两年即位，但诸侯即位于次年改元，也即武公元年已经是周宣王三年了，武公在位九年，懿公在位九年，至伯御十一年宣王伐鲁，正是周宣王三十二年，与《国语》言周宣王三十二年伐鲁可互相印证。

第三，周宣王伐鲁时，诛杀夷父颜。通过前面的论证可知，《公羊传》所记鲁国之乱即伯御之乱，故其中的“贼”是与鲁公子伯御串通，但鲁臣鲍广父与梁买子却误以为“因颜纳贼”，并携鲁孝公向周王汇报。因此，周宣王伐鲁立孝公后，诛杀了此次叛乱的“罪魁祸首”夷父颜。

总之，夷父颜是周宣王时之人，卒于周宣王三十二年，因此，小邾国的分封在夷父颜被诛杀之前，也即小邾立国的时间下限当在周宣王三十二年。

《公羊传·昭公三十一年》还记载了叔术让国于夏父之事：“颜夫人者，妪盈女也，国色也。其言曰：有能为我杀杀颜者，吾为其妻。叔术为之杀杀颜者，而已为妻。有子焉，谓之盱。夏父者，其所为有于颜者也。食必坐二子于其侧而食之。有珍怪之食，盱必先取足焉。夏父曰：以来，人未足，而盱有余。叔术觉焉，曰：嘻，此诚尔国也夫。起而致国于夏父，夏父受而中分之，叔术曰：不可。三分之，叔术曰：不可。四分之，叔术曰：不可。五分之，然后受之。”[③]这段记述中只有夏父与盱二子，因此，郳友父应已到郳地为君，也证明小邾国始封是在夷父颜被诛之前。又盱为夷父颜死后，妪盈嫁于叔术所生之子，且当时已能与夏父争食，可知距周宣王三十二年叔术立于邾已有数年，但根据盱尚在“争食”的年龄，故此时应在夷父颜死后十年之内。而且夏父尚且与叔术等同桌就食，应尚未婚配，《周礼·地官·媒氏》记载曰：“令男三十而娶，女二十而嫁。”[④]且不论《周礼》所云是否准确，至少可以间接证明此时夏父应不足三十岁。同时夏父既然能接受叔术让国，故亦不能称幼，至少应在十五至二十岁。且文献记载，郳友父是夷父颜的“少子”，所以夏父年龄大于友

①（春秋）左丘明撰，（三国吴）韦昭注，明洁辑评：《国语》，上海：上海古籍出版社，2008年，第10页。

②（汉）司马迁：《史记》，北京：中华书局，1982年，第1527页。

③（清）阮元校刻：《十三经注疏》，北京：中华书局，1980年，第2331页。

④杨天宇：《周礼译注》，上海：上海古籍出版社，2004年，第205页。

父，因此，夏父受国之时，友父应未满二十岁。

由上可推，夷父颜被杀是在周宣王三十二年，夏父受叔术让国是在夷父颜被杀后十年之内，夏父受国时在二十岁左右，且长于友父，可知，友父应生于周宣王二十年左右，其受封于郳地为君，也定在出生之后。故小邾国始封之年可推在周宣王二十年至周宣王三十二年。

（二）小邾君的册命

小邾国君受册命为“子”爵的年代相对较易推断，《左传·庄公五年》载曰：“郳犁来来朝，名，未王命也。”[①]按此，鲁庄公五年小邾国仍为附庸，尚未被册命为“子”爵。小邾国君第一次被称爵见于《春秋经·僖公七年》曰：“小邾子来朝。”杨伯峻注曰：“小邾子，即郳犁来，此时已得王命，故来朝书爵。”[②]两次来朝之人均是郳犁来，可见，郳犁来即小邾国始受命之君，其受册命的时间下限为鲁僖公七年，即公元前653年。

小邾受册命时间上限的确定，可从其母国邾国的册命时间窥得一二。邾国入春秋之世亦未受王命，《左传·隐公元年》云：“三月，公及邾仪父盟于蔑，未王命，故不书爵。”又《桓公十七年》载曰：“及邾仪父盟于趡，寻蔑之盟也。”[③]据此两条记载，至迟于鲁桓公十七年，邾国国君在《春秋》经传中仍称名，尚未受命“子”爵。关于邾国受命的时间，《春秋释例·氏族谱》云：“齐桓公伯，仪父附从，进爵称子。”[④]可知邾国受命为“子”爵的方式是依附齐国，从齐桓公尊王。《春秋经·庄公十三年》记载曰：“齐侯、宋人、陈人、蔡人、邾人会于北杏。”[⑤]又《庄公十五年》云：“宋人、齐人、邾人伐郳。”[⑥]鲁庄公十三年、十五年分别是齐桓公五年、七年，可见在齐桓公初期，邾国就参与齐国主持的会盟，并与齐国、宋国攻伐小邾国，经过这一系列活动之后，邾国国君的称谓就发生了变化，故《春秋经·庄公十六年》曰：“邾子克卒。”[⑦]可知至迟在鲁庄公十六年，邾子克也即邾仪父去世之时，邾国国君已经晋爵为“子”了。

---

①杨伯峻：《春秋左传注（修订本）》，北京：中华书局，2009年，第166页。

②杨伯峻：《春秋左传注（修订本）》，北京：中华书局，2009年，第315页。

③杨伯峻：《春秋左传注（修订本）》，北京：中华书局，2009年，第9页、149页。

④（晋）杜预：《春秋释例（十五卷附校勘记二卷）》，武英殿聚珍版丛书，清乾隆敕刊本，第381页。

⑤杨伯峻：《春秋左传注（修订本）》，北京：中华书局，2009年，第193页。

⑥杨伯峻：《春秋左传注（修订本）》，北京：中华书局，2009年，第200页。

⑦杨伯峻：《春秋左传注（修订本）》，北京：中华书局，2009年，第202页。

小邾国的册命时间，《春秋释例·氏族谱》说：“齐桓公请王命，命之。”[①]知小邾国受命也是通过支持齐国霸业，齐桓公请周天子册命小邾君。但小邾国从齐桓公，受周天子册命的时间一定是晚于邾国的。首先，邾国在齐桓公早期就已经依附齐国。其次，鲁庄公十五年，齐国、宋国、邾国攻伐小邾国，若此时小邾国已经依附齐国，就不会受到三国的攻伐。或许正是这次攻伐之后，小邾国从母邦身上看到追随齐国的益处，亦从齐桓公尊王攘夷，最终也受到册命，晋爵为“子”。

由此，小邾国君受周天子册命“子”爵的年代，定在鲁僖公七年之前，而应在鲁庄公十五年之后，也即公元前679年至公元前653年。

综上所述，由于小邾国的国君与国民并非同一氏族，因此，对小邾国族源的研究必须区别对待，小邾国君为鬲族后裔，而小邾国民为奄族的分支。对小邾国分封问题的研究上，也必须分为封国受土与册命受爵两方面，小邾国始封君郳友父受封建国于周宣王二十年至三十二年，但仅为附庸，没有爵位。春秋前期，小邾国君郳犁来依从齐桓公，从而受周天子册命为“子”爵，在鲁庄公十五年至鲁僖公七年。

三、结　　语

先秦时期是封建政体，分邦建国为加强中央对地方的统治，诸侯国君与国民多不是同一氏族，以往对该问题一概而论，提到某国族源则仅指该国国君族源，讨论诸侯国的分封也多将封国与受爵混为一谈，这样得出的结论往往是片面的。所以，在研究一诸侯国历史文化时，讨论族源需区分国君与国民，探讨分封需区别封国与受爵，这样才能使结论更加严谨。山东在地区先秦时期属东夷，有很多土著小国的历史文化较为复杂，小邾国作为当时鲁南地区的“泗上十二诸侯”之一，就是典型的代表。有幸的是2002年枣庄市山亭区发现并发掘了六座春秋早期小邾国贵族墓葬，出土了大量珍贵资料，使我们研究以小邾国为代表的鲁南地区的历史文化成为可能，也为我们进一步的研究提供了便利。当然，以上仅为一孔之见，定有诸多不足之处，还请大家指正。

---

①（晋）杜预：《春秋释例（十五卷附校勘记二卷）》，武英殿聚珍版丛书，清乾隆敕刊本，第459页。

附录4-2　春秋时期小国外交政策研究——以小邾国为例①

摘要：春秋时期周王室衰微，各诸侯大国开始为扩充国土、掠夺人口发动战争，而占诸侯国绝大多数的小国无力加入兼并战争，只有通过不断调整外交政策以求自保，延长国祚。2002年山东省枣庄市山亭区东江村发现春秋时期小邾国贵族墓地，发掘及追缴的带有铭文的青铜器44件，铭文内容涉及9个诸侯国，通过对这批青铜器铭文的释读，并结合文献记载，可以小邾国为例，分析得出春秋时期小国实行追随霸主强国、依附近邻大国、联合小国弱国的外交政策。这样的外交政策是多数小国的生存之道，也为研究当时复杂的诸侯关系提供了条件。

关键词：小邾国　外交政策　春秋时期　小国

小邾国立国于西周晚期，与齐、鲁、宋、邾等国相邻，生存在大国的夹缝之中，春秋时期诸侯大国发动的兼并战争日益频繁，《左传·哀公七年》记载："禹合诸侯于涂山，执玉帛者万国，今其存者，无数十焉。"②可见，到春秋晚期诸侯国数量随着战争而大幅减少，小邾国虽然国小势微，但是终春秋之世不灭，可归功于它对不同国家采取不同的外交政策，而且其外交政策也随着国家地位的变化而不断做出调整，这种灵活、积极的外交政策可作为春秋时期小国外交的范例，这也是当时处在大国夹缝中的小国谋求生存的无奈选择。

一、追随霸主强国

春秋五霸只有齐国、晋国与小邾国发生了直接的关系，小邾国起初追随齐国尊王，从而被周天子册命"子"爵。随着齐国的衰落，小邾国又追随晋国，并参加了诸侯对齐国的征伐，不同时期，追随不同的霸主，将唯强是从表现得淋漓尽致。

1. 小邾国与齐国

小邾国追随齐国始于齐桓公时期，一直延续到春秋中期。小邾国虽然立国于西周晚期，但并没有获得周天子的册命，《左传·庄公五年》载曰："郳犁来来朝，名，

①该文曾发表于山东博物馆编：《山东博物馆辑刊（2019年）》，北京：文物出版社，2019年。有改动。

②（清）阮元校刻：《十三经注疏·春秋左传正义》，北京：中华书局，1980年，第2163页。

未王命也。”[①]小郳国封于郳地，也称为郳国，郳犂来即小郳国君，可见，至迟于鲁庄公五年小郳国仍是附庸，国君也只能算一地封君，没有爵位，也不能位列诸侯。而《春秋经·僖公七年》曰：“小邾子来朝。”杜预注曰：“郳犂来始得王命而来朝也。”[②]此时，小郳国已经获得了周天子的册命，被赐为“子”爵。经考证，小郳国受册命的时间在鲁庄公十五年到鲁僖公七年[③]，这正是齐桓公执政时期，另外，《春秋释例·氏族谱》云：“齐桓公请王命，命之。”[④]可知，小郳国是追随齐桓公之后，在齐国的帮助下获得了周天子的册命，因此，这一阶段小郳国对齐国心存感激，凡事为齐国马首是瞻，这种关系并没有随着齐桓公的去世而改变。到了春秋中期，《左传·襄公二年》载曰：“滕、薛、小邾之不至，皆齐故也……冬，复会于戚，齐崔武子及滕、薛、小邾之大夫皆会。”杜预注曰：“三国，齐之属。”[⑤]此时，齐国虽然已经衰落，霸主地位也被晋国取代，但是，由于地缘临近的关系，小郳国对齐国依然没有丝毫怠慢，晋国主持的会盟，只有齐国大夫出席后，小郳国的大夫才会跟随出席，可见齐国对小郳国的控制力。又《左传·襄公六年》曰：“晏弱围棠，十一月丙辰而灭之。迁莱于郳，高厚、崔杼定其田。”[⑥]齐国灭莱之后，却将莱国的君民迁至小郳国，又由齐国大夫高厚、崔杼划定了小郳国的疆界，因此，至迟到鲁襄公六年，小郳国仍然追随齐国，且齐国对小郳国的控制越来越强，小郳国须跟随齐国参加诸侯会盟，并且齐国大夫可以划定小郳国的疆界，小郳国完全沦为齐国的附庸。

随着晋国影响力的扩大，小郳国的外交政策也发生了改变，从追随齐国改为追随晋国。《春秋经·襄公十八年》记载曰：“公会晋侯、宋公、卫侯、郑伯、曹伯、莒子、邾子、滕子、薛伯、杞伯、小邾子，同围齐。”[⑦]由此可见，之前受齐国控制的滕、薛、小邾等国，自此完全改变了追随齐国的外交策略，而共同倒向了晋国，并调转矛头，参加了晋国主导对齐国的征伐。齐国与小郳国的附庸关系至迟到鲁襄公十八年走到了尽头，齐国不再是小郳国追随的霸主强国，小郳国也从此摆脱齐国，积极参加诸侯会盟。

①（清）阮元校刻：《十三经注疏·春秋左传正义》，北京：中华书局，1980年，第1746页

②（清）阮元校刻：《十三经注疏·春秋左传正义》，北京：中华书局，1980年，第1798页。

③贾一凡：《小郳国族源与分封探析》，《枣庄学院学报》，2017年第1期。

④（晋）杜预：《春秋释例》（十五卷附校勘记二卷），武英殿聚珍版丛书，清乾隆敕刊本，第459页。

⑤（清）阮元校刻：《十三经注疏·春秋左传正义》，北京：中华书局，1980年，第1929页。

⑥（清）阮元校刻：《十三经注疏·春秋左传正义》，北京：中华书局，1980年，第1937页。

⑦（清）阮元校刻：《十三经注疏·春秋左传正义》，北京：中华书局，1980年，第1964页。

2. 小邾国与晋国

晋国是春秋时期齐国之后的第二个霸主强国，但由于小邾国与晋国相去甚远，所以小邾国并非自晋文公称霸之始便开始对晋国的追随，而是随着齐国的不断衰落，晋国霸业恢复，影响力东进，小邾国才开始改变外交策略，完全脱离齐国，倒向晋国。

自鲁襄公二年小邾国跟随齐国参加晋国主导的会盟，小邾国的外交政策就开始向追随晋国倾斜，终春秋之世，小邾国一共参加诸侯会盟21次，其中20次是由晋国主导，可见，春秋晚期小邾国一直贯彻追随晋国的外交政策。晋国也很好地履行了中原霸主的职责，维护了小邾国等弱小国家的利益，《左传·定公元年》记载曰："晋魏舒合诸侯之大夫于狄泉，将以城成周……宋仲几不受功，曰：'滕、薛、郳，吾役也。'士伯怒，谓韩简子……乃执仲几以归。"①由此可知，晋国魏献子号召诸侯为周天子筑城，宋国不接受调遣，让滕国、薛国、小邾国代其筑城，晋国的韩简子知道后，将宋仲几逮捕，并带回了晋国。在此事件中，晋国以一个仲裁者的身份，处理了列国之间的矛盾，并且维护了追随晋国的滕、薛、小邾三个小国的利益。正是由于晋国再次崛起后拥有很强的国力，又能公正地处理诸侯国之间的分歧，所以，整个春秋晚期小邾国紧紧跟随晋国的脚步，没有再改变其外交政策。

二、依附近邻大国

小邾国虽然唯强是从，先后追随齐、晋，但在从强的同时，还有附邻的政策。小邾国虽出自邾国，但与母邦似乎并不亲近，又与宋国、鲁国接壤，这几个诸侯国虽然不强，但都有将小邾国灭亡的实力，为了获得更大的生存机会，小邾国对宋国、鲁国竭力侍奉，采取依附近邻大国的外交政策。

1. 小邾国与宋国

小邾国脱离邾国之后，首先依附的就是宋国。《春秋经·庄公十五年》载曰："秋，宋人、齐人、邾人伐郳。"《左传》云："秋，诸侯为宋伐郳。"杜预注曰："郳，附庸，属宋而叛，故齐桓为之伐。"②可见，在春秋早期小邾国已经依附宋国，成为其附庸，又因为背叛了宋国，被诸侯征伐。邾国是小邾国的母邦，宋国是小邾国依附的大国，齐国是小邾国日后追随的强国，小邾国被这三个国家联合讨伐，可见在

① (清) 阮元校刻：《十三经注疏·春秋左传正义》，北京：中华书局，1980年，第2131页。

② (清) 阮元校刻：《十三经注疏·春秋左传正义》，北京：中华书局，1980年，第1711页。

其立国早期外交政策摇摆不定，还没有形成一个固定的模式。但这次征伐之后，小邾国开始追随齐国，外交政策趋于稳定，生存环境也得到了极大好转，基本没有再受到任何诸侯国的侵扰。

春秋晚期，小邾国虽追随国力更强的晋国，但两国相距遥远，宋国趁机对小邾国加强了控制。《左传・昭公二十年》记载宋国叛乱曰："宋华向之乱……郳甲出奔郑。"杜预注曰："郳甲，小邾穆公子。"[①]小邾穆公是小邾国很有作为的君主，他在位期间决定追随晋国，前文提到小邾国参加的21次诸侯会盟，大多是在小邾穆公时期进行的。小邾穆公之子郳甲在宋国应是质子，除此之外，《左传・昭公二十五年》曰："季公若之姊，为小邾夫人，生宋元夫人。"[②]小邾穆公与鲁、宋两国联姻，娶了鲁国季氏之女，又将与季氏生的女儿嫁给了宋元公，姻亲与质子等外交举措，为小邾国赢取了一个较好的外部环境。但小邾穆公的示好，被宋国视为臣服，前文谈及晋国号召诸侯为周王筑城一事，宋国大夫仲几称："滕、薛、郳，吾役也。"可见，宋国将小邾国视为附庸，态度十分骄横，除此之外，《春秋经・哀公四年》还记载曰："宋人执小邾子。"杜预注曰："小邾子无道于其民，故称人，以执。"[③]宋国的大夫不仅能够任意驱使小邾国的大夫，宋国更是可以干涉小邾国的内政，执获小邾国君，可见，小邾国在春秋晚期一直没有摆脱宋国的控制。

2. 小邾国与鲁国

小邾国与鲁国的关系，是其所有对外关系中最重要的。鲁国虽不算强国，但其礼乐制度完备，文化上有很强的向心力，《春秋》经传中常有"邾子来朝""滕子来朝""杞伯来朝""小邾子来朝"等记载，可见鲁国是这些小国尊崇和朝见的对象。与宋国不同，鲁国与小邾国不仅从未发生过冲突，而且小邾国君先后五次朝见鲁国国君，两国一直保持着密切而和谐的外交关系。但是小邾国也不是一直依附于鲁国，两国的关系大致可分为三个阶段。

第一阶段为鲁隐公至鲁文公时期，两国关系亲密。小邾国君郳犁来两次朝鲁，第一次在鲁庄公五年，郳犁来尚未获得周天子册命，《春秋经》直呼其为郳犁来，即"未受王命"的缘故。第二次在鲁僖公七年，此时郳犁来已被册命为小邾子，爵位虽是随齐桓公匡扶周王室所受，但小邾国君受爵后却朝见鲁国国君，可见这一阶段两国关系很不一般。但是，这一时期小邾国的母国邾国却与鲁国战争频繁，《左传・哀公七年》载曰："鲁击柝闻于邾……且鲁赋八百乘，君之贰也，邾赋六百乘，君之私

---

①（清）阮元校刻：《十三经注疏・春秋左传正义》，北京：中华书局，1980年，第2092页。

②（清）阮元校刻：《十三经注疏・春秋左传正义》，北京：中华书局，1980年，第2107页。

③（清）阮元校刻：《十三经注疏・春秋左传正义》，北京：中华书局，1980年，第2158页。

也。”[①]“鲁击柝闻于邾”言两国距离之近，“鲁赋八百乘，邾赋六百乘”则说明邾鲁两国军事实力相差不远，故二者显然有竞争关系，在这一阶段，仅《左传》记载鲁国与邾国发生的军事冲突就多达十数次。

第二阶段为鲁宣公至鲁襄公早期，两国关系疏远。此时小邾国近齐而远鲁，多次缺席由晋国和鲁国主导的会盟，其中鲁襄公二年，由鲁、晋、宋、卫等诸国发起的会盟最为典型，小邾国跟随齐国的出席而出席。虽然如此，小邾国也未与鲁国发生过军事冲突。反观邾国在这一阶段却与鲁国关系缓和，共同参加晋国组织的多次会盟，并且邾国国君数次朝见鲁国国君，即使有小规模战争，也能很快修好。

第三阶段为鲁襄公中期至鲁哀公前期，小邾与鲁两国关系重新拉近。其间小邾穆公三次朝鲁，每次都将两国关系拉近一步。第一次朝见并未得到鲁国的重视，《左传·襄公七年》仅曰：“小邾穆公来朝，亦始朝公也。”[②]小邾穆公第二次朝鲁，《左传·昭公三年》云：“小邾穆公来朝，季武子欲卑之。穆叔曰：‘不可，曹、滕、二邾实不忘我好，敬以逆之，犹惧其二，又卑一睦，焉逆群好也？其如旧而加敬焉。《志》曰：能敬无灾。又曰：敬逆来者，天所福也。’季孙从之。”[③]由此可见，季武子接受穆叔建议，对小邾穆公加以尊敬，反映出鲁国对与小邾国关系的重视。小邾穆公第三次朝鲁将两国关系推向了高潮，《左传·昭公十七年》曰：“小邾穆公来朝，公与之燕。季平子赋《采菽》，穆公赋《菁菁者莪》。昭子曰：‘不有以国，其能久乎？’”[④]“燕”指燕礼，是诸侯宴请臣下的一个礼仪，鲁为大国，小邾为小国，小邾国国君地位与鲁国上卿相当，因此，鲁君以燕礼接待小邾国君是符合礼制的。同时燕礼也是一个较为隆重的礼仪，《仪礼·燕礼》云：“燕，朝服于寝……奏《肆夏》……升歌《鹿鸣》，下管《新宫》……君与射。”[⑤]可见举行燕礼时要穿着朝服，其间有奏乐、吟诗、行射等环节，足见鲁国对小邾国的重视程度，最后叔孙昭子对小邾穆公的称赞也是对两国关系的认可。直至鲁哀公后期，小邾国大夫射以句绎奔鲁之前，小邾国与鲁国关系应是非常和睦的。而这一阶段，邾国则又与鲁国交恶，两国交战频繁，邾国大夫多次携封邑投奔鲁国，大大削弱了邾国的实力。

除此之外，鲁国与小邾国还长期保持姻亲关系。小邾国墓地M2出土的正叔之士䰞俞簠（M2：11）和鲁宰虘簠（M2：12）均为鲁国之器[⑥]，二簠形制相同，器盖铭文亦

①（清）阮元校刻：《十三经注疏·春秋左传正义》，北京：中华书局，1980年，第2163页。

②（清）阮元校刻：《十三经注疏·春秋左传正义》，北京：中华书局，1980年，第1938页。

③（清）阮元校刻：《十三经注疏·春秋左传正义》，北京：中华书局，1980年，第2032页。

④（清）阮元校刻：《十三经注疏·春秋左传正义》，北京：中华书局，1980年，第2082页。

⑤（清）阮元校刻：《十三经注疏·仪礼注疏》，北京：中华书局，1980年，第1024、1025页。

⑥枣庄市博物馆、枣庄市文物管理办公室：《枣庄市东江周代墓葬发掘报告》，《海岱考古》（第四辑），北京：科学出版社，2011年，第153～159页。

相同，王恩田先生释为："鲁酉子安母肇作簠，其眉寿万年子子孙孙永宝用。"[①]铭文中的"鲁酉子安母"可能就是由鲁国嫁往小邾国的女性，两件簠分别是正叔之士䳇俞和鲁宰虤为安母所作的媵器。又有已发现的同属春秋早期的鲁伯俞父为其嫁往邾国的女儿所作的媵器群，若此鲁伯俞父与正叔之士䳇俞的"俞"为同一人，则鲁伯俞父器群铭文中的"邾"当指小邾，更是两国姻亲关系的证明。除考古资料外，前文提到《左传·昭公二十五年》记载："季公若之姊为小邾夫人。"[②]季公若为鲁国三桓之一季武子的幼子，其姊也即季武子之女，根据其所处的时代，该女子所嫁的正是小邾穆公。总之，鲁国与小邾国是姻亲国，关系是较为密切的。

综上所述，当鲁国与小邾国关系亲密时，则与邾国关系紧张，鲁国与小邾国关系疏远时，则与邾国关系缓和。这可能是鲁国长期执行的外交政策，在其前期与邾国的战争中，有数次失利，故鲁国惧怕小邾国与其母邦邾国联合，从而面临更大的压力。小邾国与齐国亲密时，鲁国又拉拢邾国，总是在鲁西南地区保持一个势均力敌的平衡状态，在这种均势策略当中，又积极拉拢小邾、曹、滕等小国，以祈尽可能成为鲁西南地区的区域性霸主。

三、联合小国弱国

小邾国关系最为密切的就是与其地位相似的小国、弱国，仅小邾国墓地出土的青铜器铭文涉及的就有滕国、铸国、毕国、昆国、霝父国、胙国、秦国[③]等，这些小国与小邾国或为盟友，或为姻亲国，对待这些国家，小邾国尽力联合，避免冲突，互为支援。

1. 小邾国与滕国、霝父国

小邾国与滕国的关系较其他小国更为密切，前文已多次提到，《春秋》经传的记载中滕、薛、小邾三国不仅共同依附于齐国、宋国，而且参加诸侯会盟时，三个小国也是并列在一起的，能够清晰地看出，滕国、薛国和小邾国是盟友关系。除文献记载外，小邾国墓地有两件青铜盨被盗卖至澳门，后由北京中贸圣佳国际拍卖有限公司购

①王恩田：《枣庄山亭郳器与郳国》，《小邾国文化》，北京：中国文史出版社，2006年，第161页。

②（清）阮元校刻：《十三经注疏·春秋左传正义》，北京：中华书局，1980年，第2107页。

③此秦国并非位于西方的嬴姓秦国，而是山东地区的任姓秦国。

回[①]，李学勤先生将其铭文释读为："滕侯□作𠦪□□滕仲旅簋，其子子孙孙□□□永宝用。"[②]经过对比，该篇铭文与藏于上海博物馆的春秋早期滕侯䱷盨（《集成》4428）铭文相同，释读为："滕侯䱷作𠦪文考滕仲旅簋，其子子孙万年永宝用。"[③]由此可知，这两件青铜盨是滕侯为其亡父滕仲所作祭器，是不会作为"赙葬之器"的，另外，滕国与小邾国互为盟友，不存互相攻伐的关系，滕侯盨也不可能是小邾国从滕国得到的战利品，至于其为何随葬在小邾国墓地，也只能解释为滕国与小邾国关系密切。

霝父国在文献中没有记载，仅见于小邾国墓地M1出土的命父瓶（M1：6）[④]铭文，王恩田先生将命父瓶铭文释为："霝父君命父作其仓瓶，眉寿无疆子子孙孙永宝用之。"并认为"霝父"为国名，"命父"是霝父国君的私名[⑤]。王恩田先生的观点很有见地，小邾国墓地M2出土的郳君庆壶（M2：1）铭文："郳君庆作秦姓礼壶，其万年，眉寿永宝用。"[⑥]"郳君庆"的行文与"霝父君命父"相同，"郳"为国名，"庆"是小邾国君的字，由此可见，命父瓶是霝父国国君所作之器。冯峰先生对"霝父"的地望做了考证，认为"霝父"即《管子·小匡》记载齐桓公所筑的"灵父丘"，《国语》称为"领釜丘"，位于齐国附近，齐桓公灭霝父国后在此地筑城，防御戎狄[⑦]。因此，霝父国应与小邾国临近，且其国君所作的青铜器随葬在小邾国墓地，与滕国情况相同，滕国与小邾国是盟友关系，霝父国被灭之前与小邾国也应是盟友关系。

2. 小邾国与胙国

小邾国与胙国是姻亲关系，小邾国墓地M1出土形制相同的郳友父鬲4件

①枣庄市政协台港澳侨民族宗教委员会、枣庄市博物馆：《小邾国遗珍》，北京：中国文史出版社，2006年，第97页。

②李学勤：《小邾国墓及其青铜器研究》，《东岳论丛》2007年第3期。

③中国社会科学院考古研究所：《殷周金文集成》（修订增补本），北京：中华书局，2007年，第2813页。

④枣庄市博物馆、枣庄市文物管理办公室：《枣庄市东江周代墓葬发掘报告》，《海岱考古》（第四辑），北京：科学出版社，2011年，第148页。

⑤王恩田：《枣庄山亭郳器与郳国》，枣庄市山亭区政协编：《小邾国文化》，北京：中国文史出版社，2006年，第160页。

⑥枣庄市博物馆、枣庄市文物管理办公室：《枣庄市东江周代墓葬发掘报告》，《海岱考古》（第四辑），北京：科学出版社，2011年，第152页。

⑦冯峰：《枣庄东江墓地出土金文人名三题》，《齐鲁文化研究》（第十二辑），济南：齐鲁书社，2012年，第47～55页。

（M1：7），铭文释读为："郳友父媵其子胙曹宝鬲，其眉寿，永宝用。"①传世青铜器也有郳友父鬲，《左传·庄公五年》孔颖达疏云："《世本》云：郳颜居郳，肥徙郳。宋衷注曰：郳颜别封小子肥于郳，为小郳子。《谱》曰：小郳，郳侠之后也。夷父有功于周，其子友别封为附庸，居郳。《世本》言肥，杜《谱》言友，当是一人。"②因此，郳友父即小郳国的始封君，"胙曹"为人名，是郳友父的女儿。周代金文对女性的称谓多嵌以姓，作器者不同，对女性的称谓也不相同，父为女作媵器，铭文对女性的称谓模式为"夫国名+妇姓"③。《世本》记载："吴回氏生陆终，陆终娶于鬼方氏之妹，谓之女嬇。生六子……五曰安，是为曹姓，曹姓者，郳是也。"④可见，小郳国为曹姓，郳友父为女儿作的媵器就应对女儿采用"夫国名+妇姓"的称谓，胙曹即嫁往胙国，因此，小郳国与胙国是姻亲关系。

郳友父鬲既然是郳友父为其嫁往胙国的女儿作的媵器，本应随其女儿陪嫁到胙国，却随葬在小郳国墓地，究其原因，袁俊杰先生认为，胙曹出嫁后不久，胙国发生重大变故，可能是被灭国，因此，胙曹又带着媵器回到了小郳国，该鬲被后代小郳国君所得，随葬在了其夫人的墓中⑤。《礼记·曲礼上》记载曰："女子许嫁，缨，非有大故，不入其门。"⑥可见，已经许嫁或出嫁的胙曹从胙国回到小郳国，应是胙国发生了重大变故。又《杂记下》云："诸侯出夫人……有司官陈器皿，主人有司亦官受之。"⑦诸侯的夫人回到母国，其出嫁时的媵器，由夫国的官吏直接转交给母国官吏，女子本人对媵器不再持有。因此，胙曹因胙国发生变故而回到小郳国，其媵器也转交给母国，被当时的小郳国国君持有，随葬在了夫人的墓中符合礼制，袁俊杰先生的观点应是无误的。

3. 小郳国与秦国

秦国也是小郳国的姻亲国，小郳国墓地出土大量铭有"秦妊"或"妊秦"的青铜

①枣庄市博物馆、枣庄市文物管理办公室：《枣庄市东江周代墓葬发掘报告》，《海岱考古》（第四辑），北京：科学出版社，2011年，第146页。

②（清）阮元校刻：《十三经注疏·春秋左传正义》，北京：中华书局，1980年，第1764页。

③穆海亭：《周代金文中的妇名》，《文博》2007年第5期。

④佚名撰，（汉）宋衷注，（清）秦嘉谟等辑：《世本八种》，上海：商务印书馆，1957年，第5页。

⑤袁俊杰：《小郳国媵器随葬于本国贵族墓地原因探析》，《华夏考古》2008年第2期。

⑥（清）阮元校刻：《十三经注疏·礼记正义》，北京：中华书局，1980年，第1240页。

⑦（清）阮元校刻：《十三经注疏·礼记正义》，北京：中华书局，1980年，第1569页。

器，“妊秦”是“秦妊”的倒置，二者是同一个人[①]。秦妊是小邾国君郳庆的夫人，郳庆为秦妊所作的青铜器出土于小邾国墓地9件，追缴11件，共20件，包括鬲、壶、匜、簠等器。丈夫为妻子作器，器铭对女性的称谓模式为“母国名+妇姓”[②]，因此，秦妊来自任姓的秦国，该秦国文献中没有记载，但山东地区确实存在过以“秦”为名的国族。《左传·庄公三十一年》载曰：“秋，筑台于秦。”杜预注曰：“东平范县西北有秦亭。”[③]另外，李学勤先生通过对清华简《系年》的研究，发现周成王将商奄之民西迁到“邾”这个地点，这也就是秦人最早居住的地方[④]。东方有地名为“郳”“秦”，西方也有地名为“邾”“秦”，这应不是巧合，厘清任姓秦国和嬴姓秦国的关系，为解决秦人起源问题是大有裨益的。

除了郳庆为秦妊作的青铜器外，小邾国墓地被盗卖至澳门，由北京中贸圣佳国际拍卖有限公司购回的3件窃曲纹盘，李学勤先生将其铭文释为：“铸叔作叔妊秦媵盘，其万年眉寿永宝用。”[⑤]可知，这3件青铜盘是铸国为秦妊作的媵器，根据铸公簠（《集成》4574）铭文“铸公作孟妊车母媵簠”，“铸公”即铸国国君，“孟”是代表该女子的行次，“妊”为其本国之姓，“车母”是她的字，该器即为铸公为他的女儿车母所作的媵器，可见铸国为任姓。另有西周晚期的鬲姬鬲铭文为“鬲姬作孟妊姑兹羞鬲”，“鬲”字赵平安先生考证即为“铸”字，那么“鬲姬”也就是嫁往铸国的姬姓女子，应为铸国国君夫人，“孟”亦表行次，“妊”为出嫁女子的本国之姓，“姑兹”是她的字，故该器即铸国夫人为她的女儿姑兹所作的媵器，也可证明铸国为任姓。除金文资料外，《世本·氏姓篇》记载：“任姓，谢、章、薛、舒、吕、祝、终、泉、毕、过。”[⑥]其中，“祝”即铸国，因此，通过金文和文献二重证据，可证铸国与秦国相同，均为任姓之国。除铸国外，通过毕仲弁簠（M2∶13）[⑦]铭文可知，毕国也为小邾国的某位女性作媵器，《世本》记载毕国亦为任姓，又《公羊传·庄公十九年》云：“媵者何，诸侯娶一国，则二国往媵之。”[⑧]《左传·成公八年》载：

---

①枣庄市政协台港澳侨民族宗教委员会、枣庄市博物馆：《小邾国遗珍》，北京：中国文史出版社，2006年，第92页。

②穆海亭：《周代金文中的妇名》，《文博》2007年第5期。

③（清）阮元校刻：《十三经注疏·春秋左传正义》，北京：中华书局，1980年，第1783页。

④李学勤：《清华简关于秦人始源的重要发现》，《光明日报》2011年9月8日第11版。

⑤李学勤：《小邾国墓及其青铜器研究》，《东岳论丛》2007年第3期。

⑥佚名撰，（汉）宋衷注，（清）秦嘉谟等辑：《世本八种》，上海：商务印书馆，1957年，第22页。

⑦枣庄市博物馆、枣庄市文物管理办公室：《枣庄市东江周代墓葬发掘报告》，《海岱考古》（第四辑），北京：科学出版社，2011年，第159页。

⑧（清）阮元校刻：《十三经注疏·春秋公羊传注疏》，北京：中华书局，1980年，第2235页。

“凡诸侯之嫁女，同姓媵之，异姓则否。”[①]可见，一个诸侯国嫁女，需要有两个同姓的诸侯国往媵，又秦国、铸国、毕国三国均为任姓，因此，毕国所作媵器也应是为秦妊所作的。秦妊嫁往小邾国，有铸国和毕国两个同姓的诸侯国往媵，是合乎礼制的。同时，铸国、毕国都是小国，跟随秦国往媵，除了遵循礼制之外，也加强了同小邾国的联系，是通过姻亲关系而进行的小国之间的联合。

4. 小邾国与昆国

小邾国墓地M3出土昆君妇媿霝壶两件（M3：1-2），铭文释读为：“昆君妇媿霝作旅壶，其万年，子子孙孙永宝用。”[②]铭文中的“昆”为国族之名，即昆吾。昆吾与小邾同出一系，《世本》云：“吴回氏生陆终，陆终娶于鬼方氏之妹，谓之女嬇。生六子……其一曰樊，是为昆吾，昆吾者，卫是也……五曰安，是为曹姓，曹姓者，邾是也；六曰季连，是为芈姓，芈姓者，楚是也。”[③]可知，昆吾祖先为陆终长子，小邾祖先为第五子，楚祖先为幼子。《左传·昭公十二年》载楚灵王之言曰：“昔我皇祖伯父昆吾，旧许是宅。”[④]楚灵王称昆吾为其皇祖伯父，即是以昆吾为楚国祖先的长兄而论。昆君妇媿霝壶铭文“昆君妇”中的“妇”，《尔雅·释亲》云：“兄之妻为嫂，弟之妻为妇。”[⑤]《仪礼·丧服》郑玄注曰：“谓弟之妻妇者，卑远之，故谓之妇。”[⑥]可见，“妇”有弟之妻的意思，且被郑玄称为“卑远之”，可做自称。小邾国祖先为昆吾之弟，“妇”又有弟之妻的含义，那么，若依楚灵王例，小邾夫人自称为“昆君妇”亦无可厚非。因此，铭文中的“媿霝”是小邾国君的夫人应该无误，据考证，媿霝为小邾国第三代国君的夫人，也即邾君庆和秦妊之后的一代小邾国夫人[⑦]。

四、结　　语

从小邾国的外交政策可以看出，对于霸主强国、近邻大国和小国弱国三种不同类

①（清）阮元校刻：《十三经注疏·春秋左传正义》，北京：中华书局，1980年，第1905页。

②枣庄市博物馆、枣庄市文物管理办公室：《枣庄市东江周代墓葬发掘报告》，《海岱考古》（第四辑），北京：科学出版社，2011年，第174页。

③佚名撰，（汉）宋衷注，（清）秦嘉谟等辑：《世本八种》，上海：商务印书馆，1957年，第5页。

④（清）阮元校刻：《十三经注疏·春秋左传正义》，北京：中华书局，1980年，第2064页。

⑤（清）阮元校刻：《十三经注疏·尔雅注疏》，北京：中华书局，1980年，第2593页。

⑥（清）阮元校刻：《十三经注疏·仪礼注疏》，北京：中华书局，1980年，第1114页。

⑦贾一凡：《邾公子害簠器主身份及相关问题》，《濮阳职业技术学院学报》2016年第3期。

型的诸侯国，小郳国采取的外交政策也是不同的。对齐国、晋国这样的霸主强国，小郳国惟命是从，竭力侍奉，但这些国家毕竟与小郳国相去较远，且小郳国小势微，不一定能时时处处得到霸主强国帮助。因此，小郳国对近邻的宋国、鲁国等也是尽力拉拢，通过联姻、朝见、派质子等方法，以祈避免冲突，因为这类国家有灭掉小郳国的实力，且地缘临近，即便有强国保护，但若近邻大国来伐，援军也很难及时赶到，故小郳国不得不依附于宋国、鲁国。小郳国对于滕国、铸国、秦国、胙国等小国，则尽力联合，或结姻亲，或为盟友，避免冲突，协同发展。春秋时期以小郳国为代表的小国，生存在大国的夹缝之中，稍有不慎，就会面临灭顶之灾，因此，除了内修政治，外联诸侯就显得尤为重要，实行追随霸主强国、依附近邻大国、联合小国弱国的外交政策是他们最佳的选择，也是众多小国能够终春秋之世而不灭亡的重要原因。

第五章　结　　语

本书主要对小邾国墓地及其他相关遗存的考古新发现进行全面梳理，通过考古、金文资料，并结合传世文献，对小邾国墓地及相关问题进行了较为详细的综合研究。总的来说可以分为四个大的方面：其一，通过对小邾国墓地丧葬制度的探讨与比较研究，弄清了其丧葬制度的特点；通过对铜器铭文关于小邾君及夫人不同称谓的考察，对当时的媵嫁和册命礼仪制度进行了研究。其二，根据考古发掘出土及被盗的青铜器铭文，对其所涉及的先秦古国族进行了考证，追本溯源，以求本真。其三，对徐楼滥国墓地、横岭埠遗址、大韩墓地出土和山西公安厅“603专案组”追缴的小邾国铜器进行研究，以新资料为基础，抛砖引玉，意在推动小邾国历史文化的深入研究。其四，从族源与迁徙、分封与灭亡、世系与对外关系等方面，对小邾国的历史沿革进行了较为深入的细致研究。具体而言，主要观点如下。

一、小邾国墓地的礼仪制度

其一，小邾国墓地的丧葬制度是礼仪制度的重要内容。小邾国墓地，墓室较大，且有四座墓葬设置了墓道，是诸侯国君一级的贵族墓葬。但是就棺椁制度和用鼎制度而言，葬具为一棺一椁，且仅随葬三鼎或四鼎，则显然是达不到国君级别的。另外，墓葬均无腰坑与殉狗，也无祔葬车马坑，甚至车马器也不是很突出，不仅明显区别于东夷墓葬，而且与中原姬周墓葬礼俗也有明显的差异。随葬礼器为偶数，且为鼎、鬲组合，而不见簋，又有春秋时期楚系墓葬的特点。故小邾国墓地的丧葬制度较为特殊，其原因可能是当时小邾国君未受周天子册命，且地处东夷与华夏交汇、荆楚与中原交接之地，受各地丧葬风俗影响。棺椁与用鼎制度或尚未形成，或已遭破坏。

其二，小邾国墓地所出的众多有铭青铜器，媵器占有较大比例，媵嫁礼仪也是小邾国礼仪制度的重要组成部分。所出的媵器中，种类较为齐全，有父为女作器、夫为妇作器、女子自作器三类。此三种不同的作器方式，对女性的称谓完全不同。父为女作器，器铭中多加女子之夫氏；夫为妇作器，器铭中则多称女子母国姓；女子自作器则表明自身已嫁的身份。另外，除发掘出土的“秦妊”之器，被盗者尚有“奏妊”和“华妊”铭的器物，此三女子当来自同一国家，且媵嫁礼仪体现为二娣相从，并非一娣一姪，说明当时异辈婚可能逐步消失，同辈婚已成为主流。

其三，根据青铜器铭文关于小邾君的称谓，对当时的册命礼仪进行了探讨。通检文献记载，诸侯国君未受天子册命之前，只能称名、称君，此次考古发掘出土的小邾君铜器铭文证实了这一点。通过分析小邾国第一代国君的“名”与“字”，究明了其名肥字友的含义，同姓则同德，同德则同心，同心则同志，同志曰友，同源曰肥，其用意是为了让小邾国不忘母国，同根连枝，同心同德，这也揭示了周代分封与册命的根本目的，就是为了巩固自身统治。

其四，根据邾（郳）铭青铜器铭文，对小邾国的官制进行研究。小邾国君在受天子册命爵位之前只是封君，因此，这一时期是小邾国官制形成的初期。从鲁国三桓的家臣设置可知，封君也可以有六卿等家臣，小邾国君当也有一套较为完整的家臣体系，为以后官制的确立奠定了基础。小邾国位列诸侯之后，官制也趋于成熟，在目前发现的青铜器铭文中有大宰、大司马、戎右等职官，由此也可推断，小邾国还应有小宰、左右司马、司右、齐右、道右、大驭、戎仆、齐仆、道仆等职官。小邾国的职官体系承自其家臣体系，职官设置与其邻近的宋国、鲁国大体相似，属于周官系统。可知小邾国官制的形成是与其受到天子册命密不可分的，故官制也与宋、鲁等周官体系诸侯国相同，反映了小邾国对周礼的遵从，从而也体现了小邾国以世官为主的宗法制国家治理理念。

二、小邾国墓地青铜器铭文所见古国族

小邾国墓地出土的金文资料有大量的古国族之名，既有我们熟知的鲁国、滕国，又有文献不足征的胙国、毕国、铸国、昆吾国，还有史料无载、金文初见的霝父国等。通过对出土金文资料的考论，第一，证实了霝父国的存在。霝父丘位于山东地区，且“丘”是自然的高点，在古人以高事天的观念下，远古部落首领所居之地皆称丘，霝指雷雨之神，霝父丘应是有雷电崇拜的国族之地。霝父初为人名，后为族名、国名。第二，两件鲁国铜器的作器者正叔之士[豸鳥]俞和鲁宰虤，“正”指官名，“叔”为国君同姓大夫，“士”指狱官，且“[豸鳥]”字从构形上同獬豸的“豸”，獬豸主刑罚，与“士”指狱官相照应。“宰”是“宰夫”，也是掌管刑罚的职官。“虤”指虎怒之状，意指宰夫执法时的威严。二者皆是主管刑狱之官，可能是鲁国司寇臧氏

家族，且皆为名安母的女子作器。第三，通过毕仲弁簠铭文“其北”二字的考释，“其”同“箕”，“北”指“郰訾”，“郰”同“邹”即郳国，郳地即有訾娄，又称郰邑。且“箕”在西，“觜”在东，皆是二十八星宿之一，毕国与小郳国故址也是正东正西方位，“觜”指小郳，“箕”指毕。又有“月，雄在毕，雌在訾”的说法，证明毕仲弁是西方姬姓毕国的男性后裔，为东方小郳国的女子作器。第四，通过媿霝壶铭文，得出媿霝为鬼方女子嫁于小郳国。小郳国与昆吾国同出陆终、祝融，“妇”有弟妻之意，故媿霝自称为“昆君妇”，昆吾国此时虽已亡国，但媿霝来自蛮夷之地鬼方，故借昆吾抬高自己的身份，拉近与小郳国的关系。第五，铸国、滕国青铜器在小郳国墓地出现，证明三国关系密切，且可能走上了小国联合互助的发展道路，体现了春秋战国时期特有的政治和外交。另外，铸国为任姓，铸叔为秦妊作器，是“一国嫁女，同姓之国往媵”的体现，亦从侧面说明小郳国墓地出土的“秦妊”铭文的秦国，并非嬴秦，而是任姓秦国。

三、新见青铜器及其相关问题

近十年来与小郳国相关的遗址与器物、铭文层出不穷，也为小郳国研究提供了新的资料。徐楼墓地的发现与发掘，首次证实了与小郳国同出邾国的滥国真实存在，也为小郳国墓地的比较研究提供了血缘、地缘关系最为接近的可靠资料。通过比较研究，滥国的丧葬制度与小郳国基本相同，但由于徐楼墓地时代更晚，且滥夫人叔子是来自宋国公室的女子，故徐楼墓地出土器物要远多于小郳国墓地。并且，通过徐楼墓地出土的器物及金文资料，可知滥国当时不仅与宋国联姻，而且还与嬴姓徐国和偃姓群舒保持着密切关系，这一外交策略也与小郳国相同。

横岭埠遗址出土的郳寿父鼎、郳眉父匜时代与小郳国墓地最晚的青铜器相当，且两个遗址相距很近，郳寿父、郳眉父却未葬在小郳国墓地，可知二人应不是国君，而是封邑在横岭埠附近的小郳国宗室贵族，反映了“同宗者，生相近、死相迫”的宗法制度。

大韩墓地相较小郳国墓地使用时间更长，自春秋晚期至战国晚期均在持续使用，但墓地的大、中、小墓的时代、葬俗则不完全相同，以目前所能见到的有限资料推测，小型墓可分为A、B两组，时代为战国晚期，分布在墓地西侧，与同时期的大型墓相分离，其中B组墓葬俗与春秋晚期的中型墓应比较接近，故在中型墓的埋葬区很少发现，即便有也基本不打破中型墓，而A组墓大量出现在中型墓的埋葬区，埋葬时对中型墓也毫不顾忌，打破关系较多。待考古发掘资料公布以后，可对这一墓地不同时期的丧葬制度进行深入研究，或能找到其中之规律，以判断墓地的性质。大韩墓地出土的郳公戈，时代为春秋晚期，器主是小邾国君，但遗憾的是出土信息缺失，给进一步研究造成许多不便。

山西省公安厅“603专案组”缴获的四件小邾国早期青铜簠，其中两件邾季簠尤为重要，邾季是小邾国早期某位国君的幼弟，名叫宛篳，宛是蜿蜒委曲，篳本义为捕鱼用的竹网，用蜿蜒曲折的竹网捕鱼，收获比其他方式更多，故以宛篳为名，实则是收获、丰收之意，是长辈对邾季的美好愿景。他的妻子仲娸是一位来自娸姓古国的女子，“娸”金文罕见，作为姓氏记载也很少，是我们探索先秦古国族的重要证据。邾季簠及另两件青铜簠若为成组出现，则与小邾国墓地每座墓随葬四件青铜簠的制度相合，但因没有出土信息，难以做深层次研究。不过邾季簠的发现，仍为我们研究小邾国公室成员的称谓及宗法制度提供了新资料。

四、小邾国的历史沿革

其一，在小邾国族源的考证中，对小邾国君族源和小邾国民族源分别进行了探讨。小邾国君出自颛顼之后的陆终祝融第五子安，安的后裔邾侠被周武王封于邾地，因此，小邾国君的族源与小邾国民的族源不同，小邾国君应是鬲族后裔，而小邾国民则是奄族的分支。又据文献记载，推定小邾国分封的时间当在周宣王后期，而受周天子册命为小邾子的时间则在鲁庄公十五年至鲁僖公七年。

其二，复原了春秋时期小邾国君的世系。通过对小邾国墓地墓葬主人身份的确定，进一步完善了春秋前期小邾国君的世系，提出邾公子害即郳犁来的观点，且郳犁来之墓并不在该墓地之内，小邾国墓地是郳犁来以前的小邾国君及其夫人的墓葬。又根据文献记载和郳公镈、郳公戈铭文，推定了春秋后期小邾国君的世系，得出小邾穆公为郳犁来曾孙的认识。另外，根据郳公镈铭文，可知郳公鞁之父与祖父分别是小邾惠公与恭公，又据郳公戈铭文中的郳公克父是春秋晚期的小邾国君，因此，最终复原出春秋时期小邾国君的世系为邾友父→邾君庆→媿霝之夫→郳犁来→？→郳公克（？）→小邾穆公→小邾恭公→小邾惠公→郳公鞁。

其三，对小邾国的外交策略进行了研究，经过论证，可知当时小邾国的对外政策即是依附霸主强国，侍奉近邻大国，联合小国微国，这也是当时处在列国夹缝中的所有小国谋求生存之道的无奈选择。

其四，考证了小邾国灭亡的时间，应该在战国晚期。灭国后其贵族被迁至楚地江夏县，最终泯灭在历史的长河中。

总之，随着考古工作的进行，我们能利用的资料愈加丰富，在此基础上，关于小邾国历史文化的研究也更加深入，我们通过研究获取的信息也一定会最大程度地接近历史之本真。

附　　录

附录一　甲骨金文著录简称

《合集》　郭沫若主编，胡厚宣总编辑：《甲骨文合集》，北京：中华书局，1978～1983年。

《集成》　中国社会科学院考古研究所：《殷周金文集成》，北京：中华书局，2007年。

《铭图》　吴镇烽：《商周青铜器铭文暨图像集成》，上海：上海古籍出版社，2012年。

《铭图续》　吴镇烽：《商周青铜器铭文暨图像集成续编》，上海：上海古籍出版社，2016年。

附录二 邾（郳）铭及相关有铭青铜器汇总表*

序号	器名	时代	著录	出土地/收藏地	器物图像	铭文拓本/摹本/照片	释文
1	邾讨鼎	春秋早期	《集成》2426	不详	无		鼄（邾）讨为其鼎，子子孙孙永宝用
2	郳庆匜鼎	春秋早期	《铭图》1947	小邾国墓地M3：19			兒（郳）庆作秦妊匜鼎，其永宝用
3	杞伯鼎	春秋早期	《集成》2494	北京故宫博物院			杞白（伯）每刃作敉（邾）嬞（曹）宝鼎，子子孙孙永宝用

续表

序号	器名	时代	著录	出土地/收藏地	器物图像	铭文拓本/摹本/照片	释文
4	杞伯鼎	春秋早期	《集成》2495	日本京都小川睦之辅氏			杞白（伯）每刃作鼄（邾）嬇（曹）宝鼎，子子孙孙永宝用
5	杞伯鼎	春秋早期	《集成》2642	滕州市博物馆			杞白（伯）每刃作鼄（邾）嬇（曹）宝鼎，其万年眉寿，子子孙孙永宝用享
6	杞伯鼎	春秋早期	《铭图续》30177	私人收藏		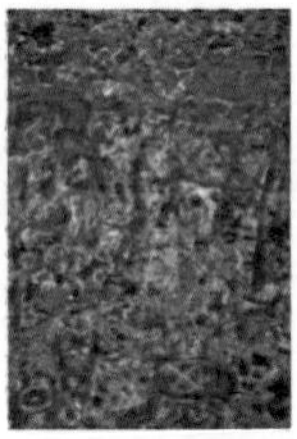	杞白（伯）每刃作鼄（邾）嬇（曹）宝鼎，其万年眉寿，子子孙孙永宝用享
7	郳伯御戎鼎	春秋早期	《集成》2525	刘镜古旧藏	无		鼄（邾）白（伯）御戎作滕姬宝鼎，子子孙孙永宝用

续表

序号	器名	时代	著录	出土地/收藏地	器物图像	铭文拓本/摹本/照片	释文
8	郑翔伯鼎	春秋早期	《集成》2640	中国国家博物馆	无		鼄（邾）䍧（翔）白（伯）作此嬴尊鼎，其万年眉寿无疆，子子孙孙永宝用
9	郑翔伯鼎	春秋早期	《集成》2641	中国国家博物馆	无		鼄（邾）䍧（翔）白（伯）作此嬴尊鼎，其万年眉寿无疆，子子孙孙永宝用
10	郑寿父鼎	春秋早期	未著录	枣庄横岭埠遗址			鼄（郑）寿父作鼎，其万年，子子孙孙永宝用享
11	郑友父鬲	春秋早期	《集成》717	北京故宫博物院	无		鼄（郑）沓（友）父媵）其子胙嫞（曹）宝鬲，其眉寿永宝用
12	郑友父鬲	春秋早期	《铭图》2938	小郑国墓地M1：3			鼄（郑）沓（友）父媵）其子胙嫞（曹）宝鬲，其眉寿永宝用

续表

序号	器名	时代	著录	出土地/收藏地	器物图像	铭文拓本/摹本/照片	释文
13	郳友父鬲	春秋早期	《铭图》2939	小邾国墓地M1：4			鼄（郳）沓（友）父朕（媵）其子胙嫞（曹）宝鬲，其眉寿永宝用
14	郳友父鬲	春秋早期	《铭图》2940	小邾国墓地M1：5			鼄（郳）沓（友）父朕（媵）其子胙嫞（曹）宝鬲，其眉寿永宝用
15	郳友父鬲	春秋早期	《铭图续》30258	小邾国墓地M1：7			鼄（郳）沓（友）父朕（媵）其子胙嫞（曹）宝鬲，其眉寿永宝用
16	郳友父鬲	春秋早期	《铭图》2941	山西省某公安局			鼄（郳）沓（友）父朕（媵）其子胙嫞（曹）宝鬲，其眉寿永宝用
17	郳友父鬲	春秋早期	《铭图》2942	私人收藏			鼄（郳）沓（友）父朕（媵）其子胙嫞（曹）宝鬲，其眉寿永宝用
18	郳庆鬲	春秋早期	未著录	小邾国墓地M2：7		无	兒（郳）庆作秦妊羞鬲，其永宝用

续表

序号	器名	时代	著录	出土地/收藏地	器物图像	铭文拓本/摹本/照片	释文
19	郳庆鬲	春秋早期	未著录	小郳国墓地M2：8		无	兒（郳）庆作秦妊羞鬲，其永宝用
20	郳庆鬲	春秋早期	《铭图》2867	小郳国墓地M2：9			兒（郳）庆作秦妊羞鬲，其永宝用
21	郳庆鬲	春秋早期	《铭图》2866	小郳国墓地M2：10			兒（郳）庆作秦妊羞鬲，其永宝用
22	郳庆鬲	春秋早期	《铭图》2868	小郳国墓地M3：8			兒（郳）庆作秦妊羞鬲，其永宝用
23	郳庆鬲	春秋早期	未著录	小郳国墓地M3：9		无	兒（郳）庆作秦妊羞鬲，其永宝用

续表

序号	器名	时代	著录	出土地/收藏地	器物图像	铭文拓本/摹本/照片	释文
24	郳庆鬲	春秋早期	《铭图》2782	安徽博物院			鼄（郳）庆作秦妊羞鬲
25	郳庆鬲	春秋早期	未著录	安徽博物院		无	鼄（郳）庆作秦妊羞鬲
26	郳秦妊鬲	春秋早期	《铭图》2762	安徽博物院			鼄（郳）秦妊作羞鬲
27	郳秦妊鬲	春秋早期	《铭图》2763	安徽博物院			鼄（郳）秦妊作羞鬲
28	郳来唯鬲	春秋早期	《集成》670	不详	无		鼄（郳）来隹作鼎，万寿眉其年无疆用

续表

序号	器名	时代	著录	出土地/收藏地	器物图像	铭文拓本/摹本/照片	释文
29	邾伯鬲	西周晚期	《集成》669	中国国家博物馆			鼄（邾）白（伯）作塍（媵）鬲，其万年，子子孙孙永宝用
30	郳始逘母鬲	春秋早期	《集成》596	陈介祺旧藏	无		郳始逘母铸其羞鬲
31	郳祁鬲	西周晚期	《集成》634	广州市博物馆			宛（郳）妡（祁）作尊鬲，其万年永宝用
32	鲁伯愈父鬲	春秋早期	《集成》690	上海博物馆			鲁白（伯）愈［父］作鼄（邾）姬仁媵羞鬲，其永宝用
33	鲁伯愈父鬲	春秋早期	《集成》691	张子絜旧藏	无		鲁白（伯）愈父作鼄（邾）姬仁媵羞鬲，其永宝用

续表

序号	器名	时代	著录	出土地/收藏地	器物图像	铭文拓本/摹本/照片	释文
34	鲁伯愈父鬲	春秋早期	《集成》692	上海博物馆			鲁白（伯）愈父作鼄（邾）姬仁媵羞鬲，其永宝用
35	鲁伯愈父鬲	春秋早期	《集成》693	丁彦辰旧藏	无		鲁白（伯）愈父作鼄（邾）姬仁媵羞鬲，其永宝用
36	鲁伯愈父鬲	春秋早期	《集成》694	潘祖荫旧藏	无		鲁白（伯）愈父作鼄（邾）姬仁媵羞鬲，其永宝用
37	鲁伯愈父鬲	春秋早期	《集成》695	不详	无		鲁白（伯）愈父作鼄（邾）姬仁媵羞鬲，其永宝用
38	杞伯簋	春秋早期	《集成》3897	中国国家博物馆			杞白（伯）每刃作鼄（邾）嫙（曹）宝簋，子子孙孙永宝用享

续表

序号	器名	时代	著录	出土地/收藏地	器物图像	铭文拓本/摹本/照片	释文
39	杞伯簋	春秋早期	《集成》3898	不详	无		杞白（伯）每刃作鼁（邾）嬻（曹）宝簋，子子孙孙永宝用享
40	杞伯簋盖	春秋早期	《集成》3899	上海博物馆			杞白（伯）每刃作鼁（邾）嬻（曹）宝簋，子子孙孙永宝用享
41	杞伯簋盖	春秋早期	《集成》3900	不详	无	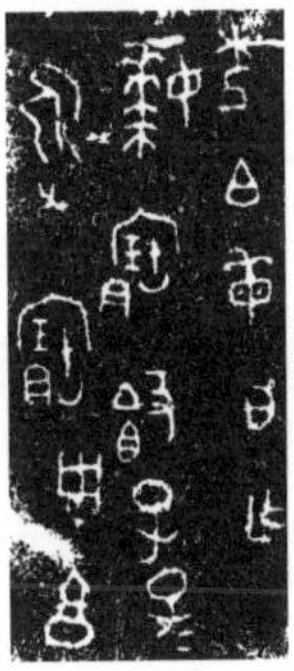	杞白（伯）每刃作鼁（邾）嬻（曹）宝簋，子子孙孙永宝用享

续表

序号	器名	时代	著录	出土地/收藏地	器物图像	铭文拓本/摹本/照片	释文
42	杞伯簋	春秋早期	《集成》3901	上海博物馆			杞白（伯）每刃作鼄（邾）嬟（曹）宝簋，子子孙孙永宝用享
43	杞伯簋	春秋早期	《集成》3902	武汉市文物商店			杞白（伯）每刃作鼄（邾）嬟（曹）宝簋，子子孙孙永宝用享
44	杞伯簋	春秋早期	《铭图》4860	私人收藏			杞白（伯）每作鼄（邾）嬟（曹）图簋，其万年子子孙孙永宝用
45	杞伯簋	春秋早期	未著录	私人收藏	无	无	杞白（伯）每作鼄（邾）嬟（曹）图簋，其万年子子孙孙永宝用

续表

序号	器名	时代	著录	出土地/收藏地	器物图像	铭文拓本/摹本/照片	释文
46	邾庆父簋盖	春秋早期	《铭图续》30388	私人收藏			鼄（邾）庆父作州如车母宝簋，永宝用
47	邾庆父簋	春秋早期	《铭图续》30389	私人收藏			鼄（邾）庆父作州车母宝簋，永宝用
48	邾公子害簠	春秋早期	《铭图》5908	小邾国墓地M3：11			鼄（邾）公子害自作匿（簠），其万年眉寿无疆，子子孙孙永宝用
49	邾公子害簠	春秋早期	《铭图》5907	小邾国墓地M3：12			鼄（邾）公子害自作匿（簠），其万年眉寿无疆，子子孙孙永宝用

续表

序号	器名	时代	著录	出土地/收藏地	器物图像	铭文拓本/摹本/照片	释文
50	郳公子害簠	春秋早期	未著录	小邾国墓地 M3：13		无	鼄（郳）公子害自作匿（簠），其万年眉寿无疆，子子孙孙永宝用
51	郳公子害簠	春秋早期	未著录	小邾国墓地 M3：14		无	鼄（郳）公子害自作匿（簠），其万年眉寿无疆，子子孙孙永宝用
52	郳庆簠	春秋早期	《铭图》5878	安徽博物院			鼄（郳）庆作秦妊匿（簠），其万年，子子孙孙永宝用享
53	郳庆簠	春秋早期	《铭图》5879	安徽博物院			鼄（郳）庆作秦妊匿（簠），其万年，子子孙孙永宝用享
54	郳季簠	春秋早期	未著录	山西青铜博物馆			鼄（郳）季智龏用作中娸用铸宝匿（簠），其万年，子子孙孙永宝用
55	郳季簠	春秋早期	未著录	山西青铜博物馆			鼄（郳）季智龏用作中娸用铸宝匿（簠），其万年，子子孙孙永宝用

续表

序号	器名	时代	著录	出土地/收藏地	器物图像	铭文拓本/摹本/照片	释文
56	邾太宰簠	春秋晚期	《集成》4623	叶梦得、金兰坡、徐寿蘅旧藏	无		唯正月初吉，鼄（邾）大宰櫼子掛（耕）铸其匿（簠），曰：余诺恭孔惠，其眉寿用馍，万年无期，子子孙孙永宝用之
57	邾太宰簠	春秋晚期	《集成》4624	上海博物馆			唯正月初吉，鼄（邾）大宰櫼子掛（耕）铸其匿（簠），曰：余诺恭孔惠，其眉寿用馍，万年无期，子子孙孙永宝用之
58	正叔之士獻俞簠	春秋早期	《铭图》5903	小邾国墓地M2：11			盖铭：鲁酉子安母肇作匿（簠），其眉寿万年，子子孙孙永宝用。 器铭：正弔（叔）之士獻俞作旅匿（簠），子子孙孙永宝用。

续表

序号	器名	时代	著录	出土地/收藏地	器物图像	铭文拓本/摹本/照片	释文
59	鲁宰虤簠	春秋早期	《铭图》5902	小邾国墓地M2：12		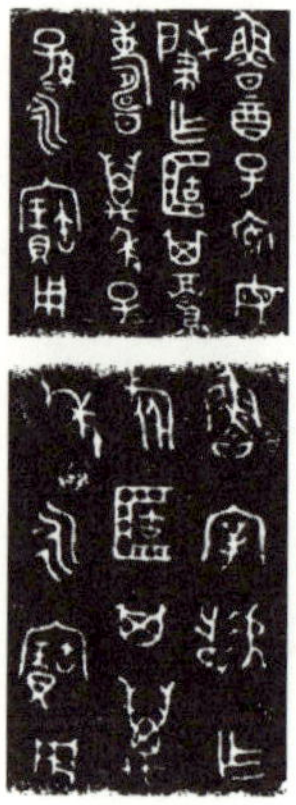	盖铭：鲁酉子安母肇作匿（簠），其眉寿万年，子子孙孙永宝用。 器铭：鲁宰虤作旅匿（簠），其万年，永宝用。
60	毕仲弁簠	春秋早期	《铭图》5912	小邾国墓地M2：13		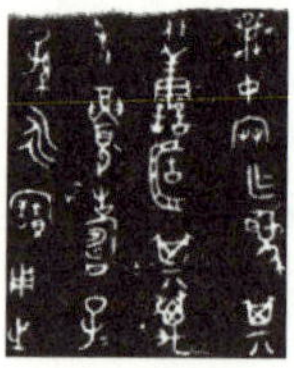	毕中（仲）弁作为其北譱（善）匿（簠），其万年眉寿，子子孙孙永宝用之
61	子皇母簠	春秋早期	《铭图》5853	小邾国墓地M2：14			子皇母作馔（饙）匿（簠），其万年眉寿，永宝用之
62	滕侯盨	春秋早期	《铭图》5620	北京中贸圣佳国际拍卖有限公司			滕侯□作氒（厥）文考滕中（仲）旅簋，其子子孙孙万年永宝用

续表

序号	器名	时代	著录	出土地/收藏地	器物图像	铭文拓本/摹本/照片	释文
63	滕侯盨	春秋早期	未著录	北京中贸圣佳国际拍卖有限公司		无	滕侯□作氒（厥）文考滕中（仲）旅簋，其子子孙孙万年永宝用
64	滕侯盨**	春秋早期	《集成》4428	上海博物馆	无		滕侯穌作氒（厥）文考滕中（仲）旅簋，其子子孙孙万年永宝用
65	郳公克敦	春秋晚期	《集成》4641	不详	无	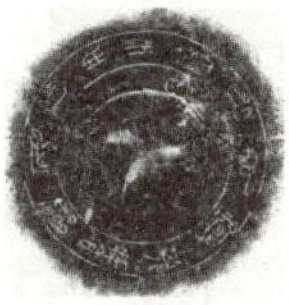	𨞴（郳）公克铸其饙鐘（敦），永保用之
66	杞伯盆	春秋早期	《集成》10334	不详	无		杞伯每刃作鼄（邾）曹宝盈（盆），其子子孙孙永宝用

续表

序号	器名	时代	著录	出土地/收藏地	器物图像	铭文拓本/摹本/照片	释文
67	郳君庆壶	春秋早期	《铭图》12333	小邾国墓地M2：1			鼄（邾）君庆作秦妊醴壶，其万年眉寿永宝用
68	郳君庆壶	春秋早期	未著录	小邾国墓地M2：2		无	鼄（邾）君庆作秦妊醴壶，其万年眉寿永宝用
69	郳君庆壶	春秋早期	《铭图》12334	北京中贸圣佳国际拍卖有限公司			鼄（邾）君庆作秦妊醴壶，其万年眉寿永宝用
70	郳君庆壶	春秋早期	《铭图》12335	北京中贸圣佳国际拍卖有限公司			鼄（邾）君庆作秦妊醴壶，其万年眉寿永宝用

续表

序号	器名	时代	著录	出土地/收藏地	器物图像	铭文拓本/摹本/照片	释文
71	邾君庆壶	春秋早期	《铭图》12336	北京中贸圣佳国际拍卖有限公司			鼄（邾）君庆作秦妊醴壶，其万年眉寿永宝用
72	邾君庆壶	春秋早期	《铭图》12337	北京中贸圣佳国际拍卖有限公司			鼄（邾）君庆作秦妊醴壶，其万年眉寿永宝用
73	郳庆壶	春秋早期	未著录	北京中贸圣佳国际拍卖有限公司		无	郳庆作秦妊壶，其万年，子子孙孙永宝用享
74	郳庆壶	春秋早期	未著录	私人收藏		无	郳庆作秦妊壶，其万年，子子孙孙永宝用享

续表

序号	器名	时代	著录	出土地/收藏地	器物图像	铭文拓本/摹本/照片	释文
75	郳庆壶	春秋早期	《铭图》12352	安徽博物院			鼄（郳）庆作秦妊匿（壶），其万年，子子孙孙永宝用享
76	郳庆父壶	春秋早期	《铭图续》30837	私人收藏	无		唯八月既生霸辛丑，［鼄］（郳）庆父作［卫］（？）□媵壶，其万年子孙宝用
77	杞伯壶	春秋早期	《集成》9687	瞿世瑛旧藏	无		杞白（伯）每刃作鼄（郳）⿰女曹（曹）宝壶，万年眉寿，子子孙孙永宝用享
78	杞伯壶	春秋早期	《集成》9688	上海博物馆			杞白（伯）每刃作鼄（郳）⿰女曹（曹）宝壶，万年眉寿，子子孙孙永宝用享
79	昆君妇媿霝壶	春秋早期	未著录	小邾国墓地M3：1		无	⿰昆阝（昆）君妇媿霝作旅壶，其万年，子子孙孙永用

续表

序号	器名	时代	著录	出土地/收藏地	器物图像	铭文拓本/摹本/照片	释文
80	昆君妇媿霝壶	春秋早期	《铭图》12353	小邾国墓地M3：2			郘（昆）君妇媿霝作旅壶，其万年，子子孙孙永用
81	命父瓶	春秋早期	《铭图》14036	小邾国墓地M1：6			霝父君命父，作其金瓶，眉寿无疆，子子孙孙永宝用之
82	袒伯罍	春秋早期	《铭图》13826	北京中贸圣佳国际拍卖有限公司			袒白（伯）□父作宝罍，其万年，子子孙孙永宝用享
83	郳公韍觥	春秋晚期	《铭图续》30891	私人收藏		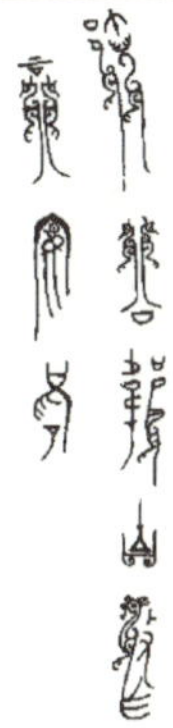	郳（郳）公韍自作商宴兄（觥）

续表

序号	器名	时代	著录	出土地/收藏地	器物图像	铭文拓本/摹本/照片	释文
84	郳庆盘	春秋早期	《铭图》14414	北京中贸圣佳国际拍卖有限公司		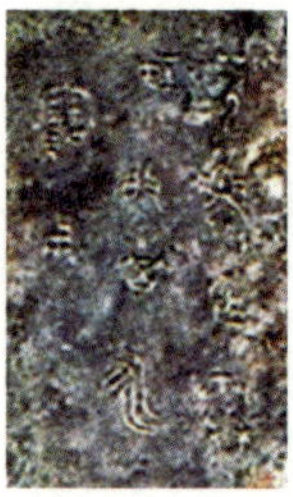	兒（郳）庆作秦妊般（盘），其永宝用
85	郳庆盘	春秋早期	未著录	北京中贸圣佳国际拍卖有限公司		无	兒（郳）庆作秦妊般（盘），其永宝用
86	铸叔盘	春秋早期	《铭图》14456	北京中贸圣佳国际拍卖有限公司			铸弔（叔）作弔（叔）妊秦媵般（盘），其万年眉寿永宝用
87	鲁伯愈父盘	春秋早期	《集成》10113	不详	无		鲁白（伯）愈父作鼄（邾）姬仁媵[illegible]（沬）盘，其永宝用

续表

序号	器名	时代	著录	出土地/收藏地	器物图像	铭文拓本/摹本/照片	释文
88	鲁伯愈父盘	春秋早期	《集成》10114	上海博物馆			鲁白（伯）愈父作鼄（邾）姬仁媵 （沬）盘，其永宝用
89	鲁伯愈父盘	春秋早期	《集成》10115	不详	无		鲁白（伯）愈父作鼄（邾）姬仁媵 （沬）盘，其永宝用
90	邾庆匜	春秋早期	《铭图》14955	安徽博物院			鼄（邾）庆作秦妊匜（匜），其万年，子子孙孙永宝用享
91	郳庆匜	春秋早期	《铭图》14905	安徽博物院			兒（郳）庆作秦妊也（匜），其永宝用

续表

序号	器名	时代	著录	出土地/收藏地	器物图像	铭文拓本/摹本/照片	释文
92	郳眉父匜	春秋早期	未著录	枣庄横岭埠遗址			鼄（邾）眉父作匜，其万年，子子孙孙永宝用享
93	寻伯匜	春秋早期	《集成》10221	上海博物馆	无		寻（鄩）白（伯）作邾子□□媵也（匜），子子孙孙永宝用
94	莫父匜***	春秋早期	《集成》10236	临沂市博物馆			莫父奔□子宾㕟宝用，鼄（邾）嫙（曹）宝鬲其□（友父媵其子胙寿永宝用郳曹宝鬲其眉）
95	鲁伯愈父匜	春秋早期	《集成》10244	上海博物馆			鲁白（伯）愈父作鼄（邾）姬仁媵盨（沫）也（匜），其永宝用

续表

序号	器名	时代	著录	出土地/收藏地	器物图像	铭文拓本/摹本/照片	释文
96	杞伯匜	春秋早期	《集成》10255	北京故宫博物院	无		杞白（伯）每刃𥁊（铸）鼄（邾）嫞（曹）用宝也（匜），其子孙永宝用
97	邾君钟	春秋晚期	《集成》50	不详	无		鼄（邾）君求吉金，用自作其和钟、和铃，用处大政
98	邾公钎钟	春秋晚期	《集成》102	上海博物馆			陆𧍒（终）之孙邾公钎作氒（厥）和钟，用敬卹（恤）盟祀，旂（祈）年眉寿，用乐我嘉寍（宾），及我正卿（卿），扬君霝（灵），君以万年
99	邾太宰钟	春秋早期	《集成》86	台北故宫博物院		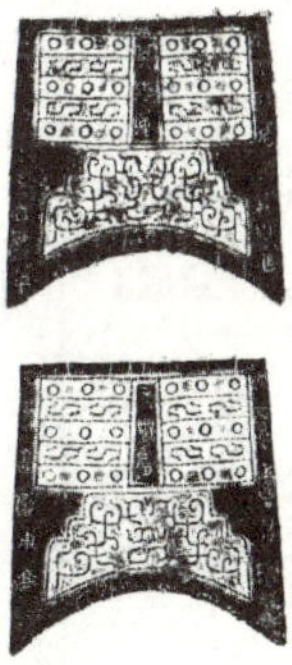	正面：鼄（邾）大宰欉子掠自作其扣钟，择其吉金膚吕（铝），掠用 背面：祈眉寿多福，万年无疆，子子孙孙永宝用享

续表

序号	器名	时代	著录	出土地/收藏地	器物图像	铭文拓本/摹本/照片	释文
100	郳叔之伯钟	春秋时期	《集成》87	北京故宫博物院			唯王六［月］初吉壬午，鼄（邾）弔（叔）之白（伯）□友择厥吉金，用盄（铸）其和钟，以作其皇祖、皇考，用旂（祈）眉寿无疆，子子孙孙永宝用享
101	郳公䡫钟	春秋晚期	《集成》149	北京故宫博物院			唯王正月初吉，辰在乙亥，鼄（郳）公䡫择雩（厥）吉金，幺（玄）鏐膚吕（铝），自作和钟，曰：余毕龏威（畏）忌，盄（铸）以和钟二锗（堵），以乐其身，以宴大夫，以喜（饎）者（诸）士，至于万年年，分器是寺（持）
102	郳公䡫钟	春秋晚期	《集成》150	南京博物院	无		唯王正月初吉，辰在乙亥，鼄（郳）公䡫择雩（厥）吉金，幺（玄）鏐膚吕（铝），自作和钟，曰：余毕龏威（畏）忌，盄（铸）以和钟二锗（堵），以乐其身，以宴大夫，以喜（饎）者（诸）士，至于万年年，分器是寺（持）

续表

序号	器名	时代	著录	出土地/收藏地	器物图像	铭文拓本/摹本/照片	释文
103	邾公牼钟	春秋晚期	《集成》151	上海博物馆		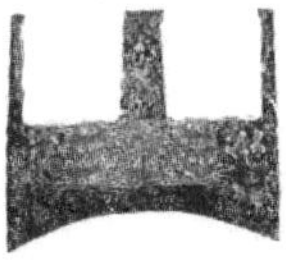	唯王正月初吉，辰在乙亥，鼄（邾）公牼择氒（厥）吉金，幺（玄）鏐膚吕（铝），自作和钟，曰：余毕龏威（畏）忌，盄（铸）以和钟二锗（堵），以乐其身，以宴大夫，以喜（饎）者（诸）士，至于万年年，分器是寺（持）
104	邾公牼钟	春秋晚期	《集成》152	不详	无	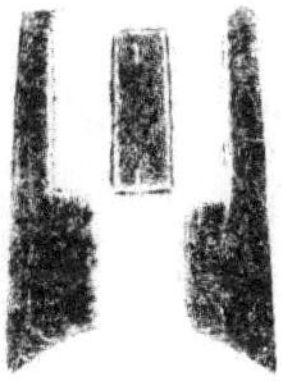	唯王正月初吉，辰在乙亥，鼄（邾）公牼择氒（厥）吉金，幺（玄）鏐膚吕（铝），自作和钟，曰：余毕龏威（畏）忌，盄（铸）以和钟二锗（堵），以乐其身，以宴大夫，以喜（饎）者（诸）士，至于万年年，分器是寺（持）

续表

序号	器名	时代	著录	出土地/收藏地	器物图像	铭文拓本/摹本/照片	释文
105	郳公华钟	春秋晚期	《集成》245	中国国家博物馆			唯正月初吉乙亥，鼄（郳）公㚟（华）择厥吉金，幺（玄）鏐赤铝，用盨（铸）厥和钟，以作其皇祖、皇考，曰：余毕龏威（畏）忌，盄（淑）穆不彖（惰）于厥身，盨（铸）其和钟，以卹（恤）其祭祀盟祀，以乐大夫，以宴士庶子，昚（慎）为之名（铭），元器其旧，哉（载）公眉寿，鼄（郳）邦是保，其万年无疆，子子孙孙永宝用享
106	郳公华钟****	春秋晚期	《铭图续》20526	陈仁涛旧藏			唯正月初吉乙亥，鼄（郳）公雩（华）择厥吉金，幺（玄）鏐赤铝，用盨（铸）厥和钟，以作其皇祖、皇考，曰：余毕龏威（畏）忌，盄（淑）穆不彖（惰）于厥身，盨（铸）其和钟，以卹（恤）其祭祀盟祀，以乐大夫，以宴士庶子，昚（慎）为之名（铭），元器其旧，哉（载）公眉寿，鼄（郳）邦是保，其万年无疆，子子孙孙永宝用享

续表

序号	器名	时代	著录	出土地/收藏地	器物图像	铭文拓本/摹本/照片	释文
107	越郲莒盟辞钟	春秋晚期	《铭图续》31014	不详	无		尸（夷）□吕（莒）大土，郕（越）立建□□城郲（？），曰：唯余尽
108	郳公鞁父镈	春秋晚期	《铭图》15818	上海博物馆			正面：王正九月元日庚午，余有终之子孙，郳公鞁父，惕聽大命，保朕邦家，正和朕身，作正朕宝，以供朝于王所 背面：受貺吉金，型铸和钟，敬临祼祀，作朕皇祖恭公、皇考惠公彝，再祼瓒，用祈寿考，子之子孙之孙，永耆是保
109	郳公鞁父镈*****	春秋晚期	《铭图》15815	私人收藏		无	正面：王正九月元日庚午，余有终之子孙，郳公鞁父，惕聽大命，保朕邦家，正和朕身，作正朕宝，以供朝于王所 背面：受貺吉金，型铸和钟，敬临祼祀，作朕皇祖恭公、皇考惠公彝，再祼瓒，用祈寿考，子之子孙之孙，永耆是保

续表

序号	器名	时代	著录	出土地/收藏地	器物图像	铭文拓本/摹本/照片	释文
110	郳公韍父镈	春秋晚期	未著录	私人收藏	无	无	正面：王正九月元日庚午，余有终之子孙，郳公韍父，惕戁大命，保朕邦家，正和朕身，作正朕宝，以供朝于王所 背面：受貺吉金，型铸和钟，敬临祼祀，作朕皇祖恭公、皇考惠公彝，再祼瓒，用祈寿考，子之子孙之孙，永耆是保
111	郳公韍父镈	春秋晚期	未著录	私人收藏	无	无	正面：王正九月元日庚午，余有终之子孙，郳公韍父，惕戁大命，保朕邦家，正和朕身，作正朕宝，以供朝于王所 背面：受貺吉金，型铸和钟，敬临祼祀，作朕皇祖恭公、皇考惠公彝，再祼瓒，用祈寿考，子之子孙之孙，永耆是保

续表

序号	器名	时代	著录	出土地/收藏地	器物图像	铭文拓本/摹本/照片	释文
112	郳公鞁父镈	春秋晚期	未著录	私人收藏	无	无	正面：王正九月元日庚午，余有终之子孙，郳公鞁父，惕戁大命，保朕邦家，正和朕身，作正朕宝，以供朝于王所 背面：受貺吉金，型铸和钟，敬临祼祀，作朕皇祖恭公、皇考惠公彝，爯祼瓚，用祈寿考，子之子孙之孙，永耆是保
113	郳公鞁父镈	春秋晚期	《铭图》15816	私人收藏		无	正面：王正九月元日庚午，余有终之子孙，郳公鞁父，惕戁大命，保朕邦家，正和朕身，作正朕宝，以供朝于王所 背面：受貺吉金，型铸和钟，敬临祼祀，作朕皇祖恭公、皇考惠公彝，爯祼瓚，用祈寿考，子之子孙之孙，永耆是保

续表

序号	器名	时代	著录	出土地/收藏地	器物图像	铭文拓本/摹本/照片	释文
114	郘公𩍕父镈	春秋晚期	《铭图》15817	私人收藏		无	正面：王正九月元日庚午，余有终之子孙，郘公𩍕父，惕戁大命，保朕邦家，正和朕身，作正朕宝，以供朝于王所 背面：受貺吉金，型铸和钟，敬临祼祀，作朕皇祖恭公、皇考惠公彝，爯祼瓚，用祈寿考，子之子孙之孙，永耆是保
115	邾公孙班镈	春秋晚期	《集成》140	罗振玉旧藏			唯王正月，辰在丁亥，鼄公孙班，择其吉金，为其和钟，用喜于其皇祖，其万年眉寿，□□是保，霝命无期，子子孙孙永宝用之
116	越邾莒盟辞镈	春秋晚期	《集成》155	台北故宫博物院			□连小御□□□□□□可利之于大□者，连祈小。□于□曰：利小者作心□，依余者郕（越）□者，利大□□连者（诸）尸（夷）。郕（越）御曰：唯余□尸（夷）□□。邾曰之，□□作尸（夷）□

续表

序号	器名	时代	著录	出土地/收藏地	器物图像	铭文拓本/摹本/照片	释文
117	越郑莒盟辞镈	春秋晚期	《集成》156	北京故宫博物院			尸（夷）膚（莒）甚□者元作□曰：自祈□曰：□称劳曰利，連余大郑，大□之主戉（越）。曰：余内（入）邦，作利□小，其者□□□于子子。行则曰：自余。
118	邬公克父戈	春秋晚期	未著录	滕州大韩村墓地		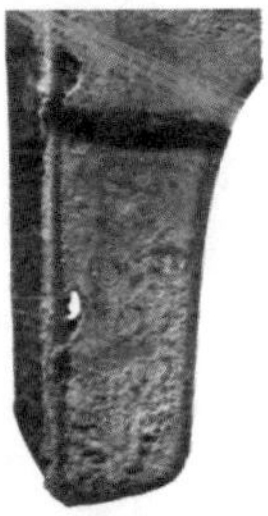	邬公克父，择其吉金，作其元用。
119	郑大司马戈	春秋晚期	《集成》11206	辽宁省博物馆			郑大司马之艁（造）戈
120	邬右居戈	春秋早期	《集成》10969	临沂市文物店	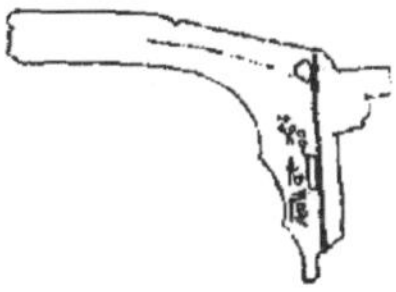		邬右庘（居）
121	邬瘖权	春秋时期	《集成》10381	旅顺博物馆			邬瘖之器

* 本表收录的青铜器包括邾（郳）铭青铜器，以及小邾国墓地出土、被盗的非邾（郳）铭有铭青铜器。

** 该滕侯盨见于《集成》，非小邾国墓地出土，但铭文与小邾国墓地被盗滕侯盨相同。

*** 张振谦先生认为应是邾友父匜，将其铭文释读为“友父媵其子胙寿永宝用鼄（邾）嬶（曹）宝鬲其眉”，调序后为“鼄（邾）友父媵其子胙嬶（曹）宝鬲，其眉寿永宝用”，与邾友父鬲铭文相同，因字序错乱误释为莫父匜。

**** 吴镇烽先生认为该邾公华钟铭文系伪造。

***** 109至112号郳公韍父镈为同一人收藏，大小有别，共四件。

****** 《集成》断定郳右居戈年代为春秋早期，实应更晚。

参考文献

一、古籍文献

[1] （汉）班固：《汉书》，北京：中华书局，1962年。
[2] （汉）班固等撰：《白虎通》，北京：中华书局，1985年。
[3] 程俊英、蒋见元：《诗经注析》，北京：中华书局，1991年。
[4] （清）戴望：《管子校正》，《诸子集成》（五），北京：中华书局，2006年。
[5] （晋）杜预：《春秋释例》（十五卷附校勘记二卷），《武英殿聚珍版丛书》，清乾隆敕刊本。
[6] 范祥雍订补：《古本竹书纪年辑校订补》，上海：上海古籍出版社，2011年。
[7] （清）郭庆藩撰，王孝鱼点校：《庄子集释》，北京：中华书局，1961年。
[8] 黄怀信等：《逸周书汇校集注》，上海：上海古籍出版社，2007年。
[9] （晋）皇甫谧撰，陆吉点校：《帝王世纪》，济南：齐鲁书社，2010年。
[10] （汉）孔安国撰，（唐）孔颖达正义：《尚书正义》，上海：上海古籍出版社，2007年。
[11] （宋）李昉：《太平御览》，北京：中华书局，1960年。
[12] （汉）刘向集录：《战国策》，上海：上海古籍出版社，1998年。
[13] （战国）吕不韦著，（汉）高诱注：《吕氏春秋》，《诸子集成》（六），北京：中华书局，2006年。
[14] （宋）罗泌撰，罗萍注：《路史》，《四部备要》（第44册），北京：中华书局，1989年。
[15] （清）阮元校刻：《十三经注疏》，北京：中华书局，1980年。
[16] （汉）司马迁：《史记》，北京：中华书局，1982年。
[17] （清）孙诒让：《周礼正义》，湖北篴湖精舍递刻本，1931年。
[18] （春秋）孙武著，（汉）曹操等注：《孙子十家注》，《诸子集成》（六），北京：中华书局，2006年。

［19］ 王国维撰，黄永年校点：《古本竹书纪年辑校·今本竹书纪年疏证》，沈阳：辽宁教育出版社，1997年。

［20］ （清）王宝田纂，王振录、周凤鸣修：《峄县志》，1904年影印本。

［21］ 王文锦：《礼记译解》，北京：中华书局，2001年。

［22］ （清）王先谦撰，沈啸寰、王星贤点校：《荀子集解》，北京：中华书局，1988年。

［23］ （清）王先慎：《韩非子集解》，《诸子集成》（五），北京：中华书局，2006年。

［24］ （清）吴若灏修，钱枱、李崇熙纂：《邹县续志》，光绪十八年影印本。

［25］ （汉）许慎撰，（清）段玉裁注：《说文解字注》，上海：上海古籍出版社，1988年。

［26］ 许维遹撰，梁连华整理：《吕氏春秋集释》，北京：中华书局，2009年。

［27］ 向熹：《诗经译注》，北京：商务印书馆，2013年。

［28］ 杨伯峻：《春秋左传注》（修订本），北京：中华书局，2009年。

［29］ 杨天宇：《礼记译注》，上海：上海古籍出版社，2004年。

［30］ 杨天宇：《周礼译注》，上海：上海古籍出版社，2004年。

［31］ 杨天宇：《仪礼译注》，上海：上海古籍出版社，2004年。

［32］ 佚名撰，（汉）宋衷注，周渭卿点校：《世本》，济南：齐鲁书社，2010年。

［33］ 佚名撰，（汉）宋衷注，（清）秦嘉谟等辑：《世本八种》，上海：商务印书馆，1957年。

［34］ 佚名撰，袁宏点校：《逸周书》，济南：齐鲁书社，2010年。

［35］ 袁珂：《山海经校注》，北京：北京联合出版公司，2014年。

［36］ （东晋）张湛：《荀子集解》，《诸子集成》（二），北京：中华书局，2006年。

［37］ （宋）朱熹撰，黄灵庚点校：《楚辞集注》，上海：上海古籍出版社，2015年。

［38］ （春秋）左丘明撰，（三国吴）韦昭注，明洁辑评：《国语》，上海：上海古籍出版社，2008年。

二、考古报告

［1］ 北京大学考古学系、山西省考古研究所：《天马—曲村遗址北赵晋侯墓地第二次发掘》，《文物》1994年第8期。

［2］ 宝鸡茹家庄西周墓发掘队：《陕西省宝鸡市茹家庄西周墓发掘简报》，《考

古》1976年第4期。

[3] 河南省文物研究所：《淅川下寺春秋楚墓》，北京：文物出版社，1991年。

[4] 河南省文物研究所、平顶山市文物管理委员会：《平顶山应国墓地九十五号墓的发掘》，《华夏考古》1992年第3期。

[5] 河南省文物考古研究所、平顶山市文物管理委员会：《平顶山应国墓地八十四号墓发掘简报》，《文物》1998年第9期。

[6] 河南省文物考古研究所、平顶山市文物管理局：《河南平顶山应国墓地八号墓发掘简报》，《华夏考古》2007年第1期。

[7] 河南省文物考古研究所、平顶山市文物局：《平顶山应国墓地十号墓发掘简报》，《中原文物》2007年第4期。

[8] 河南信阳地区文管会、光山县文管会：《春秋早期黄君孟夫妇墓发掘报告》，《考古》1984年第4期。

[9] 南阳市文物考古研究所：《河南南阳李八庙春秋楚墓清理简报》，《文物》2012年第4期。

[10] 江苏省文物管理委员会：《江苏丹徒县烟墩山出土的古代青铜器》，《文物参考资料》1955年第5期。

[11] 荆州地区博物馆：《江陵岳山大队出土一批春秋青铜器》，《文物》1982年第10期。

[12] 李常松：《平邑蔡庄出土一批青铜器》，《考古》1986年第4期。

[13] 李光雨、张云：《山东枣庄春秋时期小邾国墓地的发掘》，《中国历史文物》2003年第5期。

[14] 李国梁主编：《屯溪土墩墓发掘报告》，合肥：安徽人民出版社，2006年。

[15] 山东大学考古系：《山东长清县仙人台周代墓地》，《考古》1998年第9期。

[16] 山东省文物考古研究所、山东博物馆、济宁地区文物组、曲阜县文管会：《曲阜鲁国故城》，济南：齐鲁书社，1982年。

[17] 山东省济宁市文物管理局：《薛国故城勘察和墓葬发掘报告》，《考古学报》1991年第4期。

[18] 陕西省考古研究所宝鸡工作站、宝鸡市考古工作队：《陕西陇县边家庄五号春秋墓发掘简报》，《文物》1988年第11期。

[19] 陕西省考古研究所、秦始皇兵马俑博物馆：《秦始皇陵园K0007陪葬坑发掘简报》，《文物》2005年第6期。

[20] 上海市文物保管委员会：《近年来上海市从废铜中抢救出的重要文物》，《文物》1959年第10期。

[21] 孙继安：《河北容城县南阳遗址调查》，《考古》1993年第3期。

[22] 滕县博物馆：《山东滕县发现滕侯铜器墓》，《考古》1984年第4期。
[23] 心健、家骥：《山东费县发现东周铜器》，《考古》1983年第2期。
[24] 河南省博物馆、信阳地区文管会、信阳市文化局：《河南信阳市平桥春秋墓发掘简报》，《文物》1981年第1期。
[25] 信阳地区文管会、光山县文管会：《河南光山春秋黄季陀父墓发掘简报》，《考古》1989年第1期。
[26] 杨子范：《山东太安发现的战国铜器》，《文物参考资料》1956年第6期。
[27] 尹盛平、张天恩：《陕西陇县边家庄一号春秋秦墓》，《考古与文物》1986年第6期。
[28] 袁明：《山东泰安发现古代铜器》，《文物参考资料》1954年第7期。
[29] 枣庄市博物馆、枣庄市文物管理办公室、峄城区文广新局：《枣庄市峄城徐楼东周墓葬发掘报告》，《海岱考古》（第七辑），北京：科学出版社，2014年。
[30] 枣庄市博物馆、枣庄市文物管理办公室：《枣庄市东江周代墓葬发掘报告》，《海岱考古》（第四辑），北京：科学出版社，2011年。
[31] 淄博市博物馆：《山东临淄商王村一号战国墓发掘简报》，《文物》1997年第6期。
[32] 中国科学院考古研究所：《洛阳中州路（西工段）》，北京：科学出版社，1959年。
[33] 中国科学院考古研究所：《上村岭虢国墓地》，北京：科学出版社，1959年。

三、学术著作

[1] 安徽大学、安徽省社会科学院、安徽省文物考古研究所编著：《安徽江淮地区商周青铜器》，北京：文物出版社，2014年。
[2] 曹锦炎：《商周金文选》，杭州：西泠印社出版社，2012年。
[3] 陈汉平：《西周册命制度研究》，上海：学林出版社，1986年。
[4] 陈戍国：《中国礼制史·先秦卷》，长沙：湖南教育出版社，2002年。
[5] 陈槃：《春秋大事表列国爵姓及存灭表撰异》，上海：上海古籍出版社，2009年。
[6] 陈絜：《商周姓氏制度研究》，北京：商务印书馆，2007年。
[7] 陈英杰：《西周金文作器用途铭辞研究》，北京：线装书局，2008年。

［8］方濬益：《缀遗斋彝器考释》，台北：台联国风出版社，1976年。
［9］冯时：《中国古代的天文与人文》，北京：中国社会科学出版社，2006年。
［10］冯时：《中国天文考古学》，北京：中国社会科学出版社，2010年。
［11］傅斯年：《民族与中国古代史》，上海：上海古籍出版社，2012年。
［12］高亨：《文史述林》，北京：中华书局，1980年。
［13］葛志毅：《周代分封制度研究》，哈尔滨：黑龙江人民出版社，2005年。
［14］郭德维：《楚系墓葬研究》，武汉：湖北教育出版社，1995年。
［15］郭沫若主编、胡厚宣总编辑：《甲骨文合集》，北京：中华书局，1978～1983年。
［16］汉语大字典编纂委员会：《汉语大字典》，成都：四川辞书出版社，1986年。
［17］井中伟：《早期中国青铜戈·戟研究》，北京：科学出版社，2011年。
［18］李白凤：《东夷杂考》，郑州：河南大学出版社，2008年。
［19］李学勤主编：《清华大学藏战国竹简（贰）》，上海：中西书局，2011年。
［20］李玉洁：《先秦丧葬制度研究》，郑州：中州古籍出版社，1991年。
［21］刘彬徽：《楚系青铜器研究》，武汉：湖北教育出版社，1995年。
［22］刘源：《商周祭祖礼研究》，北京：商务印书馆，2004年。
［23］路国权：《东周青铜容器谱系研究》，上海：上海古籍出版社，2018年。
［24］倪祥平：《倪氏源流》，上海：东方出版中心，2010年。
［25］容庚编著、张振林、马国权摹补：《金文编》，北京：中华书局，1985年。
［26］山西省公安厅、山西省文物局编著：《国宝回家：2018山西公安机关打击文物犯罪成果精粹》，北京：文物出版社，2018年。
［27］山东省博物馆：《山东金文集成》，济南：齐鲁书社，2007年。
［28］山东省博物馆、滕州市博物馆编：《惟薛有序，于斯千年：古薛国历史文化展》，杭州：浙江人民美术出版社，2016年。
［29］山东省博物馆、枣庄市博物馆编：《大君有命　开国承家：小邾国历史文化展》，北京：北京华文书局，2018年。
［30］山东省文物考古研究所、临沂市文化广电新闻出版局、沂水市文化广电新闻出版局编著：《沂水纪王崮春秋墓出土文物集萃》，北京：文物出版社，2016年。
［31］上海博物馆商周青铜器铭文编写组：《商周青铜器铭文选》（一），北京：文物出版社，1986年。
［32］谢维扬：《周代家庭形态》，北京：中国社会科学出版社，1990年。
［33］王献唐：《山东古国考》，青岛：青岛出版社，2007年。

[34] 王国维：《观堂集林》，北京：中华书局，1959年。
[35] 吴镇烽：《商周青铜器铭文暨图像集成》，上海：上海古籍出版社，2012年。
[36] 吴镇烽：《商周青铜器铭文暨图像集成续编》，上海：上海古籍出版社，2016年。
[37] 燕生东：《海岱考古与早期文明》，北京：商务印书馆，2019年。
[38] 杨树达：《积微居金文说》，上海：上海古籍出版社，2013年。
[39] （清）王引之：《春秋名字解诂》，《经义述闻》卷23，南京：江苏古籍出版社，2000年。
[40] 杨晓能著、唐际根、孙亚冰译：《另一种古史》，北京：生活·读书·新知三联书店，2008年。
[41] 印群：《黄河中下游地区的东周墓葬制度》，北京：社会科学文献出版社，2001年。
[42] 袁俊杰：《两周射礼研究》，北京：科学出版社，2013年。
[43] 枣庄市政协台港澳侨民族宗教委员会、枣庄市博物馆：《小邾国遗珍》，北京：中国文史出版社，2006年。
[44] 枣庄市山亭区政协：《小邾国文化》，北京：中国文史出版社，2006年。
[45] 张闻捷：《楚国青铜礼器制度研究》，厦门：厦门大学出版社，2015年。
[46] 张亚初、刘雨：《西周金文官制研究》，北京：中华书局，1986年。
[47] 宗福邦、陈世铙、萧海波：《故训汇纂》，北京：商务印书馆，2003年。
[48] 中国社会科学院考古研究所：《殷周金文集成》，北京：中华书局，2007年。

四、学术论文

[1] 毕经伟、孙占伟：《融合与固守——鲁南东周铜器墓复杂性解析》，《华夏考古》2018年第1期。
[2] 曹晓伟：《春秋时期媵婚研究》，《理论学刊》2014年第4期。
[3] 曹兆兰：《金文女性称谓中的古姓》，《考古与文物》2002年第2期。
[4] 慈平：《小邾国及都城位置探微》，《三门峡职业技术学院学报》2010年第1期。
[5] 晁福林：《作册般鼋与商代厌胜》，《中国历史文物》2007年第6期。
[6] 陈春慧：《论射礼兴衰与文化嬗变》，《南京理工大学学报》2002年第1期。
[7] 陈公柔：《滕国、邾国青铜器及其相关问题》，《中国考古学研究——夏鼐先生考古五十年纪念论文集》，北京：文物出版社，1986年。

[8] 陈颖飞：《清华简毕公高、毕桓与西周毕氏》，《中国国家博物馆馆刊》2012年第6期。

[9] 陈立人：《“鄅”字考》，《株洲师范高等专科学校学报》2005年第4期。

[10] 陈彦辉：《周代册命礼与册命铭文的体制》，《广东外语外贸大学学报》2013年第4期。

[11] 范钦众：《小邾国故都究竟在何处》，《中国文化报》2012年11月8日第14版。

[12] 冯峰：《枣庄东江墓地出土金文人名三题》，《齐鲁文化研究》（第十二辑），济南：泰山出版社，2012年。

[13] 冯时：《“文邑”考》，《考古学报》2008年第3期。

[14] 高兵：《从金文看西周的媵婚制度》，《海南师范学院学报》2006年第5期。

[15] 葛志毅：《分封制与元初政体》，《湖南科技学院学报》2005年第9期。

[16] 郭克煜：《郳国历史略说》，《东夷古国史研究》（第一辑），西安：三秦出版社，1988年。

[17] 何光岳：《毕国的来源和迁徙》，《求索》1997年第5期。

[18] 何光岳：《滕国考》，《益阳师专学报》1996年第2期。

[19] 胡嘉麟：《东周时期的小邾国青铜簠——兼论小邾国墓地的相关问题》，《东方考古》（第14集），北京：科学出版社，2017年。

[20] 胡嘉麟：《吴越徐舒青铜器的非均衡性特征及断代刍议》，《南方文物》2018年第3期。

[21] 贾薇：《试论小邾国与兒（郳）国的关系》，《济南职业学院学报》2016年第5期。

[22] 贾一凡：《邾公子害簠器主身份及相关问题》，《濮阳职业技术学院学报》2016年第3期。

[23] 贾一凡：《小邾国族源与分封探析》，《枣庄学院学报》2017年第1期。

[24] 贾一凡：《春秋时期小国外交策略探究——以小邾国为例》，《山东博物馆辑刊》（2019年），北京：文物出版社，2019年。

[25] 贾一凡：《命父瓶铭文与霝父国相关问题考证》，《河南科技大学学报》2020年第1期。

[26] 焦南峰：《也论秦始皇陵园K0007陪葬坑的性质》，《中国文物报》2005年11月25日第7版。

[27] 井中伟：《试论枣庄徐楼春秋墓的几个问题》，《青铜器与山东古国学术研讨会论文集》，上海：上海古籍出版社，2017年。

[28] 李春桃：《邾公釪钟铭文研究》，《江汉考古》2017年第4期。

［29］ 李宏：《论春秋时期平盖鼎的起源与传承》，《青铜器与山东古国学术研讨会论文集》，上海：上海古籍出版社，2017年。

［30］ 李家浩：《郳公韍父镈銘文补释》，《出土文献》（第六辑），北京：中西书局，2015年。

［31］ 李零整理：《容成氏》，《上海博物馆藏战国楚竹书》，上海：上海古籍出版社，2002年。

［32］ 李零：《读小邾国铜器的铭文——兼论东江墓地的墓主和年代》，《小邾国文化》，北京：中国文史出版社，2006 年。

［33］ 李零：《东更道七器的再认识》，《中国国家博物馆馆刊》2017年第10期。

［34］ 李学勤：《〈史记·晋世家〉与新出金文》，《学术集林》（卷四），上海：上海远东出版社，1995年。

［35］ 李学勤：《小邾国墓及其青铜器研究》，《东岳论丛》2007年第2期。

［36］ 李学勤：《清华简关于秦人始源的重要发现》，《光明日报》2011年9月8日。

［37］ 李学勤：《枣庄徐楼村宋公鼎与费国》，《史学月刊》2012年第1期。

［38］ 李玉洁：《试论我国古代棺椁制度》，《中原文物》1990年第2期。

［39］ 李玉洁：《中国古代的礼器组合制度》，《华夏考古》2006年第4期。

［40］ 李光雨、刘爱民：《枣庄东江小邾国贵族墓地发掘的意义及相关问题》，《东岳论丛》2007年第2期。

［41］ 李鲁滕：《“虖佁（丘）”略考》，《古代文明》，北京：文物出版社，2007年。

［42］ 李惑之：《试论楚先祖祝融谱系》，《求索》1988年第1期。

［43］ 李发林：《滕县地区古代三个小国历史试谈》，《枣庄师专学报》1989年第3期。

［44］ 李锦山：《郳国公室墓葬及其相关问题》，《小邾国文化》，北京：中国文史出版社，2006年。

［45］ 李海流：《湮灭在历史长河中的小邾国》，《东方收藏》2013年第1期。

［46］ 梁方健：《扑朔迷离的小邾国》，《文史知识》2009年第9期。

［47］ 林沄：《小邾国东江墓地青铜器铭文部分人名的考释》，《小邾国文化》，北京：中国文史出版社，2006年。

［48］ 林沄：《周代用鼎制度商榷》，《史学集刊》1990年第3期。

［49］ 刘彬徽：《楚系金文订补（之一）》，《古文字研究》（第二十三辑），北京：中华书局、合肥：安徽大学出版社，2002年。

［50］ 刘锡柱、张莺燕、李光雨：《薛河流域的商周文化遗址》，《青铜器与山东

古国学术研讨会论文集》，上海：上海古籍出版社，2017年。
[51] 刘兴均：《“姪从媵”考》，《四川师范大学学报》1995年第2期。
[52] 刘延常、郝导华、王龙等：《山东滕州大韩墓葬群》，《大众考古》2018年第8期。
[53] 刘钊：《论秦始皇陵园K0007陪葬坑的性质》，《中国文物报》2005年8月5日第7版。
[54] 路国权：《周楚二系：试论东周时期铜簠的分类和谱系》，《四川文物》2016年第4期。
[55] 路国权：《峄城徐楼2009M1、M2铜器群的年代和意义》，《青铜器与山东古国学术研讨会论文集》，上海：上海古籍出版社，2017年。
[56] 罗明：《秦始皇陵园K0007陪葬坑弋射场景考》，《考古》2007年第1期。
[57] 罗卫东：《金文所见“郳”、“鼄”等字及相关问题探讨》，《民俗典籍文字研究》2014年第2期。
[58] 马超：《金文考释二题》，《中国文字研究》（第二十七辑），上海：上海书店，2018年。
[59] 马媛媛：《春秋时期郳鲁关系考辨》，《临沂师范学院学报》2005年第5期。
[60] 毛颖：《吴国青铜器之南方特征》，《南方文物》2009年第2期。
[61] 冉万里：《由弋射之矢看秦始皇陵车马坑》，《大众考古》2015年第1期。
[62] 邵崇山：《先秦时期墓葬棺椁制度略论》，《保定学院学报》2011年第4期。
[63] 石敬东：《枣庄徐楼墓葬及相关问题》，《海岱考古》（第七辑），北京：科学出版社，2014年。
[64] 苏影：《佥父瓶铭“金”字补释》，《哈尔滨学院学报》2013年第2期。
[65] 苏影：《释郳庆匿铭文中的“华”字》，《中国文字研究》（第十九辑），上海：上海书店出版社，2014年。
[66] 苏昭秀、孙晋芬：《小郳国贵族墓葬的形制及埋葬制度讨论》，《小郳国文化》，北京：中国文史出版社，2006年。
[67] 孙敬明：《新见郳公戈刍议》，《中国文物报》2017年5月30日第7版。
[68] 孙亚冰：《浅论殷墟卜辞中所见东方和南方方国》，《商承祚教授百年诞辰纪念文集》，北京：文物出版社，2003年。
[69] 唐兰：《从河南郑州出土的商代前期青铜器谈起》，《文物》1973年第7期。
[70] 田成方：《鄝子妝戈的年代、国别及相关问题》，《考古与文物》2011年第5期。
[71] 王恩田：《枣庄山亭郳器与郳国》，《小郳国文化》，北京：中国文史出版社，2006年。

[72] 王恩田：《滕国考》，《东夷古国史研究》（第一辑），西安：三秦出版社，1988年。
[73] 王恩田：《枣庄峄城宋公鼎与𣄰公鼎》，《管子学刊》2013年第1期。
[74] 王洪军：《郳国史钩沉——山东古国史研究之一》，《济南师专学报》1999年第2期。
[75] 王洪军：《新史料发现与"秦族东来说"的坐实》，《中国社会科学》2013年第2期。
[76] 王琦、燕生东：《山东枣庄徐楼发现的𫕎国墓及相关问题》，《齐鲁文化研究》（第十二辑），济南：泰山出版社，2012年。
[77] 王树明：《郳史二题》，《小邾国文化》，北京：中国文史出版社，2006年。
[78] 王仲殊：《中国古代墓葬概说》，《考古》1981年第5期。
[79] 王正玉：《小邾国浅议》，《小邾国文化》，北京：中国文史出版社，2006年。
[80] 吴慧：《春秋战国时期的度量衡》，《中国经济史研究》1991年第4期。
[81] 夏渌：《"眉寿"释义商榷》，《中国语文》1984年第4期。
[82] 夏渌：《"眉寿"释义的再商榷》，《中国语文》1988年第5期。
[83] 徐倩倩：《青铜器铭文所见两周时期山东古国婚姻关系》，《东方考古》（第14集），北京：科学出版社，2017年。
[84] 闫志：《郳友父鬲和郳庆铜器初探》，《中国国家博物馆馆刊》2011年第2期。
[85] 杨爱国：《小邾国贵族丧葬礼俗初探——以枣庄东江小邾国墓地为例》，《枣庄学院学报》2005年第1期。
[86] 杨蒙生：《枣庄徐楼出土鄝子戈铭文补说》，《中国文字研究》（第21辑），上海：上海书店出版社，2015年。
[87] 杨朝明：《郳鲁关系·郳国文化·邹鲁文化》，《齐鲁师范学院学报》2012年第4期。
[88] 杨小召：《西周金文的册命与祖先观念》，《殷都学刊》2011年第4期。
[89] 叶正渤：《枣庄徐楼东周墓出土青铜器铭文考释》，《中国文字学报》（第7辑），北京：商务印书馆，2017年。
[90] 袁俊杰：《小邾国媵器随葬于本国贵族墓地原因探析》，《华夏考古》2008年第2期。
[91] 袁俊杰：《胙国史事探析》，《河南大学学报》2008年第3期。
[92] 袁俊杰：《作册般铜鼋铭文新释补论》，《中原文物》2011年第1期。
[93] 袁胜文：《棺椁制度的产生和演变述论》，《南开学报》2014年第3期。

[94] 印群：《论周代列鼎制度的嬗变——质疑“春秋礼制崩坏说”》，《辽宁大学学报》1999年第4期。
[95] 于安君：《毕为何地——解“毕”》，《宝鸡社会科学》2004年第4期。
[96] 俞伟超、高明：《周代用鼎制度研究》（上），《北京大学学报》1978年第1期。
[97] 俞伟超、高明：《周代用鼎制度研究》（中），《北京大学学报》1978年第2期。
[98] 俞伟超、高明：《周代用鼎制度研究》（下），《北京大学学报》1979年第1期。
[99] 曾武秀：《中国历代尺度概述》，《历史研究》1964年第3期。
[100] 赵化成：《周代棺椁多重制度研究》，《国学研究》（第五卷），北京：北京大学出版社，1998年。
[101] 赵平安：《山东泰安龙门口新出青铜器铭文考释》，《中国历史文物》2006年第2期。
[102] 赵平安：《宋公圝作𣿈叔子鼎与滥国》，《中华文史论丛》2013年第3期。
[103] 张光裕：《读新见“宋公圝铺”二器札迻》，《出土文献与古文字研究》（第六辑），上海：上海古籍出版社，2015年。
[104] 张世超：《关于金文“眉寿”之“眉”的说明》，《中国文字研究》（第十六辑），上海：上海人民出版社，2012年。
[105] 张志鹏：《滕国新考》，《河南大学学报》2011年第4期。
[106] 郑清森：《山东枣庄徐楼村东周墓出土宋国青铜铭器考——兼论春秋时期滥国》，《四川文物》2017年第4期。
[107] 朱承山：《郳国与小郳国》，《小郳国文化》，北京：中国文史出版社，2006年。
[108] 邹衡：《论先周文化》，《夏商周考古论文集（续集）》，北京：科学出版社，1998年。

五、学位论文

[1] 毕经伟：《海岱地区商周青铜器研究》，陕西师范大学博士学位论文，2013年。
[2] 果娜：《中国古代婚嫁称谓词研究》，山东大学博士学位论文，2012年。
[3] 孙刚：《东周齐系题铭研究》，吉林大学博士学位论文，2012年。
[4] 谭黎明：《春秋战国时期楚国官制研究》，吉林大学博士学位论文，2006年。

［5］ 吴伟华：《东周时期海岱地区青铜器研究》，南开大学博士学位论文，2012年。
［6］ 赵晓斌：《春秋官制研究——以宗法礼制社会为背景》，浙江大学博士学位论文，2009年。
［7］ 毕经伟：《山东出土东周礼容器研究》，陕西师范大学硕士学位论文，2009年。
［8］ 陈晓：《周代山东诸国族属及相关问题研究》，山东师范大学硕士学位论文，2014年。
［9］ 程晓丹：《虢国墓地丧葬制度研究》，河南大学硕士学位论文，2011年。
［10］ 董珊：《东周题铭校议（五种）》，吉林大学硕士学位论文，1997年。
［11］ 郭国权：《河南淅川县下寺春秋楚墓青铜器铭文集释》，吉林大学硕士学位论文，2008年。
［12］ 李文娜：《近二十年山东出土古文字材料补释》，天津师范大学硕士学位论文，2015年。
［13］ 孙海宁：《应国墓地丧葬制度研究》，河南大学硕士学位论文，2013年。
［14］ 孙永珍：《两周媵器铭文研究》，首都师范大学硕士学位论文，2006年。
［15］ 魏涛：《郳国史研究》，聊城大学硕士学位论文，2017年。

六、网络文献

［1］ 董珊：《郳公鞁父二器简释》，复旦大学出土文献与古文字研究中心， 2014年4月10日。
［2］ 董珊：《郳公镈“乍正朕保”补释》，复旦大学出土文献与古文字研究中心，2012年5月13日。
［3］ 傅修才：《新见宋公铺铭文辨正——兼论宋公铺与宋公鼎的关系》，复旦大学出土文献与古文字研究中心，2013年10月18日。
［4］ 郝导华、张桑等：《山东滕州大韩东周墓地发掘获重要发现》，中国文物信息网，2018年8月1日。
［5］ 暮四郎：《枣庄徐楼东周墓所出“此余王□君”鼎铭文小识》，武汉大学简帛论坛·简帛研读，2014年4月15日。
［6］ 秦始皇帝陵博物院：《铜禽坑（K0007陪葬坑）》，秦始皇帝陵博物院官网，2012年6月1日。
［7］ 王宁：《山东枣庄徐楼东周墓出土铜器铭文释读平议》，复旦大学出土文献与古文字研究中心，2014年5月13日。
［8］ 谢雨田：《新出宜脂鼎铭文小考》，复旦大学出土文献与古文字研究中心，

2014年2月27日。

［9］ 中国考古网：《山东省文物考古研究所2016年度田野考古交流会在临淄工作站举行》，2017年1月19日。

［10］ 中国考古网：《山东省文物考古研究所2017年度田野考古交流会在临淄工作站行》，2018年1月31日。

［11］ 中国考古网：《山东省文物考古研究所2018年度田野考古交流会纪要（一）》，2019年2月21日。

后　记

值此拙著即将杀青付梓之际，掩稿沉思，我们对小邾国的关注可谓是已有些年头了。早在1998年我们考论柞伯簋铭文与大射礼时,就开始注意到传世的小邾国媵器邾友父鬲及其与姻亲国胙国的婚姻外交关系和胙国史事了。2002年山东枣庄东江小邾国贵族墓地发现与发掘后，尤其是小邾国文化学术研讨会召开和发掘资料陆续公布后，我们不仅对考古出土的小邾国媵器随葬于本国贵族墓地的原因做了探析，还于2015年把小邾国墓地作为贾一凡的硕士学位论文进行综合研究，并获得校优秀硕士学位论文。其间还就邾公子害簠器主身份及相关问题、小邾国族源与分封、春秋时期小邾国的外交政策、命父瓶铭文与霝父国相关问题等析出专论，发表了一组系列学术论文。2018年通过学术研讨会交流与实地参观考察，有感于小邾国新资料的不断发现和心灵的深刻触动，更坚定了我们继续研究的学术目标和拓展成书的愿景，并成为我们加快充实完善已有研究的巨大动力。2019年学校与学院相继出台学术著作出版经费资助政策，在此助力下我们便下决心开始了紧张的书稿修改工作，并最终使该项研究成果的出版成为现实。

书稿的作者是师生关系，我们师徒二人有着共同的学术志趣与研究领域，从青铜器、铭文到射礼，再到小邾国历史文化，心心相印，配合默契。门下弟子更是青出于蓝而胜于蓝，不仅悟性高，而且富有团队合作精神，是特别能打硬仗的青年才俊。

本书是一部以小邾国贵族墓地、青铜器和金文为主要研究对象的综合性著作，也是导师与研究生硕博在读期间长期合作研究的第二项成果。它是在贾一凡的硕士学位论文的基础上补充改写而成的，不仅对近年来发现和展出的新资料进行了梳理，也增加了新的章节与研究内容，篇幅扩增十万字左右。全书由贾一凡博士负责搜集资料，主笔撰写。袁俊杰负责框架设计与统稿及部分书稿的撰写，并对全文进行了修改补充与完善。有些学术问题及其观点则是我们共同切磋而形成的共识，因此，文责也是要由我们二人来共同承担的。

书稿的完成与出版，也得到了多方面的帮助。在书稿撰写过程中，河南财政金融学院视觉传达设计专业的贾亦真同志为书稿制作了部分图片，并对插图做了优化处理。在申请阶段，河南大学历史文化学院常务副院长张礼刚、科研副院长祁琛云等全体院领导及书稿评审专家积极支持，有幸把拙著列入河南大学考古学研究丛书，并得到苗书梅主任的慨允，使本书获得黄河文明协同创新中心支持计划的出版资助；院办公室谢宇飞主任和国有资产管理办公室丁颖副主任，为办理审批提供了诸多便利，使我们在规定的时间内顺利完成了审批手续。在出版方面，科学出版社的张亚娜女士更是不辞高温酷暑，大力支持，为联系出版事宜做了不少快速有效的协调工作；郑佐一女士为本书的审稿、加工、编辑校对与策划付出了大量辛勤劳动，在此一并谨致谢忱！

当校样出来后，向北京大学朱凤瀚师汇报求教，先生在百忙之中又欣然题词，实是对后学的莫大鼓励与鞭策，也使拙著增辉不少，晚生衷心感谢，深表敬意！

本书还参考吸收了一些专家学者的研究成果，在此深表谢意！但也难免会有所疏漏，对于未有注明之处，还请多多谅解。

最后需要说明的是，本书虽然几易其稿，但仍不尽如人意。现把它奉献出来，一是抛砖引玉，意在倾听学界的意见，接受广大读者的批评指正，特别是与小邾国相关的横岭埠遗址、大韩墓地的后续发掘，我们也期盼着这些考古资料对本书观点的验证。二是以小邾国为代表的鲁西南古国族的研究一直是学界关注的热点，本书的一些前期成果已被学者同仁有所援引，2018年10月山东博物馆举办的“山东古国系列展——小邾国历史文化展”，其有关文字内容也大多采自本书的前期成果，同年11月召开的鲁南古国与金文研究学术研讨会，本书作者亦受邀出席并发言，这说明本研究成果还是有一定的学术价值、应用价值和社会影响的，书稿的出版将会更加有利于学术交流与探讨。三是希望能对现代城市规划和文物保护与开发利用有所助益。当然，书稿虽然出版了，但对小邾国历史文化的研究还远远没有到可以停下脚步的时候，随着新资料的不断发现，还需要持续关注，紧抓不放。就让我们把本书当作下一阶段研究的开端，砥砺前行，以更大的学术成绩来迎接小邾国历史文化研究新高潮的来临吧！